图解 世界名牌圣经

洢贺轩 编著

中国华侨出版社

北京

图书在版编目（CIP）数据

图解世界名牌圣经 / 泹贺轩编著 . —北京：中国
华侨出版社，2017.6（2020.8 重印）

ISBN 978-7-5113-6861-4

Ⅰ.①图… Ⅱ.①泹… Ⅲ.①名牌 – 商品 – 介绍 – 世
界 – 通俗读物 Ⅳ.① F760.5–49

中国版本图书馆 CIP 数据核字（2017）第 130503 号

图解世界名牌圣经

编　　著：泹贺轩
责任编辑：馨　宁
封面设计：李艾红
文字编辑：杨　君　黎　娜
美术编辑：张　诚
图片提供：www.icphoto.cn & www.quanjing.com
经　　销：新华书店
开　　本：720mm×1020mm　1/16　　印张：27.5　字数：719 千字
印　　刷：鑫海达（天津）印务有限公司
版　　次：2017 年 8 月第 1 版　2020 年 8 月第 2 次印刷
书　　号：ISBN 978-7-5113-6861-4
定　　价：68.00 元

中国华侨出版社　北京市朝阳区西坝河东里 77 号楼底商 5 号　邮编：100028
法律顾问：陈鹰律师事务所
发 行 部：（010）58815874　　　　　传　　真：（010）58815857
网　　址：www.oveaschin.com　　　　E－m a i l：oveaschin@sina.com

如果发现印装质量问题，影响阅读，请与印刷厂联系调换。

前言

　　世界无论怎么改变，也不能改变人们追求美好的愿望。透过一个人的服装打扮可以透视他的心，因为他的喜好与品位都在他的衣食住行上显露无遗，人们也习惯于通过它们来揣测一个人的教育背景、家庭状况、社会地位以及个人审美趣味……做一个有品位的人，过一种有品位的生活，享受有品位的人生，这是当下很多人的生活理念。对于追求品质生活的人们来讲，再也没有什么比提高我们的审美趣味更重要的了。

　　品位事关我们的情趣，它不是你开着法拉利的跑车，身穿纪梵希的服装，手里拎着爱马仕的包，脚上穿菲拉格慕的鞋子就可以办得到。如果一个人拥有这些，却不懂得它们的历史和它们所要传达的信念，那么他拥有这些品牌就叫暴殄天物——美好的事物应该为懂得它、珍惜它的人而存在。

　　世界顶级名品代表的是一种文化的沉淀与岁月的烙印，它们需要时光的打磨。比如古琦，比如百达翡丽，再比如香奈儿……哪一个不是经历沧桑的岁月，经过暴风雨的洗礼才有了现在的光辉？这些知名品牌意味着实力：它们是信得过的产品，其质量和信誉不容置疑；它们是历久弥珍的，其技术及工艺独特、难以模仿；它们在一定时期保持质量的恒定性和先进性，在世界范围内具有权威性和辐射力。既然名牌的辐射力是如此惊人，品牌和知名度是如此有震撼力，人们不免要探究，这些品牌是谁创建的？名牌之"名"究竟在哪里？它们的背后有着怎样的鲜为人知的故事？它们又有着怎样丰富的历史积淀和文化价值？它们凭什么成为没有广告支撑也照样经久不衰的品牌？

　　本书着重介绍经典品牌成长的历史，把路易·威登、香奈儿、迪奥、卡地亚、蒂芙尼、百达翡丽、人头马、凯迪拉克……林林总总的品牌背后的历史故事呈现给读者，让读者透过本书去体味名品的韵味。全书共分为十一篇，包括尖端品牌、时装、皇家御用品牌、香水化妆品、名表、珠宝、皮具、名笔、名酒、私人游艇和飞机、豪车，挑选出位居前列的杰出品牌，介绍其历史传奇，精选其经典作品，讲述其品牌故事，并解析其极致

　　美感。从历史中鉴赏美轮美奂的经典之作，在经典中体味历史的厚重。

　　这些顶级品牌也和人生一样，不经历风雨怎能见彩虹！所以，想要拥有它们，首先要做的是懂得它们，只有如此，它才能让你绽放出最美丽的光芒！

　　当你打开这本书的时候，你已经开始了一趟华丽无比的旅行。本书板块设计精巧到位，为我们全方位熟知奢侈品的文化品位与品牌内涵提供了一条捷径。在"品牌名片"中我们能够了解到品牌的基本资料，在"品牌解读"中，我们会了解一个品牌的基本内涵，而随后的"阅读传奇"又将带领我们穿越品牌的一段前尘旧事。此书能够引领我们走进一次华丽的阅读之旅，让它在这繁花似锦的世界穿梭，去找寻属于自己的那一抹亮色。

目录

（美）拉尔夫·劳伦 Ralph Lauren 68
（美）卡尔文·克莱恩 Calvin Klein 72
（意）芬迪 Fendi 76
（法）莲娜·丽姿 Nina Ricci 79
（法）克洛伊 Chloé 82
（法）浪凡 Lanvin 86
（意）瓦伦蒂诺 Valentino 89
（意）费雷 Ferre 92
（法）高田贤三 Kenzo 95
（日）三宅一生 Issey Miyake 99
（德）胡戈·波士 Hugo Boss 103
（意）萨尔瓦托·菲拉格慕
　　　 Salvatore Ferragamo 108
（意）莫斯基诺 Moschino 111

第一篇　尖端品牌：多栖经典，横跨全方位奢华

（法）爱马仕 Hermes 2
（法）路易·威登 Louis Vuitton 6
（法）香奈儿 Chanel 10
（法）克里斯汀·迪奥 Christian Dior 19
（法）纪梵希 Givenchy 27
（意）普拉达 Prada 31
（意）古琦 Gucci 35
（意）范思哲 Versace 39
（意）乔治·阿玛尼 Giorgio Armani 43
（英）登喜路 Dunhill 47
（意）杜嘉班纳 Dolce & Gabbana 51

第二篇　时装：霓裳华服，美丽外表典雅的心

（意）杰尼亚 Zegna 56
（意）康纳利 Canali 60
（美）唐娜·卡兰 Donna Karan 64

第三篇　皇家御用品牌：至尊荣宠，与皇室共享注目

（英）巴宝莉 Burberry 114
（英）雅格狮丹 Aquascutum 118
（英）达克斯 Daks 121
（英）肯迪文 Kent & Curwen 124
（英）吉凡克斯 Gieves & Hawkes 126
（美）布克兄弟 Brooks Brothers 128
（英）金鹰 Lyle & scott 131
（英）普林格 Pringle of Scotland 133

第四篇　香水化妆品：流光溢彩，游走之间的奢华宠爱

（美）雅诗·兰黛 Estee Lauder 136
（美）伊丽莎白·雅顿
　　　Elizabeth Arden 140
（美）安娜·苏 Anna Sui 144
（美）卡罗琳娜·海莱娜
　　　Carolina Herrera 148
（法）兰蔻 Lancome 151

（法）娇兰 Guerlain 156
（法）希思黎 Sisley 160
（法）圣罗兰 YSL 162
（日）资生堂 Shiseido 168
（澳）赫莲娜 Helena Rubinstein 171

第五篇　名表：一刻千金，用瑰丽来镌刻时间

（瑞士）江诗丹顿
　　　Vacheron Constantin 174
（瑞士）欧米茄 Omega 180
（瑞士）劳力士 Rolex 184
（瑞士）宝玑 Breguet 188
（瑞士）百达翡丽 Patek Philippe 192
（瑞士）伯爵 Piaget 196
（瑞士）积家 Jaeger-Le Coultre 201
（瑞士）万国 IWC 204
（瑞士）芝柏 Girard-Perregaux 210
（瑞士）萧邦 Chopard 214
（瑞士）爱彼 Audemars Piguet 216

第六篇　珠宝：绝代风华，精雕细琢的璀璨光芒

（美）蒂芙尼 Tiffany 220
（美）哈利·温士顿 Harry Winston 224
（法）卡地亚 Cartier 227
（法）梵克雅宝 Van Cleef & Arpels 230
（法）百乐 Baccarat 233
（法）尚美 Chaumet 236

（法）兰姿 Lancel 294

**第八篇　名笔：完美诠释，文化与品位的
曼妙化身**

（德）万宝龙 Mont Blanc 298
（美）派克 Parker 301
（美）华特曼 Waterman 304
（美）犀飞利 Sheaffer 307
（美）高仕 Cross 309
（美）威尔永锋 Wahl Eversharp 311

（法）宝诗龙 Boucheron 238
（日）御木本 Mikimoto 241
（意）宝格丽 Bvlgari 245
（意）布契拉提 Buccellati 250
（奥）施华洛世奇 Swarovski 253
（英）格拉夫 Graff 258
（美）雷朋 Ray-Ban 260

**第七篇　皮具：方寸之间，彰显品位的皮
质诱惑**

（意）铁狮东尼 A.testoni 264
（意）托德斯 Tod's 267
（意）图萨迪 Trussardi 269
（意）宝缇嘉·维内达 Bottega Veneta 272
（瑞士）巴利 Bally 275
（美）新秀丽 Samsonite 278
（美）寇驰 Coach 281
（德）艾格纳 Aigner 285
（西）罗意威 Loewe 288
（法）瑟琳 Celine 292

**第九篇　名酒：液体钻石，穿越百年的
佳酿**

（法）轩尼诗 Hennessy 314
（法）酩悦香槟 Moët & Chandon 317
（法）人头马 Remy Martin 321
（法）马爹利 Martell 325
（法）伊甘堡 Chateau d'Yquem 330
（英）尊尼获加 Johnnie Walker 334
（古）百加得 Bacardi 338
（英）格兰菲迪 Glenfiddich 340
（法）罗曼尼·康帝 Romanee Conti 344
（瑞典）绝对伏特加 Absolut Vodka 348

第十篇　私人游艇和飞机：海天相接，贵族的蓝色奢华

（英）公主 Princess 354

（英）圣汐 Sunseeker 357

（意）丽娃 Riva 361

（美）豪客比奇 Hawker Beechcraft 364

（加）庞巴迪 Bombardier 367

第十一篇　豪车：急速传说，用风度领跑世界

（意）法拉利 Ferrari 370

（意）玛莎拉蒂 Maserati 376

（法）布加迪 Bugatti 380

（意）兰博基尼 Lamborghini 383

（意）阿尔法·罗密欧 Alfa Romeo 387

（德）保时捷 Porsche 391

（德）奔驰 Benz 395

（德）宝马 BMW 400

（德）奥迪 Audi 406

（英）劳斯莱斯 Rolls-Royce 411

（英）宾利 Bentley 416

（英）莲花 Lotus 420

（美）凯迪拉克 Cadillac 424

第二篇

尖端品牌

多栖经典，横跨全方位奢华

Hermes

爱马仕 （法）

领跑时尚疆场

品牌名片

品　　类	箱包、丝巾、服装、香水、饰品
标志风格	简约、优雅
创 始 人	蒂埃利·爱马仕（Thierry Hermes）
诞 生 地	法国
诞生时间	1837 年

品牌解读

　　创立于 1837 年的爱马仕（Hermes）以制造高级马具起家，从 20 世纪初开始涉足高级服装业，20 世纪五六十年代起陆续推出香水、西服、鞋饰、瓷器等产品，成为横跨生活全方位的品位代表。"追求真我，回归自然"是爱马仕设计的目的，让所有的产品至精至美、无可挑剔是爱马仕的一贯宗旨。爱马仕的品牌形象建立于其高档、高质原则和独特的法兰西轻松风格上，将一流工艺的制作、耐久实用的性能与简洁大方和优雅精美的风格相结合，融入流行因素，选用最上乘的材料，注重工艺装饰，细节精巧，以其优良的质量赢得了良好的信誉。这正是爱马仕保持经典和高品质的魅力之所在。

　　历经了 180 多年的沧桑巨变，爱马仕家族仍然传承着经典，经过几代人的共同努力使其品牌更加发扬光大。早在 20 世纪来临之时，爱马仕就已成为法国式奢华消费品的典型代表。20 世纪 20 年代，创立者蒂埃利·爱马仕（Thierry Hermes）之孙埃米尔曾这样评价爱马仕品牌："皮革制品造就运动和优雅之极的传统。"

　　爱马仕不但是身份、地位的象征，而且也被誉为能够让你一生永不落伍的时尚之物。爱马仕已经拥有 14 个系列产品，超越时间的典雅，简洁却独特。无怪乎有人称爱马仕的产品为思想深邃、品位高尚、内涵丰富、力求完美、工艺精湛的艺术品。这些爱马仕精品，通过散布于世界多个国家和地区的 200 多家专卖店，融进快节奏的现代生活中，它的精致足以让世人重返传统优雅的怀抱。爱马仕的产品有种内敛的美丽，在节奏快速的电脑时代，爱马仕坚持手工制作，设计、质感、色彩……每处细节都一丝不苟，格调高尚同时讲求实用，爱马仕是极致优雅和实用主义完美结合的同义词。

阅读传奇

　　爱马仕创始人蒂埃利·爱马仕 1801 年出生，1837 年创立他的马具制造公司。他的首宗生意是为马匹制造项圈。为了让马匹能佩戴最贴颈的项圈，蒂埃利·爱马仕耗费了大量的时间和心血，终于在 1867 年的世界皮革展览中获得一等业务奖章，也由此奠定了他的马具皮革等系列产品的坚固基础。

　　1879 年，蒂埃利·爱马仕的儿子查理（Charles）将家族企业扩大，他不但把爱马仕总店搬往巴黎著名的福宝大道 24 号，与当地贵族靠得更近，还让爱马仕走出巴黎，走向欧洲各国。爱马仕制造的高级马具当时深受欧洲贵族们的喜爱。

　　进入 20 世纪，汽车在欧美上流社会逐渐普及，高级马具的市场需求逐渐萎缩。爱马仕及时转产，开始朝生产多个品种方向发展。不过，爱马仕仍以缝制马具的精湛技术生产各类皮制品，从而保持着精致的手工与质感。在爱马仕第三代掌门人埃米尔·爱马仕（Emile Hermes）的努力下，爱马仕走进欧洲各国的皇宫，成为御用珍品。爱马仕为威尔士王子设计的拉链式高尔夫夹克衫，成为 20 世纪皮革服装中最早的成功设计，引起一时轰动。

　　20 世纪 20 年代，爱马仕的发展路线已积极拓展到手提袋、旅行袋、手套、皮带、珠宝、笔记本，以及手表、烟灰缸、丝巾等。

　　1951 年起，爱马仕由埃米尔·爱马仕的女婿罗伯特·迪马（Robert Dumas）接管。罗伯特·迪马亦是出色的丝巾设计师，他的经营使爱马仕丝巾获得了举世的赞赏，第五代让·路易·迪马（Jean Louis Dumas）就任集团主席兼行政总裁后，爱马仕更陆续推出了香水、领带、西装、鞋饰、沐浴巾、瓷器、珠宝、男女服饰、手表和桌饰系列等新商品，让爱马仕真正成为横跨生活全方位的品位代表，赋予了爱马仕新的素材和气息。爱马仕集团分为三个体系，即皮革用品、手表及香水，为了维持一贯保有的爱马仕品位与形象，对所有产品的设计制作、每家专卖店的格局设计都保证原汁原味，连陈列柜都是在法国原厂订制，再空运至各地。

　　爱马仕集团总部仍坐落在巴黎著名的福宝大道，这个以马具制造起家的集团王国，在历经五代传承和百余年辉煌之后，仍旧保持着经典和高品质，并凭借其一贯秉持的传统理念，在奢侈品消费王国里屹立不倒。

凯莉包（Kelly Bag）

　　优雅、精致与浪漫是很多人对爱马仕的评价，因摩纳哥王妃凯莉（Kelly）得名的爱马仕凯莉包（Kelly Bag）风行一时。每一款凯莉包，由采购人员从每年全球的拍卖会采购到上等的皮革，而每一块皮革只选最好的部分。手袋的缝制自始至终由一个师傅进行，编上号，刻上工匠的名字，一件精品就此诞生。要想拥有一款凯莉包，至少要提前半年预订，即使前英国王妃戴安娜，也要耐心等待才能拿到她钟情的价格不菲的天蓝色鸵鸟皮手包。有人甚至要等上六至七年后才有货可取，而它的市面炒价已经达到 6 万美元以上。凯莉包每款都有多种型号，分别包括 28 厘米、32 厘米、35 厘米、40 厘米，以及迷你尺寸等规格，材质多达 33 种，颜色超过 209 种。1956 年，美国《生活》杂志封面上，格蕾斯·凯莉（Grace Kelly）拎着以鳄鱼皮制的最大尺码凯莉包半掩着她已怀孕的身子，流露出闪亮妩媚的女性美，也使凯莉包卷起国际级狂潮。凭借其优雅的款式与顶级的材质，凯莉包缔造了不朽经典，并将续写这一传奇。2005 年秋冬，爱马仕首席女装设计师让·保罗·高缇耶（Jean Paul Gaultier）为爱马仕设计了新款 Kelly Pluch。它以凯莉包为原型，秉承原款的优雅，在外形上加以修饰，成为年轻女性的新宠。

铂金包（Birkin Bag）

　　铂金包是以法国女星简·铂金（Jane Birkin）命名的。一次飞机上的偶遇，让现任的爱马仕主席兼行政总裁杜迈先生认识了初为人母的简·铂金。在交谈的过程中，简·铂金解释她不使用凯莉包是因为凯莉包的袋身较窄，让她无法把婴儿的尿布、奶瓶等杂物同时都放进去。为此，杜迈先生灵机一动，设计了容量较大的铂金包。集优雅与实用于一身的铂金包，尤其适合休闲、旅行登机，也有许多职业女性把它当作公文包使用。铂金包有软包与硬包两种款式，铂金包有 4 种尺寸，90 种不同素材与颜色，皮质多为牛皮、羊皮、猪皮，以及较为珍贵的鳄鱼皮、鸵鸟皮和蜥蜴皮。价格从 5 万元人民币到 30 万元人民币不等。即使是这样的天价，订制一个也要经历漫长等待。因为每只包都是师傅手工制作，一个皮包完成时间为 3 个月、6 个月到 1 年不等。铂金包每一件成品都需一名工匠精工细作 18 个小时，然后编上号，刻上工匠的名字，所以每一个都是独一无二的。

爱马仕丝巾

　　在爱马仕所有产品中，最著名、最畅销的当属精美绝伦的丝巾。据说，全世界每 38 秒就会卖出一条爱马仕丝巾。自 1937 年为纪念一百周年店庆推出第一款丝巾以来，爱马仕丝巾一直是许多上流社会男士馈赠女士的首选礼物。爱马仕丝巾质地华美，有细细的直纹。英国邮票上伊丽莎白女王所系的丝巾，就是爱马仕的杰作。

　　爱马仕丝巾不是一片片平滑的丝绸，而是有细直纹的丝布，它是把丝线梳好上轴再编织而成，特点是不易起褶皱。有时，为了使丝巾更具特色，会在编织过程中加上暗花图案，如蜜蜂、马等。爱马仕丝巾的制作，汇集了无数精美绝伦的工艺，它们全都以法国里昂区为基地，从设计到制作完成，必须经过严谨的 7 道工序。调色师按照设计师的意愿，挑选合适的颜料，每种颜色必须用一个特制的钢架，运用丝网印刷原理，把颜色均匀地逐一扫在丝贴上。每一方丝巾需扫上多少种颜料？这要根据设计图的要求而定，一般是 12~36 种，最高纪录达到 37 种。色泽决定以后，便开始印刷，然后再裁成 90 厘米见方的丝巾。固定色彩也是一项烦琐的工作，必须经过漂、蒸及晾等程序，色彩才不会脱落。最后，由工艺部以人手卷缝嵋口，折好边后，一方飘逸出众的丝巾，才算完成。丝网印刷的工序，本可用电脑代替，但爱马仕却坚持手工上色。卷边也不用缝纫机，而是手工缝制，它的理论是：一幅完美的图画，最重要的是有一个相对的画框将它固定下来，才叫完美，丝贴的边缘一旦平伏，图案仿佛就流泻了，失真了。可见爱马仕对细节非常执着。

　　它也是凭着这种细节，赢得了人心。爱马仕的丝巾，只有 90 平方厘米这一种规格。每方丝巾的重量，也只有 75 克。自 1937 年至现在，它已有 900 款不同的方形丝巾面世。爱马仕有个不成文的规定，就是每一年有两个丝巾系列问世，每个系列则有 12 个不同的设计款式，其中 6 款是全新的设计，其余 6 款，则是基于原有设计而做的重新搭配。就这样，每一条丝巾通过层层关卡，需费时 18 个月才得以诞生。近年来，爱马仕钟情主题设计，让一块小小丝巾，讲述大千世界的生动故事，造就爱马仕的另一个传奇。

Louis Vuitton

路易·威登

（法）

源自法国的典雅奢华之梦

品牌名片

品　　类	箱包、时装、成衣
标志风格	高雅、庄重
创 始 人	路易·威登（Louis Vuitton）
诞 生 地	法国
诞生时间	1854 年

品牌解读

无论是时装还是箱包，路易·威登（Louis Vuitton）都是当仁不让的霸主。它妖冶华丽的风格无人能及，而它的独特的品质同样让同行们叹为观止，路易·威登简称为 LV，代代相传至今，以其卓越品质、杰出创意和精湛工艺成为时尚旅行艺术的象征。路易·威登相信传统的文化创意为未来发展之本。所以，带有"路易·威登（Louis Vuitton）"字样的物品，足以让每一个时尚人士感受到什么叫"趋之若鹜"。

路易·威登并不是只流行一时的时尚品牌，而是一个具有百年传奇的经典品牌，路易·威登的做法就是坚持做自己的品牌，坚持自己的品牌精神，做不一样的东西，给大家提供一个真正的具有文化的东西，让消费者享受贵族般的品质。这一原则也让路易·威登一问世，就以名牌的姿态，影响当时的时尚界，成为名流绅士出门旅游必备的装备。

路易·威登有着防水、耐火的传说，其质地与艺术感觉让任何一个追求高品质生活的人都无法拒绝。因为其不用皮革或其他普通皮料，而是采用一种名为"canvas"的帆布物料，外加一层防水的 pvc（聚氯乙烯），这样的材质让皮包历久弥新，不易磨损。除了"耐用"之外，有 160 多年历史的路易·威登，一开始就专攻皇室及贵族市场，渐渐地从巴黎传遍欧洲，成为旅行用品中最精致的象征。延伸出来的皮件、丝巾、笔、手表，甚至服装等品类，都是以路易·威登崇尚精致、品质、舒适的旅行哲学作为设计的出发基础。这也是这个品牌长久受到大家欢迎的原因所在。

路易·威登的另一个成功秘诀就是力求为尊贵的顾客营造一种"家庭"的感觉。路易·威登可以为客户提供永久的保养服务，路易·威登品牌的产品可以由祖母传给妈妈，妈妈再传给女儿，可以代代相传。无论什么时候，你把路易·威登的产品拿来修理养护，路易·威登专卖店都是责无旁贷地尽心尽力予以帮助。一个品牌的产品，得以这样代代传承，这对于一个品牌生命力的延续意义非常重大，也同样表明了这个品牌是值得消费者喜爱和信赖的。

一部电影《泰坦尼克号》赚尽亿万人的眼泪，和这部电影有关联的还有一个世界顶级奢侈品，它就是路易·威登。当年泰坦尼克号处女航在大西洋因为触碰到冰山而沉没，后来世界上有一家专门打捞海底沉船的公司，他们在打捞上来的各种物品中，发现一个路易·威登的旅行箱包。打开来检查，众人都对他们眼前看到的景象惊讶万分——箱包内竟然完好无损，一滴海水也没有进去！这是何等的品质？！当这个新闻发布出来以后，路易·威登作为皮具行业的巨鳄地位再也无人撼动。

阅读传奇

著名的奢侈品牌路易·威登，创始人路易·威登的第一份职业是为名流贵族出游时收拾行李。他见证了蒸汽火车的发明，也目睹了汽船运输的发展，同时也深深体会到当时收叠起圆顶皮箱的困难。他于1854年在巴黎开了以自己名字命名的第一间皮箱店。一个世纪之后，路易·威登成为皮箱与皮件领域数一数二的品牌，并且成为上流社会的一个象征物。路易·威登这一品牌已经不仅限于设计和出售高档皮具和箱包，而是成为涉足时装、饰物、皮鞋、箱包、珠宝、手表、传媒、名酒等领域的巨型潮流指标。

不过说到这些传奇还要从头开始。路易·威登第一代创始人路易·威登1821年生于法国乡村一个木匠家庭。14岁那年，他徒步远赴巴黎拜师求技，后来成为替王室贵族出游打理行李的专业技师。最初从捆绑工开始做起，即专门替贵族们包裹行李，因为手工精巧，他的名声很快传遍上流社会。

1854年，路易·威登在巴黎市中心的歌

剧院附近开设了第一家专门制造出售旅行箱包的店铺，并用自己的名字作为商品品牌。路易·威登箱包轻巧耐用、结实防水，加上出色的设计和精细的手工，其声名很快传遍欧洲，王公贵族随即成为它的主要顾客。

1885年，路易·威登在伦敦市中心的牛津街开设了它的首家海外分店。此后，这个品牌从未间断过它的革新和拓展。1892年，路易·威登去世，其子乔治·威登（Georges Vuitton）继承了父亲的生意。1896年，乔治·威登设计了仍非常流行的字母组合图案，其皮件表面的路易·威登字母、四瓣花朵与正负钻型花系列的标记，已经成为路易·威登品牌的象征性标识，即使在路易·威登产品多样化发展的今天，其仍具有独一无二、不可取代的历史地位。

自从1854年首家路易·威登旅行皮件专卖店在巴黎开业以来，一个标志性品牌的故事就此开始。经历了一个半世纪，这个知名的法国品牌以设计独特、工艺传统卓越和拥有高贵体面的顾客闻名，并将旅游和生活融汇成一种具有艺术感的品位。

无论探险家们对行李箱的要求有多苛刻，路易·威登总能满足他们长途跋涉之需。如在箱内辟出存放相机等易碎品的空间，以麻绳取代手柄，用锌和樟木制成的密封防水

行李箱以防止湿热气候等。两次世界大战期间，许多汽车都配备了防水防尘的路易·威登行李箱。今日的路易·威登除了秉承传统的优良皮革工艺之外，仍不断地研究创新开发新产品。

一个多世纪以来，路易·威登推出了多项经典设计。Trianon 行李箱是路易·威登推出的第一件旅行用皮件。这是一种采用木制长方形框架，表面覆盖路易·威登独创布料的皮箱，外形美观，轻巧牢固。路易·威登旅行用品的设计总是非常独到，无论人们的要求有多苛刻，他们总能在路易·威登产品中得到满足。

1987 年，路易·威登与法国另一奢侈品集团酩悦轩尼诗（Moet Hennessy）合并，成立路易·威登 MH（LV MH）集团，从此拥有了纪梵希（Givenchy）等其他著名品牌。路易·威登 MH 集团已经是全球最大奢侈品集团，并在全球各大都市开设了直属分店。

路易·威登一直关注着有为的青年设计天才，以增添其品牌活力。1997 年，34 岁的纽约设计师马克·雅克布斯（Marc Jacobs）受邀加盟路易·威登，出任集团的艺术总监，并担任路易·威登男女成衣和男女装皮鞋的设计。马克·雅克布斯曾获美国设计师女装设计（CFDA）年度奖。自从加盟路易·威登

后，他设计出从手袋、时装、首饰到纺织品和鞋类的系列新产品，为路易·威登赢得了更为广泛的声誉。

马克·雅克布斯设计的 Damier 皮箱，气派非凡，为女士平添迷人的气质；Monogram Vernis 筒形漆皮包造型简朴，随意中不失高贵；路易·威登的钢笔和旅行笔记簿精巧典雅，为商界人士喜爱；路易·威登女鞋更是神形独具的工艺品，为女士的美足生辉不少。

路易·威登的各种旅行箱、提包、背包、皮夹约一个月就会推出新款式，极具气派的耐用皮具采用的皮料大部分具有防水及防磨损的性能，加上极坚韧牢固的线脚，令每个路易·威登皮具都非常耐用。每个正品路易·威登皮具都有一个独特的编号，印压在一个不显眼的地方，这也是鉴别真伪路易·威登的方法之一。多年来，路易·威登的形象十分低调，但又不失高贵，其黑、白、灰、咖啡、天然色等基本色调的服装，再配上任何款式的路易·威登皮包，无不衬托出穿着者的独特气质。

1998 年，世界杯足球赛于法国举行，路易·威登精心选用经典的"Monogram"图案设计了一个限量发售的足球，来配合这个令人瞩目的盛事。此足球备有精致的牛皮制球袋，酷似手提袋，全球发行量仅有 3000 个，并且分别印上编号，结果产品推出后于一星期内售罄。1999 年，路易·威登延续世界杯精神，推出名为《Rebonds》的摄影集，为联合国儿童基金筹款。

从创业至今，路易·威登的热潮一直延续着，路易·威登是最令人难以遗忘它时尚地位的品牌之一，世界各地，上至政商名流，下至白领阶层，都对这个品牌忠诚不已，除了爱上路易·威登的奢华地位，更爱它总是经得起时间考验的高品质。

路易·威登一直维持着经典的品牌形象，价格也从不打折，让它能够维持着一贯的高贵质感。且每一款包都是以手工缝制，每位客户购买时只能买一个，对于数量上有

严格的控制，防止被垄断炒价。

因为路易·威登的主要顾客是当时社会上的名流与贵族，例如香奈儿女士、法国总统。后来逐渐延伸至好莱坞与娱乐圈。在电影《罗马假日》中饰演公主的奥黛丽·赫本（Audrey Hepburn）就是拿着一个路易·威登旅行箱在街头冒险；乐坛贵族的艾尔顿等名人都是路易·威登箱包的拥趸。

路易·威登的传奇故事很多，但是不论是路易·威登的何种产品，人们对它的品质都充满期待。路易·威登要营造的正是这种旷世品质与惊艳的效果，即惊鸿一瞥之后让人身陷其中不能自拔。例如它的箱包因为要结合旅行，所以多半是平实耐用又方便轻巧的。它的时装则是出人意料的奢华，颜色爱用金黄色，以此来凸现它的富丽堂皇与张扬个性。衣服的大胆用色让人热血不羁是路易·威登的特征，最让人印象深刻的是他设计的亮丽动人的花卉图案，被时尚界誉为经典之作。

路易·威登在各行各业都有不错的表现，首套典藏腕表系列以1540年首只在西方世界面世的表（Clock-Watch Tambour）命名的"Tambour"（法语解"鼓"），秉承该品牌一贯优雅时尚的作风，顺滑完整的线条、细致整齐的表面、精细的腕带等，每个细节都显出精细的手工。为突显品牌的特色，经打磨的精钢底盘铸有"monogram"图案。全自动上链装置，贴合手腕的每一个动作，促使自动盘来回摆动，从而上紧手表机芯的主发条。计时器分别设在3、6、9。

路易·威登这个品牌总是能让人有所期待，在坚持最初理念的基础上，路易·威登也坚持着不断地创新，"Keepall"手袋，颠覆了以往人们对手袋的概念，同时柔软的帆布让人爱不释手。路易·威登的第一支香水也是在惊喜中诞生，"Heuresd deficiency"是一个浪漫的名字，代表着路易·威登全新的探索。随着历史的发展和时代的变迁，它仍然保持着高品质的格调，永远都散发着一股王者气质，未必每个人都知道路易·威登的历史背景，但没人不知道它是财富和地位的象征。正如电影《欲望都市》中的一句台词："当我拥有路易·威登的那天，就是我出人头地的那一天。"这就是路易·威登的魅力与地位。

Chanel
香奈儿
（法）

时尚易逝，风格永存

品牌名片

品　　类	时装、成衣、化妆品、香水、鞋子、配饰
标志风格	优雅、舒适、高贵
创 始 人	卡布里埃·香奈儿（Gabrielle Chanel）
诞 生 地	法国
诞生时间	1910 年

品牌解读

使用香奈儿（Chanel）的女性永远是独立、自信、高雅的，如同她的创始人卡布里埃·香奈儿（Gabrielle Chanel）女士一样。她说要带给生活在钢筋水泥丛林中的世人一份悠闲的惬意，以及忙而不乱的法国式的浪漫与高贵。

香奈儿还说过："时装，流向街头，但我否认它来自街头。"及时看准时代的潮流，把明天的女性风貌在时装中体现出来，这是香奈儿的语言。她意识到自己的作品，自己是最先穿着的人。从女性的心理、生理来考虑设计，是绝对的道理，这才使得香奈儿这个品牌成为经典与高雅的代名词。人们的穿着表达的应当是自己的风格，而不是一味追逐潮流，那样只会沉沦在永远的奔跑中不能自拔。

香奈儿女装的特色就在于她时尚却不浮躁，舒适却不轻浮，在延续经典的同时又给我们带来了新的经典——永远不变的舒适与高雅，简洁、典雅就是香奈儿的标签。

"当你苦于没有合适的衣服出席重要场合时，那么你就穿一套香奈儿女装吧。"这是时装界留给香奈儿的赞誉。香奈儿不承认偶然的、随意的、单凭兴趣设计的服装。香奈儿，一个具有丰富人生经验的成熟女人深信，流行无论怎样变化，在服装上最终是回归自然。因此，她的套装堪称经典。

阅读传奇

1883 年 8 月 19 日，在法国西南部的小镇索米尔，一切都显得很平静，没有任何惊天动地的事情发生。然而这一天对于全世界的女性来讲很不平凡，因为一位即将影响全球的伟大女性诞生了，她就是时装女王卡布里埃·香奈儿，后来人们都亲切地称呼她为可可·香奈儿（CoCo Chanel）。

关于香奈儿，这位时装界的女王，人们有太多的喜爱，也有太多的幻想与揣测。人们看着她设计的一件件高雅的艺术品，在惊叹她的天才之余，不禁猜想她出身于一个怎样的贵族之家——在人们的想象中，香奈儿应当是那样的出身。然而揭开这段传奇故事的背后，人们发现的竟然是太多的辛酸。

香奈儿女士

香奈儿的父亲是个小批发商，母亲生下她不久，父亲就无情地遗弃了她们。母亲含辛茹苦，好不容易把她拉扯到6岁。一场大病之后，母亲不幸去世，香奈儿成了一个名副其实的孤儿，被送进了当地教会办的孤儿院。香奈儿在孤儿院是怎样度过她的童年与少女时代的，我们无法体会，但是一定不会是一段快乐而幸福的时光，因为没有谁能够在经历那么多的人生苦难之后，却丝毫感觉不到痛苦，何况那还是一个孩子！香奈儿就在那所孤儿院过着她与世隔绝的生活，一切都只是生活，没有任何梦想的火花闪现。如果没有她16岁时的一个勇敢的决定，也许时装界的历史就要被改写。

香奈儿的勇敢行为就是在一天夜里翻出院墙，跑到离家乡较远的穆兰小镇上开始了她独立的、全新的生活。这期间一个陌生的男子闯入了她的视线，那是一个名叫艾蒂安·巴尔桑（Etienne Balsan）的富家子弟，他与香奈儿一见钟情，两人迅速坠入爱河。香奈儿不愿拘囿于狭小的穆兰小镇，迫切地想出去见见大世面。也许在此时她已经显示出她那不同于其他女性的坚强与独立，当然还有她那不安于现状的勃勃野心。于是，在20世纪初，巴尔桑把这位乡下孤女香奈儿带到了世界时尚的中心地带——巴黎。一到巴黎，香奈儿就为眼前出现的光怪陆离、令人眼花缭乱的事物激动不已。最初的激动和新鲜感过去之后，聪明且善于思考的香奈儿对巴黎有了自己理性的打量。凭着爱美的天性，她发现在这个五光十色的大都市里，还有一片亟待开垦的"处女地"，那就是巴黎妇女们毫无时代感的着装。香奈儿发现尽管这些妇女们很热衷于打扮，但是她们完全不懂得什么叫风格，穿着毫无自己的个性。

香奈儿经常流连街头，细心地观察、研究过往行人的衣着。在她眼里，女性的衣着式样陈旧，没有时代精神。有没有可能改变呢？她决心当一名勇敢的拓荒者，她发誓要改变妇女们的着装格调。

然而，男友对她的雄心壮志既不支持，也不理解，两人为此经常发生争吵，最后不得不分道扬镳。在人生地疏的巴黎，她，一个弱女子，一个一无所有的女人，要开拓一番事业谈何容易啊！在这个关键时刻，亚瑟·卡佩尔（Arthur Capel）向她伸出了援助之手。亚瑟·卡佩尔是个生性随和、不拘小节、家境富裕的异邦人，他非常支持香奈儿开拓服装业。就这样，香奈儿赚了她人生的第一桶金，它就是"香奈儿帽"。

　　1910 年，亚瑟·卡佩尔出资帮助香奈儿开了一家帽子店。"香奈儿帽子店"开门营业了。香奈儿以低价从豪华的拉菲特商店购买了一批过时、滞销的女帽，她把帽子上俗气的饰物统统拆掉，然后适当加以点缀，改制成明朗亮丽的新式帽子。这种帽子透着新时代的气息，非常适应大众流行的趋势。特别富有创意的是，香奈儿在为顾客示范帽子的戴法时，一反常态地把帽子前沿低低地压到眼角上，显得神气非凡。这样，一种原本平淡无奇的帽子就变得又可爱又洋气了。

　　这种新颖的帽子，很快成为巴黎妇女的最爱，被称为"香奈儿帽"。而这种别致的戴法，也一时间在巴黎的大街小巷流行开来，成为最新时尚。此时香奈儿的时尚天赋已经初露端倪。

　　"香奈儿帽"的流行，让香奈儿很快就赚回了本钱，还清了借款，并积累了相当的资金。小试牛刀，便旗开得胜，使香奈儿的信心大增，她不再满足于当帽子商人。香奈儿把帽子店改为时装店，并且自行设计，自行缝纫，投入服装改革之中，她大胆宣誓，自己要进军服装业了！

　　当她开始关注巴黎的女装后，她很快发现其又一症结所在，巴黎女装不仅在式样上陈旧烦琐，而且在用料上也过于保守落后，仅凭高级华丽的料子，很难做出舒适合体的衣服来。她认为过于传统的服装把女性的身体给包裹得密不透风，不仅没有体现女性身体曲线之美，反而让她们的身体没有丝毫自

由。她要解放巴黎妇女的身体。于是，她从布厂买来一批纯白针织布料，用这种廉价的布料做成最新样式的女式衬衫，其特点是：宽松舒适、线条简洁，没有翻上翻下的领饰，没有烦琐的一道道袖口花边，也没有什么缀物，领口开得较低。为了便于推销，她还给这种服装起了个别致的名字——"穷女郎"。

　　这种简洁、宽松的衬衫，现在看起来可能很一般，但在那时候的巴黎，相对于繁缛、缠裹盛行的老式服装来说，却很能给人耳目一新之感。"穷女郎"一露面，立即得到巴黎妇女的青睐，并很快被抢购一空。

　　紧接着，香奈儿又乘胜追击，陆续推出一批与巴黎妇女传统服饰大异其趣的服装。她将女裙的尺寸尽量缩短，从原先的拖地改为齐膝，这就是后来著名的"香奈儿露膝裙"。她设计出脚摆较大的长裤，也就是后来的喇叭裤——她因此成为喇叭裤的创始人。

　　在款式上，她推出一些清新明快的新式服装，有纯海军蓝的套装，有线条简洁流畅的紧身连衣裙，有宽大的女套衫，有短短的风雨衣，还有阔条法兰绒运动服，漂亮实用的简式礼服，等等。

　　香奈儿还设计制作了服装的配套物品。比如，原来的女包是手拿式的，她认为劳动妇女两手都得干活，不能因拿包而占用一只手。于是，她把手拿式女包稍加改装，安上较长的包带，往肩上一挎就行了。她还创造了仿宝石纽扣，这种纽扣成本低，但色彩与光泽却比真宝石纽扣更好看。

从1919年起，"香奈儿服装店"的规模在逐年扩大。她在康蓬大街接连买下5幢房子，建成了巴黎城最有名的时装店。香奈儿的服装成为整个巴黎的一种时尚。大街上，"香奈儿式"的女性几乎随处可见。

她因此成为当时世界上声名赫赫的富人。第二次世界大战爆发后，香奈儿关闭了她的服装店，辞去香水公司董事长的职务，她事业上的第一个高峰时期就此结束。

1953年，71岁的香奈儿向舆论界宣布：她要举办个人时装设计作品展，并要重振香奈儿服装店的雄风。1954年2月5日，年过古稀的香奈儿推出她的一个新品种：一种带有两个大贴袋的原海军蓝花呢服装，配穿一件打褶平纹白布罩衫和一顶水兵帽。对此，时装评论家的反应是客气而又节制的，但妇女们却爱买它。同年10月，香奈儿又推出几款服装，这一次只是反响平平。

然而，香奈儿没有就此灰心，而是把目光转向了大西洋彼岸，向美国人推销自己的新产品。讲究实用的美国妇女，就像是哥伦布发现了新大陆，疯狂地迷上了"香奈儿服装"。在美国时装评论界的一致好评中，许许多多的购买者不惜漂洋过海，潮水般涌到巴黎，只是为了购得一件香奈儿服装。甚至连好莱坞的女明星们，都以穿上香奈儿服装为荣。就连美国前总统肯尼迪的夫人，也以买到一套真正的香奈儿服装为豪。纽约歌剧院甚至根据香奈儿传奇般的故事，编了一部歌剧。

香奈儿是一个永远道不尽的故事，香奈儿对自己的着装非常讲究，她的品位铸造了一个品牌的辉煌，她那永恒的黑白经典，以及黑色衣服上佩戴的白色珍珠已经成了她的标志。她虽然反对女性将自己的身体包裹得"淑女"，但是你千万不要以为香奈儿服装是一个追求休闲与运动的品牌，香奈儿追求的永远是一种将女性美发挥到极致的优雅。她本人从来不穿牛仔裤，她曾经这样说过："女人无论何时最好都不要穿牛仔裤，因为你不知道也许你的意中人就在不远的街角看着你，而牛仔裤只会使你看起来不够高雅。"香奈儿自身的独特魅力造就了品牌无与伦比的品质，穿上香奈儿就意味着你拥有了一种优雅的性情，你的品位将在不经意间展现无遗。

"风格，要有风格。记住，时装在变，但风格延续。"做个有风格的女人，就是香奈儿关于女人的哲学。

首先，要有一个苗条的身材。香奈儿的女人都

有这么一个典型形象：个性独立、苗条、世故、新颖与摩登。正如她自己所骄傲的一件事是："除去我的头，你会以为看到的是一个青少年的身体。"但并非所有的女人都有清瘦的模特儿身材，依据香奈儿的经验，穿衣服时不应刻意隐藏缺陷，愈是隐藏掩饰，愈是会突出这个部位，所以穿衣的艺术在于强调重点——如果矮小的话，就把正面腰线提高，人看起来就显得高些；如果臀部下垂，就把背部的腰际线放低一些，下垂的臀部就不会太明显。这些都成为香奈儿女装设计师的灵感源泉。当人们在享受华服之时，请别忘记缔造它的那位伟大女性，感谢这位出身平凡却一直创造不平凡的女性，是她的诞生改变了全球女性的着装风格，解放了她们的身体，也打开了她们通往时尚王国的一条通道。她的名字也将伴随这个经典的品牌继续活在万千女性的心中，这是一种永不消逝的风情与怀想。

主要香水作品

"香奈儿5号"（Chanel No.5）——永恒的女性魅力

这是香奈儿品牌永恒的经典，因为玛丽莲·梦露（Marilyn Monroe）的一句"我晚上只穿着香奈儿5号睡觉"而名扬四海。

香奈儿5号诞生于1921年，香调为乙醛花香调。前味为：科摩尔斯岛的香油树花、格拉斯的橙花、乙醛。中味为：格拉斯的茉莉、五月玫瑰。后味为：麦索尔的檀香木、波旁香根草。

这瓶香水开启了世界上以序号为香水命名的先河，也许大家会觉得奇怪，它为什么不叫作1号、2号或10号，而偏偏选中了"5"这个数字？因为当时当调香师把多支样品呈给香奈儿女士的时候，香奈儿挑中了编号第5的这一种味道，同时，也因为"5"是香奈儿女士最喜欢的幸运数字。于是，这一瓶举世闻名、流传千古的香水，就这么简简单单地选择了"5"号作为它的名字。最后，就连当时香水的发表日期，都选在当年的5月25日，与香奈儿第5场的服装发表会同时举行。

香奈儿5号香水之所以会让人觉得如此独特，除了它是香奈儿女士的第一支香水作品、第一支以号码命名的香水、第一瓶出身于服装设计师的相关时尚产品之外，还有一个桀骜不驯的理由——它是一瓶不试图重现花香的香水。

即使到了21世纪，市面上出售的香水，无一不在小小的香水瓶子里努力地试图将鲜花的香味重现，并以模仿真实的花香为傲。而早在1921年，香奈儿女士就以"抽象"为目的，回避了纯粹花朵的芬芳，在苔藓与其他植物中，利用乙醛可以萃取植物精华的特性，启发了植物另一种不为人知的气味，并让这些气味千变万化。她运用这个概念，将乙醛、植物与多种鲜花结合，所创造出来的这一种前所未有的香味，果然为她的第一支香水打了漂亮的一仗。

"我的美学观点跟别人不同：别人唯恐不足地往上加，而我一项一项减除。"正是这个理由，使香奈儿5号简单的外形设计在同一时期的香水作品里面，看起来是最"奇怪"的一支，因为在所有极尽繁复华美之能事的香水瓶身里面，唯有香奈儿5号像一个光溜溜的药瓶。在当时，许多人都不看好这支看起来活像一瓶药罐子的香水，甚

至有一些见过香奈儿5号的时尚专家，都认为香奈儿女士一生的美名就要丧失在这一支"简陋"的瓶子之中。结果他们没有想到，这一瓶当初他们并不看好的香水，在世界上香水当红的时间，却取得了空前绝后的成功。

香奈儿5号的26个钻石切割面瓶塞以及方正线条的瓶身令人印象深刻。它在1959年获选为当代杰出艺术品，现在陈列于纽约现代艺术博物馆内。

"CoCo"——最具纪念意义的香水

CoCo诞生于1984年，香调为东方花香调。前味为：保加利亚玫瑰、橙花、含羞草、格拉斯山茉莉。中味为：白芷、鼠李草。后味为：安息香树脂、芳香树胶、东加豆。

香奈儿女士一生都非常热衷于文艺活动，也结交了不少后世极为推崇的艺术家，如音乐家斯特拉文斯基、画家毕加索等。在她年轻时，也曾在谟林市的圆亭登台献唱。初试啼声的两首歌曲《Ko Ko Ri Ko》及《Qui qua vu CoCo》歌词中正巧总是出CoCo的发

音，使得朋友和观众们开始以CoCo来称呼她。因为CoCo的发音响亮易念，到了后来，她的本名Gnbrielle Chanel反而不那么为人熟知。香奈儿香水大师，也是世界顶尖的香水大师贾克（Jacques Polge）先生，为了纪念香奈儿女士，便决定以其小名CoCo来为这一支新诞生的香水命名。

重现香奈儿女士的绝代风华，并不是一件容易的事情，怎么用香味来诠释这样一个精彩、丰富的女子？这是很大的挑战。贾克在创造这款香水时，常常在香奈儿女士巴黎的寓所里找寻灵感。他以西方的花材，融合东方特有的神秘而温暖的香

料——琥珀，使 CoCo 成为当代东方"辛辣调"香水的新典范。

这种兼容并蓄的风格，也呈现出 CoCo 融合古典优雅与巴洛克式奢华的矛盾性格。这款香水最适合经常出入社交场合的摩登女子。在世故、洗练的风情中，流露小女人感性、渴望被呵护的心思！

香奈儿经典香水瓶身简单且极具现代感，黄金比例的瓶身设计，纯粹而精练的线条，瓶盖上 26 个钻石切割面所折射出的璀璨光芒，完全颠覆传统的审美观，使得此香水瓶身成为现代艺术的经典作品。和香奈儿 5 号一样，它亦曾得过 1959 年纽约大都会博物馆最佳瓶身设计奖，至今仍收藏于纽约大都会博物馆中。

是不是不擦香水的女人没有未来？香奈儿自有她的注解："香水应该像当面一巴掌那样，用不着待了 3 小时才让人闻出来，要很浓郁才行。"而她心目中最完美的香水，应该是香奈儿 5 号那样的带有男性色彩的香水，剔除掉麝香这种带女性味的香气。

于是，我们的香奈儿女王，终其一生都用简单优雅的苗条，用她的黑色无领套头衫和上面香奈儿式的珍珠项链，革命性地改变了女人，她的形象依然活跃在每一个时尚人士的心中。

"香奈儿 19 号"（Chanel No.19）——公主与小丑的浪漫故事

这是香奈儿女士生前最后一支亲自推荐的女性香水。与 No.5 和 CoCo 一样，这也是一瓶充满香奈儿女士影子的香水。香奈儿 19 号的命名来自香奈儿女士的生日，她出生于 8 月 19 日，她的生日造就了这支香水的名字。

香奈儿 19 号香调为：藓苔花香调。前味为格拉斯橙花、伊朗的白松香。中味为：格拉斯的五月玫瑰、佛罗伦萨的鸢尾花、水仙花。后味为：美国弗吉尼亚西洋杉、南斯拉夫的橡树苔。

香奈儿 19 号香水是在 1970 年由调香师亨利·罗伯特所创造，关于这一支香水，香奈儿化妆品公司后来赋予它一个有趣的故事——公主与小丑。

很久以前，在一个遥远的国度，有一对深受爱戴的国王与王后，他们仅有一个失明的女儿，当她到了适婚年龄，王后为了女儿的婚事拜访一位具有巫术的隐士。隐士张开暗淡的眼睛，说："你可以放心，因为你的女儿懂得真爱，虽然它将出自与众不同的方式。"国王和王后带着疑惑回到宫里，开始接见公主的求婚者。合格的王子从邻国前来，穿着华丽的服饰，用宝石和赞美追求公主，但是她看不见他们发光的黄金，也看不到他们华丽的服饰，对于他们中的任何一位都没有感觉。

到了第 19 位追求者，出现了一个相貌极其丑陋的小丑，他拿着一个瓶子，虽然忐忑不安，但仍坚定地走到公主面前。他小心翼翼地打开这个瓶子，将它贴近公主脸颊。公主立刻因为感觉到一股喜悦的悸动而端坐起来，这神奇的魔力使她脸上洋溢出灿烂的笑容，在场的追求者都忍不住赞叹。年轻的公主站起来，郑重而庄严地宣称她想要和这第 19 位追求者结婚，因为他是唯一知道如何和她的灵魂交谈的人。

这时国王和王后明白了隐士的预言，他们的女儿并非倾心于外表的俊俏。外表可能骗人，但是在香味中形成的爱意，打开了一个无限宽广的世界，使两人拥有同样的想象空间。当公主发现爱的真意时，婚礼就是充满欢乐的盛宴。婚礼上，香奈儿 19 号香水被介绍给每一位宾客。后来香奈儿 19 号的花卉由各国纷纷呈献上来，公主和她的夫婿将它们编成一组特殊的字母，发明了一种新的语言。这种语言流传至今，成为人们表达爱意的沟通工具。

"自私"（Egoiste）——香奈儿眼中的"坏"男人

或许男人与女人是永恒的"冤家"，是一对"不可调和"的矛盾，男人在香奈儿女士心中是什么样的呢？1990年，当香奈儿推出"自私"男香时，曾以一支充满张力的广告引起极多女性的响应。广告中数百位各具风情的女性，一个个推开百叶窗，纷纷对着天空分别以控诉、埋怨、忧伤或气愤……的口吻呐喊："自私！"这一种简单明快的诠释方式，不仅震撼了广告界，同时也直接打进女性的内心，引起许多人对于男性看法的共鸣。

"自私"男香因此引起了广泛的关注。根据统计，购买"自私"男香的女性也非常的多，受到了许多的好评。香奈儿认为，不论是哲学家、心理学家还有女人都相信，总有为数不少的成功男人是非常懂得保护自我的，甚至可以说是"自私"的。这样的男人多半只会注重自己的感受与感情，而较少考虑到对方的付出与心理，因而他们在香奈儿女士的心中都是"自私"牌男人。

"自私"诞生于1990年，香调：辛辣、木质、香草。前味：柑橘。中味：紫檀木、土耳其玫瑰、芫荽。后味：香草、黄葵子、檀香。

然后，香奈儿于1994年又推出第二代"白金（Platinum Ego Tsie）"男香，将男性引导至更符合他们的一种自我境界。之所以取名为"白金"，是因为珍稀的白金所闪耀出的光芒极为独特尊贵，而且西方俗语中也以"具有白金般的特质"来形容才情洋溢、口若悬河的人，因此，用来彰显这款香水是再合适不过了！薰衣草、迷迭香的热情，加上羊齿植物及树苔持久低回的清新香气，营造出淡雅高贵的香水。

"白金"男香，它的前味是为：薰衣草、迷迭香、柠檬叶；中味为：口松香、天竺葵、山艾；后味为：西洋杉、树苔、香根草。这款香水比起"自私"更适合那些浪漫尊贵的男人使用。和女香"毒药"有异曲同工之妙，香奈儿抓住了女性奥妙的心态，用逆向思考的方式设计了自私的香味，企图让男人在自私的坏习性中，轻易掳获女性的心。

"小黑裙"（Little Black Dress）——每个女孩的衣橱必备服装

小黑裙通常缩写为"LBD"，享有百搭易穿、永不失手的声誉，因此顺理成章地成为女士们衣橱里的必备品，也

《可可·香奈儿》电影海报

是服饰史上影响最深远的设计之一。

在 1926 年，香奈儿女士第一次发布了她的小黑裙。这种风格带来了一种全新的时尚气息，从另一个角度来展现跳出传统规则的另一种女性美。女人一心想着所有的色彩，而常会忽略了无色彩。而香奈儿认为黑色与白色一样，凝聚了所有色彩的精髓。它们代表着绝对的美感，展现出完美的和谐。因为第一次世界大战给欧洲社会带来的暴风雨般的改变，就为小黑裙创造了机会。在它面世后，人们用最好卖的美国汽车的名字来称呼它，叫它 Ford 裙，由此可见香奈儿小黑裙的受欢迎程度。

虽然小黑裙不是第一次出现，但香奈儿创造的款式、廓型是彻底的、前所未有的。卸去了战前的大帽、窄裙摆和极致的装饰，小黑裙设计简洁，因此配饰成为小黑裙的一个看点。珍珠、胸针、胸花、腰带等都成为给小黑裙增色的小要素。香奈儿小黑裙长至膝盖，带着几分帅气的纤细，而且，即便不过多的修饰，也能够华美非常。

香奈儿眼镜 ——点亮双眸的时尚单品

香奈儿眼镜也继承了香奈儿品牌的优雅之风，香奈儿眼镜款式的精心设计可从其细节上的雕琢、创新的技术及卓越的线条、轮廓清楚看出。除了高雅的标志外，眼镜本身也以鲜明的轮廓及前卫的设计和颜色吸引大众的眼光。在每款香奈儿眼镜架或者太阳镜上都有明显点缀的香奈儿的标志，时刻向世人显示佩戴者的品位与身份。作为华美设计与精良制造技术相结合的艺术品，年轻化的镜框，设计融入时装的性感流利线条，令人有焕然一新的感觉。细数香奈儿的经典潮流，眼镜是必不可少的单品，轻巧的材质，优雅的弧度，让双眸享受到顶级的呵护。

"CoCo Chanel 2.55" ——震惊时尚圈的包包

香奈儿 2.55 堪称世界上最能激发女人强烈欲望的包。1955 年 2 月，欧洲还处于战后物资相对缺乏的时期。香奈儿设计出的一款划时代的包震惊了时尚圈，它就是 2.55。作为时尚先驱，香奈儿女士大胆引入肩带的设计用于女性的手袋上，引领了新的时尚热潮。从此，这种款式的包让所有女人都喜爱非常，成为标榜自己是时尚人士所必备的款式之一。

Christian Dior

克里斯汀·迪奥 （法）

演绎时装界的王者风范

品　　类	高级女装、高级成衣、内衣、香水、化妆品、珠宝
标志风格	奢华、高贵
创 始 人	克里斯汀·迪奥（Christian Dior）
诞生地点	巴黎
诞生时间	1946 年

品牌解读

如果说时装业也是一个国度的话，那么迪奥（Dior）绝对是当仁不让的女皇。没有谁敢和她比富丽堂皇。她高贵大气，她耀眼夺目，她拥有无与伦比的璀璨光芒。迪奥的时装多半奢华繁复，这也许是绝大多数巴黎时装的特点。也正因为此，她才像一个真正的王者。

与迪奥的时装相似，它的香水与化妆品也秉持它一贯的华丽与高贵。如果将迪奥比作一个女人，那么她就是一个兼具神秘气质与高雅品位的女人，她的味道必定是充满诱惑和浓郁芬芳的。迪奥是属于成熟女性的，它拒绝"清纯"与"低调"。迪奥无论出现在哪里，都是当之无愧的王者，因为只有它才具备这样的王者风度。它的华贵与高雅，还有数不尽的奢华。浓烈与极致诱惑是属于迪奥式的风格，它永远带有一种"侵略性"的扩张之美。

迪奥，一位无懈可击的时尚缔造者，一个万众瞩目的香水品牌。克里斯汀·迪奥（Christian Dior）在 1947 年创立迪奥香水企业，同时发布了"迪奥小姐"。他坦言自己经常受到香水的诱惑，他说："我把自己看成香水设计师，就像我是服装设计师一样。"他还说："如果我是香水设计师，那么一打开香水瓶就能感受到迪奥服装的气氛，每个穿了迪奥服装的女人也会在她经过后留下令人难忘的余香。"他有一次还承认在儿时从未梦想过自己会是服装设计师。他能记起的对女性最初的印象也不是服装，而是她们身上的香水味。

迪奥香水公司共推出了 18 款香水，为迪奥设计香水的杰出香水师包括埃德蒙德·鲁德尼兹卡（Edmond Roudnitska）、纪·罗伯特（Guy Robert）、让·路易斯·苏萨克（Jean Louis Sieuzac）和皮埃尔·伯顿（Pierre Bourdon）。

阅读传奇

1905 年 1 月 21 日，克里斯汀·迪奥出生于法国诺曼底附近美丽的海滨度假城市格兰维尔（Grandville）。他的家庭在当时已经属于显赫的上流社会，舅舅是内阁部长，父亲靠做化肥生意成为一名成功而富有的商人，母亲是上流社会优雅而富于智慧的女性代表，协助他父亲精心经营家庭财产。

孩提时代的克里斯汀·迪奥，对大地、植物和花草有着特殊的兴趣爱好。他母亲的私家花园在当时已享誉一时，是格兰维尔城市的一个知名景观。格兰维尔每年有嘉年华会，年轻的克里斯汀·迪奥酷爱画画，经常会描绘一些游园景象，尤其是嘉年华会游行队伍中的马车、花簇、精心装扮过的游人。每当诺曼底嘉年华会开始，克里斯汀·迪奥会自己化上妆，穿着带天使翅膀的衣服，并且亲自动手在衣服上镶上贝壳做点缀。他还为自己的卧室制作了一个多彩的灯笼挂在天花板上。

从这些充满浓厚艺术气息的物象中，不难看出艺术的灵感与审美情趣已在年轻的克里斯汀·迪奥心中渐渐形成并深深扎根。后来，克里斯汀·迪奥随父母迁到巴黎，与母亲的关系日渐亲密。他与母亲一样钟爱美丽的事物，还时常陪母亲试穿购买的新衣服。而他的奶奶也曾说，他那张精致的面庞后隐藏着一种与众不同的精神与气质，而正是这种精神造就了后来领导全球时尚潮流的大师。

同很多父母一样，克里斯汀·迪奥的父母也望子成龙，以为艺术不是什么正经职业，因此他们不屑于克里斯汀·迪奥对艺术与美的执着追求和爱好。他母亲一直期望着孩子有朝一日能成为外交官。所以当克里斯汀·迪奥高中毕业，提出选择进入艺术学院深造时，遭到了父母的断然拒绝。这是克里斯汀·迪奥人生的第一次挫折。受到家庭观念的影响并出于对父母的尊重，克里斯汀·迪奥舍弃了自己钟爱的艺术学校，屈从父母的意志，进入了巴黎政治学院深造。但同时他也得到了来自父母的妥协，可以继续在业余时间学习自己感兴趣的艺术类课程。

在当时的学校里，他接触到许多当时巴黎最时髦、最活跃的新事物，如抽象派画家让·谷克多（Jean Cocteau）的作品等。他遇到了一群与自己志趣相投的朋友，这些人以后在各自的领域里都成了知名的佼佼

者，如知名艺术家达利，抽象派大师毕加索，绘画大师布拉德，作家莫里斯·萨克斯等。

当时的克里斯汀·迪奥将大部分精力花在自己的兴趣爱好——音乐与绘画上。他热衷于前卫派的艺术风格，因过分沉迷于自己的兴趣，使得巴黎政治学院不得不给了他严重警告。当他在巴黎政治学院毕业后，父亲终于拗不过他的兴趣和决心，出资帮他开了一家画廊，展出布拉德、达利、博曼兄弟及多位著名艺术家的作品。

👑 **迪奥女装大受欢迎**

后来，父亲破产了，画廊没有了经济来源，不得不停顿下来，而他最敬爱的母亲也去世了。这是克里斯汀·迪奥生命中第二次沉重的打击，无忧无虑的金色的青年时代随之宣告结束。从此克里斯汀·迪奥过起了颠沛流离、居无定所、食不果腹、艰苦凄惨的生活。他多次求职无果，没有经济来源，又得了肺结核。但这些都没有让他失去生活的信心。终于有一天，他在一个做裁缝的朋友那里觅到了一份画纸样的工作，而正是这一份不起眼的工作成了他以后辉煌生涯的起点，使他与生俱来的艺术天分得到了淋漓尽致的发挥。凭借自己的天分，克里斯汀·迪奥很快从一个初级学徒升为二级裁缝师。

当时克里斯汀·迪奥已是不惑之年，他年轻时的朋友如克里斯蒂娜、哈瑞、莫里斯·萨克斯等已成为当时巴黎最顶尖的艺术家；他的同事皮埃尔·巴尔曼已经拥有了自己的服装公司。这一切促使他开始思考自己今后的路该如何走。

1946年，克里斯汀·迪奥遇到了马尔塞勒·布萨克（Marcel Boussac），当时的纺织业巨头。在交流过程中，迪奥的才华与经历深深打动了马尔塞勒·布萨克，由此他得到了马尔塞勒·布萨克的资助，成立了以他自己的名字命名的克里斯汀·迪奥高级订购时装专门店。

时值第二次世界大战结束后不久，人们尚未从战争的阴霾中走出，巴黎的时尚界领军人物尚未完全恢复信心。香奈儿小姐退出巴黎；巴黎世家（Balenciaga）对时局不屑一

DIORSNOW

顾，无心投入……整个时尚界萎靡不振，人们都在期待能有人带来一些振奋人心的惊喜，给时尚产业注入一针强心剂。而就在此时，克里斯汀·迪奥在巴黎蒙代涅大道（Avenue Montaigne）的专门店内展出了个人的首个时装系列。

当 90 个模特身着那些收腰外套和宽身长裙，以 A 字形线条出现在众人面前时，人们被震撼了。当时美国时尚杂志《Bazaar》的记者卡梅尔·斯诺（Carmel Snow）脱口而出："It is such a New Look。（这是一个新视界。）"他那有别于当时传统时装模式的新颖设计，犹如一颗投向巴黎时装界的原子弹。虽然不能说是被所有人认同，但绝对算得上是"新视界"。加上新闻工作者的大力推崇，迪奥的才华旋即获得了全球的爱戴。借着时装大受欢迎的东风，克里斯汀·迪奥推出了第一款香水并成立了自己的香水公司。

随后，克里斯汀·迪奥的时装系列不断扩大，产品延伸至手套、丝袜、皮具、皮草等多个门类。1953~1954 秋冬系列，以"令人震惊"的风格——即将裙子的长度缩短到离地面达 40 厘米，一举震惊英伦三岛。

1954 年克里斯汀·迪奥在伦敦的第一家店开业，而此时，克里斯汀·迪奥公司在他亲自打理下，巴黎的员工已达1000 人，分布在 28 间作坊，并成为当时法国第一大高级时装出口公司，出口量占全法高级时装出口量的一半。

在如此骄人的业绩下，克里斯汀·迪奥仍不断推陈出新，1954~1955的秋冬系列，再次以令人耳目一新的"H"型线条震惊时装界。

克里斯汀·迪奥的设计才华和创造力不仅令时装界为之折服，也令整个社会对他肃然起敬。几十年来，他所设计的每一个系列，都是高雅尊贵，尽显女性妩媚。除了自己的高级女装生意，克里斯汀·迪奥这时也常接到著名影星的服装订单，制作了很多电影服装。1957年10月，这位大师逝世了，终年只有52岁。伊夫·圣罗兰继承了克里斯汀·迪奥公司艺术总监的职位。伊夫·圣罗兰将克里斯汀·迪奥推向了莫斯科，并推出克里斯汀·迪奥的新系列——苗条系列。第三代继承人马克·博昂（Marc Bohan），首创"迪奥小姐"系列，延续了克里斯汀·迪奥品牌的精神风格，并将其发扬光大。1989年克里斯汀·迪奥品牌由意大利设计师费雷主持设计，他的到来为克里斯汀·迪奥传统的较夸张、浪漫的风格融入了新的严谨与典雅。

来自英伦的设计师约翰·加利亚诺（John Galliano）天分极高，国际传媒称他为高级订制时装（Haute Couture）的救世主。他将斜裁（Bias Cut）剪法运用得更加成熟巧妙，造出更富性格、略带夸张的设计来，继而使得克里斯汀·迪奥一直受到各国人士的欢迎，事实上，克里斯汀·迪奥一直是好莱坞内那些天王巨星、潮流始创者和品位出众女士们的挚爱。

迪奥（Dior），在法语中意味"上帝"与"金子"的组合，淋漓尽致地表达了现代女性的追求——性感自信，激情活力，时尚魅惑！

克里斯汀·迪奥之所以能成为经典，除了因为其创新中又带着优雅的设计，还因为其培育出许多优秀的年轻设计师。伊夫·圣罗兰、马克·博昂、奇安弗兰科·费雷

（Gianfranco Ferre）以及约翰·加利亚诺在克里斯汀·迪奥过世后陆续接手，非凡的设计功力将克里斯汀·迪奥的声势推向顶点，而他们秉持的设计精神都是一样的——克里斯汀·迪奥的精致剪裁。迪奥的品牌范围除了高级时装，早已拓展到香水、皮草、针织衫、内衣、化妆品、珠宝及鞋等领域，不断尝试、不断创新却始终保持着优雅的风格和品位。

"真是令人难以置信，克里斯汀·迪奥先生出生至今已有100年了。然而，无论是对克里斯汀·迪奥公司，还是对我而言，他的影子无所不在，仿佛从未远离我们。我们有很多相似之处：对于自然和美丽的热爱。克里斯汀·迪奥先生用他的热忱和才华播下了种子，孕育出一片美丽的花园，而我有幸在这花园里施料、灌溉花朵，采撷每季最新鲜、最艳丽的花朵奉献给大家。"这是迪奥品牌设计师约翰·加利亚诺2005年1月写在克里斯汀·迪奥100周年诞辰之际的一段话。或许，这才是真正的克里斯汀·迪奥精神，一个让品牌永远生辉的精神内核。

克里斯汀·迪奥女装是华丽优雅的典范，从好莱坞明星英格丽·褒曼、艾娃·嘉德纳到现今的妮可·基德曼和麦当娜，都是迪奥的追随者；从英国皇室玛格丽特公主新婚大典的婚纱，到温莎公爵夫人及戴安娜王妃出席重大宴会时穿的礼服，都是迪奥的艺术作品。

主要香水作品

"华氏温度"（Fahrenheit）——甜蜜的恋爱宝贝

"华氏温度"诞生于1988年，主题：暖暖的里香像情人的胸膛，只要一闻就觉得很安全，这就是华氏温度的魅力。香调：木质花香调。前味：檀木、雪松。中味：忍冬、山楂。后味：乳香、苏合香。

成功的香水往往可以诠释时代气息，"华氏温度"的创作精神，可以说是现代"新好男人"主张的前身。在20世纪80年代末90年代初，所有时下对男性形象的描绘仿佛已经到了一种江郎才尽的地步，市面上塑造的男性形象不会脱离以下这几种：肌肉发达的兰博、强壮性感的泰山、帅气邪恶的花花公子、目不斜视的英雄……"华氏温度"创造了时代男性的概念，强调的是在物质与精神生活之中取得平衡。"华氏温度"大胆选取木质香调，以展现男性的沉稳。另外，在以直角和直线为设计主流的男性香水世界里，"华氏温度"率先带动男香瓶身的流线型设计。"华氏温度"同时也是一支注重"民调"的香水。当"华氏温度"这个名字决定之后，克里斯汀·迪奥公司立刻走上街头，进行即兴的市场调查。在调查过程中市调人员不提供任何暗示，只要求受访者表示他们的直觉，调查结果表明，"这个名字果然令人印象深刻"。

"毒药"（Poison）——一个爱与复仇的前尘往事

"毒药"诞生于1985年，主题为历史上首创以耸动名称为之命名的香水，豪华富丽的经典之作，将克里斯汀·迪奥的高贵精神表露无遗。香调：花果辛香、琥珀调。前味：俄罗斯芫姿、马来西亚胡椒、锡兰肉桂。中味：橘花蜜、野莓组合（包括覆盆子与黑醋栗）、卡他夫没药。后味：龙涎香、棕红色香树脂、黎巴嫩岩蔷薇。

历史巨作"毒药"香水，虽然不是法国凯萨琳王妃（Catherine de Medicis）的作品，但是"毒药"的诞生乃至于闻名世界，都与凯萨琳王妃有密不可分的关系。凯萨琳诞生于意大利，从小受意大利文化的熏陶。1533年与法国尚未登基的王储亨利四世结婚之后，进入皇宫中，开始了她宫殿里钩心斗角的生活。她的对手虽然遍及宫中的男男女女，不过，对于她的理想与前景阻挠最深的，还是王储亨利四世的母后——她的婆婆杰欧妮·阿尔勃特。凯萨琳随行的工艺大师中，有一名叫佛罗伦丁（Renele Florentin）的人。他是当时名闻四方的化学专家，精通调制香水，更擅施毒。他在巴黎"爱之桥"所经营的香水精品店，最后成为情侣们最佳的约会场所。在当时，法国的上流社会非常流行使用手套，来作为高贵身份的象征。不过为了遮盖手套上皮革的气味，并使手套显得更优雅，人们喜欢先将手套浸置在香水中，使其充满香气后再使用。拜凯萨琳之赐，香水手套在宫廷中大行其道，手套的款式花样百出，工匠们为了取悦皇亲贵族，手艺神乎其技，甚至可以做出精巧得足以放入胡桃核中的迷你手套。

历史记载，凯萨琳曾经献给王储亨利四世的母后一副由佛罗伦丁大师精心熏香并抹上剧毒的手套，意大利史学家戴威拉在他的记录中提及，凯萨琳早已有意谋害王储母后杰欧妮·阿尔勃特，她命令佛罗伦丁将毒药与迷人的香精混合，以极高明的技巧处理在手套上，然后献给王储的母后。母后在戴用这一双香气诱人的手套 4 天后，就身染怪病，高烧不退，不治而亡。凯萨琳的心头之刺既已拔除，便顺利地入主皇宫成为一国之后，由佛罗伦丁设计的含有迷人浓香的毒药处方笺从此束之高阁，不必再使用。不过，毒药中这一种任何人都无法抵抗的魅惑配方，却从此流传下来，配制成了脍炙人口的经典香水。少了剧毒，香水依然名叫"毒药"。这段有关凯萨琳王妃的史料记载，和毒药香水的故事紧密结合。后来毒药运用翡翠和紫水晶华丽的颜色作为包装，和它显赫的皇宫背景有关。

"真我香水"——忘记过去的忧伤

纯净、永恒的造型，体现了克里斯汀·迪奥一贯的格调：高雅而迷人。细长的瓶颈，用金色的领巾围了一周，更加显得高贵不凡。瓶身光滑透明，没有一点修饰。

"真我香水"的香调：优雅花香调。前味：常春藤叶、柑橘果、黄兰香。中味：紫罗兰、玫瑰。后味：葡萄酒、李子、麝香、黑醋栗。

服装方面的主要作品

克里斯汀·迪奥服装的设计，重点在于服装的女性造型线条而非色彩，强调女性凹凸有致、形体柔美的曲线，在克里斯汀·迪奥的设计中女性独特的魅力被淋漓尽致地体现，在这种大胆完全的体现中，原不被欣赏的黑色经迪奥的手也成了一种流行的颜色，迪奥的设计一扫第二次世界大战后女装保守呆板的线条，这种设计让法国及西方世界为之轰动，让女性为之动容。迪奥的时装华丽，其中以晚装为最，豪华、奢

侈，在传说和创意、古典和现代、硬朗和柔情中寻求统一的晚礼服总让人们惊艳，沉醉于这种美丽之中。

天才设计大师克里斯汀·迪奥的作品美妙绝伦，大v领的卡马莱晚礼裙，多层次兼可自由搭配的皮草等，其优雅的窄长裙，从来都能使穿着者步履自如，体现了优雅与实用的完美结合。克里斯汀·迪奥品牌的革命性还体现在致力于时尚的可理解性，选用高档的上乘面料，如绸缎、传统大衣呢、精纺羊毛、塔夫绸、华丽的刺绣品等，而做工更以精细见长。在战后巴黎重建世界时装中心过程中，迪奥有着相当大的贡献。

迪奥品牌的眼镜

款式的精心设计可从其细节上的雕琢、精致的做工与时尚的线条、轮廓清楚地看出，在每款迪奥眼镜架或者太阳镜上都明显地点缀着迪奥的标志，时刻向世人显示佩戴者的品位与身份。细数 Dior 的经典潮流，眼镜总是重要的一环，细而轻巧的镜框，流线型的设计，愈发能衬托出佩戴人的眼眸。

迪奥品牌配饰

继 Dior 晶钻橡胶表系列于 2008 年春季推出了最引人瞩目的猎艳红与经典的魅惑蓝之后，2009 年全新 Purple Rubber 紫色晶钻计时表款也隆重登场。当橡胶表带被赋予紫色奢华的生命力时，那种超越自我的个性瞬间潜入心底。无论是在激情、热辣的运动中，还是在极致奢华的晚会上，佩戴它的人将成为让所有人为之羡慕的焦点。

在高级女装、高级成衣、香水、针织品、化妆品等领域都有不俗表现的迪奥，其珠宝作品也带给世人惊艳之感。迪奥珠宝从各种历史风格中广泛汲取灵感，从不单纯地复制某种外观，而是透过多彩的宝石赋予作品新颖的性格，创造出独树一帜的珠宝款式。1995 年，迪奥还与施华洛世奇共同开发出了多款北极光莱茵石，大大丰富了首饰制作的色彩与材质。除此之外，迪奥珠宝的另一大特色是大胆地使用花朵图案，这也反映出其创始人迪奥先生对大自然的热爱。不知名的小野花、爱意浓烈的玫瑰等都是明显的设计主题，而山谷里纯洁的百合更是成为迪奥珠宝的标志性图案。

Givenchy

纪梵希

（法）

高贵与典雅的代名词

品牌名片

品　类	高级时装、高级成衣、香水
标志风格	优雅、华贵
创始人	休伯特·德·纪梵希（Hubert de Givenchy）
诞生地	法国巴黎
诞生时间	1952 年

品牌解读

不知从何时开始，形成了一个由世界上最伟大的设计师组成的小圈子，这些带着创意思想的设计师，用灵巧的双手，一次次地革新服饰，重新定义巴黎的时尚与世界潮流。休伯特·德·纪梵希（Hubert de Givenchy）就是其中一位。在那个优雅和戏剧化的年代，提起纪梵希（Givenchy）这个名字，人们最先想到的是优雅高档的时装，脑海里同时浮现出奥黛丽·赫本清丽的身影，也许正因为由时装起家，宛如魔镜的纪梵希化妆品让人感受到的是新鲜创意和对女人的深深了解。以华贵典雅的风格而享誉时尚界数十年的纪梵希，一直是时装界中的翘楚。它的魅力一代一代地传承下来，让世人永远记住了这个经典的品牌。

在国际时装界如果想找到一个品牌最能诠释"优雅"一词深意的，恐怕众人会情不自禁地想到纪梵希。他的作品时而简洁凝练，时而又稍显华丽，其中尤以晚礼服著名。因为在觥筹交错的名流聚会上，只有纪梵希的作品才会让你加倍生辉！他独特的剪裁与名贵的面料都会使你成为一道流动的优雅风景线。它也许没有路易·威登的华丽，但是它绝对有香奈儿的经典；它或许没有范思哲的性感，但是它绝对有莲娜·丽姿的优雅典范。纪梵希缔造的已经不只是时装本身，而是一件件精美的艺术品。纪梵希的服装以其独特的剪裁与上等的面料，为我们塑造出无与伦比的尊贵优雅。

在纪梵希也有不少备受消费者青睐的彩妆品，如四色梭形蜜粉、粉饼及瑞士保养系列等，都是受到追捧的产品。

阅读传奇

如果说20世纪的奥黛丽·赫本是一个奇迹的话，那么缔造这个奇迹的一个重要人物就是世界顶级服装设计师纪梵希。人们也许至今还念念不忘赫本在《蒂芙尼的早餐》中那个精致优雅的模样，那一袭黑色的晚装，配上同样精致的珠宝，一切显得那么高贵典雅、熠熠生辉。那件黑色的礼服便出自大师纪梵希之手，这个光辉的形象至今还让人们无限怀想，可以这样说，如果你喜欢奥黛丽·赫本的高雅，那么你一定会爱上纪梵希的作品，因为他们二者之间的配合是如此默契，无须语言，赫本就能将纪梵希的作品演绎得淋漓尽致。当然这一切还要归功于纪梵希这位永远的绅士，没有他的出现，这个世界上将少了不少高贵的淑女，是他让女人看起来更像是一个女人，在举手投足之间将独属于女人的优雅性情尽显。

1952 年，纪梵希这个品牌在法国正式诞生，它是以其创始人，第一位首席设计师休伯特·德·纪梵希命名的。几十年来，纪梵希一直保持着"优雅的风格"，在时装界它就是"优雅"的代名词。纪梵希本人在任何场合出现，总是一副儒雅气度和爽洁不俗的外形，因而被誉为"时装界的绅士"。湛蓝的眼眸，银白的发丝，爽朗的笑容，1 米 98 的"时尚巨人"纪梵希，凭借其独树一帜的优雅格调，在时尚界享有盛名，他与奥黛丽·赫本的惺惺相惜，以及他所创造出的"赫本旋风"，也成为流行史上的一则佳话。与香奈儿"穷女郎"的出身不

同，纪梵希的高贵与优雅与生俱来。

1927 年，纪梵希出生在法国博韦（Beauvais）的一个富有家庭，父亲是矿山业主。年少的时候纪梵希就显示出与众不同的志向，他非常想学习服装设计，无奈家人并不支持他的想法，但是最后他还是获得了选择自己梦想的权利。

1945 年，纪梵希从巴黎艺术学校毕业后开始涉足时装界，他的第一份工作是为巴黎杰奎斯·菲斯（Jacques Fath）设计室设计服装，后来他又来到了罗伯特·彼（Robert Piguet）设计室。1946 年，纪梵希与勒龙（Lelong）的助手皮尔·巴尔美（Pierre Balmain）和迪奥一起为卢肯·勒隆（Lucien Lelong）设计室工作。1947 年至 1951 年，他一直为艾尔萨·夏帕瑞丽（Elsa Schiaparelli）设计服装。

1952 年，一个对于纪梵希影响重大的年份，因为就在这一年他创建了"纪梵希工作室"。当然这一切还要感谢另外一个时装设计大师，他就是巴伦夏卡（Balenciaga）。

纪梵希将自己的第一个系列命名为 Bettina Graziani——法国的超级名模。很快，他以"19 世纪旅馆特色"为主题推出首次作品展，给时装界带来了一股清新之风。他用一系列白色普通被单布将其精妙的构思表现得淋漓尽致，也创造了一项永恒的成功纪录。简洁的蝉翼纱上衣配棉质百褶裙，清新明朗。

纪梵希的非凡天分使得他在 1953 年的时候已经开始为好莱坞电影明星设计服装，并受到前所未有的欢迎。

就在这个时候，纪梵希与奥黛丽·赫本这两位天才人物首次会面，从此打开了时装界的崭新一页，他们天衣无缝的合作宣告了属于纪梵希的时代已经到来。对于纪梵希来说，与赫本的巧妙搭配，堪称其事业上的另一篇华丽乐章，也是人生中最为重要的阶段。有一天，纪梵希获知赫本即将到访，他必须为其电影《甜姐儿》设计服装。他原本

以为会看到一位明艳照人的大明星，不料却来了个穿长裤、平底鞋、短发，没有任何装饰、脂粉未施的年轻女孩。身材瘦平、脖子纤长的赫本，拥有纯洁无邪的气质，她在纪梵希的巧手装扮下，焕发出优雅风韵。他们也因此结为朋友，他们的名字在报章杂志上再也分不开了。甚至，此后纪梵希的第一瓶香水也是为了赫本而精心设计。

两个世界著名女性——奥黛丽·赫本和杰奎琳·肯尼迪（Jackie Kennedy），演绎了纪梵希的经典设计风格：精致、高雅、典范。当奥黛丽·赫本身着他设计的白色礼服出现在著名影片《情归巴黎》中时，纪梵希开始受到国际关注。从 1953 年延续到 20 世纪 90 年代，赫本式晚礼服一直是纪梵希服饰的象征与标志。

当肯尼迪总统遇刺后，世人注意到悲伤的肯尼迪家族都身着纪梵希服饰，或许只有纪梵希的高贵与优雅才能衬托出这个与众不同的家族。第一夫人杰奎琳·肯尼迪为参加葬礼专门订购了一套纪梵希礼服，专程从巴黎空运过来。据说，当时纪梵希工作室存有肯尼迪家族每个女性的个人服装样码。

1955 年，纪梵希开始设计非配套穿女装，并把奥纶纤维引入女子高级时装。1982 年，纪梵希在纽约时装工学院举办 30 年回顾展。1988 年，纪梵希因为种种考虑，将自己的商业转让给了 LV MH 集团，但自己一直担任"法国纪梵希设计室"首席设计师，直到 1995 年退休。1992 年，纪梵希在巴黎凡尔赛宫举办 40 年回顾展。

纪梵希在几十年的设计生涯中，曾为各种年龄、各种身份的名流设计服装，如著名的温莎公爵夫人、索菲亚·罗兰、伊丽莎白·泰勒等。纪梵希既能设计令人惊叹的华贵宫廷样式服装，也能设计充满活力、青春的时尚风格。纪梵希总能屹立在他所处的不同时期的时尚潮头，弄潮于变幻莫测的流行中，得心应手。

纪梵希品牌曾获金顶针奖、军团骑士荣誉、奥斯卡优雅大奖等奖项。高贵、简洁、典雅是纪梵希的最大特点，纪梵希品牌适应各个不同阶层、年龄的女性穿着，与此同时，纪梵希注重剪裁技巧和线条表现，以及面料的选择。一流的优质面料、广泛的色彩主题使纪梵希品牌成为法国传统的富丽精致风格的代表之一。

纪梵希的个性充分地表现在了它华贵典雅的风格中，爽朗坦率，点缀上法国人浪漫的情怀，使纪梵希赢得服装界"彬彬绅士"的美誉。他曾说："真正的美是来自对传统的尊重，以及对古典主义的仰慕。"这句话也准确地描绘出他是一个完美主义者，也成为其设计的精髓。纪梵希退休后，LV MH 集团找来英国设计师约翰·加利亚诺负责纪梵希的设计。1996 年，另一位英国设计师亚历山大·麦昆（Alexander McQueen）取代加里亚诺接管设计工作。连续几季下来的优异成果显示，亚历山大·麦昆不但展现出个人的卓越才华，同时也将纪梵希传统的精神发挥到极致。此外，再加上彩妆产品的创意总监奥利维尔（Olivier Echaudernaison）的专业妆点，更是让纪梵希成为流行舞台上最耀眼的一颗星星。

翻开新的篇章，拥有"时尚巨人"之称的纪梵希，从时装已经延展至精彩绝伦的彩妆、护肤品及香水、家居用品等领域。

Prada

普拉达

（意）

崇尚极简的别样奢华

品牌名片

品　　类	高级时装、高级成衣、皮具
标志风格	简洁、纯朴
创 始 人	马里奥·普拉达（Mario Prada）
诞 生 地	意大利
诞生时间	1913 年

品牌解读

意大利的时尚指数是全世界众所周知的，在时尚圈争奇斗艳的世界顶级奢侈品中，来自意大利的艺术风情可谓不少。范思哲（Versace）的性感冶艳，瓦伦蒂诺（Valentino）的美艳灼人，乔治·阿玛尼（Giorgio Armani）的简约优雅……而普拉达（Prada）的魅力显得那么与众不同。

每一个人，对华贵的领悟都不相同，每一历史时期，时尚界都在发生着变化，而在当今社会，人们对华贵的理解与以往则截然不同。金碧辉煌已不再是华贵的代表，因为其有了更广泛的含义——形式上是现代的，同时散发着华贵与时尚气息；表达上含蓄而内敛，体现出的是一种心灵上的体验，与现代社会的新贵阶级在艺术与文化上产生共鸣，并满足其精神需求。普拉达正是这种奢侈品，而普拉达在近百年的发展过程中，通过致力于创造兼具经典色彩和创新精神的时尚理念，成为享誉世界的传奇品牌。总能够让人产生一种发自内心的膜拜，拥有普拉达的人并不是为了炫耀财富，而是炫耀品位，因为它不为人人所共享，而是某一阶级的代名词。

普拉达的设计是独特的，多种元素的组合恰到好处，精细与粗糙，天然与人造，不同材质、肌理的面料统一于自然的色彩中，艺术气质极浓，普拉达的设计简洁，能让你回到以前的斯文学生面貌，委实有一种反潮流与反高潮之感。衣橱里的常青服——毛衣、T 恤衫、简洁的打褶裙、直筒裙和丝巾重新发扬光大，散发浓厚的 20 世纪 70 年代斯文学生和空姐味道的打扮，表现一种今日失落了的真诚之美。这就是马里奥·普拉达（Mario Prada）所讲的"这是唯一可能的事物，典雅、好女人、非常时髦"。其设计创新且简单实用，和其他时尚品牌相比，普拉达最突出的地方是它跳出时尚界的小圈子，出

落得更加"艺术化"。原因很简单，第三代掌门人和首席设计师缪西娅（Miuccia）是一个相当有趣的人物：政治学博士毕业却热衷于联姻各种前卫电影、摄影、建筑、艺术、哲学、科技；支持当代文化事业，并且在米兰拥有自己的艺术展览馆。所以，普拉达与美术、建筑、电影、摄影、艺术、音乐等，就像是花园里的朵朵鲜花，每一朵都是一件艺术品。这就是普拉达，简洁深刻又自然的普拉达，被全球人士追捧的普拉达。

曾以黑马的姿态横扫北美票房的电影《穿普拉达的女王》，在这部以时尚界为背景的影片中，《天桥》杂志女主编米兰达十分钟爱普拉达。只要把普拉达和服装这两个词联系在一起，很多人都会立即在脑海中浮现出干净利落的服装轮廓以及处理得极为精致细腻的局部，华贵之中展现出简洁的庄重。它就是王者的象征。一个精致而优雅的王国，一个不断创新给我们带来惊喜的品牌，徜徉在这里，你不会感觉到疲倦与时光的流逝。

阅读传奇

普拉达深受世界各地人士的追捧，回顾普拉达品牌的历史，当时普拉达是一个专营皮件与进口商品的零售店，创立者马里奥·普拉达遍访欧洲，选购精美的箱包、饰品以及衣类等供上层社会人士享用。这些物品都经过马里奥·普拉达的精心挑选，形成了一种普拉达风格概念。后来在普拉达的孙女缪西娅的努力下，普拉达品牌开创了全新的篇章。

1913年，普拉达在意大利米兰的市中心创办了第一家精品店，创始人马里奥·普拉达所设计的时尚而品质卓越的手袋、旅行箱、皮质配件及化妆箱等系列产品，得到了来自皇室和上流社会的宠爱和追捧。目前，这家备受青睐的精品店在意大利上层社会仍然拥有极高的声誉与名望，而使用普拉达产品也一直被视为日常生活中的非凡享受。

1978年，这个历史悠久的著名品牌被赋予了新的发展元素与活力。普拉达创始人的孙女缪西娅与当时具有丰富奢华产品生产经验的帕吉欧·柏特尔（Patrizio Bertelli）建立了商业合作伙伴关系。缪西娅担任普拉达的总设计师，她的极具天赋的时尚才华不断演绎着挑战与创新的传奇，而帕吉欧·柏特尔——一位充满创造力的企业家，不仅建立了普拉达全世界范围的产品分销渠道以及批量生产系统，同时还巧妙地将普拉达传统的品牌理念和现代化的先进技术进行了完美结合。缪西娅不仅是世界顶级奢华品普拉达的继承人，还是首屈一指的时装设计师。她自 1978 年开始担纲普拉达的设计。

1985 年，缪西娅在不经意间发现尼龙面料经久耐用，顿时欣喜若狂，这一发现激发了她的创作灵感。这种尼龙材料非常有韧性且坚固，更重要的是其表面的高密布分子使其不易沾上杂质，使用者可以自己及时清除洒在表面的各种液体杂质。其价格也不会像皮革手袋一样昂贵，对于想拥有高品质手袋的人来说，是最好的"入门级"手袋。尼龙的材质不像皮革那么突兀，因此可以很好地与各种套装搭配。缪西娅精心设计出了一款黑色尼龙精织背包。这款包由于轻盈、实用、时尚的特点很快就风靡起来，专卖店里一款又一款的尼龙手袋总是被抢购一空。"黑色尼龙包"非常走俏，这就奠定了其在普拉达产品中的明星地位，成为一直受到追捧的经典代表，并被反复推出。

缪西娅说："或许我有种总想尝试不可能的个性。当我发现有些事是不可实现的，那恰恰就是我要努力的方向。我总是试图把对立的、不和谐的事物融合在一起。并且，我通常会同时对六七个不同的概念感兴趣，并试图把它们和谐地表现出来。""我们所设计和生产的基本上是当前市场上没有的东西，所以，每一个系列的问世，都经过了通透的钻研和考查，选用的可能是现代技术，也可能是古老工艺。例如，当我们决定用金箔的时候，我们就要求法国古老的作坊重新采用他们已经停止使用的原始制作方法。"1989年，缪西娅举办了她的首次女装发布，立刻就引起了轰动。之后，缪西娅所设计的男装、女装系列每年的两次发布，已成了全球时尚人士不容错过的盛事。

2007 年普拉达推出的 "Nappa Frange Bag" 羊羔皮流苏手袋系列，载着民族的风情，采用了高贵、质感舒适的材料，显得格外奢华尊贵，各种时尚逼真的配色更是带有回归大自然的情怀，不同的皮质还有不同纹理，流露出不同的情感特色。这款普拉达羊羔皮流苏手袋成为追求时尚品位的女性的最佳腕上标签。要制作这样一只流苏手袋是要经历过硬的手工技术

《穿普拉达的女王》剧照

的，这就需要耗费大量时间，并要求极其精湛的工艺。对那些普拉达工匠来说，每一种精细的技艺就像是对他们的手艺的挑战。因此，普拉达的每个系列都充满了令人兴奋和意外的元素，而这些只是证明了缪西娅无穷尽的想象力和创造力。她说："我从来不会迷失，面对纷繁变幻，总是相当理智和清醒。我从来就没有害怕过任何变化。"

普拉达男装也是其品牌的亮点，它是具有丰富内涵的古典与时尚的完美结合体，既华丽又简约，像20世纪60年代意大利拿波里造型的西装，因设计师缪西娅用了具有伸缩性的现代感素材，复古中赋予新意，可以说是创造了一种流行的独特风格。

普拉达每一系列的设计均行走在流行的最前沿，设计是个不断尝试和创新的过程，需要有不妥协的探索和实验精神。在这个过程中，诞生了一系列真正创新和令人印象深刻的设计元素，这些最终成了时尚界的当代经典。如方形的楦头、楔形鞋跟、金属色娃娃鞋……都是普拉达所带起的风潮。从皮件、服装到鞋子、内衣，普拉达已经成为一个完整的精品王国，版图也拓展到全世界。

普拉达做工精细，品质出众，所有配饰都是由意大利最具盛名的工厂制作，高水准的工艺与精妙的设计，这也就是为什么穿戴上普拉达产品会感到舒适无比的原因。尽管强调品牌风格年轻化，但品质与耐用的水准依旧，特别注重完整的售后服务，使得以高级皮革制品起家的普拉达一直演绎并传承着经典。

除了主打的皮包、衣服和鞋等产品，普拉达的产品线还延伸到眼镜、香水和饰品领域，甚至和LG（Lucky Goldstar）合作推出了

一款手机。普拉达一直秉承坚持自己的理念，在眼花缭乱的时尚大潮中，不被潮流左右，令每款产品尽显简洁优雅。同时，普拉达也用其不落俗套的品质创造了令人难以置信的奢侈品世界神话。

历经多年的努力与奋斗，这个历史悠久的品牌不断地发展与演变。通过缪西娅与帕吉欧·柏特尔的默契合作，普拉达已经从一个小型的家族事业发展成为世界顶级的奢华品牌。普拉达集团已经拥有Prada、吉尔·桑达（Jil Sander）、海尔姆特·朗（Helmut Lang）、詹妮（Genny）和Car Shoe等极具声望的国际品牌。

普拉达唯一的一个年轻副牌是缪缪（Miu Miu），其品牌风格相对温婉可爱，因设计师缪西娅的小名Miu Miu而得名。曾有人批评缪西娅似乎私心地将最正、最好玩、最过瘾的设计都放在Miu Miu之上。事实上，大家的批评亦即是赞美，因为设计师实现了一种大女人梦想返回小女孩的现实。其实，因为这个品牌非常年轻，可让普拉达小姐得以尽情发挥其童心未泯的真个性，作品也因而变得有趣，使这个品牌更加丰富，更让人进入了另外一种时尚意境，纯净恬淡，处处都散发着童真的气息。

所有普拉达集团麾下的产品的加工生产都是由意大利托斯卡纳地区的Prada Spa管辖，这个地区被公认为拥有最高端的皮具和鞋类生产工艺和技术。即使是批量生产，普拉达对产品高质量的要求丝毫没有松懈，对品质永不妥协的精神已成为普拉达著名的企业理念。

Gucci
古琦
（意）
让人为之嫉妒的艺术风情

品牌名片

品　　类	时装、成衣、香水、皮具
标志风格	时尚、高雅、性感
创 始 人	古琦欧·古琦（Guccio Gucci）
诞 生 地	意大利
诞生时间	1921 年

品牌解读

古琦（Gucci）是意大利殿堂级时尚品牌。标准中文名为"古琦"，曾用"古驰"作中文名，也有译为"古奇""古姿"。古琦集团（Gucci Group）是全球最著名的奢侈品集团，古琦集团总部位于意大利佛罗伦萨，经营高级男女时装、香水、箱包皮具、鞋履、手表、家居饰品、宠物用品等昂贵的奢侈品。时尚界瞬息万变，各路品牌令人眼花缭乱，古琦品牌时装一向以高档、豪华、性感闻名于世，以"身份与财富之象征"的品牌形象成为富有的上流社会的消费宠儿，剪裁新颖，弥漫着 18 世纪威尼斯风情，再融入牛仔、太空和摇滚巨星的色彩，让豪迈中带点不羁，散发出无穷魅力，一向被商界人士垂青，时尚之余不失高雅。

是什么促使古琦站在顶级消费品品牌的高峰，享受着王孙首脑的疯狂追捧？是什么使古琦昂贵得令人瞠目结舌？不是别的，就是传承 80 多年文化的双 G 品牌对完美这个词语的诠释。这个来自意大利的品牌，经典传承、个性时尚、精美绝伦，时刻挑逗着人们的欲望。

古琦的历任设计师都是奇迹的创造者，能够巧妙地把时尚、创新和品位完美地融合在一起，掀起一波又一波的流行潮，吸引着王公贵族、名人佳丽、富豪子弟去追赶新潮、猎奇时尚，尽享人生的精美。以高档、豪华、性感而闻名于世，时装界堪与 LV MH 集团一争高下的国际奢侈品集团，可以说只有古琦集团。

《纽约时报》曾经这样对古琦风靡全球进行评价：有钱阶层和飞机头等舱的乘客，为了展现自己的身份和品位，出门前一定要置办一套古琦的行头。就连在飞机上睡觉用的遮光罩也要印着古琦的标志。

阅读传奇

时尚潮流瞬息万变！20世纪90年代中期以来，时尚界能呼风唤雨的品牌屈指可数，但古琦绝对是其中最炙手可热的。古琦与很多品牌一样，历经一段品牌低潮期之后，才逐渐回到国际主流，其实古琦的发展历史很长，创办人古琦欧·古琦（Guccio Gucci）早在1898年在伦敦就接触到富绅、名流，并为他们的高尚品位深深着迷。

从意大利的高级皮革店到引领全球时尚的超级品牌，从家族纠纷声势一落千丈到汤姆·福特（Tom Ford）接手后的再度崛起，古琦从云端到谷底，再从谷底到云端的故事，着实是一则传奇。

Gucci品牌创办人古琦欧·古琦1881年出生于佛罗伦萨，曾在伦敦沙威（Savoy）饭店担任行李员。1921年，古琦欧·古琦回到老家佛罗伦萨，开了一家专卖皮革和马具的店铺，随着业务的扩展，新的店面在罗马著名的康多提大道（Via Condotti）开幕。虽然当时因战争的缘故，皮革原料缺乏，但古琦却适时发挥创意，大量生产布制包，大受欢迎。1939年，古琦的四个儿子相继加入，古琦也由个人事业转型为家族企业。1953年，第一家海外分店在纽约曼哈顿开幕，古琦也一跃成为国际名牌。更值得一提的是，古琦是今日产品品牌化的始祖，为了保障品质，古琦将品牌名字印在自身产品上，这在世界时尚史上是首见的创举。

从 1921 年创立之初，古琦一直走的是贵族化路线，作风奢华且略带硬朗的男子气概。1947 年古琦竹制手把的竹节包问世，接着，带有创办人名字缩写的经典双 G 标志、衬以红绿饰带的帆布包和相关皮件商品也陆续问世，古琦成为和路易·威登并列的世界上最常被仿冒的商品。附有马衔环的莫卡辛鞋（Moccasin）、为摩纳哥王妃设计的 Flower Scarf，屡屡获得好评，形成独树一帜的流行风格。服饰之外，它的手表，更是流行表款中家喻户晓的名牌。作为瑞士第三大钟表制造商的古琦表，又有新的佳作，佩戴古琦已经成为一种社会地位的象征。

业务急速成长的古琦并未从此一帆风顺，进入 20 世纪 70 年代后，疲于应付仿冒的问题外加家族内利益的争斗，使整个企业陷入困顿的泥沼。1993 年，第三代接班人马里齐奥（Maurizio）将古琦抛售，直到前任总裁多米尼克·德·苏雷（Domenico De Sole）迎来汤姆·福特（Tom Ford）担任设计总监才有所改观。1995 年，福特选用当红名模以极简主义却无比撩人的形象在台上展现他为古琦设计的性感秋季时装系列。这场时装秀获得空前的成功，在全球引发了古琦的购买狂潮，福特全然改变古琦过去的华丽风格，注入性感的基因，让古琦几乎成为今日最性感的品牌。

1997 年，古琦品牌继续扩展它的版图，世界最大的手表制造和销售集团 Severin Montres（即现时的 Gucci Timepieces）加盟古琦，在美国、加拿大、德国、法国等国家和中国香港地区创建了巨大而直接的销售网络。鉴于古琦的辉煌业绩，1998 年，在 4000 余家公司中，古琦被推选为欧洲的杰出公司。翌年 7 月，古琦又取得了伊夫·圣罗兰女装和 Sanofi Beaut 香水化妆品公司的经营权，同时还取得意大利皮鞋品牌塞乔·罗西（Sergio Rossi）公司 70% 的控股权。从服装到化妆品、从手袋到皮鞋，古琦这一品牌已融入生活中的各个领域，成为高贵典雅的代名词。2004 年米兰秋冬 Gucci 汤

姆·福特的告别秀，他手拎着一杯威士忌向在场观众举杯致意，一派从容潇洒，正如他为古琦奠定的形象一般性感迷人。

除了时装皮具外，古琦也推出了一系列首饰以及相配的礼品盒系列，秉承品牌出众的工艺，无论在选材、细节及手工艺上，都追求一流的奢华实用感。细致精美的首饰及腕表匣外层采用复古鳄鱼皮或 Guccissima 皮革，衬里则别具匠心地采用了绒面羚羊皮。木制部分则由资深专业工匠精心裁切及组装，木质的自然纹路变化展现出每件制品的独特精妙之处。此外，还有多件复古鳄鱼皮或 Guccissima 皮制成的相架、多用途公文架、书写垫、相簿、笔记簿套及记事簿，为节日及日常工作带来惊喜。

古琦品牌不断地扩展自己的时尚帝国，每一个领域都能看见它华丽的身影，夏纳国际游艇展上，古琦宣布将联合顶级游艇品牌丽娃（Riva）推出独家定制高速游艇"Aquariva（出水丽娃）by Gucci"，起价为 59 万欧元。古琦创作总监弗里达·贾娜妮说，在过去数十年间，经典的 Riva 游艇无疑已成为意大利优雅细致风格的最佳演绎。它代表华丽的生活品位，唤起对甜美生活年代的回忆。因此，在古琦庆祝 90 周年之际，能透过"Aquariva by Gucci"颂扬古琦及 Riva 的伟大传统和价值，显得格外有意义。

"Aquariva by Gucci"的设计将尊崇意大利设计工作室（Officina Italiana Design）原作

的特色。外壳以纤维玻璃制造，细致地漆成古琦专有的亮白色；而驾驶舱、甲板及顶篷的舱口采用的桃木材料，经过总共 20 次工序——涂漆和喷漆各 10 次，成为 Riva 经典的亮丽色泽。座椅及顶层甲板上有防水纤维涂层，饰以经典 ssima 印花；床品使用柔软亮丽的古琦白棉布。独特的游艇工艺也包括船身浮线处饰有古琦经典绿红绿饰带，与绿水晶挡风玻璃完美结合。为了配合游艇的诞生，古琦还特别推出了一系列包括皮包、手套、甲板鞋、拖鞋等在内的游艇休闲配饰，令船主散发出优雅到极致的风姿，使每个举手投足都成为众人瞩目的焦点。

2011 年早春系列的航海旅程系列将简约优雅贯穿到了极致，创作总监弗里达·贾娜妮在面料选择上致力于营造轻柔朴实的风格，选用麻、棉、水洗丝以及创新优质皮革等天然经典物料，令此系列更为柔软顺滑，更适合旅行携带。同时，她将性感而硬朗的都会风格延伸到色彩上，塑造出两种截然不同但互相补足的色调。在暗沉的泥土基调、花卉图案及军绿色调上，利用更丰富活泼的深色调衬托浅色调，迸发都会活力。另外，经典的染印图案和夸张的兽皮印花图案亦充分呈现令古琦闻名于世的迷人魅力。

在款式上，旅行的意义成为重点，弗里达·贾娜妮的主打风格为简洁自如的潇洒风格，结合了学院制服与军装风格，坦率中透着优雅。风衣剪裁修身，西装模仿系带羊毛衫的设计，采用更为女性化的针织细节，而宽松派克大衣则被大翻领和口袋贴花短身单车皮褛取代。此系列还备有参照人体学剪裁的连衣裙及上衣，以及"降落伞"图案丝质连身裤，散发一种孟菲斯美女号空战队的气势，足以令穿着者成为船上的女王。

一个缔造了世界顶级品牌的家族企业，谁能想到它的倾覆？也许就像我们每个人的人生一样，有高潮也有低谷。汤姆·福特作为世界上屈指可数的顶级设计师，他的才华与激情不得不让人们敬佩万分，也许只有他才能力挽狂澜，拯救古琦于风雨飘摇之中。如同我们平时所说的浴火重生一样，在他的带领下，古琦又重新站在时尚的巅峰，它又赢得了人们的喜爱。凤凰涅槃的故事不是没有，就在遥远的意大利，就在古琦真实地发生了。现在还有谁会去担心古琦的魅力呢？它独有的艺术风情已经将人们迷倒。

Versace

范思哲

（意）

缔造华丽性感的极致诱惑

品牌名片

品 类	时装、成衣、皮具、香水、化妆品
标志风格	性感、张扬、奢华
创 始 人	詹尼·范思哲（Gianni Versace）
诞 生 地	意大利
诞生时间	1978 年

品牌解读

如果说法国的时装展现的是法国式的高贵优雅，那么意大利的时装多半让人们感受到的是文艺复兴式的华丽与前卫。范思哲（Versace）作为意大利时装艺术的代表之一，它所营造出的极致华丽与性感是其他品牌所不能给予的。如同范思哲的标志蛇发女妖美杜莎（Medusa）一样，它所创造的服饰艺术对于普罗大众具有致命的吸引力。

无论是艳丽性感，还是典雅端庄，范思哲的作品中总是蕴藏着极度的完美，充满着濒临毁灭般强烈的张力。著名的意大利品牌范思哲代表着一个品牌家族，一个时尚帝国，它的设计风格鲜明，独特的美感表现着极强的先锋艺术。范思哲最富魅力的地方就是那些展示充满文艺复兴时期特色的、华丽的、具有丰富想象力的元素。这些元素性感，女性味十足，色彩鲜艳，既有歌剧式的超乎现实的华丽，又能充分考虑舒适性。

范思哲除时装领域外还经营香水、内衣、包袋、皮件、眼镜、丝巾、领带、床单、台布、瓷器、玻璃器皿、羽绒制品、家具产品等，他的时尚产品已渗透到了生活的每个领域。范思哲香水洋溢着幽幽花香，气味清新高雅、简单而纯粹，令人时刻精神饱满、干净而清爽，每一款范思哲香水都是艺术品，无不极尽张扬优雅华丽之能事，大胆奔放的设计风格，使得范思哲品牌的血液中流淌着贵族式的优雅华丽，这就是一个典型得让人着迷的奢华品牌——范思哲。

阅读传奇

1997 年 7 月的一天，对于整个时装界来讲是充满黑色阴郁的日子，世界各地的名流们不敢相信一位缔造极致诱惑的大师——范思哲的生命终结了！但是，这个名字将伴随范思哲这个不朽的品牌继续光耀整个时装界。

♛ 唐娜泰拉·范思哲

范思哲享有"时装之父"的美誉。人们不难发现，从25岁到40岁各年龄阶层的女性，只要她是一位追求生活品位的时尚女性，那么她就很有可能成为范思哲品牌的追随者。范思哲的时装既能表现出女性华丽性感的一面，又能表现出女性特有的柔情与妩媚，这或许才是范思哲那么多年一直引领时尚的真正原因。

1946年，范思哲出生在意大利南部的卡拉布里亚，母亲是个裁缝，开过一家小小的服装店。她是一个聪明的女人，可以不用任何纸样，仅在布上标一些记号便可裁剪成衣。范思哲的家与母亲的小店只有一墙之隔，他们三兄妹就是在这么一个充满时尚气息的环境下长大的。童年的范思哲就喜欢学做裙装以自娱。范思哲就是在妈妈的熏陶下，开始对缝制时装产生了兴趣。

18岁时，范思哲在母亲的作坊当助手，主要是做图样采购和裁缝工作。后来范思哲为了追寻他的时装梦想，迁居世界著名时装之都米兰，凭借超强的领悟力和学习能力，开始正式以服装设计为生。1978年对于整个时装界来说是具有划时代意义的一年，因为在这一年世界上多了一个殿堂级的时装品牌——范思哲。范思哲这一年在米兰成功举办了第一个有自己签名的女装展示会，范思哲品牌从此诞生。

不过刚开始范思哲的时装设计并没有引起世界范围内的注意，直到他遇到美国著名时装摄影师理查德·埃夫登（Richard Avedon），在后者的帮助下，范思哲设计风格鲜明、具有特殊美感的作品开始出现在世界各大顶尖时尚杂志的封面上。其极强的先锋艺术特征，独具魅力的文艺复兴格调，以及具有丰富想象力的款式，渐渐为世界各地时尚人士所推崇。

别看范思哲的服饰艺术极度张扬和夸张，生活中的范思哲据称是一位沉静、好学不倦、对各种各样的事物和艺术形式充满激情的人，曾自认有四种心情状态：保守、疯狂、摇滚、戏剧。范思哲的故事像是这个喧嚣与张扬时代的一道华彩音，他用地中海式的古典激情和摇滚乐的当代活力，装扮和打点了一场艳丽炫耀的嘉年华盛宴。

范思哲的特点是将摇滚乐、艺术、性和明亮的色彩融入当代时尚，把古典与流行合为一体，他在高级时装设计师中可谓是最会把玩媒体和流行文化的一位。这使得范思哲时装的形象与名人和流行乐圈密不可分，比如戴米·摩尔和史蒂文·斯皮尔博格都是范思哲时装的拥护者。

流行文化的诸星们之所以离不开范思哲，因为范思哲的设计风格既浸淫意大利时装传统，又从街头年轻人、电影、流行音乐中获得灵感，是把雅与俗、古典与流行风尚混合玩闹、引领时代风尚的一位。他的设计在粗俗与高雅、华丽与造作之间跳足尖舞，打擦边球，也许就是这种张力造就了他的名声。

范思哲崇尚的快乐至上的享乐主义精神，以及极致华丽性感的格调，与另一位米兰同行很不一样。阿玛尼（Armani）是一位永远坚持高贵优雅的低调绅士，他们完全相反，并且互不欣赏。阿玛尼将范思哲斥为粗俗，而范思哲的观念是强调快乐："如果你不快乐，没有乐观的态度，高雅时髦又有何用？"也许正是范思哲的前卫与大胆吸引了一大批热衷时尚的领跑者。至于范思哲与阿玛尼这两个顶级时装品牌，人们无法说出谁更优秀，它们代表的是不同的艺术风格，这就如同人们无法说出李清照和苏轼的词谁更优秀一样。

1982年，范思哲在年度秋冬女装展中推出了著名的动感金属服装，这种服装在后来成为他时装设计中的一个经典特征。1986年，范思哲获得意大利总统授予的"共和国荣誉"奖章。1989年，范思哲终于跻身法国时装界固守的圈子，将巴黎作为其品牌发表每季新作品的基地。1993年，他获得了有时装界奥斯卡美誉的美国国际时装设计师协会大奖。

范思哲品牌服饰兼具古典与流行气质，并游走于高雅和低俗艺术之间。奢华是这一品牌的设计特点。

范思哲的独特风格为它吸引了众多世界名流，因为它的风格时而古典高雅，时而性感前卫，所以它的顾客身份迥异，既有王公贵族，也有黑人摇滚乐手，艾尔顿、麦当娜、邦乔维、蒂纳特娜等艺界名流都是他的拥趸。

提到范思哲这个顶级品牌，我们就不得不提到它与迈阿密的关系，这是一个充满宿命感的悲怆故事。只因1991年途中路过，范思哲让出租车司机带他到"什么东西正在发生的地方"去。司机载他到了南海滩，结果他一下子爱上那个地方。有什么能比迈阿密的明亮色彩，多元化的族群与文化，浮浅、乐观的流行时尚元素能更吻合范思哲的风格？而且他的成名之作，事实上就是以20世纪80年代的电视连续剧《迈阿密风云》为主题

👑 范思哲联手兰博基尼推出的概念跑车

设计的。孰料，1997 年 7 月 15 日的迈阿密也成了他繁华故事的终点。他在自己的迈阿密别墅外死于一把熟悉的枪下，从而为他传奇的一生留下了一个永远会让人惦念的结尾。

他的去世使公司顿时陷入不稳定状态，几个月后，他的妹妹——曾经作为范思哲"灵感女神"的唐娜泰拉·范思哲（Donatella Versace）成为范思哲首席设计师。

尽管首席设计师变了，不变的是这个品牌所带给人们的无限视觉冲击力。人们在范思哲的各类艺术品上依然清晰可见的是歌剧式的华丽壮阔，以及文艺复兴式的富丽堂皇，还有走在时代前方的先锋艺术感。

范思哲的时装充满了丰富的想象力与无限的张力，它们多半色彩艳丽、造型夸张。斜裁在范思哲的作品中屡见不鲜，它是范思哲设计最有力、最宝贵的精神，宝石般的色彩，流畅的线条，通过斜裁而产生的不对称有着无穷的魅力，采用高贵豪华的面料，借助斜裁方式，在生硬的几何线条与柔和的身体曲线间巧妙过渡。在男装上，范思哲品牌服装也以皮革缠绕成衣，创造一种大胆、雄伟甚而有点放荡的廓型。宽肩膀，微妙的细部处理暗示着某种科学幻想，人们称其是未来派设计。

另外，线条对于范思哲服装是非常重要的，其套装、裙子、大衣等都以线条为标志，性感地表达女性的身体。

无论时装界的风格如何变幻，范思哲所坚持的"快乐"与"时髦"永远有它生存的市场，因为没有人会反对时尚。你可以不喜欢范思哲离经叛道的设计，但是你不得不佩服它的无与伦比的华丽性感，在这一点上，至今还没有哪个品牌能与它相媲美。对于一个游走于时装帝国的天才来讲，这已经足够了。

Giorgio Armani

乔治·阿玛尼
（意）

绅士的首选 钻石般的奢华

品　　类	时装、成衣、香水
标志风格	内敛、优雅、深沉
创 始 人	乔治·阿玛尼（Giorgio Armani）
诞 生 地	意大利
诞生时间	1975 年

品牌解读

穿乔治·阿玛尼（Giorgio Armani）的人低调，用乔治·阿玛尼香水的人优雅迷人。乔治·阿玛尼拒绝青涩与张扬，他永远是一位彬彬有礼的，有着良好教育和社会地位的成熟男子。就像是人生，绚烂之极总要归于平淡，阿玛尼善于诠释这种看似平淡实则深潮暗涌的激情。

乔治·阿玛尼是品牌的创造者，也是品牌的代言人，他用不老的传说诠释了经典的内涵，而阿玛尼品牌也从不动摇自己的风格，在 20 世纪八九十年代，性感风潮风靡一时，但阿玛尼依然坚持自己的风格，好莱坞甚至还流行了一句话："当你不知道要穿什么的时候，穿乔治·阿玛尼就没错了！"出道至今，乔治·阿玛尼已荣获了世界各地 30 多项服装大奖，其中包括：美国国际设计师协会奖，生活成就奖以及闻名遐迩的美国男装协会设计师奖（Cutty Sark）。

乔治·阿玛尼不随波逐流，不过分前卫，也不会落伍，而是在变化万千的时尚界独树一帜，打破性别藩篱的中性化穿衣时尚也是乔治·阿玛尼的一大特色。本着世界均衡的观念，设计师大量运用黑、灰、深蓝，还有其独创的一种介于淡茶色和灰色之间的生丝色，被人称作"以中性颜色的基调在工业社会所需求的新颖和传统的经典之间取得了一个狡猾的平衡"。或许他们不是最抢眼的，但绝对是最具有品位的，在任何场合，任何时间都能够让人满意，永不落伍，永远得体，永远在时尚与经典中掌握着完美的平衡，它就像一幅浓墨但不重彩的油画，给人一种凝重厚实的感觉，历时越长，越会发出历久弥新的光彩。

乔治·阿玛尼的设计理念是，把感受和情绪表现到设计中，这才是对完美的最佳阐释；是对舒适和奢侈、现实与理想的一种永恒挑战。他创新性地将男性上衣过于硬朗刚毅的外观完全改变，意大利式的休闲上装，长款的柔软无领夹克已经伴着"雅皮"的封号进入主流男性意识。在女装设计中，暗色布料与细节处纤柔的设计相互融合，端庄而不失雅致。

阿玛尼帝国旗下有多个高知名度的品牌：乔治·阿玛尼、阿玛尼高定、阿玛尼黑标（Armani Collezioni，也称"Armani Black Label"）、安普里奥·阿玛尼（Emporio Armani）、阿玛尼少年（Armani Junior）、AJ牛仔（Armani Jeans）、A/X（Armani Exchange）、阿玛尼美妆（Armani Cosmetics）及阿玛尼家居饰品（Armani Casa）、阿玛尼饭店（Armani Hotels）。其中，阿玛尼美妆（Armani Cosmetics）为阿玛尼与欧莱雅合作，欧莱雅负责生产与销售。乔治·阿玛尼是专门针对上层社会的主打品牌；而安普里奥·阿玛尼和AJ牛仔都是面向老百姓的大众品牌。除此之外，还有风格一脉相承的皮件、鞋子、眼镜、领带、丝巾及香氛系列。

阿玛尼饭店（Armani Hotels）为阿玛尼与伊玛尔地产（Emaar Properties）合作，在米兰、巴黎、纽约、伦敦、东京、上海、迪拜都建有奢华酒店与度假旅馆，店内所有家具饰品一律来自阿玛尼家居饰品。此外，阿玛尼还与韩国三星手机合作推出了十分具有个性的阿玛尼手机（Giorgio Armani phone）。

对于慈善，乔治·阿玛尼也非常热衷，把它比作装点美丽梦想的画笔，就如同设计一样，应该融入自己的情感，充盈于心灵之

中。阿玛尼用自己的行动，演绎了传奇，并一直延续下去，没有悲苦和伤痛，只有如乔治·阿玛尼般的舒心、惬意。

阅读传奇

在两性服饰差距日益缩小的年代，服装不再是绝对的男女有别，乔治·阿玛尼打破阳刚与阴柔的界线，引领女装迈向中性风格。乔治·阿玛尼的男女服装风格，是简单的套装搭配完美的中性化剪裁，正是这种特色使其聚集了大批的支持者，那种优雅、从容、简约与舒适使乔治·阿玛尼已经不仅是一个品牌，更是一种境界，一种风度，一种品位。

1934年7月11日，乔治·阿玛尼出生于意大利北部的皮亚琴察，这里是拉丁语的发源地，但是他成功的基地却是意大利时装中心米兰，在那里他开创了事业。

1957年，乔治·阿玛尼从军队退伍，并在百货公司"La Rinascente"担当橱窗设计师。1961年，他加盟了著名的时尚设计公司Nino Cerruti，成为意大利时装之父尼诺·切瑞蒂（Nino Cerruti）的助手，开始在时装界崭露头角。在意大利时尚气氛的带动下，阿玛尼决定设计属于自己风格的服饰，开创自己的品牌。

阿玛尼以"Giorgio Armani"为名创立了属于自己的男装品牌，在此期间得到了好友赛尔吉·加莱奥蒂（Sergio Galeotti）的巨大鼓励，乔治·阿玛尼名气日盛，生意日隆，货品种类繁多：有男装女装、鞋履、香水以至眼镜饰物，等等。风格走年轻路线，为爱乔治·阿玛尼但不喜欢穿成熟的 main line（主流）的年轻人，提供了一个不俗的选择，1980年，李察·基尔在《美国舞男》中，身着全套阿玛尼"权力套装"亮相。这部影片大获成功，由此给许多观众留下了深刻印象。

♛ 阿玛尼引领女装迈向中性风格

从此乔治·阿玛尼开创了一段令时尚界啧啧称奇的神话，分店开得一间接一间，由米兰开到美洲、亚洲。但是乔治·阿玛尼并不仅仅是服饰，它横跨了好几个领域，近年，更于世界各地12个不同的城市诸如巴黎、大阪等开设安普里奥·阿玛尼咖啡馆（Emporio Armani Caffe），将音乐、美食、室内设计美学等概念融会在一起，为寻常百姓家展示了一代意大利名师的休闲生活哲学。

　　其中香水是一个非常有建树的领域。提及香水就不得不提到它的历史渊源。香水——parfum这个词是从拉丁文parfumum（通过烟而来）一词演绎而来的。香料（香水）最原始的用途就是酬神上供。古罗马人相信如果祭祀女神的香烟中断的话，罗马城将会沉没在地狱的深渊里，因此有一群女信徒一生唯一的职责就是维持香火永远不灭。人类最早的香水，就是埃及人发明的可菲神香。但因当时并未发明精炼高纯度酒精的方法，所以这种香水准确地说，应称为香油，是由祭司和法老专门制造的。古波斯则认为香水是身份和地位的象征，在皇宫里，最香的必定是皇帝。希腊人也把香水神化了，认为香水是众神的发明，闻到香味则意味着众神的降临与祝福。

　　英国伊丽莎白一世女王时期，一瓶加入乙醇的"匈牙利之水"，正式成为香水。意大利在15世纪以后，广泛使用了香水，并采用了浓重的动物脂香料。很快这种风尚流传到法国、英国等其他欧洲国家。17世纪时，法力纳（Paul Feminis）配制出一种香气扑鼻的奇妙的液体，因他当时住在德国科隆，故命名为"科隆水"。而后，酷爱服装和化妆品的法国人对香水表现出异乎寻常的热情。香水成为上流名媛炙手可热的时尚用品。

　　法国自19世纪下半叶起，挥发性溶剂代替了早期的蒸馏法，尤其是人工合成香料在法国的诞生，使香水不再局限于天然香精，从而使香水工业得到迅速发展。没有香水业的发展，当然也就不可能出现阿玛尼的奇迹。

　　乔治·阿玛尼的代表香水是阿玛尼（Armani）1982、乔（Gio）1992以及忘情水（Acqua Di Gio）。1982年，阿玛尼的第一款女用香水问世，名字叫"Armani"，用可爱的八角形瓶子装着花香型的香水。10年以后他进一步推出了乔，香型是带有果味的花香，1994年它作为女用香水之冠获得了香水业的"奥斯卡奖"——菲菲奖（FiFi Award）。香水瓶的灵感来自阿玛尼经典的宽肩男装造型，瓶身造型的简洁正好映衬了阿玛尼的设计理念——少即是多。忘情水是为了表现地中海夏日的感觉而特别设计的，有"水之花"的香味，它也在1996年获取了菲菲奖。

　　乔治·阿玛尼是一位终生奉行简约主义以及优雅的绅士，无论他在何种场合出现，他的衣着风格代表的也正是绅士的品位。乔治·阿玛尼的香水与它的时装一样，具有简约而不简单的成熟气息。如果你是一位成熟的男子，你的气质较为内敛，你不愿夸张和张扬，那么你可以尽情地享受乔治·阿玛尼为你带来的低调的华丽。

Dunhill

登喜路
（英）

骑士格调的绅士作品

品牌名片

品　　类	时装、打火机、雪茄、成衣、箱包、笔
标志风格	骑士风格、优雅、实用、稳重
创 始 人	阿尔弗雷德·登喜路（Alfred Dunhill）
诞 生 地	英国
诞生时间	1893 年

品牌解读

登喜路（Dunhill）代表着出人意料的惊喜和实用特色，充满男性魅力和英国绅士风格。登喜路打火机融合了大胆创新的设计理念以及精湛绝伦的工艺，是风靡全球的传世经典。阿尔弗雷德·登喜路（Alfred Dunhill）将登喜路的风格定为"始终有骑士风格的绅士产品"。登喜路凭借着出类拔萃的品质早已成为世界知名的奢侈品牌，尤其为众多的男士追逐和推崇。它的很多产品都是为男性设计的，如男装、皮具、打火机、男用香水，等等。登喜路不仅注重产品的外形设计，而且也非常在意产品的实用性。比如在登喜路皮具一款挎包的背后有几个小孔，这是专门为了手机设计的，手机装在包里也可以听到响亮的铃声，就不会漏掉重要电话，这只是一个小细节。还有一款休闲男装的兜

非常之大，除了装手机、钱包等，还可以装几本杂志，很实用。登喜路身上始终弥漫着阿尔弗雷德·登喜路的倔强和才华，延续着他对时尚的痴迷、对高雅的钟爱。深具绅士风格的登喜路，同时还带着侠肝义胆，在雪茄、烟斗、时装界来去自如，风雅而又豁达，大气又不失高贵。

登喜路曾经有过这样一则广告："我们自第一次世界大战以后即开始专门为飞行员设计和生产各种各样的产品。"而在当时流行的另一则广告中这样写道："年轻的士兵们同样也会注重制服的剪裁和款式——登喜路则能够完全满足英雄们的需求。"这些广告所针对的人群显然是那些第一次世界大战时在空中作战的勇敢的年轻人，更体现出了登喜路的品牌精神。

the place to go to make your father's day

is for dad

dunhill
LONDON

阅读传奇

登喜路的创始人阿尔弗雷德·登喜路一生都疯狂迷恋于速度、精准、烟草，这个英国男人性格倔强、富有才华。他是商业天才、钢琴家、驾驶好手。在他的一生中，辉煌的事业和高品质的生活都奇迹般地被这个男人享用了。从15岁开始接受马车皮具学徒生涯的训练，阿尔弗雷德·登喜路的卓越创造力还体现在一连串的发明清单上：防风烟斗、白点标志、手调烟草等。他自称制造"始终有骑士影子的绅士产品"，从赛马会、板球、打火机、烟草、烟斗、皮具、绅士服装、腕表、香水，基本囊括了男人需要的一切益智精巧的小玩意儿。

1893年，阿尔弗雷德·登喜路继承了父亲的马具制作事业。为了满足市场上方兴未艾的汽车风潮，他推出了高级汽车配件系列——dunhill Motorities。1903年推出的仪表板时钟，成为登喜路推出的第一款计时工具。随后阿尔弗雷德·登喜路在伦敦尤斯顿路开设了第一家店，为爱德华时代的驾车族提供"除汽车外的所有相关配件产品"。1907年，登喜路在圣詹姆斯公爵街的店铺开业。

据说，在第一次世界大战的欧洲战场上，阴冷潮湿的战壕中，士兵们乏了，只能用一种又粗又大能长时间燃烧的大火柴去点香烟提神。"1，2，3，4，5，6，7"——烟已点燃，"叭"的一声，那是敌方狙击手的枪声，第一口烟便与自己最后一口气一同咽下。阿尔弗雷德·登喜路从报纸上得知了这一消息，萌生出发明一种防风、防潮的点火工具——打火机，供士兵们使用的念头。

1923年，阿尔弗雷德·登喜路与两位制造商合作，为一个失去一只手臂的军官设计了可以放进衣袋，同时可以单手使用的打火机。这一发明为打火机市场带来了新的革命。最初，这种打火机取名为Every time，它成为世界上第一款单手操作的打火机，后改为Unique。1933年，登喜路又推出Tall boy打火机系列，首次把打火装置放进机盖，这正是揭盖式气体打火机的前身。随后推出的登喜路腕表则堪称登喜路腕表设计的经典之作。

1956 年的 Rollagas 系列打火机又成为全球第一款采用丁烷气为燃料的顶级打火机，已成为经典设计的典范。Rollagas 系列打火机采用实景设计概念，特别推出 48 Jermyn Street 打火机。这款登喜路经典设计，刻印了伦敦 SW1 从 A 至 Z 的地图，并将登喜路的发源地圣詹姆斯公爵街置于最显著的中央位置，是专为品位独到的伦敦人而打造。登喜路的作品中，无论 Unique 系列还是 Rollagas 系列，均是高级打火机的最佳选择。

登喜路的产品从烟草、烟斗、皮具、绅士服装、腕表、香水，到男人需要的一切配饰，无不充满男性魅力和英国绅士的优雅。早在 20 世纪 20 年代，登喜路就成为英国皇室的御用供应商，威尔士亲王更大力向各国显赫要人推介登喜路产品。登喜路拥有一个忠实而尊贵的顾客群，他们每一位都是当时流行时尚的引领者。这份名单包括：西班牙国王、挪威公爵、泰国国王、埃及国王、荷兰王子、印度大公，以及萨默塞特·毛姆（Somerset Maugham）、奥利弗·哈代（Oliver Hardy）等。几乎每个人都很喜爱登喜路的香水，享用登喜路的雪茄，同时希望通过登喜路的手表来知晓时间，用登喜路的钢笔和文具给亲朋好友写信。即使在战争时期，登喜路也仍然拥有英国首相温斯顿·丘吉尔这样的拥趸。战后，众多明星也加入了登喜路客户的阵营。登喜路的 Rollagas 打火机就是"猫王"埃尔维斯（Elvis）的至爱。

登喜路时装

在任何时代，登喜路都凭借最优质的原料、无懈可击的设计标准以及精湛的专业技术，使其产品成为同行业中无可争议的佼佼者。登喜路男装系列一向讲究简约素雅，但现在的设计逐渐趋向多元化，设计风格由原来的讲究华丽转为注重时尚、优雅和男性魅力。百余年因秉承其"所有产品必须实用、可靠、美观、恒久而出类拔萃"的宗旨，在林林总总的男装历史舞台上，以其超凡的精致、高贵的气质，为社会各阶层成功而富有的男士们所推

崇，一直被誉为"英国绅士的象征"。

优雅时尚、华美亮丽的登喜路男装里的最亮点是正式西装和休闲外套。设计师在保持传统的低调华贵和优雅的同时，融入了大量的轻松和运动元素，甚至从女装获取灵感。在保持高贵品牌形象的基础上注入温暖色彩，新古典主义风格的登喜路缔造出新一代新古典绅士。Smart Casual（商务休闲）成为登喜路的招牌。新古典的男装回归到讲究异常与执着的风格，兼具浓郁的阳刚气息。羊毛呢绒、开司米以及给人隆重感觉的丝绒都是登喜路秋冬的主要素材。登喜路的衬衣分为 BusinessShirt（BS，即工作衬恤）和 PoloShirt（PS，即马球衬恤）两种。BS 采用英国设计，在意大利生产。用料

为埃及纯棉，伸缩自如，领不变形。裁剪时一件一件手工操作，确保条纹完全对称，线迹清晰，肩的设计适合任何肩型。扣子全部用贝壳制成，袖口与袖的连接部分较宽，尽显男士气派。PS 为休闲装，有长短袖之分。纯棉面料经过两次丝光处理，有丝一般的光泽。领与袖口富于弹性，水洗后不易变形。PS 的领口内有一起耐磨作用的附加棉条，这是有别于其他品牌服装的重要标志。

不论时尚如何风云变幻，登喜路总是走在精致生活的最前沿。除了男装以外，登喜路在男士用品上展示了罕见的创造才能，设计出了一系列质量卓越的革新产品，他发明的现代小型打火机闻名于世。虽然他对自动铅笔和 20 世纪 30 年代的表笔研制的巨大贡献鲜为人知，但以"登喜路－并木（Dunhill-Namiki）"为品牌的笔现已成为世界公认的上等豪华墨水笔，其昂贵的价格仍抵挡不住收藏家对其的渴求。

登喜路烟斗

登喜路是经典英伦烟斗品牌，拥有将近一个世纪的烟斗制作经验，是优质烟斗的代名词。每把登喜路烟斗，均经历 100 多道工序精心制作而成。

登喜路从 1910 年开始制造烟斗。顶级烟斗制造商的荣誉，登喜路当之无愧。只选用首选石楠木，绝不补土，几乎毫无沙眼，完美的完工处理，显现出它的过人之处。它不仅是一个制造烟斗的工厂而已，它也是一个将烟斗精致化，推向艺术品的重要功臣。

有极端的收藏家说登喜路就代表烟斗的历史，从某个角度而言，是没错的，百年来的坚持，无人可比，辉煌的历史更是其他烟斗厂所望尘莫及的。

登喜路皮具

登喜路推出 Dunhill d-eightBlack 皮具，其内敛的风格、鲜明的个性、完备的功能和简练的色彩，令拥有者脱颖而出，是充满现代感和阳刚气息的皮具系列。结构分明，线条清晰，采用高科技黑色帆布及深色木纹皮革制作而成，每一款专业制作的皮具都设计有隐藏式磁石扣，确保其简洁的外观和安全性。多样化的内部隔层将日用品妥善收纳，可调节式肩带、钯质磨砂金属配件等体贴设计细节亦随处可见，令本系列成为追求审慎态度和鲜明个性者的至上完美之选。d-eight Black 皮具系列包括有：电脑包、斜挎包、旅行提包、手提包、贴身斜背袋、斜背包、横式箱包以及各款小皮具。

Dolce & Gabbana

杜嘉班纳

（意）

复古的情怀，梦想的表达

品牌名片

品　　类	时装、香水、内衣、配饰、皮具、手表、眼镜
标志风格	性感、奢华
创 始 人	杜梅尼科・多尔奇（Domenico Dolce）
	斯蒂芬诺・嘉班纳（Stefano Gabbana）
诞 生 地	意大利
诞生时间	1985 年

品牌解读

　　杜嘉班纳（Dolce&Gabbana）由两位意大利设计师的名字构成——杜梅尼科・多尔奇（Domenico Dolce）和斯蒂芬诺・嘉班纳（Stefano Gabbana）。杜嘉班纳的作风非常独特，创业之初不但婉拒交付大成衣工厂代工生产、坚持自己制版、裁缝样品和装饰配件及所有服装，还只任用非职业模特儿走秀，对于当时讲究排场的时装界，是相当独树一帜的。杜嘉班纳的展示会中，经常播放古典音乐，而拥有地中海发型及具有一头黑发和南方女子身材的模特所营造出的南意大利西西里岛风情，几乎已成为杜嘉班纳独特的标志风格。

　　杜嘉班纳的品牌风格源自两位设计师强烈的个性，杜梅尼科・多尔奇曾经说过：“我的梦想就是做一位裁缝，开家小工作室，专门为女性做美丽的衣服。我会有自己的老顾客、自己的沙发，我会请他们喝茶，享受安逸的气氛。”斯蒂芬诺・嘉班纳说：“我的梦想是每天从 2 点

整工作到 2 点一刻，其余时间我要去做按摩、去购物、去花钱。”正是这样的两位设计师为世人带来了杜嘉班纳这样充满个性的品牌。

　　1985 年，在米兰时装秀上，杜嘉班纳首次在时装界脱颖而出，向世界展示他们的以三种名称命名的新概念产品系列。他们将他们的意大利精神变成一面旗帜。两位设计师面向年轻人，并从年轻人身上撷取灵感，将他们感性而独特的风格演绎并推行到全球。两位设计师为当今摇滚乐歌星设计服装，并获选为无可争议的设计先锋人物。他们深受好莱坞明星的青睐，也是他们最喜爱的设计师。

　　杜嘉班纳带给人们强烈的视觉感官冲击，致力于华丽摇滚风格的另类时尚。无论时尚界还是影视界的名流，都为杜嘉班纳而疯狂，而杜嘉班纳也非常看重与他们的合作。杜嘉班纳能带给穿着者热情、力量、迷人及自我认知，更能提升人们的气质，使每一位穿着

该品牌的人士都像明星般散发出耀眼的光辉。

杜嘉班纳是品位的展示，也是一个以独特的服装设计和高水平的剪裁而著称的豪华品牌。杜嘉班纳品牌多年来不断发展壮大，但总是保持自己的标准。一种独特的风格，非传统豪华的表达，一季接一季地将创新和强烈地中海烙印相结合，对立的特征构成最深刻的本质。

阅读传奇

杜嘉班纳的设计师之一杜梅尼科·多尔奇，1958 年出生于西西里岛，从幼年时便在父亲的服装店里当学徒，具有威尼斯血统的斯蒂芬诺·嘉班纳，则在 1962 年出生于米兰。他俩同时在米兰担任设计助理，因而结缘，又因同样对巴洛克艺术风格的喜爱，两人决定将名字结合，共同开设品牌。1985 年，米兰首次举办的女装发表会上杜嘉班纳大受好评，为两位设计师奠定了莫大的信心。

杜嘉班纳的设计灵感源自自然，大多来自杜梅尼科·多尔奇的家乡西西里岛，也就是一种具有"强烈视觉感官冲击"的风格。大量使用红、黑等厚重的色彩，搭配紧绑的束腹、内衣外穿以及以豹纹为主的动物图纹，呈现出强烈的对比，这种风格同时被称为"新巴洛克风格"，一种新式的华丽冶艳意大利风。杜梅尼科·多尔奇曾

说："西西里岛一直都是我们的出发点，那里充满了无比的热情、缤纷的色彩，空气中充满了香味与愉悦，那里融合了来自各地不同的影响，结合而成一种新的文化与视觉。"两人的设计除了西西里岛，还深受意大利导演费里尼的影响，1986 年所推出的第一季女装，他们就以电影手法呈现西西里岛黑手党中"黑寡妇"主题，杜梅尼科·多尔奇说："我们在设计服装时就像在导演一部电影。我们会幻想一部电影的情节，然后针对这个情节设计出服装来。"将过去与现代完美地融合在一起，再加上两人精妙的设计和意式幽默，杜嘉班纳的强烈个人风格无人超越。

杜嘉班纳品牌诞生于 1985 年，这个品牌目前已成为时尚领域中最主要的国际集团之一。两位奠基人杜梅尼科·多尔奇和斯蒂芬诺·嘉班纳一直以来都是公司的两个品牌——Dolce & Gabbana 和 D&G Dolce & Gabbana，而该品牌的创造和设计源泉，也是以平衡发展和致力于核心业务为特征的成长策略。集团设计、生产和销售 Dolce & Gabbana 和 D&G Dolce & Gabbana 品牌的高档服装、皮革制品、鞋类和配件。通过授权的合作伙伴管理 Dolce & Gabbana 和 D&G Dolce & Gabbana 品牌的香水和眼镜的生产和销售，以及 D&G Dolce & Gabbana 品牌的钟表首饰。多年来的持续发展，令杜嘉班纳集团成为一个坚强实体，内部拥有进一步发展的基础。集团完全拥有两个品牌，并管理和控制三个营业部门：生产、销售和专利。除了专利产品以外，集团直接控制这两个品牌从设计到销售的整个价值链。主要工业公司是 Dolce & Gabbana Industria S.p.A.，属下有 Legnano 和 Incisa in Val D'rno 两个生产厂家。至于销售方面，欧洲大陆由米兰总部管理批发渠道；意大利的直销点则由 DGS S.p.A. 公司控制；而欧洲其他地方则由 Dolce

& Gabbana S.r.l. 公司属下的各地方公司控制。至于国外市场则委托给完全由 Dolce & Gabbana S.r.l. 控制的纽约、东京和中国香港的分公司负责，配合管理各自市场的批发和零售。特别是中国市场，中国香港分公司通过在上海、杭州和台北设立的地方机构直接经营。另外，还新开设了罗马、伦敦、巴黎、巴塞罗那和杜塞尔多夫分公司，专售 D&G 品牌，将品牌延伸到世界各地。

杜嘉班纳的服装一直都以黑色作为最主要的用色，南欧宗教色彩也转移到图案的表现上。西西里岛的创作灵感，强调性感优美的线条，像紧身的背心剪裁搭配西装，是杜嘉班纳最典型的服装风格。

意大利女性注重穿着，讲究饰品的搭配，使得杜嘉班纳的配件都得以有用武之地，从皮草制的复古提包到绣满图案的及膝袜，都极具杜嘉班纳设计风格。与饰品相较，杜嘉班纳的眼镜就显得较为低调，避免复杂的金属装饰，复古简单的设计，突显出干练的都会气质。

20 世纪 90 年代初，时装界争奇斗艳，引领了内衣外穿的另类风潮，奠定了杜嘉班纳内衣与泳装系列复古基调的基础，传统造型的内衣成为重要的搭配单品。当年流行教母麦当娜的内衣外穿引起大骚动，胸罩搭配黑色西装外套，即出自杜嘉班纳之手。虽然大胆的性感一向是杜嘉班纳的注册商标，但从 20 世纪 90 年代后半期，杜嘉班纳开始调整之前强烈的感官风格，先推出年轻的副牌 D&G，高级时装方面也转而追求简朴高雅的性感。值得一提的是杜嘉班纳并不等于 D&G，D&G 是它近年来越来越受欢迎的年轻副牌。两者的完美结合来自意大利的万种风情，为时尚圈带来活力四射的另类风格。

喜欢杜嘉班纳的女性是智慧型女性，懂得如何爱自己并如何讨人喜爱。身着杜嘉班纳的女性是国际化的女性，穿梭全球，但不忘记她的祖根。杜嘉班纳的女性穿着极端性感的紧身衣或在透明的服装下露出文胸，虽然衬以极端男性化的细白条纹服装，并搭配领带和白衬衫或男装背心，但总是穿着高跟鞋，迈着极为女性化和性感的步伐。钟爱来自西西里的极端男性化的鸭舌毡帽和当作项链穿戴的第一次圣礼念珠：不论身份、地位还是国籍，无论妻子、女儿还是母亲，都能在该品牌中找到适合自己的穿着，都散发出了十足的女人味。

♛ **杜嘉班纳与索爱跨界推出的手机**

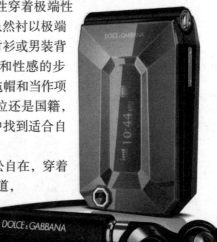

杜嘉班纳的男性也一样潇洒自若，轻松自在，穿着代表了他们的品位，带点享乐主义者的味道，在细节方面有很高的要求，喜欢一切非程序化的东西，追

求自由，追求真我。上班时可穿着完美无瑕的细白条纹西装，或以脱线牛仔裤搭配布雷泽外套。杜嘉班纳是规定的制定者，而不是规定的遵守者：以鸭舌毡帽搭配西服背心和永不衰落的白背心，魅力超凡，强调传统。这就是为什么杜梅尼科·多尔奇和斯蒂芬诺·嘉班纳总是爆新闻：他们的服装为他们代言，风格清晰，总是以相同的语言发出准确的信息，但同中求异，不断发展，通过世界上的所有风格加以演绎。

D&G作为杜嘉班纳的副线，于1994年推出，延续一线品牌精神的精华，同时加入了轻松幽默的元素，使风格更加狂放，以此来吸引年轻人，狂野的豹纹曾经一度是D&G的代表性图案，成为年轻人向往的欧洲风格的流行标志。D&G的风头已经大大超过了它的一线品牌。用古灵精怪来形容这个品牌一点也不过分，被称为最佳时尚二人组的两位品牌设计师以其另类时装风格征服了大批年轻人。不论在款式及颜色上，都显得年轻许多。而在设计上，则大量运用了各种具有弹性的材质，加上鲜艳的颜色，使其服装时髦且容易穿着。D&G也体现了年轻人的精神精华，代表着个性自由、另类的年轻化风格，还透露出叛逆的风格。

D&G除了是一种品牌风格外，更代表了一种生活方式和品位：这个品牌说的是年轻人的语言，以完全自由的试验材料和形状为乐。D&G生活在没有地理边界的当代大都会中汲取刺激、灵感，然后转化成富有设计内涵的时装系列，充满讽刺和反对随波逐流。

Dolce和Gabbana在意大利语中分别是"甜蜜"和"厚大衣"的意思。时尚界有此一说，性格冷静的姓"甜蜜"，性格外放热情的却姓"厚大衣"，也许这正是他们两人二十几年来相助互补、合作无间的最大原因。但就在2006年年初，两人宣告分手，两个大男孩信誓旦旦地表示，不会影响到杜嘉班纳的品牌和设计，更进一步强调了品牌要富有时代意义。

时装

霓裳华服，美丽外表典雅的心

Zegna
杰尼亚 （意）

个性与艺术的梦幻组合

品牌名片

品　　类	时装
标志风格	完美、高贵、内敛
创 始 人	埃麦尼吉尔多·杰尼亚（Ermenegildo Zegna）
诞 生 地	意大利
诞生时间	1910 年

品牌解读

杰尼亚（Zegna），享有百年历史的世界男装潮流领导者，素以男士服饰为主导力量，为众多男性社会名流所钟爱，以精湛的技术品质引领国际时尚潮流，其悠久的历史、深厚的品牌文化和国际顶级的产品品质加以现代化的营销理念，处处显现非凡魅力和王者之自信，从而确立了其在欧洲市场上不可动摇的地位。这个来自意大利，具有百年历史的服装企业，正统中糅合时尚，在庄严中掺以浪漫，在矛盾中诉求共鸣，形成了其卓尔不群的设计风格。由于杰尼亚正确的市场定位，突破以往的深沉与宁静，所以为成熟、优雅、富有感染力的成功人士所推崇。产品包括西装、毛衣、休闲服和内衣等。美国前总统克林顿、英国王子查尔斯（Charles Philip Arthur George）、好莱坞影星克拉克（Clark）都曾在公开场合以杰尼亚示人。电影《钢琴家》使阿德里安·布洛迪（Adrien Brody）摘得奥斯卡的桂冠。在电影里，他身穿杰尼亚的西装，所饰演的高品位魅力男人给人深刻印象。在世界的任何地方，人们可以经常见到从头到脚穿着杰尼亚服装的公司首脑，他们用杰尼亚来表现"男人味"，用杰尼亚来诠释风度，用杰尼亚托衬儒雅，用杰尼亚释放激情和成熟，用杰尼亚演绎高贵与地位。

杰尼亚以其完美无瑕的剪裁，适宜、优雅、古朴的个性，运用着华丽的色彩，走在时尚的前端，风格风靡全球。杰尼亚认为完美应该是：将精致的风格融入面料中，永远令顾客满意。杰尼亚品牌可以被基本地概括为：品质、真实和探索。杰尼

亚的设计师用他们的聪明才智创造出含蓄、大气、充满阳刚坚毅的男性精神，他们用自己对服装的全新理念设计每一套西装，以"炼金术"的精雕细琢、至善至美、情趣横生，向世界展现男装的顶级风范。

　　它的正装已经具备了可洗免烫的功能，这种面料带来了革命性的突破，而传统的精工剪裁是杰尼亚矢志不移的风格。在众多男装西服品牌中，论设计和剪裁，排名第一的也许是乔治·阿玛尼。但若以面料排名的话，杰尼亚是当之无愧的第一名。杰尼亚的面料采用世界上最上等的原料精心制作而成，非常轻薄、透气，抗皱性强。其制造过程中所用的水来自意大利山区，这种水不含矿物质。杰尼亚的面料被广泛地运用到世界一线品牌服饰中，例如著名品牌乔治·阿玛尼，采用的也是杰尼亚的面料。

阅读传奇

　　杰尼亚品牌创始人埃麦尼吉尔多·杰尼亚（Ermenegildo Zegna），于1910年在意大利开设了第一家工厂，最初这间简陋的作坊只能生产一些小块的羊毛面料。随后，杰尼亚开始设计、生产天然优质纺织品。到1938年，杰尼亚公司生产的高级时装面料达450种，出口到40多个国家。公司的做法是到世界最好的原料基地购买优质原料。例如从澳大利亚购买

杰尼亚的男装充满男性精神

Zegna Colonia

美丽奴羊毛，从南非购买马海毛，从中国内蒙古购买羊绒，从中国江浙一带购买丝绸，从埃及购买棉花。1966 年，埃麦尼吉尔多·杰尼亚多去世后，由两个儿子全权接管家族企业，两兄弟齐心协力，在继承其先父遗志创造一流品质的纺织布料的同时，又推出了一流的男装品牌：杰尼亚。由于拥有面料经营积累下来的多年经验，以及自家拥有纺织厂，杰尼亚迅速在男装品牌中脱颖而出，随后公司又逐步开发了新的领域，在针织、配饰和运动装系列上也有不错的业绩。

到 1938 年，杰尼亚工厂已经拥有上千名员工，设计并生产的面料达数百种，杰尼亚亦庄亦谐的风格受到了许多成功人士的青睐，装载着这些盖有红色印章面料的渡轮开到了美国港口。到 1945 年，杰尼亚的面料远销至 40 多个国家。从那时开始，杰尼亚就成了意大利最引以为豪的出口商品。

从 20 世纪 80 年代起，杰尼亚品牌走上了国际化的道路，1980 年和 1985 年，杰尼亚集团分别在巴黎和米兰开设了第一家专卖店。至 2005 年，杰尼亚已拥有了 460 个各式的销售点（Ermenegildo Zegna 和 ZegnaSport），其中 187 家是集团直接管理的。据称，杰尼亚每年使用 200 万米纺织面料，生产 50 万套服装、150 多万件运动装和 170 万件各式服装配件。杰尼亚总是能考虑到不同消费者的需求。当杰尼亚推出新品的时候，销售人员会把精美的画册寄给顾客，并且邀请其来选购。凡是在杰尼亚店内购买的衣服，客人可以随时拿来干洗。虽然公司承担了一笔不小的费用，但这一细节赢得了顾

♛ **杰尼亚的店内设计也别具一格**

客的信任。当客人取走已洗好的衣物的时候，往往又为其重新购买新衣物打下了基础。

杰尼亚品牌生产的产品包含所有男士衣物，却从来不生产女装，一直以来都是以男士衣物出现在消费者眼前。杰尼亚不断拓宽经营范围，从衣服到裤子，从衬衣到领带，从皮鞋到皮包，从风衣到雨伞，形成了男士着装的完整系列。杰尼亚一直以量体裁衣、个性化定制来稳固自己的顾客群。杰尼亚希望以自己的品牌产品，将男士从头到脚武装起来，以彰显完美的、高贵典雅的文化品位。凭借在生产过程中对细节的控制，包括对面料的精心挑选、细致裁剪、时尚的设计，使杰尼亚的服装品质有了充分的保证。

"奢华"一词用于杰尼亚，一点都不为过，杰尼亚曾经推出一款价值不菲的限量版西服。该西服是用12微米~13微米的羊毛精纺打造，用肉眼看甚至比丝绸还要薄，纽扣采用兽类最坚硬的角质做成，意大利设计，并根据面料对气候的要求在瑞士制作，消费者订购这样的西服至少要提前50天左右的时间。据称，一套"杰尼亚"品牌羊毛西装穿过以后，在衣柜里用衣架挂上6天，西装上的褶皱就会自然消失，一套崭新的西服就会出现在眼前，其对面料的考究和精细制作可见一斑。杰尼亚就是以特有的梦幻般的面料，把男装艺术发展到精致。因而多年来，杰尼亚品牌一直受到众多知名人士的青睐，被其所吸引的消费者包括各地的王孙贵胄和社会名流。

中国的第一家杰尼亚精品店在北京王府饭店开设，属于较早进入中国市场的奢侈品品牌。自1991年以来，杰尼亚在中国销售额以每年20%的幅度增长。2001年4月，杰尼亚在上海恒隆广场开设了自己的精品店；2004年7月14日，杰尼亚集团在北京东方广场的新店开张；2005年1月，亚洲最大旗舰店在上海外滩亮相，开始营业。中国内地已是杰尼亚在全球的第四大市场。

从20世纪90年代开始，杰尼亚已经巩固了它国际化奢侈品牌的地位，经营范围也在逐步扩大。配饰系列是杰尼亚经典品牌形象的又一写照，从制作精良、华丽感十足的眼镜到时装配饰，从较大型的行李箱到精致奢华的公文包，杰尼亚每一款产品都精雕细琢，独具特色，彰显出一种高贵典雅的文化品位。2002年，杰尼亚率先接手豪华皮衣制造商Longhi品牌。接着，于同年又牵手萨尔瓦托·菲拉格慕（Salvatore Ferragamo）集团共同成立合资企业ZeFer，专注开拓一个面向全球销售的鞋类和皮革制品公司。随着第一款杰尼亚香水——精粹男士香水（Essenza di Zegna）的推出，集团品牌多样性得到了进一步提升。2003年，这款香水由圣罗兰全权负责销售。接下来，另外几款香水陆续高调推出，包括劲酷骑士男士香水（Z Zegna）和最新款杰尼亚科隆香水（Zegna Colonia）。2004年，杰尼亚与德利高（De Rigo）合作共同推出了第一批太阳镜和镜架系列。2006年，与设计师汤姆·福特合作，汤姆·福特系列在2007年春夏登场；同年，携手意大利生产商Perofil开发内衣、袜子、睡衣，等等。

Canali
康纳利
（意）

俊逸不凡的绅士风度

品　　类｜服装
标志风格｜刚劲、绅士
创 始 人｜乔万尼·康纳利（Giovanni·Canali）
　　　　｜凯克姆·康纳利（Ciacomo·Canali）
诞 生 地｜意大利
诞生时间｜1934 年

品牌解读

康纳利（Canali）品牌的每一件产品，除了设计方面，对品质的要求异常严谨，不仅追求个人品位、崇尚经典设计，还要有极高的舒适度。康纳利秉承着一贯手工缝制精神，已经在全球 100 多个国家和地区拥有 1000 多家专卖店或专柜，并且拥有一批极高忠诚度的消费者。关于顾客对品牌的忠诚度，保罗·康纳利（Paolo Canali）曾讲过一个他亲身经历的小故事："有一次我去芝加哥康纳利的店里视察，一个顾客看到我，很激动地跟我说：'我身上这件康纳利西服都穿了 14 年了，现在还跟新的一样。'"

男装专业品牌康纳利来自意大利，主打纯手工定制，最受欢迎的就是其独特的全手工西装，位于意大利的康纳利总公司近几年设立了"人体线条研究室"，

根据各种体型设计合适的西服款式，例如在西服尺寸上，每一款均有六种体型，每种体型还分长中短三版，一定要让你穿到满意为止。此外，对于欧美男士平均高达 180 厘米的身高康纳利公司发展出了超长版西装款式，以及针对东方人普遍中年时下腹较突出的身型，在裤型上也有所修正。

时装业界颇具权威的国际性参考刊物《Dnr》杂志刊登了美国一家研究机构推出的"男性奢侈品排行榜"，研究机构调查了 1503 名家庭年收入在 15 万美元以上的消费者，对于他们心目中顶级的男士奢侈品品牌，从品质、高端性、社会地位以及自我提升方面分别做了排名，之后又做了整体排名。意大利顶级男装品牌康纳利榜上有名，继布莱奥尼（Brioni）、阿玛尼、杰尼

亚和菲拉格慕后名列第五。康纳利品牌曾被好莱坞大片中的主角指定为戏服，前后超过 30 套。不少巨星及国际知名人士于镜头前，选用康纳利设计的款式，如《糖衣陷阱》的汤姆·克鲁斯、《真实的谎言》的施瓦辛格、《侠圣》的韦基马、《影子阴谋》的查理·辛和理查·基尔，等等。康纳利也成为许多政界人士与演艺男星们的最爱，英国查尔斯王子、凯文·史派西、本·阿弗莱克……都曾经穿过康纳利的西装出现在电影中或是出席正式场合。

康纳利能够长久受到消费者欢迎的原因在于它总能给人一种精致的感觉，这是由于康纳利在男装剪裁和用料方面十分讲究，他们只选用经过全面检测的天然纤维，诸如开司米羊绒和精品 super 150 羊毛；为加工各种帆布衣料而准备的马毛和纯棉；特殊的羊毛处理工艺；配饰也选取象牙棕榈、动物角质和珍珠母制成的纽扣等。而限量款康纳利西服所采用的 super 220.s 面料更令人心动，这种只有 12.8 微米的超细毛线源于澳大利亚，大约 5 亿公斤羊毛中只有 1300 公斤是低于 13 微米的。等所有的西服面料通过了认证工序后，还会被储存于一个恒温恒湿的仓库内，再做更细致的处理。这个系列的西服全球限量 140 套，价格昂贵，使得所有男士都垂涎三尺。

阅读传奇

1934 年，意大利的乔万尼·康纳利（Giovonni canali）和剀克姆·康纳利（Ciacomo canali）兄弟创建了一家制衣工场，承接高品质服装的制作，康纳利公司的每一件服装都在意大利进行制作。康纳利的质量代表着服装的缝纫水平、品位和意大利传统，三者相互融合即造就了其产品的质量。其产品源自贵重的天然纤维，是通过精心的挑选和全面的检验获得。先进的技术和手工工艺也都为提高产品的品质做出了贡献。所有这些，一起打造了康纳利公司服装产品的优秀品质，而在 20 世纪 50 年代，家族第二代的杰出贡献令销售业绩显著增加，并且由于公司专注于精美优质男士服饰的制作，其服装的非凡风采开始影响整个意大利服装市场。康纳利家族的第三代已经构建了一个服装设计和制造集团。

康纳利品牌能够在众多奢侈品品牌中脱颖而出，这和康纳利对品牌品质的高度要求有密切关系。康纳利全球市场总监保罗·康纳利表示："成立 70 年以来，我们一直保持着精密的制作技艺，除了 100％缝制西服配合贴身剪裁、高贵优雅和柔软舒适的保证、只选用顶级品质的天然纤维、从不使用复合材料这些特点之外，在细节处，还有很多严格的要求，比如一定要采用珍贵的开司米毛（Cashmere）材质，与繁复制程的 super 150s wools，同时善用牛角扣与马毛内衬，来达成近乎苛求的品质水准。"

也许创始人自己也没有想到，像这样一家小规模裁缝店，它的名号已经享誉全球，非常受消费者的欢迎，还成为与好莱坞结缘的意大利男装。康纳利之所以能够赢得好莱坞的青睐，是因为其产品令人满意的舒适性和令人印象深刻的个性、严谨的意大利质量、极度合适的裁剪、传统风格的优雅演绎、对男装新趋势的准确把握，康纳利形象的中心是高素质剪裁、合身的款式、完美的细节，这些都体现了产品的可爱之处并使顾客乐于拥有。由于打着高级男性服装之专业品牌形象，康纳利不仅在用料的要求上力求佳品，对于打造服装灵魂的设计、手工更为重视，譬如保留西装垫肩的修改性、将西裤的腰际嵌入纯棉的内夹层中、纯手缝的领缘与内袋等，无所不至地表现其贴心一面。因此，在欧美、亚洲等地，皆可看见康纳利的专门店面以及其日渐成长的支持度。

"意大利制造"是康纳利的宗旨，它不只是写在商标上的文字，而是真正意义上的意大利制造，是文化历史与时尚品位相互交融这一悠久传统的结晶，是对卓越、专业、品质以及可靠的不懈追求。"意大利制造"包括各种高档面料——全部产自比耶拉（biella），还有内衬、里布、纽扣等材料。有些材料为康纳利

专用，如一些面料的纺织和纹样往往是为康纳利独家开发的。康纳利的产品也始终保持创新，充分体现顶级品质与大胆创意，可以说这也是"意大利制造"产品的与众不同之处。这就是为何 80 多年来，康纳利一直是"意大利制造"产品的全球形象大使。人们将"意大利制造"视为品牌的基本价值，其

中传统与尝试、创新与经验密不可分地融合在一起，打造出品质超凡的产品系列，凭借精致的意大利品位塑造永恒经典的时尚款式。当其他一线男装渐渐在领口标识上出现制造地名称的字样时，有80多年历史的康纳利则含辛茹苦地继续

保持"百分之百手工制作并全部在意大利生产"的珍贵传统，即便它的副牌"Canali Exclusive"也同样如此。康纳利首席执行官欧亨尼奥·康纳利说："康纳利的每件服装都是严格依照成衣制作标准在意大利设计并制作完成，套装、上衣和外套所用的衣料总是遵循传统手工缝制而成，从不使用任何复合材料。"这就是康纳利能够在时尚的洪流中经久不衰并且永远保持自己特有风格的原因所在。因为每家制造中心专门生产一种类型的产品，产品全部由技术娴熟的制衣师制造，以保证每件产品均完美无瑕。这些具有精湛工艺的制衣师傅，用各种高档的材料，缔造出了具有超高品质和文化传统的服饰。

细节决定成败，这是时尚行业一直所遵循的真理。康纳利的各种细节处理在具有可靠功用的同时，兼顾了穿着者的舒适感：如在有腰衬的服装款式中，都会将衬里缝制在外套内部；细心周到的内袋设计使穿者无须解开纽扣就可使用；鹅毛衬垫不仅恰到好处地增强了服装的坚挺效果，而且保持了康纳利服装的耐穿度。

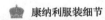 **康纳利服装细节**

20世纪70年代中期，康纳利品牌进军海外市场，1980年，公司服装产品的出口已经占康纳利服装总产量的一半。随着Proposta和Exclusive Collection系列的推出，以及其在衬衣、领带、皮带、皮鞋和富有特色的运动服装等领域的涉足，使得康纳利产品的品类得以广阔扩展。2002年，康纳利进入中国。

Donna Karan

唐娜·卡兰
（美）

轻便舒适的体态美

品牌名片

品　　类	时装、成衣、眼镜
标志风格	简约、舒适
创 始 人	唐娜·卡兰（Donna Karan）
诞 生 地	美国
诞生时间	1984 年

品牌解读

　　唐娜·卡兰是设计师同名品牌，是美国首屈一指的当红知名世界品牌，唐娜·卡兰、卡尔文·克莱恩（Calvin Klein）和拉尔夫·劳伦（Ralph Lauren）并称为"美国三大设计师"。唐娜·卡兰女士在 1984 年开始创业，立志"为现代人设计现代化服装"。唐娜虽是一个外表平和、貌不惊人的女子，但为了使其服饰王国走向多元化，在 1984 年她和丈夫联手创立了自己的公司，推出了一系列各具特色的产品：DKNY、dknyclassic、dknaactive、dknyjesns，对纽约所汇聚的不同文化及其独特的生活气息做了一个全新的诠释。DKNY 以更前卫、更时尚、更休闲的手法描绘了纽约不同文化、不同生活方式的时代气息，以截然不同的语言体现 DKNY 独特的魅力。并由好莱坞国际巨星布鲁斯·威利（Bruce Willis）、黛米·摩尔当服装代言人，其魅力可说是无与伦比。它追求时髦，讲究

个人品位，是表现成熟稳健之现代感者的最佳选择。唐娜·卡兰代表的是一种纽约大都会的时尚、前卫、青春的气息，而喜欢该品牌的人也大都是时尚中略带叛逆的年轻人。

　　所有了解唐娜·卡兰的人都认为她是一个"精明又野心勃勃的女人"，但是没有人因此讨厌她。相反，所有与她共事的人都被她的直接、真诚和坦率所折服。唐娜·卡兰的招牌设计是将体型、触感性延伸面料、皮革与金属做工的质感融合在一起，与黑色的底色完美结合。黑色是唐娜·卡兰永远的主色调。唐娜·卡兰对黑色的钟爱体现在她追求

舒适、讲究质感的设计理念上。从黑色紧身衣、黑色毛衣、黑色礼服长裙到黑色茶具，都可以看出唐娜·卡兰强烈的色彩倾向。黑色融合了唐娜·卡兰对于快节奏大都市生活的理解和感悟，也与她要创造出既朴实无华又高贵优雅的世界性时装的初衷相吻合。唐娜·卡兰的品牌除了时装，还包括丝袜、眼镜、性感内衣等产品系列。

唐娜·卡兰男装系列也配备专用的饰物，其时尚性可见一斑。DKNY 注重生活时尚，推出新颖的丽人系列，包括高品质香水、气派的家用饰物与豪华的床上用品等。汤姆·汉克斯、麦当娜、芭芭拉·史翠珊，还有克林顿和希拉里等名人都对唐娜·卡兰宠爱有加。

唐娜·卡兰品牌是极具创意的设计与敏感的市场反应下的完美产物，在世界各地出现了多家唐娜·卡兰的分公司，形成了一个名副其实的卡兰王国。这个王国除了生产各种款式的女式时装

唐娜·卡兰的服饰具有强烈的色彩倾向

外，还有男式服装、儿童服装、牛仔服、内衣、鞋子、化妆品和香水等。许多外包装，如香水瓶子均由她的雕塑家丈夫设计，而唐娜·卡兰在亚洲和非洲的旅行经历则激发了她设计家庭装饰品的灵感。她设计的瓷制品和木制品，淋漓尽致地体现出女人的感性和现代都市气息。

阅读传奇

1948 年 10 月 2 日出生于纽约皇后区森林小丘的唐娜·卡兰，从小在纽约长岛的伍德米尔长大。唐娜·卡兰绝对是天才少女，幸运的是她没被埋没。不过，这并非命运之神的眷顾，一切全靠唐娜自己争取，就如同她那丰富多彩的

人生一般，一切全凭自己掌控。唐娜·卡兰可以说是在纽约的时装圈里长大。她的亲生父亲原是一名裁缝，在她3岁的时候不幸死于车祸。唐娜·卡兰的母亲后来与一名富有的服装经销商再婚。14岁那年，唐娜·卡兰虚报年龄，在一家服装店找了一份销售员工作。从此，她与时装结下了不解之缘。1966年，她从乔治休利特高中毕业后，在新学院大学的时尚艺术学院，即帕森设计学院，就读两年。之后她进入美国著名时装品牌安妮·克莱因的公司工作，最终唐娜·卡兰成为安妮·克莱因设计团队的主管。就在当时，她推出了革命性的"简洁7件"（Seven easy pieces）理念。20世纪70年代初，她嫁给马克·卡兰，并生了一个女儿，取名叫加布里埃尔，但命运无常，他们在1978年宣布离婚。1983年，她嫁给了斯蒂芬·韦斯，一位杰出的雕塑家和画家，他后来成为唐娜·卡兰公司的联席首席执行官。

1984年，唐娜·卡兰开启了她的个人事业，并以自己的名字来命名时装品牌，第一个唐娜·卡兰高级时装系列正式面世。服装在唐娜·卡兰看来就是"现代保护罩"，要轻便、美观、舒适、简洁并能突出体态美感。从头到脚，唐娜·卡兰全面性地设计出属于自己风格的系列产品，眼镜、帽子、腰带、鞋类、日常便服、晚宴服装、内衣，甚至是贴身丝袜，一应俱全。受大众欢迎的唐娜·卡兰家居饰品系列以厚重的质感与沉稳的外形和品牌服装相呼应。

1988年，唐娜·卡兰从她年轻的女儿身上获得灵感，由此产生了年轻系列的品牌DKNY，把纽约独立、自由的精神融入设计之中，成为国际都会风格的代表，并大获成功。粗粗大大的DKNY商标不止出现在布标上，更常常被当作衣服上的图案，宛如一种精神的象征。

1991年，唐娜·卡兰向男装领域进发，并推出了首个男装系列，满足了成熟男式的着装需求。次年，dknymen年青系列男装随即问世，充分展现出男性的无穷活力和纽约的街头气息。dknymen系列包括正式套装、休闲系列、皮件、领带、饰品、泳裤、鞋子等。

　　或许唐娜·卡兰的风格比较忠厚，缺乏奇思妙想，但她设计中的时尚性、折中性、实用性与舒适性让唐娜·卡兰的服装总是成为女人衣橱里利用率最高的那件。她还创造了革命性的"简洁7件"理念，即一件紧身衣、一条裙子、一条裤子、一件开司米开衫、一件外套、一件皮草以及一款晚礼服就可以满足一个摩登女郎的所有着装需要。这7件单品不仅简单易搭，还可放入旅行箱，随时携带上路。在唐娜·卡兰数十年的设计生涯中，她一直秉持着一个理念，即每季都推出弹力面料的紧身衣、裹身裙和开司米开衫，但她不断地改进它们，让它们变得更完美、更符合时代。唐娜·卡兰以成熟、高尚、性感、自信的都市女性为目标消费群，推出能完美表现女性曲线美的舒适高级女装，它们进入市场后立即受到疯狂的推崇。唐娜·卡兰开始正式奠定她"美国时装女王"的地位。

　　自从唐娜·卡兰品牌创立以来，产品屡获殊荣，设计师唐娜·卡兰史无前例地在 CFDA（美国时装设计协会）获得了5次表扬：1985年及1990年，被选为最佳设计师；1986年，全身造型的多元设计再受推崇；1987年的丝袜系列广告获得最佳产品广告推广奖；1992年，她凭借 dknymen 系列成为年度最佳男装设计师。可以说，唐娜·卡兰是美国当代时尚界的佼佼者之一，包括美国前总统克林顿在内的许多知名人士都对唐娜·卡兰服装的设计颇为赞赏，他们通过该品牌来展现独特的个人魅力。

👑 **唐娜·卡兰的服装总是成为女人衣橱里利用率最高的那件**

Ralph Lauren

拉尔夫·劳伦 _{（美）}

实现心中美梦的品牌

品牌名片

品　　类	时装、成衣
标志风格	典雅、华丽
创 始 人	拉尔夫·劳伦（Ralph Lauren）
诞 生 地	美国
诞生时间	1968 年

品牌解读

拉尔夫·劳伦（Ralph Lauren）勾勒出的是一个美国梦：漫漫草坪、晶莹草堇、名马宝驹，是一种融合幻想、浪漫、创新和古典的灵感呈现，所有的设计细节架构在一种不被时间淘汰的价值观上。他的产品无论是服装还是家具，无论是香水还是器皿，都迎合了顾客对上层社会完美生活的向往。拉尔夫·劳伦有着一股浓浓的美国的气息和高品位，时装款式高度风格化是劳伦名下的两个著名品牌"拉尔夫·劳伦女装"和"马球男装"的共同特点。拉尔夫·劳伦曾获奈门－马科斯奖、美国时装设计协会奖、美国印花布协会"汤米"奖、全毛标志奖，先后 6 次获科蒂美国时装评论奖。正如拉尔夫·劳伦本人所说："我设计的目的就是去实现人们心目中的美梦——可以想象到的最好现实。"拉尔夫·劳伦本身实际正是这种美国梦实现的最好例子：他建筑了一个 50 亿美元的商业中心，一个自己的时尚帝国。

常常很多人只认得 POLO（马球），而不知道它的设计师拉尔夫·劳伦，对于拉尔夫·劳伦来说，款式高度风格化是时装的必要基础，时装不应只穿一个季节，而应是无时间限制的永恒。其实 POLO 只是他设计的第一系列的男装。当初之所以以"POLO"作为服装的主题，是因为拉尔夫·劳伦认为，马球既源自美国历史传统，又贴近生活，它意味着一种高品质的生活方式，这种运动让人立刻联想到贵族般的悠闲。这为拉尔夫·劳伦赢得了美国时装设计师协会的生活时代成就奖。正如他本人所言："我的设计目标就是要完成一个想象可及的真实，它必须是生活形态的一部分，而且随时光流转变得个人化。"拉尔夫·劳伦阐述他开疆辟土的创见，同时也透露设计的导向，是一种融合幻想、浪漫、创新和古典的灵感呈现。

致力于塑造包含西部拓荒、印第安文

化、昔日好莱坞情怀的"美国风格"的拉尔夫·劳伦，精明之处在于让全世界都心悦诚服：能圆购买拉尔夫·劳伦品牌服装之梦，便身价倍增。他展示商品的办法别具一格，店内表现的是一种家庭氛围，这种方法非常成功，开在麦迪逊大街的商店第一年的销售额就超过3000万美元。

阅读传奇

人们耳熟能详的"POLO""拉尔夫·劳伦"品牌均出自一个时装帝国——Polo Ralph Lauren公司。这个公司生产的商品从服装到香水，从床上用品到奢侈的豪华器皿，几千种商品在遍布全球的若干工厂中生产出来，既被米兰和纽约的时尚尖端人士评头论足，也可以满足发展中国家中年轻人对时髦和名牌的追逐。缔造了这个庞大帝国的人，就是拉尔夫·劳伦。可是这位早在1992年就获得美国设计师协会终身成就奖的时装设计行业翘楚，却不认为自己是时装设计师，而只是个"具有紧贴时代的意识"的人，他的作品不过是在表现自己脑海中早就存在的意识世界中的概念。

拉尔夫·劳伦1939年生于美国纽约。父亲从事壁画工作兼做室内装饰。劳伦从小热爱体育运动，这促成他日后第一次设计就是为垒球队设计队服———种保暖夹克。1951年，12岁的拉尔夫·劳伦下课后要去打工，那时的他已经能很得体地穿衣服，使本不昂贵的衣服看起来很时髦。在曼哈顿的

设计学校学习设计期间，同时在两家手套公司做店员。原本是一位非设计本科出身的售货员，因为无意间得到一个机会，1967年，在一家名为A.Rivetz的领带制造公司做设计师，大胆推出了一系列4~5寸的宽领带，他的设计不但震撼了当时的流行趋势，同时也为自己在时装界打下稳固的基础，并从此开始建立他的时装帝国。1967年，他建立了Polo Ralph Lauren品牌，设计出具有自己风格的领带，比当时流行的领带宽一倍。为使领带做工更为精美，他选择最上乘的布料，采用最完善的工艺，仅仅6个月，就使拉尔夫的宽领带成为时尚的必需品。

1968年，拉尔夫·劳伦着手探索、设计、制作了一系列与宽领带配套的男装，并成立了男装公司。拉尔夫的男装采用上乘的面料和一流的做工，始终以高质量赢得顾客，也很快获得成功。"POLO"在英语中意为马球运动，这是一种贵族运动项目，运动员们通常穿用的是源自网球衣的针织短袖运动衣。20世纪30年代的棒球运动员以及旧时富豪都是拉尔夫·劳伦设计灵感的源泉。20世纪80年代早期，他将朴素的谢克风格引用到时装设计领域，开始了注重简洁的设计。他自称"没有代表作，没有草图，有的只是尝试"。20

世纪90年代前，又开始发展手感扎实的蓝白格纹棉布床单、带有小碎花图案的杯碟，这些都弥漫着美国南方庄园的悠闲气氛，让人心生向往。

POLO恤的时代意义是拉尔夫·劳伦将这种运动风格的服饰扩展为大众日常服饰，不局限它的穿着场合。他十分推崇英国贵族浪漫而典雅的生活品位与方式，在马球运动衣设计上体现出英国人生活上的高素质和气质上的不凡，但又不是盲目地选择和模仿英国贵族过分严谨讲究的服饰，而是融合了美国人自由开放的性格，创造出融传统优雅与现代时髦为一体的POLO恤。"POLO马球"是拉尔夫·劳伦设计的第一系列男装，拉尔夫·劳伦还有数个正副品牌，分别是永恒、质感、华丽与舒适的拉尔夫·劳伦、专为注重个人风格的都会成功男士所设计的Polo Ralph lauren、完美诠释美国牛仔风的Polo Jeans Company，还有新休闲时代运动风格的Polo Sport。

1971年，他创立了自己的第一家店铺。第二年，他开始着眼于女装的设计。拉尔夫·劳伦服饰的休闲和雅致感对20世纪70年代的时尚界产生了很大影响，并使得他和美丽的妻子成了当时的红人，1974年，为重新摄制的《了不起的盖茨比》设计的服装，因为温文尔雅的风度而引起了人们对花呢装亲英形象的狂热。黛安·基顿（Diane Keaton）的懒散而带男孩俏皮味道的服装，也掀起了一波时尚的潮流，于是许可协议接踵而来。1978年是男孩服装，1981年是女孩服装，1982年是箱包和眼镜，1983年是家具，1985年是香水和手袋。20世纪80年代中期，凭借运动风格服装，有越来越多的人开始执着于这个品牌，并且为每一次的作品而疯狂。

20世纪80年代后，拉尔夫·劳伦把重点放在运动时装上，直至今日，运动装已成为公司的重要产品类别，其中包括钓鱼服、打猎装、高尔夫球衣等。对于热爱运动

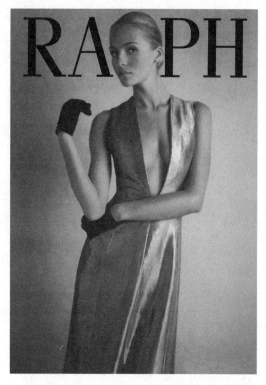

与健美的美国人来说，这种运动时尚服装正合口味。20世纪90年代的怀旧、复古及环保的需求，更令简洁舒适的运动时装浪潮日趋高涨。1994年在纽约开张的Polo Sport连锁店给当时笼罩在经济不景气之下的纽约带来了强烈的刺激，门店的装饰仍然保持拉尔夫·劳伦的一贯风格：古典的尊贵，悠然的潇洒，传统绅士式的浪漫情怀，体现了一股既古典绅士又优雅浪漫的现代主义魅力。

POLO的出现，从一开始就推出了阔型领带的服饰风格，并奠定美国男装的POLO格调：优雅、舒适与高品质。优质材料、欧式裁剪加美式风格，保证了拉尔夫·劳伦品牌的品位和素质。其产品还包括拉尔夫·劳伦的女装、少女装、婴儿装，以及POLO牌男童装、运动装和该公司旗下的皮具、箱包、帽、袜、眼镜、饰物、家居用品，等等。1993年登台的Doublem牌，是以粗犷、豪放的美国牛仔风格为目标的另一种美式男装。1995年，为都市青春少男少女设计的新品牌Ralph问世。

Calvin Klein

卡尔文·克莱恩
（美）

美国性感广告先驱

品　　类	休闲装、眼镜、内衣、香水
标志风格	性感、简约、优雅
创 始 人	卡尔文·克莱恩（Calvin Klein）
诞 生 地	美国
诞生时间	1968 年

品牌解读

卡尔文·克莱恩（Calvin Klein）简称CK，是美国第一大设计师品牌，从 1968 年开始建立自己的公司到现在，卡尔文·克莱恩已在时装界纵横了 40 多年，享有盛名，并被认为是当今"美国时尚"的代表人物。他认为今日的"美国时尚"是现代、极简、舒适、华丽、休闲又不失优雅气息，曾经连续4 度获得知名的服装奖项，旗下的相关产品更是层出不穷，声势极为惊人。卡尔文·克莱恩一直坚守完美主义，每一件卡尔文·克莱恩时装都显得非常完美。因为体现了十足的纽约生活方式，从 20 世纪 70 年代崛起至今，一贯的现代都会风格深受品位族群的推崇，成为新一代职业妇女品牌选择中的最爱。

卡尔文·克莱恩具有足够实力与巴黎、米兰的著名设计师抗衡。他的服装适合上班一族从早到晚的需要，既具有上班时所需的严肃与庄重，又适于在街上快速行走与挤车，

甚至于下班以后的一般社交。卡尔文·克莱恩的作品干净、细致剪裁，在典雅、中性色调的布料中，展现一种简洁利落的时尚风貌，这也是卡尔文·克莱恩的设计哲学。他说："我同时发现美式风格的本质也具有国际化的特征。就像纽约，它并不是一座典型的美国城市，而是一座典型的国际都市。伦敦、东京或是首尔也是一样。居住在这些城市的人会对我的设计做出回应，是因为他们的生活和需求都十分相似。现代人不论居住在哪儿，都有其共通性。"他的服装具有不拘繁缛礼节的特点，符合生活节奏快速的大都市人的生活需求，而且这些简洁的服装也相当优雅，具有一种含蓄的洒脱与浪漫。

卡尔文·克莱恩是一个极具现代精神的设计师，甚至可以称其为改变现代美国时装的人物。某杂志甚至称他为"创造整治和秩序的王子"。这不仅表现在他对时装设计领域

的开拓、创新上，更在于他强烈的商业意识和市场观念。卡尔文·克莱恩产品的重要风格之一就是性感，大胆刺激的广告创意，不仅影响着一代流行观念和时装摄影观念，甚至因此而备受争议，屡起风波。在卡尔文·克莱恩的概念中，性感是多种多样的，所以近来卡尔文·克莱恩的广告中不见了昔日的骨感与颓废，取而代之的是一群活力四射、青春健康、有着灿烂笑容的年轻人，那份热情的魅力轻易掳获了卡尔文·克莱恩粉丝的心。因此在卡尔文·克莱恩的广告中，性感特点得到了淋漓尽致的发挥：卡尔文·克莱恩的广告常采用裸体模特，旨在创造完美的、艺术化的形象；但有时卡尔文·克莱恩也会打些擦边球，比如在卡尔文·克莱恩内衣广告中启用一名貌似未成年的女模特摆出带色情意味的露底裤姿势，就引起了颇多争议，还遭到了英国广告标准署的干涉。他对时装独特的诠释，他简练朴实的时装风格，他新颖创意的服装形象及推广方式，无不使卡尔文·克莱恩品牌声名大振。短短30年间，他建立了一个庞大而充满生机的卡尔文·克莱恩王国。这是一个在高速跑道上飞速发展的商业王国，这个王国旗下的相关产品层出不穷，主要包括高级时装、高级成衣、牛仔、内衣等，另外还经营香水、眼镜、腕表等，其中最为知名的内衣、牛仔服、香水等都以性感的广告形象和出色的设计赢得了消费者的青睐。虽然卡尔文已不再拥有自己一手创立的品牌，但是卡尔文·克莱恩却仍旧在时尚帝国中屹立不倒，深受大众喜爱。

阅读传奇

　　卡尔文·克莱恩创始人卡尔文·克莱恩1942年出生于美国纽约，就读于著名的美国纽约时装学院（F.I.T），1968年创办"卡尔文·克莱恩"公司。卡尔文·克莱恩崇尚极简主义和现代的都会感，大量运用丝、缎、麻、棉与毛料等天然材质，搭配利落剪裁和中性色彩，呈现一种干净完美的形象，这也奠定了卡尔文·克莱恩的设计基调。设计初期，卡尔文·克莱恩推出简单大方的西装和外套，受到纽约百货公司的青睐，让卡尔文·克莱恩知名度大开。随着卡尔文·克莱恩这一品牌的声名远播，其创始人卡尔文先生也名声大振，但他却一直崇

尚低调，很少接受采访，甚至曾经尝试支付 500 万美元以阻止有关他私生活的书籍的出版，但他的名字却始终频繁地出现在人们的面前。卡尔文·克莱恩字母被印在内裤上面，勒在数千万男女腰间，成为一种生活方式的标记。之后，卡尔文·克莱恩简单的线条与内敛的设计，创造出一种舒适愉快的穿衣态度，加上因样式简单而易于大量生产，深受当时都会中上阶层的品位人士喜爱。

　　卡尔文·克莱恩所出产的各品项，除了服装外，也都呈现出利落、简单的气质。像眼镜、太阳眼镜，拥有自然简约之美，除了可搭配肤色的各式色彩外，在外形与功能上做了最理想的设计，整个系列包括 20 多种款式。从复杂的安装工具、五彩缤纷的色调，到特制的镜框铰链以及精细的眼镜托等都一丝不苟，俨如一件精致的艺术品。卡尔文·克莱恩眼镜那亮丽的外形，具有"男女皆宜"的特色，镜框均强调实用与美观并重，讲究简单的线条及精细工艺，与其服装时尚的理念相配合，是别具品位的男女必备的装饰配件。独有的造型糅合了时尚与经典，舒适感与轻质材让佩戴者演绎出极简主义与浓厚的都会气息。

　　卡尔文·克莱恩内衣也是一项创造性的设计，它关系着材料、人体功效、服装力学、造型等多种学科的知识，卡尔文·克莱恩是内衣中绝对领军的超级大牌，是性感、简约、时尚的代名词。卡尔文·克莱恩女士内衣那流利的线条、昂贵的面料以及纤细的造型，对那些意识到身体曲线美的现代女性是再合适不过了。它充分关怀了人的身体，让女人变得更加自信、时尚和性感。其他各款皮包与鞋子，除了摩登的利落设计外，也非常强调款式的实用精神，绝不会发生喧宾夺主的情况。此外，舒适是卡尔文·克莱恩强调的第一重点，袜子、内衣、睡衣与泳衣等，用了纯棉、新纤维质料，创造出穿着的舒适，而简单的款式设计则创造了视觉上的舒适。另外，卡尔文·克莱恩香氛及家饰用品，也忠实地呈现出一种中性的摩登氛围。

也许年轻人更要感谢卡尔文·克莱恩，他当之无愧为全美最具知名度的时装设计师。其产品范围除了高档次、高品位的经典之作外，克莱恩同时还是那些以青年人为消费对象的时髦的无性别香水和牛仔服装的倡导者。20世纪80年代，卡尔文·克莱恩将版图扩张到香水领域，从开始的"迷惑"，到之后的"永恒"和"逃逸"香水，每个产品都取得了巨大成功，进一步促进了公司的发展。

1985年，"迷惑"香水上市，这款香水的灵感来自印度的祈祷石，散发出茉莉、檀香和琥珀的馥郁芬芳。一经推出就风靡全美，大获成功。1989年推出"永恒"香水，受到了恋人们的欢迎。1994年推出男女共享的CK one，被誉为中性香水中的经典，吸引着各年龄段的人们。当然，卡尔文·克莱恩除了摩登的利落设计外，也非常强调款式的实用精神。

2003年，PVH（Philips-Van-Heusen）集团宣布该集团以30亿美元的价格收购了Calvin Klein公司，并宣布其未来的发展方向，生产"更好的男式及女式运动休闲服饰、配件""无论是设计服装、香水或家居，我的灵感总是来源于对现代男女生活的仔细观察。"卡尔文先生曾如是说。这位杰出的设计师有着极其敏锐的潮流触角，他总有办法设计出多数人所需要的东西，而又不让它们廉价到随便都能买到的程度，现在，被称作"纽约第七大道的时装王子"的卡尔文·克莱恩，虽年过花甲，但每逢公开场合，总是衣履光鲜，有形，有款，有品位，像他的时装一样，性感魅惑，毫不逊色任何一位明星，还曾被美国民众选为美国历史上最具影响力的百位名人之一。

Kellan Lutz

卡尔文·克莱恩善于使用当红明星吸引年轻人。这是出演《暮光之城》成名的凯南·鲁兹为其拍摄的广告。

Fendi

芬迪
（意）

从意大利走向世界的皮草大王

品　　类	皮具、时装、香水、太阳眼镜
标志风格	高贵
创 始 人	阿戴勒·芬迪（Adeele Fendi）
诞 生 地	意大利
诞生时间	1925 年

品牌解读

　　一身的艺术品位都来自意大利的时尚元素，它高贵、典雅，它是绝对的皮草大王。一个穿越 80 多年风风雨雨的品牌，就像它的作品一样坚韧而富有感染力。为顾客提供最独特矜贵的优质产品，是芬迪（Fendi）一直坚守的承诺。芬迪一次又一次开创华丽手袋潮流，它的品牌地位足以傲视同侪。芬迪致力于为顾客带来奢华瑰丽的优质产品，而手袋是女士们衣柜内最重要的一环，反映出她们的个性和风格。芬迪一直领导手袋潮流，每一款产品均是原创意念、精致刺绣、匠心设计和卓越工艺的完美结晶。芬迪的行政总裁来自 LV MH，他在芬迪 80 周年庆典上谈及芬迪时说："芬迪深厚的文化底蕴、开拓创新的设计思路和精湛的制作工艺是品牌枝繁叶茂的根基，我相信品牌本身巨大的潜力，再加上 LV MH 集团清晰的目光及远见，未来，一定会有更加光辉的前景，成为时尚界独一无二的奢侈品牌。"

　　意大利品牌芬迪形象高贵，独特夸张的毛皮服装获得全球时装界的瞩目及好评。对高档毛皮的大胆革新处理，使人们对芬迪品牌难以忘怀。芬迪糅合了精细的手工、崭新的质料、无拘无束的创意，一度成为好莱坞镁光灯下的焦点。一直以来，芬迪都希望能运用独特的专业知识与技能为著名的历史、文学、音乐角色服务，通过自己的设计，力求把他们的形象生动重现。

阅读传奇

　　由罗马小店发展至今，遍及全世界的芬迪，至今已有 90 多年历史，但始终保留了家族的经营模式，而且声势日益壮大。

　　第一次世界大战结束后不久，阿戴勒女士在罗马开设了一家专为城中显贵及好莱坞女星设计定做皮草大衣的"皮革皮草专卖店"，这家店就是现今闻名全球的精品王国——芬迪的前身。

　　以皮草起家的芬迪，是
一个从创立开始就以母系为
中心的家族企业。当第二代
的五个女儿全部投身家族事
业之后，将芬迪成功地带入
国际市场。由西尔维亚·芬
迪（Silvia Venturini）接管的
第三代传人，使芬迪更成了
继普拉达、古琦之后，又一
个意大利热门时尚的象征。
芬迪家族的好朋友拉格菲尔
德（Lagerfeid），从 1965 年开

始直到西尔维亚接手，一直负责芬迪服装的设计工作，西尔
维亚从 18 岁开始就在家族企业里工作，一开始奔赴世界各地
做展示，也负责过洛杉矶 F 名品店的经营，其后正式接手罗
马的生产线设计提包。西尔维亚对流行有较强烈的感悟力，
她总有让人惊喜的设计。她经常思考自己的设计方向：精细、
华丽。喜欢采用奢华与平凡做对比，她设计的小提包也成了
流行的象征。

　　她的创作灵感来源于祖母和母亲代代相传的私人珍藏：
许多 20 世纪 20 至 30 年代镶珠刺绣的提包。古老的提包在她
看来总有不平凡的气派及经典格调。她用自己独到的设计把
古老的感觉融入流行之中，以目不暇接的精彩款式夺取了众
人的目光。拉格菲尔德富有戏剧性的设计理念使芬迪品牌服
装获得全球时装界的瞩目及好评，拉格菲尔德与芬迪合作的
以双 F 字母为标识的混合系列是继法国香奈儿的双 C 字母、
意大利古琦的双 G 字母后，又一个时装界众人皆识的双字母
标志。

　　拉格菲尔德对毛皮进行革新处理，如将真正的动物毛皮
处理成有着仿制毛皮的外观效果，在毛皮面料上打上大量细
小的洞眼以减轻大衣的重量便于穿着，毛皮的多彩染色处理
等。其创新设计还包括用水貂皮做边饰的牛仔面料大衣，选
用如松鼠皮、雪貂皮等非常用毛皮进行大胆设计。拉格菲尔
德施展其大师级本领，将芬迪卓越不凡的经典工艺，结合于
新锐的设计理念。芬迪与拉格菲尔德扭转传统，凭借各种崭
新技巧，包括镶嵌、光化及编织等，震撼了皮草市场，更改
写了时装历史。超乎想象的杏色、淡黄绿色及荧光粉红皮草
大衣纷纷亮相，并成为人所共羡的高尚潮流新贵。

　　芬迪推出的皮草成衣系列，成功开创高尚时装风潮。继

此之后，芬迪再起革命，为皮具产品注入新构想。各款优质真皮手袋，破天荒结合了印刻、编织、染色及鞣革等新技术，令人眼前一亮。从此，女士们的手袋不单是一件随身携带的实用物品，更是高级的时尚配饰。芬迪于 20 世纪 70 年代大举进军华贵服饰市场，将品牌声誉推向新高峰。一系列潮流外套、趋时大衣及新款裙子，塑造了独一无二的芬迪 woman 形象。20 世纪 80 年代，芬迪的"双 F"标记更成为显贵华丽的代名词，风靡全球。此外，芬迪凭瞩目的 pequin 条子图案设计，赢取了新一批拥护者。同一时间，芬迪为迎合打扮趋时的年轻顾客，推出 ssime 运动服及配饰系列，发展日趋多元化。

到了 20 世纪 90 年代，芬迪又为时装界翻开新的一页。1997 年，芬迪精心设计的 baguette 手袋面世，这款典雅别致、设计简约的罕贵手袋，瞬即成为女士们争相抢购的珍藏品，奠定了芬迪在手袋设计的领导地位。继 baguette 手袋之后，芬迪进一步彰显其潮流先导的创意和实力，于千禧年起，陆续推出新颖产品，包括俏丽的 ostrik 手袋、夺目的 diavolo 和 biga 手袋，还有轰动登场的 chef 手袋。

芬迪不因循守旧，总是寻求变化，使芬迪的形象符合现代女性的要求。

Nina Ricci

莲娜·丽姿
（法）
被名媛挚爱的华丽雕琢

品牌名片

品　　类	高级时装、高级成衣、香水
标志风格	端庄、高贵、古典
创 始 人	莲娜·丽姿（Nina Ricci）
诞 生 地	法国
诞生时间	1932 年

品牌解读

　　莲娜·丽姿（Nina Ricci）的服装以别致的外观、古典且极度女性化的风格深受优雅、富有的淑女青睐，赢得良好声誉，经历了近80年风雨的莲娜·丽姿品牌依然是时装领域中最响亮的名字之一。作为巴黎五大高级"定做服"之一的莲娜·丽姿，一直以来以其特有的女性化视角，装点着全世界的名媛们。它是妩媚、高雅、秀丽的象征，尽管它也有男装，但是留给人们印象最深刻的总是它那高贵脱俗的女装。把布缠在模特儿的身上直接裁剪就是莲娜·丽姿首创的。莲娜·丽姿可算是时装界名副其实的"服饰雕刻大师"。这种直接裹在模特身上裁剪的"立体裁剪法"，服装线条柔美精练，引人注目而不矫揉造作。特别是她注重特殊的细部表现，使服装获得了最大限度的轻便。莲娜·丽姿女装强调腰线和优美的下摆，这种极女性化的翩然优雅设计一直保持至今。

　　如果说在时装界还有一个代表端庄高雅的品牌，那么它一定是莲娜·丽姿；如果说这个世界还有一个女人是淑女的话，那么她一定是穿莲娜·丽姿的名媛。莲娜·丽姿一直以它独有的高贵优雅，将全世界高雅女性的芳心全部俘获。近一个世纪以来，无论世事如何变迁，它带给世人的是它那份永远不变的古典庄重，如同一个娇美高贵的公主，莲娜·丽姿以一种特有的女性化占据时装界的一片天空。

阅读传奇

　　在法国乃至全世界的名门淑女，没有人不爱莲娜·丽姿的服装。因为只有它才能衬托出她们独有的高雅、娇柔、妩媚，她们穿上它就等于自己拥有了格调很高的品位。莲娜·丽姿的创始人——莲娜·丽姿1883年出生在意大利西北部的都灵，7岁时随全家搬到蒙地卡罗。由于父亲去世，14岁时她和母亲去巴黎投靠亲戚。在巴黎，她到某服装店做裁缝，后来嫁给了意大利珠宝商的儿子。

丈夫身无所长，因此家庭的经济负担几乎都落在莲娜·丽姿身上。1907年，她到当时一家知名服饰公司工作，但同时她也用莲娜·丽姿作为品牌在自己的作坊里生产服装。1932年，她的儿子罗伯特（Robert）成立了一家公司，并劝说母亲和他一起经营时装业务。他们自己设计时装，同时找来以前手下出色的裁缝师进行制作。当年7月，莲娜·丽姿冬装成功推出，并在法国时装界一炮而红。

莲娜·丽姿服饰的风格典雅高贵，用料考究，手工极为精巧，这些都为莲娜·丽姿增添不少光辉。莲娜·丽姿也成为巴黎五大高级"定做服"品牌之一。鉴于莲娜·丽姿服饰"为营造法国人特有的气质做出了杰出贡献"，丽姿获得了法国骑士荣誉勋章。莲娜·丽姿的设计宗旨是"论设计，应因人而异、因时而易、因地而易""套装则以简约为妙，应注重制作精致，使近观不失其华贵，远观又不失其年轻"。她的作品风格也正是具有典雅高贵、用料考究、手工精巧和线条柔美的特点。莲娜·丽姿与儿子的共同努力，使莲娜·丽姿品牌在20世纪30年代迅速成长，并在当时的时装界占有一席之地。莲娜·丽姿时装优雅迷人，高贵华丽，一直以来都是以华丽的风格在法国时装界占有领先地位。

在美妆方面，莲娜·丽姿出产的产品既拥有美丽的外表，也拥有绚丽的色彩，都出自艺术设计大师之手。1946年，莲娜·丽姿迎来了品牌的第一瓶香水。1948年推出的"比翼双飞"，就如同那个年代的女人般，既典雅含蓄又满溢着女人味。这瓶由17种自然香所调配而成的香水，传闻当年全世界每一秒钟，就已售出一瓶。1948年，莲娜·丽姿又推出了"比翼"。其经典的蛋型瓶身和上面两只比翼飞翔的鸽子，已成为至死不渝爱情的象征。据说，这对著名的双鸽，还曾经为毕加索、马蒂斯等艺术家们带来创作上的灵感。原本是象征大战之后，苦难不再，和平再临，战后女性渴望重拾自由的心情，却成为不渝爱情的象征。早期在免税品市场"比翼"的强劲业绩，有相当大比例是爱侣们出国时，携回赠送情人的礼物。至今虽然时隔60多年，"比翼"依然雄踞该品牌的热门畅销商品宝座。1952年，莲娜·丽姿推出的"禁果"香水又大获成功，平均几秒钟就要出售一瓶，现今21世纪的莲娜·丽姿跨界已成为一个复合的时尚品牌。

1959 年，罗伯特的女儿嫁给吉勒·菲什，后者后来成为莲娜·丽姿公司总裁。菲什大力推动莲娜·丽姿公司的国际化和多元化，除了时装和香水以外，还将公司的生产线拓展到皮件、配饰、太阳镜、手表、珠宝首饰、化妆品、男装、童装等领域。内衣也是其品牌的代表作品之一，莲娜·丽姿的内衣系列产品，全部经由法国生产，每件商品均出自该品牌在法国所设立的 4 家工厂，而且大部分商品为手工制作。莲娜·丽姿品牌特别注重产品的设计以及面料的使用，所有莲娜·丽姿的内衣都是先经过设计师手工画稿，然后再投入印染和绣花，因此，每一件莲娜·丽姿的内衣产品都称得上是精品中的极品，其蕾丝产品全部保证左右对称，且蕾丝绣花工艺相当考究，哪怕是一枚花瓣，一片绿叶都绣出立体视觉效果，这需要在剪裁和工艺上煞费精力。这使得莲娜·丽姿产品成功远销 130 多个国家和地区。莲娜·丽姿的强大感召力毋庸置疑，它旗下的设计师们都是世界时装史上殿堂级人物，其中还有来自普拉达的首席设计师。

1970 年，莲娜·丽姿女士过世，但其品牌精神长存，1979 年，莲娜·丽姿搬迁到巴黎的时装中心蒙代涅大道，开辟新的服装市场，开拓其高级成衣、男装和配饰方面的设计。1986 年，第一家男装店建成，被称作 Ricci Club（丽姿俱乐部）。莲娜·丽姿的男装以高质量著称，无论是西服套装还是衬衣 T 恤，都是用最高级的面料，加上最精湛的剪裁，力求表现出传统和时尚的完美融合。

随着服装及饰物的全球性成功，莲娜·丽姿将腕表产品业务定为主要发展策略，并于 1988 年 11 月特别委托位于钟表王国瑞士纳沙泰尔（Neuchatel）的资深腕表制造商蒂姆·爱威努（Time Avenue）为代理人。

蒂姆·爱威努备有完善的腕表设计专业队伍，制作要求严谨执着，且拥有专业市场知识，包括产品定位、推广策略及开拓国际市场等经验。蒂姆·爱威努坚持将莲娜·丽姿的设计精髓应用于腕表制作之上，为时尚女士和品位男士提供多款风格独特的优雅腕表，经历了近 80 年风雨的莲娜·丽姿品牌依然是时装领域中最响亮的名字之一，它就像是名媛们的私人衣橱，永远能将你装点得如同出水芙蓉的公主一样光彩照人。

Chloé

克洛伊
（法）

来自希腊传说的梦幻至尊

品牌名片

品　　类	服装、体育用品、皮饰品、配件、香水、家饰品
标志风格	多变、梦幻
创 始 人	雅克·勒努瓦（Jacques Lenoir）
	加比·阿格依奥（Gaby Aghion）
诞 生 地	法国
诞生时间	1952 年

品牌解读

法国克洛伊（Chloé）品牌风格的核心可概括为时髦、现代及强烈的女性品位。在巴黎高级成衣界中，克洛伊品牌多年来一直保持重大的影响。因为它在不同时期所聘用的各国著名设计师总能以不同风格、不同特色的设计取得成功。在希腊古典名著《达夫尼斯与克洛伊》中，克洛伊是与牧羊少年达夫尼斯有过缠绵悱恻爱情的美丽女子。性感、浪漫的梦想也使得克洛伊品牌一诞生便备受瞩目。1952 年，克洛伊由黑美人加比·阿格依奥（Gaby Aghion）创立。当时，这位出生在埃及亚历山大港的 19 岁女孩，带有不羁的波希米亚精神。拒绝 20 世纪 50 年代时装的僵硬死板，她用精细面料创立了一种柔软舒适、尽显身材的服饰。1956 年，阿格依奥和她的贸易伙伴雅克·勒努瓦（Jacques Lenoir），在花神咖啡馆展出了她的第一个系列，这是一个代表左岸人文历史精神象

征的地标，迄今咖啡馆内的选单上仍留有萨特当年的经典名言："自由之神经由花神之路……"就此，克洛伊不仅走出了"定制服装"的框架，同时也具有了贴身自然的穿着感——这在当时堪称独一无二。而之所以选用克洛伊这个名字，是因为它反映了当年巴黎时装的流行风格：年轻、大胆和创新。克洛伊创立者加比·阿格依奥摒弃了 20 世纪 50 年代流行的拘谨呆板样式，率先以精细的布料缝制出柔软而尽显女性线条美的"奢侈成衣"，人们所熟识的成衣市场从此而生。

克洛伊品牌创立于 1952 年，创立之初只有女装，后来逐渐增加了眼镜、香水和包包手袋、鞋靴系列。克洛伊女装的标志风格是轻纱上的花卉图案、轻柔飘逸的衣衫线条，虽然设计师频频更换，但克洛伊的浪漫风格延续至今。在这 50 多年的品牌历史中，克洛伊大胆起用了来自不同国家、不同设计风格

的设计师。有风格浪漫的德国时装大师卡尔·拉格斐，也有活泼性感的英国才女斯特拉·麦卡特尼，亦有充满怀旧情怀喜欢采用透明材质的设计师菲布·菲洛。克洛伊可算是少数不靠自身名气，只以出色设计师做号召的时装品牌。因经历过不同风格的时装师的洗礼，所以克洛伊没有建立独家标志风格。但这也意味着该品牌风格多样化，满足任何爱美人士的需求，并且不局限于定式之中。

克洛伊的服装带给女性浪漫、梦幻的感受

时间不停地在流动，而克洛伊带给女性浪漫、梦幻的时装概念。良好的声誉，使其一直受到明星名媛的热烈追捧。当年的美国第一夫人杰奎琳·肯尼迪、摩纳哥王妃格蕾丝·凯利、电影明星碧姬·芭铎（Brigitte Bardot）、女高音歌唱家玛丽亚·卡拉斯（Maria Callas）等，都是克洛伊的爱好者。尤其是 20 世纪末，克洛伊品牌经历了非常成功的再创造。时装屋的浪漫、极端女性化的个性，接受了一种年轻、性感、酷的精神灌溉，再次被推向时尚的前沿。克洛伊很快地在奢侈品界赢得了声誉：它是带有新街头主义的正装，并且这种新能量导致了品牌在世界范围内成衣的飞速销售。

阅读传奇

克洛伊诞生于 20 世纪 50 年代，一个新思潮冲击旧传统的战后时代，那正是生活化的成衣品牌向贵族式的巴黎高级女装传统挑战之时，传统的时装观念经受不起新世代设计师一次又一次的挑战，克洛伊的两位创始人雅克·勒努瓦和加比·阿格依奥就是这些勇敢的挑战者之一。凭着两人对女性时装的新见解以及敏感度，扭转了 20 世纪 50 年代初法国女装的僵化古板风格，创造了克洛伊强调女性曲线，柔和浪漫，并带有一点挑战精神的摩登法国时装。

20 世纪 60 年代的克洛伊形象紧跟当时的"青年风暴"时

Chloé

尚，设计师珍妮（Jenny）推出了廓型纤长线条下垂的连衣裙，下摆饰以有金属光泽的几何块片，这种貌似现代铠甲的黑礼服裙在当时相当时髦。卡尔·拉格斐执掌克洛伊后，他在保留优美造型、简洁装饰等特色的基础上，吸纳了当时流行的多元化设计概念，如借鉴吉卜赛民族的热情鲜明的服饰特色推出印有明快图案的滚条衬衫；在普通外衣及披肩上采用鲜亮的圆环贴画图等。克洛伊品牌创造出了简洁美观、可穿性强的现代成衣理念。克洛伊品牌是巴黎高级成衣界的变色龙，它虽相当频繁地聘用各国名师，但品牌的风格框架并未因设计师的更迭而改变，一直保持着法兰西风格的色彩特征和优雅情调。其所聘设计师的个性投入，加上克洛伊生产经营体系的保证使克洛伊品牌风格保持与时代潮流同步。

1963 年，克洛伊聘任卡尔·拉格斐为品牌总设计师。卡尔·拉格斐不负所望，延续克洛伊的浪漫轻柔风格，并发扬克洛伊的品牌精髓。轻纱上的花卉图案（Gauzy Floral Prints）、轻柔飘逸的衣衫线条，均成为卡尔·拉格斐创造的克洛伊标志风格，为浪漫波希米亚精神下了一个具体定义。克洛伊的波希米亚形象成为 20 世纪 70 年代最流行的穿衣风格之一，设计师卡尔·拉格斐也从此奠定了其时装大师地位。

克洛伊在1974年初推出了其品牌的第一瓶同名香水，受到了很多好评，至今仍是世上销量最佳的香水之一。克洛伊的成功，引来瑞士时装集团历峰集团（Richemont）的兴趣，并于1985年将其品牌从两位创办人手中收购过来。

1988年，克洛伊设计师有所更换，由曾深受20世纪70年代滚石音乐影响的希特博恩（Sitbon）出任，他将克洛伊20世纪60年代的风格重新演绎，每一季作品均源于当代流行文化，体现现代女性自尊与自信的个性特点。此外，克洛伊采用华丽面料与精美装饰以及夸张的廓形等传统的设计特色，也被重新找回。

1992年，卡尔·拉格斐重新回克洛伊担任设计师，那易于穿脱的无结构主义设计风格使克洛伊又回到其20世纪70年代简约、舒适的风格，取自"花朵少年"的长串珠链、精致的丝质花朵发饰，洋溢着浪漫与怀旧，让克洛伊散发出甜美的味道。

1997年，卡尔·拉格斐再度离开，披头士乐队（Beatles）成员保罗·麦卡特尼（Paul McCartney）的千金、英国才女斯特拉·麦卡特尼继任创作总监。斯特拉·麦卡特尼当年仅26岁，能担任克洛伊总舵手，并不因她是名人之后，而是她的确才华横溢。她喜爱运用丰富的想象力，来替线条修长、布料轻逸的成熟衣服加添一点玩味。例如，她曾将水果印花、裸女绣花或动物图案放在裙摆或上装。在轻纱罗布掩映下，令衣裙看起来更活泼性感。斯特拉·麦卡特尼任克洛伊设计总监期间，不断为克洛伊加入新元素，并在2000年为克洛伊设计了副线品牌"See by Chloé"。推出的新产品使克洛伊风格年轻活泼，富有时尚感和动感，在打破传统的设计作风与商业实用价值中取得了平衡，推出崭新的商品系列，受到了许多的赞誉，如配饰、泳装等，并悉心发展价格平实的副线系列See by Chloé。它为克洛伊品牌翻开了新的历史篇章。

直到2001年以前，菲布·菲洛既是斯特拉·麦卡特尼的设计助理也是最好的朋友，是帮助斯特拉·麦卡特尼在巴黎时装屋制作她的印记的灵感代表。2001年，斯特拉·麦卡特尼的出走使她意外获得了品牌创意总监的职位。菲布·菲洛的独特敏感性已经成为品牌转换的关键要素。作为创意总监，她是一个时装标新立异者，轻松地驾驭着昂贵时装和廉价时装，她设计的时装反映了她个人独特的风格。她在年龄和生活方式上接近新一代的克洛伊客户，菲布·菲洛为时装屋赢得了大量的声誉，她组合了一种认真和野心的传承性，续写了成功的新篇章。2001年，菲布·菲洛作为主设计师推出了她的第一季时装秀，使得克洛伊获得了极大的成功。代表性的细窄裤子和戏谑性质的宽松上衣在世界范围内的270家店销售给克洛伊的年轻顾客，引发了新的时尚热潮。

2002年是克洛伊时装屋成立50周年纪念。这一年，克洛伊品牌出版了一本回忆录，向人们娓娓道来时装屋的发展历史，而且在巴黎时装周期间召开了一生难得一次的聚会（party）。从50周年庆的party看，克洛伊重又回到梦开始的地方，巴黎传奇的花神咖啡馆，克洛伊在20世纪50年代的首个时装秀就在此举行。

Lanvin

浪凡 （法）

文化品位的象征

品　　类｜时装、成衣、香水、配件
标志风格｜优雅、纤柔
创 始 人｜珍妮·浪凡（Jeanne Lanvin）
诞 生 地｜法国
诞生时间｜1885 年

品牌解读

时装世家浪凡（Lanvin）的品牌历史横跨整个 20 世纪，浪凡在目前所有的巴黎时装中是历史最长，也是经得起考验的一个品牌；浪凡服装经典浪漫，同时又充满朝气与活力。在过去的 100 多年中，浪凡不断为人们带来惊喜。浪凡服饰最大的特点是很有文艺的气质，女装温柔浪漫，男装优雅绅士，这也许和创始人深爱艺术的兴趣爱好有关。浪凡男装的拥有者大多属于社会上流阶层。美国前总统克林顿，英国前首相梅杰，法国前总统密特朗，法国影星伊夫·蒙当、阿兰·德隆等均是浪凡的常年顾客。浪凡的女装更能体现出高雅与完美的独特风格，玛丽莲·梦露、奥黛丽·赫本等国际影星都是浪凡的热爱者。这些都为浪凡这一品牌奠定了深厚的文化积淀，使得它具有厚重的艺术感。

浪凡的面料选择，或者是设计到制作过程，都体现了浓重的时尚与优雅、舒适与完美的巧妙结合。浪凡的西服全部选用 100% 的优质羊毛，手感柔软，富有弹性，不起皱褶。肩袖连接部裁剪成独特的卵形，肩线自然柔和，适合于各种体型穿着。一件浪凡西服通常要 15 个操作熟练的技师连续工作 80 个小时才能完成各道工序。浪凡的领带、领结和装饰手绢均采用法国印染的优质丝绸为面料，注重花色与质地的整体协调感，全部采用手工精制而成，永不变形。浪凡的男士衬衫需要经过设计裁剪、试衣、缝制，熨烫等 10 个小时的手工工序，其中，设计剪裁只占整个工序的 50%，而试衣就占到 20%，衣领线条必须柔顺，衣衫外形必须坚挺。作为一种艺术这是毫无疑问的，

但是如果说作为一个文化的象征，恐怕只有这个来自法国的品牌——浪凡才能担当得起。

阅读传奇

　　珍妮·浪凡于 1885 年在巴黎开设了第一家浪凡服装店，1890 年成立浪凡公司并多次荣获金顶针奖。浪凡的服装经典、浪漫，同时又充满朝气和活力，向来强调配色、用料和制作工艺。

　　能让品牌走过百年时光并不容易，特别是在时尚领域上，诞生于 1867 年的珍妮·浪凡，不仅在 19 世纪创立了以她为名的浪凡品牌，更由于她个人对于艺术特有的热爱与涵养，浪凡的时尚王国从不盲从流行。在她所树立的品牌风范中，简单利落的剪裁及颜色搭配的深厚功力，都一再让这位时尚大师的精彩设计赢得时尚人士的拥戴。就在 19 世纪末期，浪凡与许多当时的时尚尖兵，共同破除了贵族才能享受时装的传统，到了 20 世纪男装的作品发表，更奠定了她在时装领域的版图。

　　当年年约 30 岁的珍妮·浪凡，可以说是因为她女儿的诞生，而正式开启她在女装设计王国的一扇窗。珍妮·浪凡是家中 11 个小孩里年龄最长的，从 13 岁开始了她的第一份工作，其后成为一位女裁缝师，并且在 18 岁就开始经营起她一手创立的女帽生意。1895 年她与一位意大利贵族结为夫妻，并于 3 年后有了她的宝贝女儿，虽然这段婚姻仅维持了 9 年的时间，但是珍妮·浪凡对女儿的关爱给了她一股新的力量，并且为珍妮·浪凡指引了一个新方向。她开始为她的小女儿设计服装，这些出自珍妮·浪凡手中的设计，与当时一般小孩所穿的服装是大为不同的。

正因为如此，第一个专为年轻女孩所设计的时装屋便诞生在珍妮·浪凡手中，其后随着她女儿的长大，她设计的触角也拓展到了少女，以及一般妇女的衣着，也可以说是让所有年龄的女性都能穿上她所设计服饰的一个独特品牌。还有一点相当重要，由珍妮·浪凡所操刀的设计中，你能看见充满女性娇柔及罗曼蒂克的简单线条剪裁，但绝非卖弄性感。

在夜夜笙歌的20世纪20年代，珍妮·浪凡的设计令无数名媛垂青，她的顾客包括众多皇室成员，在上流社会的豪华婚礼上，新人们穿着浪凡的作品。彼时，浪凡的业务迅速扩展，除女装、童装、女帽外，还有男装、香水等产品。1927年问世的香水"Argege"，黑色玻璃瓶镂刻珍妮·浪凡母女的装饰画，确立了浪凡独特的风格和品位，也成为不朽的经典名牌的象征。

步入20世纪30年代，浪凡的设计以剪裁流畅和线条简洁为特色，很有建筑美学的特色，从前常用的刺绣不再复见，取而代之的是几何图案和明线装饰。

20世纪40年代，浪凡去世之后，由她的家人安东尼奥·卡斯特罗（Antoniodel Castillo）接管公司，他的西班牙背景使他偏爱选择明亮色泽、轻薄与厚重的组合、以及更成熟的风格。他于1963年离职，开设了自己的服装公司，此后克拉海（Monsibor Crahay）加盟浪凡的事业，他在常人不注意的细节上进行创造发挥，以完美的设计获得了世人的好评，1977年获得了金顶针奖。1985年后，浪凡的设计由马里尔·浪凡（Marvil Lavin）负责。1989年10月18日，法国人克劳德·蒙塔纳（Claude Montana）出任该品牌的首席设计师，这位年轻的设计师两度为浪凡品牌夺得金顶针奖。1992年之后，由多米尼克·摩尔洛（Dominique Morhotti）掌管该品牌的设计。

浪凡的男装别具一格，诞生时间相对较晚，1962年，浪凡所设计的男装才算正式出现在世人的视线中，这也让原本只定位在女装时尚的版图扩展到整个服装家族。浪凡的男士衬衫需要经过设计裁剪、试衣、缝制、熨烫等几道手工工序。浪凡的T恤采用先进的提花工艺，图案给人以强烈的立体感，色彩富于变幻，并且可保持十年不变色。

更值得一提的是，浪凡品牌也是第一个在缔造100年之后，仍由家族所拥有的时尚品牌。浪凡作品中的艺术张力，正是巴黎高贵时装形象深入民心的精髓所在。

许多年过去了，浪凡依然保持着自己独特的品牌个性，在瞬息万变的时尚圈屹立不倒，不能不说是一个奇迹，更是一个辉煌。然而再多的荣耀也只属于过去，现在浪凡想要在时尚界依然占据重要的一席之地，还需要不断推陈出新，不过，人们有理由相信，这个百年品牌能做得到。

Valentino
瓦伦蒂诺
（意）

美艳灼人的艺术灵感

品牌名片

品　　类	时装、香水
标志风格	华丽、壮美
创 始 人	瓦伦蒂诺（Valentino）
诞 生 地	意大利
诞生时间	1960 年

品牌解读

　　瓦伦蒂诺（Valentino）在意大利语中是"情圣"之意，以这个名字为代表的时装也专与贵不可及的女性结缘。风格豪华、富有，甚至是奢侈，这是瓦伦蒂诺品牌的特色，它代表着一种华丽壮美的生活方式，体现了永恒罗马的富丽堂皇。瓦伦蒂诺品牌推出的服装总是代表着奇特的观点，概括起来就是对于永恒和原始的敏感把握。做工考究，精雕细琢，每个小小的细节都要求尽善尽美，甚至到了吹毛求疵的地步。人们都倾慕于这位设计师笔下的大作，罗马是世人眼中的时尚中心，不少人认为，瓦伦蒂诺对此的贡献非常大。

　　瓦伦蒂诺能够充分地代表意大利风情，因为它含有意大利人的豪迈与热情，还有意大利人的优雅与深沉，它将这些看似矛盾的风格很好地融合在一起，所以它在时尚的舞台上扮演主角，它代表的就是意大利，瓦伦蒂诺善用最纯颜色，鲜艳的红色可以说是它的标准色——富贵华丽，傲气十足。不管用什么颜色，都能纯得恰如其分。在瓦伦蒂诺神奇的时装世界里，红色的核心地位傲然屹立，它是鲜明大胆与浪漫抒情、感性自由以及女性柔美的象征。广泛运用于设计中的瓦伦蒂诺红，是微妙的色彩，是敏锐的表述，是身穿红色棉布质料衣裙的夏日女郎，源于西班牙，也源于中国。

　　瓦伦蒂诺被时尚界权威刊物《女性时装日报》誉为罗马最富明星色彩的设计师是在1965 年，成为上流社会中社交生活的制造者是瓦伦蒂诺保持成功的一大原因，与那些灵感来自街头或是自然的设计师不同，他的顾客永远都是高贵女性。除了这些成熟稳定的顾客，明星是时尚界里最亮眼的风景，当她们身穿优雅的礼服出现在奥斯卡颁奖典礼之上时，灿烂的星光与华美的时装同时向世界的镜头绽放。对设计师而言，这比任何品

牌代言人都更具影响力。伊丽莎白·泰勒是第一个被瓦伦蒂诺的设计所吸引的影星。她为《斯巴达克斯》一片的首映式定制的白色礼服为瓦伦蒂诺这一品牌打开了好莱坞之门。此后，著名影星索菲亚·罗兰在洛杉矶领取奥斯卡终身成就奖时穿的是瓦伦蒂诺时装，而朱莉娅·罗伯茨领取最佳女主角奖时上台穿的也是瓦伦蒂诺亲自设计的经典时装。这意味着瓦伦蒂诺高级女装无疑是其审美理念的充分体现，更是瓦伦蒂诺全系列——从成衣、饰品到香水的设计灵感和创意的活力源泉。

阅读传奇

瓦伦蒂诺是时装史上公认的最重要的设计师和革新者之一。从 1960 年在皮济广场上令人难忘的首次时尚秀，到 2000 年获得由美国时尚设计师委员会颁发的终生成就奖，瓦伦蒂诺的创作和企业家生涯成为意大利时尚界的重要部分。他的名字代表着想象和典雅、现代性和永恒之美。

这位设计天才的故事从他 10 多岁开始，当时他离开了故乡意大利瓦格纳到巴黎学习时装。正是在时装之都的那段时间，瓦伦蒂诺通过与让·德赛和姬龙雪一起工作提升了自己的鉴赏力，展示了与生俱来的才华。

20 世纪 70 年代初，他移居到罗马并开设了第一家工作室。这是一个黄金时期，"La Dolce Vita"（意大利语为"放荡"）盛行，好莱坞明星们弥漫于整个城市，这象征着稍后古典时代的来临。在这动荡而富有激情的年代，有些新的人物逐渐出现，一个天才时尚设计师开始崭露头角。这是瓦伦蒂诺名望上升的开始。

20 世纪 70 年代中期，瓦伦蒂诺已成为无可争议的意大利服装设计大师。1967 年，他获得了雷门·马可斯奖（Neiman Marcus Award），相当于当时时尚界的奥斯卡大奖。那时，阿迦汗王妃、法拉·迪巴、杰奎琳·肯尼迪·欧纳西斯、伊丽莎白·泰勒及玛格丽特公主已经是他的常客和朋友。

瓦伦蒂诺首创用字母组合作为装饰元素，最典型的是 1968 年的"白色系列"，他的"V"字开始出现在服装和服饰品上，甚至带扣上。正是这些首创的理念改变了时尚的历史。20 世纪 70 和 80 年代，瓦伦蒂诺成为同时推出男式和女式成衣的第一位高级女式时装设计师。他相继在罗马、米兰和美国开设精品服装店，签订了其创作的服装的国际销售许可协议。瓦伦蒂诺是使用世界级摄像师来完成广告设计和推广的世界先行者。他先后获得了两个意大利的最高荣誉奖。

纽约都市博物馆于 1982 年首次举办时装展时，举行了瓦伦蒂诺时装秀。同年，Franco Maria Ricci 出版社出版了专门的瓦伦蒂诺专题肖像册，这是第一个专门系列。

无论何时，无论何地，瓦伦蒂诺始终是奢华、优雅的化身，洋溢着梦幻般的视觉隐喻，一经融入平和的现实生活，便幻化为个人感官与社会情绪的完美统一。它传播着成千上万消费者心中的梦想，人们为瓦伦蒂诺

永恒浪漫主义的魅力所倾倒，甚至迷醉。

瓦伦蒂诺高级女装意味着品质、剪裁、细节及饰品的精美独特，它代表了意大利时装艺术和制造的最高境界。正是因为瓦伦蒂诺坚守无与伦比的传统理念，同时对当下潮流有着独树一帜的理解和诠释，从而使它达到时装经典与顶级时尚的融合，为人们的日常生活树立了一个历久弥新的迷人时尚坐标。近些年，瓦伦蒂诺的服装风格以浓郁的异国风情为主旋律，每年总有意想不到的服装款式问世，而且充满罗马式的高贵华丽气息，从整体到每一个小细节，都力求做得尽善尽美，处处表现出意大利人独特的生活品位。瓦伦蒂诺在时尚界的地位没有人可以替代，虽然有不少明星哀叹又一个伟大的意大利时尚纪元的结束，但是这位设计大师所创立的瓦伦蒂诺这一品牌被收购后，仍旧以考究的工艺和经典的设计名传于世，其标志性鲜红色礼服和品位不凡的高级定制服装在缤纷的时尚界中仍旧吸引着诸多名流的目光。多年来，瓦伦蒂诺保持着其一贯的稳定发展态势。历史上它所推出的每款经典设计几乎都成为全球消费者梦寐以求的珍藏品。

Ferre
费雷
（意）
时装界的建筑师

品牌名片

品　　类	高级成衣、香水、皮件、鞋、眼镜
标志风格	庄重、简练、高雅
创 始 人	詹弗兰科·费雷（Gianfranco Ferre）
诞 生 地	意大利
诞生时间	1978 年

品牌解读

冷静的线条，毫不夸张的造型、色彩，这些都是费雷（Ferre）赋予时装的灵魂。或许是早年曾学习建筑的原因，费雷对设计风格的追求在一定程度上受建筑艺术原则的影响。费雷将华丽韵调带进他的作品。高高直立的领子，不同质料相互烘托的对称手法，或在裙装外披一件长长的外套，现代感中带着一股华贵气息，费雷通过高超的剪裁功夫，借华裳的轮廓，即使是黑色、金色、褐色也能给人一种视觉上的极高享受。通过这样的方式，女性线条被再次塑造，舒展热烈，貌似简单却蕴含丰富。他迷恋条纹，因为条纹的格调轻松愉快，而且还带着男性化的刚强有力的信息。

因此在服装设计中，费雷以简洁而且流畅的线条来突显身材，根据人体比例及经年累月的实验，使费雷对于设计与服装架构的线条

与比例相当敏感，他巧妙实现了剪裁与颜色两者的契合，使穿着者能展现更佳的身型轮廓。他的服装包含休闲路线至高级订制服，遍及技艺精湛的套装、连身衣、晚宴服、上班服装、针织衣、泳装系列与外出休闲系列。

无论潮流如何改变，他的设计一直坚持选用最昂贵的面料、利用几何线条处理衣领与衣袖、用清晰的整体轮廓表达造型的原则。这些严谨的服装结构和利用建筑美学处理面料的方法，在他的设计中无处不在。

费雷的男装显得很大方，西装、衬衫、领带甚至其他的配件，多半以正统、复古的款式居多，颜色也较偏向原色系，特别是黑色、蓝色，在一片前卫、新潮的艳色里，流露出不同凡响的男性气质。他惯以配饰如胸花、领结，或取素材上明显的图案如条纹、圆点、

动物皮纹等，营造出无懈可击的女
性风情与傲视群伦的名媛气质。精
工细作，非常适合女性出席正式场
合时穿着，最能诠释都市淑女兼具
的干练气质与妩媚风采，身材高挑
的女性穿着效果更佳。

🔱 **费雷时装设计兼具传统与现代**

阅读传奇

　　费雷，又一意大利缔造的时装
神话，也是时尚之都米兰最著名的
"3G"之一。它最重要的特点是品
质卓越、做工精良、刚柔相济、轮
廓清晰、面料考究、色彩鲜明，它
的裁剪细致精巧、设计平和却抢眼，让人感到一种传统中的
现代、摩登中的古典，是一个严格继承欧陆传统经典的品牌。

　　时尚圈的人，有谁会不知道著名的米兰"3G"呢？一个
是华丽性感的范思哲，另一个是他的"死对头"经典优雅的
乔治·阿玛尼，还有一位就是费雷。他们都是米兰的骄傲，
也是整个意大利人的骄傲。

　　2007年6月17日，费雷先生去世，费雷认为服装是
"人类个体非凡的表现媒介"，一直孜孜不倦地"建设女人和
男人的美丽"。

　　1944年，他出生于米兰一个普通家庭，1969年毕业于
米兰理工大学建筑系。与其他世界级时装设计师不同的是，
费雷是以非专业的身份进入时尚领域，刚开始时他为女性朋
友和学生们设计首饰和饰品。费雷的创作受到时尚编辑们的
注意，并将照片刊登在杂志上，他初次亮相就获得了成功。
这些都使得费雷的信心大增，他投入当时数家重要的服装制
作厂商工作，以累积经验。在某次特别的机缘中，他旅行至
印度去搜集各种的织料，学习当地的制衣手法与传统手工
艺。费雷便紧紧抓住此机会，深刻体验东方的服装美学——
一种简易的线条与含蓄的色彩。从此费雷把简练的设计走向
奉为圭臬，视为完美设计的基本原则。因此人们看到费雷
的作品多半充满自信利落的风采，这也是一直贯穿费雷
服饰艺术不变的格调。

　　1974年，费雷设计了他的第一款女式成衣 Baila；
1975年，因沙滩装系列荣获第一个奖项。自此，他曾
先后在美国、日本获年度最佳设计师奖。1986年1月，
意大利总统授予其"意大利共和国荣誉公民"称号，
之后又获得其故乡荣誉市民证书和年度米兰人奖。

1978 年是费雷一生中最重要的时刻。这一年的 10 月，第一个以他名字命名的女装及饰品系列品牌问世，一个世界品牌从此诞生。与此同时，费雷成立了公司，开始在全世界开拓市场。1986 年 7 月，费雷首次在罗马举办高级女士成衣品牌发布会，他的作品引起了全世界的关注。

1989 年，在费雷获得 10 年连续成功之后，迪奥慕名而来。同年 5 月，费雷担任这一最著名、最悠久的法国高级女装、成衣和皮革系列的艺术总监。由于成功地为迪奥设计了第一个高级女装系列，费雷于同年 7 月荣获国际评论家授予的年度最优秀女装设计师"共和国勋章"。他于 1993 年确定了在迪奥的地位，一直到 1996 年。

1993 年对费雷来说是难忘的。5 月，他首次来到中国，在北京国际博览会期间展示了他的服装系列。由于其杰出的艺术才华，被中国天工服装发展集团和中国服装研究所授予"高级顾问"的荣誉称号。

费雷勇于创新，努力品牌路线，持续开发新市场，致力于为消费者开发新的风格视野。人们不得不承认：费雷绝对是时尚人士心中永远的设计大师！

费雷在追忆自己的成功经历时，常提起他的父亲，而不像其他设计师那样常常把成功归因于他们的母亲。他的父亲是位生性严谨的绅士，经营着自行车厂生意。正是在父亲严格的教育下，他形成了自己"十分敬重传统又与众不同的生活准则"。他一直都记得父亲生前总是穿着齐整，这让他很早就懂得：成功的男人总也少不了着装的修养，在服装上应该拥有一种"既符合社会规范，个性又很鲜明的个人爱好"。父亲常穿着浅色调格子呢服装，配一根绿地红点领带，和他绅士味的追求优雅风范的面容十分协调，这是费雷心目中的绅士典范。如同香奈儿所说的一样，"时尚易逝，风格永存"，费雷从来不会盲目地跟随时尚的脚步，他要缔造的正是时尚本身。不管时间怎样流逝，不曾改变的是费雷的独特风格，还有人们对费雷的敬仰与怀念。

费雷的设计将立体剪裁与现代思维相结合

Kenzo

高田贤三 _{（法）}
时装界的雷诺阿

品牌名片

品　　类	时装、成衣、香水、化妆品
标志风格	古典、东方
创 始 人	高田贤三（Takada Kenzo）
诞 生 地	法国
诞生时间	1970 年

品牌解读

多元化的设计风格，色彩的大胆运用，这些都让高田贤三（Takada Kenzo）成为当之无愧的服饰大师。这位被称为"时装界的雷诺阿"的传奇设计师，以其快乐的理念、浪漫的想象，为人们建立起一个不朽的时装"丛林"。高田贤三品牌永远充满活力，永远激动人心。高田贤三的东西不需告诉你主题，天桥背景上总是一片雪白。然而，每当投影灯和着旋律亮起，每当天桥上款款步出独具特色的结构、色彩、花卉和图案，所有的人都会如醉如痴，心领神会地念着同一个名字——高田贤三，一个在巴黎的日本人。高田贤三的设计适合在午后的阳光里详细琢磨，其最新设计的作品在色彩的运用上很具轰动效应。不要责怪他的多变，细细品味，你会感受到他的活力与朝气，因为他的每一件作品都充满了欢愉及浪漫的想象力，此外，他还从世界各地吸取灵感，然后融入设计当

中去，形成极具个性的品牌。

用快乐而鲜艳的色彩、图案来表达大自然的心情，这是高田贤三永恒不变的主题。在时尚的世界里，高田贤三就像一个不知疲倦的艺术家，把布料当作他绘画的调色板，看似随意的涂鸦，却显示了他非凡的艺术天赋以及独具匠心的设计。作为一个在西方世界"漂泊"着的设计师，他的作品是东方对东方的呐喊——原来在这一片热土上还有如此精深的服饰文化。

阅读传奇

一提到高田贤三，就让人无法不联想到宛若置身大自然的自在状态，取撷于空气、水、天地的生命喜悦，鲜艳浪漫却不花哨，这都归功于品牌创始人高田贤三的天真与创意！短发、褪色衬衫、牛仔裤及大大的圆眼镜是高田贤三的外形特征，因为心中迷恋纯洁少女的

👑 **高田贤三对于颜色非常敏感**

清新形象，因此在许多作品中都呈现出对于青春本色浪漫的追求，不论是男女装、童装系列，都充满了欢乐年轻的气息。高田贤三擅长将不同的花朵图案重叠搭配于同一个造型，看似简单，却有着极高的技巧性。

世界时装舞台，长久以来一直为欧美人所垄断。曾几何时，几个来自东方岛国——日本的设计师带着一点神秘，更带着震世的惊叹站到了这个舞台的中央，成衣设计师高田贤三就是其中杰出的一位。这群黑头发黑眼睛的亚裔设计师的成功，不仅为欧美本位文化吹入了一股清新而典雅的东方之风，而且给在东方本土"奋战"的时装业同行以莫大的鼓舞与信心，为他们开辟了一条由东方通向"时装盛世"的路。

高田贤三以其同名品牌"Kenzo"的热销而为世人熟知。这位带着一脸灿烂微笑，留着浓密的娃娃式长发，谦逊而幽默的艺术家在通往巴黎的成功途中也历经了暗淡而艰难的日子，但他的作

品却始终没有丝毫的忧伤，就像雷诺阿的画一样，只有快乐的色彩和浪漫的想象，他因而被称作"时装界的雷诺阿"。

1939年，高田贤三出生于日本南部兵库地区姬路的一个中产家庭。年轻时，因他并不满意传统习惯的约束，不满足父母界定的学习范畴，只身一人来到东京，就读于当时日本唯一的一家时装学校。在当时的日本，从事缝纫业的男性鲜有，而高田贤三是该时装学校仅有的男性学生。也许正是这种敢于挑战传统的不羁性格，成为高田贤三以后在服装业不断开拓和发展的"原动力"。1964年，日本政府因筹办东京奥运会征地兴建体育馆，他靠着一笔35万日元的拆迁费，买了一张去马赛的船票，迈出了走向世界的第一步。在此以前，高田贤三已在国内积累了相当的设计和操作经验，他曾在1960年获得日本服饰设计奖，并有为百货公司长期设计女装的经历。

1965年，高田贤三开始了梦寐以求的漫长的西方之旅，货船沿途不断在世界各地许多港口装货卸货，在泊岸期间，高田贤三得以接触世界各大民族，不同的文化、不同的风格，令他大开眼界。高田贤三服装中的浓浓的异国情调，就来自那段经历。他一开始带了5箱行李随船出发，行李内装满了他多年的得意作品，他原想凭这些东西在巴黎大展宏图，但通过这次旅行，他重新审视这些作品后，毅然将所有设计作品在沿途的港口扔掉。当高田贤三到达马赛时，正值冬天，不会法语又身无分文的他度过了一段艰难的日子。后来又转道去了巴黎，在那里租了一间小如厕所的房子。在最困顿的日子里，为了生计，他甚至以为人家的狗剪毛为生。尽管如此，高田贤三却从未停止对时装的追求，他不断地将自己的作品寄给各种服装杂志和服装公司。后来他通过《ELLE》卖出

十几张作品，从此，高田贤三在法国的设计生涯有了转机。

不久，高田贤三在巴黎毗邻胜利广场圣母院的维维安展厅大街创建第一家专卖店，这是他人生中踏上的一个新台阶。他利用打工学到的油漆技术，花了3个月时间别出心裁地在墙壁、台阶、天花板上画上他钟情的后印象派绘画大师卢梭的《丛林之梦》，并把店取名为"日本丛林"。之后，他把自己的品牌也命名为日本丛林"jungle jap"，和jungle kenzo"丛林中的kenzo"。他的广告也都是丛林背景，他的生活和设计中无处不体现着他的丛林情结。

1970年8月，高田贤三在其专卖店附近的小巷中组织首次小型时装发布会。虽然场地简陋，但吸引了《ELLE》的总编前来观看，并得到了他的极大欣赏。11月，高田贤三的作品被搬上《ELLE》的封面。此后，他的时装画经常在时装刊物上登载，他设计的服装也开始受到欢迎。从此，高田贤三踏上了他时装事业的青云路。他设计的以"日本丛林"为商标的时装，作为巴黎最新时装产品销往美国，商标的独特情趣和别致的设计风格令人耳目一新，在美国引起轰动，并广泛地被热衷新生事物的美国消费者接受。

当时，在反传统的文化观念和价值观念的冲击下，为贵妇人服务的高级时装店日薄

《丛林之梦》给了高田贤三以灵感

西山，纷纷倒闭，而迷你裙、喇叭裤开始流行。此时的高田贤三用色鲜艳活泼，有着强烈的对比，丰富的花卉图案，极富想象力的搭配方式，舒适自由的穿着感受，不受地域限制的国际化设计思路，以及作品中洋溢的轻松、欢快气氛无不令世人大开眼界，也使高田贤三以惊人的速度发展壮大起来。

高田贤三的成衣品牌迅速在国际领域享有盛名，巴黎、米兰、东京相继成为他施展才华和精心创作的舞台。他用来自亚洲的声音表达着自己的创作理念，出众的才华使他一举赢得了亚洲第一设计师的美誉。

1995年，高田贤三将公司出售给LVMH集团，专心埋头设计，使得服装作品更加出类拔萃。之后，他获取了由联合国主办的"和平年代"设计大奖，并以"和平年代"为主题举行2000年春夏秀高田贤三30年回顾、"美国新世界"晚会，轰动了整个业界。不过提到高田贤三的作品，人们首先想到的还是他的"错综复杂"的色彩哲学。

故乡和巴黎的两种截然不同的情感交织是高田贤三不同常人的灵感的来源。他始终以巴黎为设计对象，而东方的影响时不时地流露。这种风格在他事业的开端就形成了。1970年，摆放在他第一间专卖店的服装与大街上人们的穿着可以说是大相径庭。他加宽了袖口，改变了肩膀的形状，使用的是全棉织物，和服设计中的平面理念在他的服装中

高田贤三东京男士香水

随处可见。然而，他的风格很快被人们接受，并且成为抢手货。他设计出的像万花筒般变幻的色彩和图案更是令人叫绝，被人称作"色彩魔术师"。

高田贤三擅长玩弄色彩，对于颜色的把握非常精准，已经获得一致的肯定，也因此塑造了高田贤三鲜明易辨的形象感。要让鲜艳亮丽的红、绿、橘、黄、紫等高饱和度色彩同时出现于一件衣服上，拿捏出各色彩最恰当的释放比例，又不流于俗丽，这个分寸的确不易掌控，放眼国际顶级设计师，具有此功力的人寥寥无几。

高田贤三在服装上最令人称赞的莫过于花卉图案的运用，他每季都会有不同的手法来呈现花朵的迷人之处。由于高田贤三的设计都是以少女青春纯洁的模样为出发点，而花卉最能尽情展现绽放生命的热情，因而成为最佳的诠释对象。所有花朵盛开时展现出的充沛生命力，则是毫不保留地流露，充满朝气与喜悦。或许和创始人游历很多国度有关，高田贤三充斥着一种国际化的多元主义色彩。

高田贤三在他数十年的设计生涯中，一直坚持将多种民族文化观念与风格融入其设计中，他自称是"艺术的收集者"，但他更是一个多元文化的融合者。他像一块"艺术的海绵"，汲取各种不同的文化素材，然后通过他天才的联想与现代时尚充分融汇，幻化出充满乐趣和春天气息的五彩作品。中国的传统中式便服，东亚的各式印染织物，罗马尼亚的农夫围裙、罩衫，西班牙斗牛士的短大衣，印度的"莎丽"，北非河汉地区游牧人的大毛毯，北欧斯堪的纳维亚地区的厚实毛衣，这些都为高田贤三的创作提供了灵感。他大胆吸收各民族服饰特点，打破传统上过于平衡的设计，充分利用东方民族服装的平面构成和直线裁剪的组合，形成宽松、自由的着装风格，而高纯度颜色面料的选用和多色彩自由配组的着装方式更是高田贤三独具的特色。

同时，绘画艺术和流行文化也同样影响着高田贤三的设计。对创意的强烈追求，使高田贤三的设计呈现着主题的多样化和广泛性。比如受莫奈画作的影响，他设计了以睡莲为图案的马夹和套装，此外，他从日本浮世绘中又汲取多种服装搭配技巧。还有如穷孩子式毛衣、类似斯基亚帕雷利的针织装、男孩子风貌、简单线条、简洁款式、军人式样与牧师衣式等都成了高田贤三的构思源泉，在一定程度上改变了20世纪后期人们的服饰审美价值观。

鲜艳的花朵图案在高田贤三的设计中，始终保持着一定的出现频率，大写的粗体的"KENZO"，或者是高田贤三的亲手签名，也是辨别的方式之一。

Issey Miyake

三宅一生 （日）

不舍的褶皱情怀

品　　类	时装、香水
标志风格	现代、质朴、褶皱情怀
创 始 人	三宅一生（Issey Miyake）
诞 生 地	日本
诞生时间	1970 年

品牌解读

三宅一生（Issey Miyake）品牌的作品看似无形，却疏而不散。正是这种玄奥的东方文化的抒发，赋予作品以神奇魅力。三宅一生的作品风格独特，个性很强。评论界认为他所表现的是活动的雕塑。三宅一生对布料的要求近乎苛刻，让布料商甚至自己亲自进行上百次的加工和改进实在是司空见惯，因而他设计的布料总是出人意料，有着神奇的效果。比如传统的绗缝棉布一经三宅一生的手就变得独特神奇，他偏爱稻草编织的日本式纹染、起绉织物和无纺布，独爱黑色、灰色、暗色调和印第安的扎染色。三宅一生所运用的晦涩色调充满着浓郁的东方情愫。他喜欢用大色块的拼接面料来改变造型效果，格外加强了作为穿着者个人的整体性，使他的设计醒目而与众不同。

三宅一生的设计直接延伸到面料设计领域。他将自古代流传至今的传统织物，应用

了现代科技，并结合他个人的哲学思想，创造出独特而不可思议的织料和服装，被称为"面料魔术师"。三宅一生每在设计与制作之前，总是与布料寸步不离，把它裹在、披挂在自己身上，感觉它、理解它，他说："我总是闭上眼，等织物告诉我应去做什么。"

三宅一生的褶皱方案是永久性的，在整理阶段就以高科技的处理手段完善褶皱的形状，并且不会变形。同时，他也用完美的色彩感觉给他的服饰以商标式的外观。设计作品充满了对比之美，生动的配色，布料的弹性运用，在走路时亦能显出身形。而他对于材质的独特理解，使得褶皱的花样更多了。三宅一生是借服装发表之名，行艺术创作之实。在谈到他自己创立的这种风格的时候，三宅一生说："那是个实验，也是个冒险。"幸运的是，"我要褶皱"系列得以成功地创立，并且把他的事业引向一个新的台阶。在

三宅一生从东方服饰文化中探求全新的服装功能、装饰与形式之美

不断尝试的前提下，他邀请了其他行业的艺术家，一起做了一个新的品牌系列，看来他的招牌风格会持续很久。

三宅一生并不是第一个进入国际市场的日本时装品牌，但它却是根植于日本的民族观念、习俗和价值观，且是名震寰宇的十分优秀的世界女装品牌。三宅一生的产品是流行于全世界的，但却张扬着鲜明的日本民族风格的东西。可以说，三宅一生不仅仅确立了他自身的国际地位，同时也使得东京成为国际时尚的潮流发源之地。

阅读传奇

在三宅一生的童年时代，日本还是一个贫穷和满目疮痍的国家，美国占领期间给日本带来的西式时尚：玛丽莲·梦露、米老鼠、电视和速冻食品，都给儿时的他留下了深刻的印象，那时的日本人中，有很多人向往去美国并过美国式的生活。这是不是也在他的记忆中留下了一些以后中西合璧的风格形成的影响呢？那些T恤、裤子、小上装、套头衫和那些像羽毛一样轻的外套，都在三宅一生的商标下风靡全球，不过值得一提的是，他的服装中，实用性得到了相当大的强调，他的晚装可以水洗，可以在几小时之内晾干，可以像游泳衣一样扭曲和折叠。在生活节奏越来越快的现代女性那里，这些特点具有致命的诱惑。对一般人来说，年过六十，功成名就该退隐了，可是三宅一生却不断向新的设计领域进军，在他身上，或者说在他思想深处，找不到一丝墨守成规、因循守旧的感觉。

他坚毅的信念，可能与其童年经历有关。三宅一生7岁时，美国在广岛投下的原子弹使他失去父亲，随后母亲也过世，他自己则在10岁被证实患有骨髓疾病，因此四肢常软弱无力。这些苦痛经历却塑造了毅力坚强、充满创意的三宅一生，他说："我不知道自己的个性是否与童年的经历有关，但我知道曾发生在我身上的一切对我都是宝贵的经验。"

东京 Tama 大学平面设计系毕业后，三宅一生到巴黎服装设计学校深造。在追随设计师拉·罗修（Guy Laroche）与纪梵希之前，他曾在巴黎高级订制服工会学习，奠定了他深厚的剪裁技术根基。

1970 年，三宅一生设计事务所成立，开始他的服务设计工作。从此以后，他以常人不敢想象的热情，全力开拓自己的创作领域。他独特的"一块布"设计理念不仅颠覆了西方传统的服饰结构，并且也让他获得西方媒体与全球消费者的青睐。

20 世纪 90 年代初，三宅一生首先推出褶皱设计，这种极具个性的风格延续到 21 世纪，仍不失为最新时尚。某次，三宅一生观看一场芭蕾舞排练，当他看到演员所穿护腿毛线裤时，立刻产生了灵感，褶皱设计就这样诞生了。这种新颖的设计不但穿着合身舒适，更美妙之处在于当身体挪动时，有一种飘然欲升之感。当人们力求展现曲线美时，褶皱设计在行动时却能给人一种立体的漂浮感。褶皱设计一经问世，就引起了人们极大的关注，使得这种风格一直延续下来，人们对褶皱设计不但情有独钟，而且还在褶皱的基础上添加了不同样式的设计和色彩。

三宅一生常说："现代服饰应该给人一种温暖的感觉。"对于自己的作品，他所看重的不是人们的评价，而是衣服与人体是否自然和谐，与环境是否统一。三宅一生喜欢旅行，认为万物之中人性最为重要，万物始于自然，也要服从于自然。和自然融为一体的三宅一生不知道什么叫停息，他像时装王国里的一位导游，正把人们引向一个绚丽缤纷的时装世界。

1999 年 10 月，三宅一生将品牌的设计工作交给其助手泷泽直己（Naoki Takizawa），自己则专心于 A–POC 系列，为三宅一生注入了丰富多元的新活力。三宅是伟大的艺术大师，他的时装极具创造力，集质朴、基本、现代于一体。他似乎一直独立于欧美的高级时装之外，他的设计几乎可以与整个西方服装设计界相抗衡，是一种代表着未来新方向的崭新设计风格。三宅一生擅长立体主义设计，他的服装让人联想到日本的传统服饰，但这些服装形式在日本是前所未有的。三宅一生的服装没有一丝商业气息，全是充满梦幻色彩的创举。

三宅一生的时装一直以无结构模式进行设计，摆脱了西方传统的造型模式，而以深向的反思维进行创意。掰开、揉碎，再组合，形成惊人奇突的构造，同时又具有宽泛、雍容的内涵。这是一种基于东方制衣技术的创新模式，反映了日本式的关于自然和人生的哲学。

三宅一生最大的成功之处就在于"创新"。巴黎装饰艺术博物馆馆长称誉其为"我们这个时代中最伟大的服装创造家"。三宅一生的创新关键在于对整个西方设计思想的冲击与突破。欧洲服装设计的传统向来强调感官刺激，追求夸张的人体线条，丰胸束腰凸

三宅一生纽约旗舰店

L'EAU D'ISSEY FLORALE
ISSEY MIYAKE

臀，不注重服装的功能性。而三宅一生则另辟蹊径，重新寻找时装生命力的源头，从东方服饰文化与哲学观照中探求全新的服装功能、装饰与形式之美，并设计出了前所未有的新观念服装，即蔑视传统，彰显舒畅飘逸，尊重穿着者个性，使身体得到最大自由的服装。三宅一生的独创性已远远超出了时代的和时装的界限，显示了他对时代不同凡响的理解。

在造型上，三宅一生开创了服装设计上的解构主义设计风格。借鉴东方制衣技术以及包裹缠绕的立体裁剪技术，在结构上任意挥洒，释放出无拘无束的创造力激情，往往令观者为之惊叹。

在服装材料的运用上，三宅一生也改变了高级时装及成衣一向平整光洁的定式，以各种各样的材料，如日本宣纸、白棉布、针织棉布、亚麻等，创造出各种肌理效果。对于他来说，服装上没有任何的禁忌，他使用任何可能与不可能的材料来织造布料。三宅一生选择的素材有皮草和编织，但也有塑料、金属和纸。当这些素材经大师之手或折或扭曲，片片块块组合在一起时，就成了令人心仪的时装。在三宅一生的作品中，既有虚无缥缈的素描，也不乏浓彩重笔的西洋油画，甚至中国蓝印花布风格也会在他的作品中得到体现，但对纯艺术的追求一直是三宅一生创作的第一信念。尼龙和合成树脂能组合出漂亮的色彩，尽情演绎时尚的繁华。更令人不可思议的是，三宅一生用一些类似管子的东西也能表现出时尚的张力。用一种最简单、无须细节的独特素材把服装的美丽展现出来，便是三宅一生的时尚哲学。

发迹于日本、成名于巴黎的三宅一生曾一直苦思，该创造一瓶什么样的香水来传达自己的设计理念，却始终找不到灵感。在一个雨天，当他停下手边的工作望向窗外时，无意间被一颗颗停留在玻璃窗上又倏然滑落的水滴所吸引，欣喜的他猛然抬头，远处的巴黎铁塔在雾茫茫中映入眼帘，那一刹那，一切都有了答案，"一生之水"也因此诞生。对于三宅一生而言，水其实变化万千，它可以是奔腾的瀑布，亦可以是平静的湖泊，同样是水，每个人都可以在其中寻找到属于自己的节奏与和弦律。灵感来自巴黎铁塔的"一生之水"外形简洁，它纯净的线条、透明的瓶身，完全符合三宅一生所说的："我想要以最少和最单纯来表现美感，但与抽象艺术无关。""一生之水"的前味为：睡莲、玫瑰、鸢尾。中味为：芍药、牡丹、百合、康乃馨。后味为：水果花、月下香、木樨兰。

Hugo Boss

胡戈·波士（德）

塑造成功的硬朗形象

品牌名片

品　　类	时装、成衣、香水
标志风格	阳刚、硬挺、严谨
创 始 人	胡戈·波士（Hugo Boss）
诞 生 地	德国
诞生时间	1923 年

品牌解读

　　严谨而又不失随意的风格是胡戈·波士（Hugo Boss）的代表，每一季胡戈·波士的设计总令人有舒适而惊喜的感觉。中规中矩的色彩中，款式上的创意令追求卓越品位的人们爱不释手。胡戈·波士在国际时装界拥有举足轻重的地位，作为德国的经典品牌，一直以其优雅的品位、极富现代感的设计和无可挑剔的品质在全球范围内受到人们的钟爱。胡戈·波士的服装样式是许多中高级主管心目中的标准典范。并且，在品质和做工上，体现出欧洲最大男装生产商的一流水准。历经 70 多年风雨，波士始终在国际时尚舞台上扮演着引领者的角色，这一点可以归为 BOSS 一直崇尚的哲学："为成功人士塑造专业形象。"胡戈·波士品牌在人们心目中早已成为时尚服饰的同义词。在公众眼里，胡戈·波士代表创意、创新和进步，它成功地将传统的上班西服转化为时尚性感的时装。

对于欧洲男士来说，它的形象内涵具有巨大的吸引力。拥有新的态度、新的观念以及新的市场视角，这就是波士精神。

　　胡戈·波士主要消费群为高收入白领，已成为职业男士推崇的时尚品牌。胡戈·波士品牌分为 Boss Hugo Boss、Hugo Hugo Boss、Baldessarini Hugo Boss 三个品牌营销。Boss Hugo Boss 是公司的核心品牌，以上班族套装为主。Hugo Hugo Boss 则特别为潮流触角敏锐的男士而设计。Baldessarini Hugo Boss 以品位超凡、要求严谨的男士为对象。中庸的色彩中，款式上的特点令时尚的"BOSS"们爱不释手。胡戈·波士让便装也成为时装主流，通过提倡清爽鲜明的衣着思维、轻松无结构的剪裁、多功能的款式和鲜亮的颜色，一份优雅与随意自然展现。

　　"Boss"的英文原意是"老板"，这一称号是无数男人的梦想，该品牌充分运用广告

媒体以及产品陈列，使波士推崇的中产阶级时尚男士的形象得以推广。至 20 世纪 80 年代中期，在公众眼里，波士已与大都市男性雅皮士的生活品质紧密相连。那些住在高级公寓里、手拿移动电话、背后是装配生产线的企业管理人员，往往被勾勒成是穿着波士西服的时尚人士，风格硬朗的波士西服，更多地为企业家、商人设计，是上班族的象征。时尚瞬息万变，不变的依旧是那种成功与睿智的气质。揭开胡戈·波士的流行面纱，明显色块抢眼出列，选用上好的天然织物与高科技的质料，精心纺织出拥有独特质感与细腻触觉的服装。带一点家居感的休闲装也是胡戈·波士的代表，每款的设计总给人舒适而惊喜的感觉。

阅读传奇

如果说男人是有颜色、有性格的，那么穿范思哲的男人张扬性感；穿阿玛尼的男人成熟优雅；穿胡戈·波士的绝对是一个很有男人味的成功人士，这就是这一来自德国的品牌所要传达的服装理念。

1923 年，胡戈·波士先生在德国距斯图加特以南的一座风景秀丽的梅青根小镇，用自己的名字注册了"胡戈·波士（Hugo Boss）"这一品牌，并开设了自己的服装厂，生产男士工装、雨衣、制服等，很快就以精致服务赢得了声誉。历经 80 年风雨，公司已由一家小家族公司发展成国际服装业巨头，开发了女装、眼镜、香水、手表、鞋类和皮具等产品。

21 世纪的今天，没有人会怀疑胡戈·波士在国际时装界拥有的举足轻重的地位，因为它绝对是德国的一个不老的经典品牌，其设计及形象非常男性化，以风格沉稳的男装开始，到了 1972 年，正式涉足时装界。胡戈·波士一直崇尚的经营哲学为：为成功人士塑造专业形象。穿胡戈·波士的男人好像是一本被重新演绎的经典名著，经过岁月的洗练，脱去了年轻时所特有的稚嫩，渐渐变得成熟起来。

为了让男人"硬朗"起来，胡戈·波士正装开发出成衣三层技术：外、中和里层用不同材料制作。此外，杂化纤维、导电纤维等新型纤维也成为新的研究专题。通过实践，胡戈·波士男装打造出硬朗、简洁、干练的理念和风格，这符合时下白领男士的心理需求。

胡戈·波士在设计和形象上十分注重男性化特征，最后他们寻找到了自己的核心理念，就是将绅士和前卫这两个极难协调的概念调和在一起，除做工精良之外，色彩也很重要，他们通常会采用稳重的色彩来突出现代男性正面的冲击力。

胡戈·波士试图表现男人的冷静与冲动、理智与情感等冲突，当这些矛盾与对立性在男人身上完整融合时，就会释放出男人所具有的神奇的魔术师般的魅力。这是男性服装文化的表达，不畏惧袒露自己感性的一面，因为那是对内心欲望的审视，同时也是对自然个性的释放。一份简单而又与生俱来的男性力量，终会让他们与成功结下不解之缘。自信、从容，会促进男人放眼四海，练达和不再拘泥于繁华外表，这是一种男人的胸怀，睿智也就在此时显现出来。

塑造成功男人的专业形象这一设计理念使得很多名人都成为它的拥趸，比如汤姆·克鲁斯、施瓦辛格、舒马赫兄弟等均为胡戈·波士的顾客。多年来，胡戈·波士一直是一级方程式重大赛事的赞助商，因为F1赛车很好地体现了胡戈·波士"动感、成功、心胸博大"的男人理念。

此外，胡戈·波士也在不断地拓展自己的理念。1999年发布的橙标系列（Boss "orange label"）运动服饰，则是对使用Boss In Motion男士独立个性的补充。与黑色Boss标签的商务和传统风格有所不同，它在满足那些精力充沛的人们的生活需求。

另外，不得不提及它的精良的工艺，精益求精成就了胡戈·波士。"一套胡戈·波士西装要经过制版、纳衬、裁剪等300多道工序才能制成。其中30至40道工序是最基本，也是最重要的，西服工艺的优劣也在于此。制作一件西服的时间，则长达一周，仅上衣口袋一道工序就要分20多个步骤。"公司高级工艺师舒尔兹说。从这一组数字中，人们不难看出德国人对工艺的要求到了近乎苛刻的地步。一套胡戈·波士穿在身上，虽然面料重达1.5公斤左右，但消费者的感觉就像穿一件衬衣一样轻盈。

注重技术的胡戈·波士，保持了一项纪录：坚持每年把5%的年销售所得投入技术开发中。胡戈·波士已经拥有了近1000项专利。"它热衷于'创造服装'。"一位专业人士说。根据消费者的反映，吸烟的男士衣服上往往会留下难闻的气味，针对这种情况，胡戈·波士开发了专门的面料，让烟味自然消失。这个德国的男装奢侈品牌——胡戈·波士将凸显"男人味"视为它最大的乐趣。"不过，男人味并不是烟味，而是让烟味从刚刚抽过烟的男人身上消失，从而让出现在女士面前的男人们'清洁'起来。这就是胡戈·波士的做法。"这是一位品牌经理对于这一品牌如何诠释"男人味"的回答。"我们打破了一般服装企业按消费者年龄、职业等设计的常规套路，而是根据不同的生活方式设计的。"公司著名服装设计师拉兹费尔德说。

胡戈·波士品牌的设计定位面向城市白领，分为3种不同颜色的设计，不同颜色的设计所代表的风格迥异，适应现代人不同的生活需要：以正装为主的黑标系列——用优质的面料、精致的手工制作，在完美的穿着中体现了自信、品位，不论是在办公、外出及正式场合都适用。以运动休闲装为主的橙标系列——它远离了工作，带有一些新鲜的、不经意的、非传统的意味，适合于独特

的个人风格，却保有了Boss的良好质地。另外，以户外功能性服装为主的绿标系列——充满智慧的细节处理及完美的剪裁，贴合运动的设计，适合于优秀的运动员及活跃的户外运动爱好者。胡戈·波士品牌针对"创新者"，设计前卫时尚，并采用新型面料制作服装。Baldessarini品牌则为高档精致的西装系列，针对成功人士，采用最优质的面料，制作也最为精良。

胡戈·波士的设计风格，建立在欧洲传统形象上，然后再加入浓郁的德国情调。德国服装杂志主管安德烈博士认为："胡戈·波士服装的3个品牌都有胡戈·波士的前标，只要人们提到其中任何一个品牌，消费者自然会想到公司的其他产品。而且，还能提高手表、领带、香水等系列产品的收入。"

胡戈·波士的形象与职业白领阶层联系在一起，这大概是20世纪30年代时主要生产工作服的波士在创业之初始料不及的。胡戈·波士的男、女成衣一直以其优雅的品位、极富现代感的设计和无可挑剔的品质在全球

范围内受到人们的钟爱，而今的胡戈·波士品牌在人们心目中早已成为时尚服饰的同义词，并始终在国际时尚舞台上扮演着引领者的角色。

胡戈·波士就是这样的一个精益求精的品牌，代表成功、稳重，高层次的生活，自信而又无比从容。一丝不苟的工艺，让人不由钦佩，而永不过时的设计造就了它的经典品质。在这个个性不断张扬的时代，每个人都有权利选择最适合自己的角色，香水也是如此。香水是身体的艺术，选择什么样的香水一定与性格有关。于是，经典元素与运动元素的交错与完美融合成为胡戈·波士的设计精髓，因为选择胡戈·波士香水的人，无论身份和年龄是怎样的，一定都有一颗渴望激情的心。因此胡戈·波士才真正懂得香水，真正懂得生活，拥有胡戈·波士香水，便拥有了一份自然流露的沉稳和成功气质。

2002 年，戴维·塞尔策（David Seltzer）就任胡戈·波士董事长兼 CEO 后，对整体品牌运营进行调整，品牌的品类更加的多样化。胡戈·波士品牌涵盖了奢侈生活的各个方面，包括男士休闲装和女装系列，以及眼镜、香水、手表、鞋类和皮具等。2006 年，胡戈·波士经营性利润达到 1.84 亿欧元，在 100 多个国家开设有专卖店，并一直以其品位独特、质量上乘、极具时尚感和华贵的气质而备受推崇。2007 年，英国私募基金 Permira 公司获得 Valentino 公司大股东的地位，间接控股胡戈·波士。长久以来，胡戈·波士坚持认为："急功近利只会造成品牌的短命，品牌不可能靠广告创造。"所以，他们向全世界消费者销售波士的服饰文化。比如，在欧洲的各大面料展、服装展中，大力推广公司品牌文化，进而制造流行，并及时将产品从一些不适于最新流行形象的零售商那里撤出来，宁可遭受损失也不愿使品牌降级。

Salvatore Ferragamo

萨尔瓦托·菲拉格慕 （意）

时尚不分年龄

品牌名片

品　　类	鞋子、时装、香水
标志风格	手工、优雅、舒适
创 始 人	萨尔瓦托·菲拉格慕（Salvatore Ferragamo）
诞 生 地	意大利
诞生时间	1927 年

品牌解读

萨尔瓦托·菲拉格慕（Salvatore Ferragamo）是"意大利制造"奢侈品牌中最举足轻重，同时亦是最负盛名的一位。它象征着工艺与创新的统一，这是促使这一品牌卓尔不群的两个要素，历经岁月变迁，品牌有了长足的发展，但始终秉承自己的传统。

创造力、激情和韧性是其家族恒久不变的价值观，并代代相传，提到世界知名奢侈品牌，萨尔瓦托·菲拉格慕是无法忽略的名字，它从头到脚地装点着时尚人士，以独特的魅力不断扩大着自己的疆域。虽然萨尔瓦托·菲拉格慕外表平庸，但他的天才设计却使他成为一位世界级鞋匠。他试图找出"永远合脚的鞋"的秘诀。他首先开放并降低鞋款的线条，创造出第一双凉鞋，而舒适耐穿与强调自然平衡的设计，提高

了他的国际知名度。1927 年，萨尔瓦托·菲拉格慕已成为"意大利制造"的标志性品牌。

萨尔瓦托·菲拉格慕是世界领先的设计者、制造者与销售者，产品涵盖男女鞋履、服饰、皮具、香水、手表及珠宝等。品牌的目标是创造始终具有独创性的产品，由品牌独到的特色因素述说穿着者的个性，阐述现代优雅理念。产品从设计到制作，全部工序都在意大利境内完成，顶级质量的材质与工序创造出无与伦比的产品性能。遵循品牌一贯的坚持，即使在生产过程机械化的现在，皮鞋还是采用手工缝制，由此可见萨尔瓦托·菲拉格慕的品质，一种相对的永恒经典也随之诞生。

历史上身价最高的美国篮球职业联赛（NBA）球星迈克尔·乔丹，每次均大量购

买菲拉格慕的平底便鞋；超级巨星麦当娜·西科尼也疯狂地迷恋菲拉格慕典雅设计；一代王妃戴安娜、美国前总统比尔·克林顿均是萨尔瓦托·菲拉格慕拥有者中的代表。萨尔瓦托·菲拉格慕精湛的手工制鞋艺术与工艺，广受推崇，深得各国名流的钟爱。从优雅古典的式样到时髦的便鞋和运动鞋，菲拉格慕从不因为注重实用和脚部的舒适而牺牲鞋子外形的设计，而偏离了他的设计原则。

阅读传奇

　　萨尔瓦托·菲拉格慕先生于1898年出生在意大利的伯尼托，在14个兄弟姊妹中，排行十一。由于家庭环境贫困，早年已开始当造鞋学徒帮忙补添家用。萨尔瓦托·菲拉格慕先生离开意大利南部的家乡小村，与众多意大利人一同前往美国。

　　在当时的意大利南部，鞋匠的工作是受到歧视的，但萨尔瓦托·菲拉格慕并不气馁，要把这个被人轻视的工艺发扬光大，于是在9岁时就立志要创制出结合美观和实用的完美鞋子。13岁，他已拥有自己的店铺，制造出第一双量身定做的女装皮鞋，从此开始了缔造他时尚王国的第一步。后来他在好莱坞名声大噪，专门为冉冉升起的电影明星定制鞋品。

1947年，萨尔瓦托·菲拉格慕以其透明玻璃鞋获得被誉为"时装界奥斯卡"的雷门·马可斯奖（Neiman Marcus Award），成为第一个获得这个奖项的制鞋设计师。他得奖的作品设计细致，鞋跟处凹陷成F型，并铺上金色羊皮，鞋面则有透明的尼龙线。1948年，萨尔瓦托·菲拉格慕继续带领潮流，极细而尖的高跟鞋成为华丽的脚上时装，创出另一新时尚。萨尔瓦托·菲拉格慕在1957年出版了自传《梦想的鞋匠》（The Shoemaker of Dreams），在那时他已创作超过两万种设计并拥有350个专利产品。"装饰男女，从头到脚"，这是萨尔瓦托·菲拉格慕的座右铭。从鞋业开始，凭着天才的创建者的设想，萨尔瓦托·菲拉格慕的产品不断扩大。服装虽是萨尔瓦托·菲拉格慕后来才发展的系列，但是很快地便发展出男装与女装两个完整的系列，产品甚至包括女装的丝巾与男装的领带这类配件。其产品还包括手袋、珠宝、香水等，今日的萨尔瓦托·菲拉格慕用现代目光投向一切细节，并借助新的材料、新的式样、新的设想来达到新的增长。

萨尔瓦托·菲拉格慕集团非常注重产品的独特魅力和尊贵品位，将风格、创意和创新与意大利制造的高超品质和工艺融为一体，成为集团产品的标志性特征。萨尔瓦托·菲拉格慕集团在全球拥有约2600名员工以及超过570间专门店，其业务机构遍及意大利乃至全世界，不论是欧洲、美洲还是亚洲，全球各地都有菲拉格慕品牌的足迹。萨尔瓦托·菲拉格慕先生独具匠心的非凡创意、鞋品的精湛工艺和无与伦比的舒适感让萨尔瓦托·菲拉格慕迅速成为原创设计、精良品质和完美合脚的代名词。

1960年，萨尔瓦托·菲拉格慕先生离开人世前留下遗愿，要将自己一手创立的品牌壮大成一家"装饰男女，从头到脚"的公司。其遗孀曼达·菲拉格慕女士立刻肩负起集团董事长的重任。从最初的独力支撑到后来与6位子女齐心协力，菲拉格慕夫人克服艰难险阻，继承并发扬先夫奠定的坚实基础和优良传统，不仅保持了萨尔瓦托·菲拉格慕在制鞋业界的品牌高度，还将最初的鞋类制造企业扩展至男女时装、手袋、丝巾、领带、香水系列等，发展成一家全线品牌。2009年为其111周年诞辰，美国政府在国会大厦升起一面美国国旗，以此向萨尔瓦托·菲拉格慕先生致敬。这面国旗存放于一个镶有特制徽章的金字塔形盒子中，随后连同与仪式相关的一系列证书授予了曼达·菲拉格慕夫人。

2001年，萨尔瓦托·菲拉格慕成立了专门负责生产和销售香水产品的分公司。此后，该公司生产的"水晶鞋"等女香以及"美梦成真"等男香都十分受欢迎，款款经典，其漂亮的外观、迷人的色彩、经典的韵味都让拥有的人觉得物有所值。

Moschino

莫斯基诺 （意）

来自米兰的俏皮风

品　　类｜成衣、配饰
标志风格｜时尚、幽默、俏皮
创 始 人｜弗兰科·莫斯基诺（Franco Moschino）
诞 生 地｜意大利
诞生时间｜1983 年

品牌解读

对于坚守优雅路线的米兰时装界而言，风格戏谑的莫斯基诺（Moschino）的存在实在是个异数。诡异、狂野而古怪，不断地刺激着人们的想象力。它是来自米兰的具有俏皮风格的品牌，更是寻求自由的先锋派，喜欢开创前卫之先河。从前卫、反叛到幽默，从刚强与柔和并存的浪漫到在细微处显示智能的玩乐之心，莫斯基诺的多重性格，把握着时代人物的心跳和呼吸。在 20 世纪 80 年代末，他就把优雅的香奈儿套装边缘剪破变成乞丐装，再配上巨大的扣子，颠覆大家对于时尚的传统印象。

莫斯基诺十分渴望和平，而且热爱生命，他的这一风格常常反映在服饰中，所以在他的服装上常常会出现"反战标志""红心"和鲜黄色的笑脸。20 世纪 90 年代初，莫斯基诺本人去世之后，这个品牌的设计工作便由与莫斯基诺一起工作多年的设计师群相继负责，

延续其反讽幽默的风格，每季推出新作。

莫斯基诺旗下共 3 个路线，分别为以高单价正式服装为主的莫斯基诺、单价较低的副牌 Cheap&Chic 以及 Love Moschino 牛仔系列。"ONE LIFE，ONE LOVE？！（一辈子只爱一次）"搭配印着幽默对话的 T 恤是莫斯基诺牛仔装最大的特色；再加上环保的概念，莫斯基诺选择了合成皮代替真牛皮。充分地印证了莫斯基诺品牌俏皮可人的游戏形象。

阅读传奇

弗兰科·莫斯基诺（Franco Moschino）于 1950 年出生在离米兰 14 公里的小城阿贝特格雷索。他父亲是位铸铁匠，在莫斯基诺 4 岁时就去世了。在母亲的鼓励下，莫斯基诺用画画来排遣生活的单调与寂寞。1967年，他进入米兰艺术学院，一心想成为一名

画家。为了筹措学费，他为几家杂志画时装画，转而进入时装界。他的作品引起了时装大师范思哲的关注，当时，范思哲为意大利的许多时装成衣公司举办时装展示会，这样，1971~1977年，莫斯基诺一直为时装展示会画宣传画。

1977年，莫斯基诺被意大利Cadette公司聘为时装设计师，直至1982年。在意大利各成衣公司任自由设计顾问期间，莫斯基诺积累了广泛而丰富的实践经验，1983年，他创办了月影（Moonshadow）公司，开始了女装事业。那时他便决定运用幽默趣味的方式来嘲讽当时的流行规则，"Smile"（微笑）及"Peace"（和平）是莫斯基诺一直传达的两个象征，旗下的香氛亦不例外。莫斯基诺成立他自己的公司后，秋天时，在米兰展览会场春季时装秀上，他发表以他为名的精品系列服饰。当名模帕特·克利夫兰（Pat Cleveland）走出伸展台，穿着他设计的丝质晚礼服，脚下穿橡皮底帆布鞋，手上提着一个杂物袋，马上引起轰动。莫斯基诺也因此被誉为和法国的让·保罗·高缇耶齐名的时装界两大鬼才设计师。1984年春装零售成绩一鸣惊人，这一品牌在美国瞬间崛起。

莫斯基诺在日常生活中有时是流行时装的创造者，有时像穿皮夹克的浑小子，有时又像指挥众多士兵的罗马将领。他对米兰时装设计师们华而不实的生活方式不屑一顾，自己居住在一套两居室的公寓里。

饰品方面，在太阳镜上，追求自我风格最大化的莫斯基诺，依然有鲜明可爱的小小创意，在他身上，体现不出一丁点的被限制，有的是完全自由，莫斯基诺总有令人惊奇的灵感来源。他的浪漫系列，金线框架繁花似锦，崭新中蕴涵着浪漫，洋溢着厚重的芳香，创前卫之先河，另有各式神奇的装饰物点缀着镜片。金属类古典式的有八边形、圆形、六边形款式。由金黄色或银色芯条镜腿支撑，可让你的五官看上去更加立体，而且色彩多样。莫斯基诺有着绝对独特的个性设计。毫无疑问，它的主要特色在于它的颜色——浅色、暗色……外形有正方形和矩形，但也有蝶形与小型椭圆形型号。

莫斯基诺在时装领域里勇于探索，极富创造性，他的作品魅力不断增强，冲击了一些世故的设计师们陈旧的设计观念。而人们一样地乐于接受他设计的服装。

1986年，莫斯基诺举行了首次男式服装展示会。1988年"价廉物美"系列与活泼的人造毛皮系列服装同时展出。

1989年，莫斯基诺时装店首次在米兰开张。1993年，安·纳德·考斯在米兰为他举办了庆贺10周年时装展览会。1994年，莫斯基诺开始从事环保时装事业，举办保护生态环境的时装展览会，运用有利于环境保护的面料和染料来制作时装。1994年9月18日，莫斯基诺因心脏病突发去世，时年44岁。

莫斯基诺的时装店后来由他的朋友兼合伙人洛赛拉·佳蒂尼经营。莫斯基诺基金的设立使他生前资助受艾滋病毒感染儿童的愿望得以实现。

第三篇

皇家御用品牌

至尊荣宠，与皇室共享注目

Burberry

巴宝莉 （英）

格子里的英国式经典

品牌名片

品　　类	成衣、皮具、香水
标志风格	质量精良、英伦风格
创 始 人	托马斯·巴宝莉（Thomas Burberry）
诞 生 地	英国
诞生时间	1856 年

品牌解读

巴宝莉（Burberry）在英国享有极高的声誉，被誉为最具英伦气度的国宝级奢侈品品牌，如果说巴宝莉是英国人的骄傲，这绝对毋庸置疑，因为它在欧美乃至全世界都被奉经典。除此之外，消费者选择巴宝莉，大都是被它经典的英伦风格所吸引。巴宝莉作为令人尊敬的英伦风尚代表，给使用者带来一种真正的英国式生活品位，在格子里细数它的万种风情。它细致温和，风衣的耐汗耐风雪绝对是世界服装史上的一个奇迹。巴宝莉是英国老资历的服装品牌，带有一种英国传统品牌的设计风格：以独特的布料、经典的格子图案、大方优雅的剪裁，得到了世人的喜爱，也是英国最早的奢华品牌。

不论你出席什么样的场合，巴宝莉都能让你绽放出从容的风采，巴宝莉代表一种崇尚品位的生活艺术，凭着传统、精谨的设计风格和产品制作，1955 年，巴宝莉获得了由伊丽莎白女王授予的"皇家御用保证"（Royal Warrant）徽章。后于 1989 年，巴宝莉又获得了威尔士亲王授予的"皇家御用保证"徽章。从创立开始，巴宝莉就成为"高品位"的同义词。

巴宝莉，这个享誉世界的来自英伦的品牌，它具有英国文化的一切元素，它是这个国度的文化的缩影。它就像一个穿着盔甲的武士一样，保护着大不列颠联合王国的服饰文化！

1912 年，第一个到达南极的罗尔德·阿姆德森写道："非常衷心地感谢巴宝莉。在去南极途中，巴宝莉风雨大衣帮了我极大的忙，事实上它已成了我的好朋友。"另一位斯科特上尉，在去地球最南端的旅程中，用巴宝莉"轧别丁"制成了帐篷，这个帐篷后来还在布鲁顿艺术画廊展出。

实际上，满足顾客对"品位和风格的要

求"正是巴宝莉设计的原动力。传统的"巴宝莉格子"以及
"新豪斯格"受到了英国商标管理局的登记保护，已广泛应用
在巴宝莉设计上，成为巴宝莉服饰的标志。以普朗休·豪斯
（Pronum Hone）为商标的系列配件、化妆品以及在瑞士制造
的手表都具有典型的巴宝莉风格特征。除传统服装外，为了
应对多元时代的来临，巴宝莉也将设计触角延伸至其他领域，
并将经典元素注入其中，推出相关商品。有人评价其香水品
牌时曾经这样说，巴宝莉代表了一种文化，这种文化既具乡
村风情，又有城市格调，并且流行和经典并存，让传统英国
的尊贵个性与生活品位继续延伸其中，获得崭新的生命。

阅读传奇

英国的天气很特别，尤其是伦敦，号称"雾都"，常常
阴雨霏霏。然而身处英国街头，即使吹着寒风，下着细雨，
英国人却不爱撑伞，宁愿穿上一件风衣。这并不是英国人的
怪癖，而是归功于一件风衣所带来的莫大效益。提起风衣，
许多人首先联想到的是英国品牌巴宝莉。

1856年，托马斯·巴宝莉（Thomas Burberry）在英国汉
普郡的贝辛斯托克开设了一间成衣店。他研发出一种组织结
实、防水透气的斜纹布料——轧别丁（Gabardine），因其具
有耐穿实用的特性，很快就被英国机师及军队广泛使用，又

因爱德华七世的习惯性命令"给我巴宝莉"而出名。

著名杂志《男装》很好地概括了巴宝莉服装的性能特征："巴宝莉服装最能承受冷风、热风、雨、风暴，在寒冷气候下能形成良好的服装人体环境。"1901年，巴宝莉设计出第一款风衣。第一次世界大战爆发后，巴宝莉风衣被指定为英国军队的高级军服，而为配合军事用途，在设计上也修改为双排扣、肩盖、背部有保暖的厚片，并在腰际附上D型金属腰带环，以便收放弹药、军刀等。这款实用功能至上的衣服，也就是家喻户晓的"风衣（Trench Coat）"。翻开英国牛津辞典，如果想查"风衣"这个单字，你会发现"巴宝莉"已成为风衣的另一代名词，这对于一个时尚品牌来讲具有非凡的意义。巴宝莉另一经典可说是以米色、红色、黑色与白色等线条构成的格纹。原本用于风衣内里的格纹，于1924年首度现身。巴宝莉的服饰与配件系列可以说是与风衣并称的两大经典。

早期的猎装和钓鱼装必须要有理想的防风雨效果，能承受相当大的风雨，同时又要有良好的透气性。巴宝莉服装满足了这一要求，提供了优异的性能。

汽车发明后，巴宝莉马上推出驾驶穿着的男装、女装，不管是敞篷汽车还是封闭汽车，巴宝莉都能调整自己与之相适应，满足不同人的口味和风格。

20世纪90年代末期，时尚界出现品牌新生的大趋势，巴宝莉也开始在大环境下寻求突破。现任品牌CEO的罗

BURBERR
BRIT

斯·玛丽·布拉沃（Rose Marie Bravo）女士在1997年加入巴宝莉，并先后请来罗伯特·梅尼凯蒂（Roberto Menichetti）与克里斯多佛·贝利（Christopher Bailey）担任设计总监，在拥抱前人哲学之余，透过独有的设计思考，重新演绎巴宝莉的新动力哲学。不仅如此，知名摄影师马里奥·泰斯蒂诺（Mario Testino）也为 Burberry 时尚广告操刀，搭配超级名模斯特拉·坦南特（Stella Tennant）与凯特·摩丝（Kate Moss），果然一举获得众多好评，让世人目光再度转移至巴宝莉！

巴宝莉的格子风格渗透到各个领域

　　喜欢巴宝莉的人都知道格子图案是巴宝莉的标志性图案，与其说巴宝莉演绎了格子图案，不如说其丰富了格子图案，这种带有浓郁风情的格子于1924年注册为商标，不久，红色、骆驼色、黑色和白色的格子成为巴宝莉香水产品的代名词。现在，蓝色也加入其中，丰富了巴宝莉格子图案的内涵。在怀旧和创新兼具的当代，巴宝莉的格子风格成功渗透到从服装、配饰到居家用品的各个领域，经历百年而盛名不衰。

　　2000年，巴宝莉推出了受到广泛推崇的"触摸（Touch）"男女对香，以柔和中带有香料味的气息营造出某种织物的绵软质感。调香师结合带有香料味的前味、香甜的中味，再衬上木质的后味，为"触摸"打造出清淡的东方色彩。2002年，巴宝莉延伸了"触摸"的产品线，推出了宝宝专用香水——"宝宝触感（Baby Touch）"，此款香水不仅适合小孩使用，大人也同样适用。2003年，巴宝莉为使"触摸"系列更完美，进而推出了"柔情触感（Teh-der Touch）"，这款洋溢着浓郁花香味道的女性香水，整个香调熟悉而又清新，使人感觉犹如投入到大自然的怀抱。近两年，巴宝莉又推出了"红粉恋歌"和"动感节拍"等全新作品。在世界诸多香水品牌中，巴宝莉是一个很容易引起人浪漫遐想的品牌，人们喜欢它的原因，不仅因为它具有100多年的经典历史、标志性的格子图案，还有 Rose Marie Bravo 所说的"高级时装回归奢华瑰丽风尚，年轻一代从巴宝莉中寻回真正传统"。

　　历经时尚风潮的洗礼，巴宝莉一直保持着自己的经典和高贵，将一流的制作工艺、耐久实用的性能与简洁大方、优雅精美相结合，给世人呈现最好的精品。

Aquascutum

雅格狮丹 （英）

英伦式的优雅

品牌名片

品　　类	时装
标志风格	优雅
创　始　人	约翰·埃默里（John Emary）
诞　生　地	英国
诞生时间	1851 年

品牌解读

来自英国伦敦的雅格狮丹是时装界永恒经典的象征。雅格狮丹的"Aquascutum"一词来自拉丁文，意思是"防水"。凭借优雅、时尚的服装设计及伟大的技术发明，雅格狮丹扬名国际，在时装界掀起革命。它和巴宝莉像孪生兄弟一样，同样是英国的知名品牌，同样把风衣做得十分出色！雅格狮丹是品位、内敛的代言人。它是英国皇室的首选，高雅脱俗，需要用年龄去展现它的内涵，所以，雅格狮丹是属于 30 岁以上人士的经典品牌。

雅格狮丹的成功在于它拥有追求革新的信念，并坚持质量与优雅集于一身的风格。近年，雅格狮丹的产品走向年轻化，设计演绎出活力的一面。品牌一向采用英伦式的优秀剪裁技巧和布料，配有专有格子图案，设计出精巧时尚的男女服饰。雅格狮丹凭着成衣生产技术上的卓越成就而屡获皇室工业奖，并成为英国皇室御用裁缝店。一直赢得全球上流名士淑女的青睐和爱戴，喜爱雅格狮丹的知名人士有英皇室成员安妮公主，英前首相撒切尔夫人，以及著名明星、007 的主演肖恩·康纳利等。雅格狮丹产品遍及世界 37 个国家与地区，雅格狮丹总部位于伦敦丽晶大街，海外业务亦遍布欧洲、大洋洲和亚洲等各大洲主要城市。

阅读传奇

1851 年，英国雅格狮丹在伦敦创立，早在 19 世纪，雅格狮丹在英国就已经家喻户晓，并成功研制出举世闻名的防水羊毛。其出产的衬里防水大衣，使士兵们在下雨和寒风刺骨的天气里保持身体温暖和干爽。故在两次的世界大战期间，该品牌替多国军队生产御寒大衣，并因此而扬名。

雅格狮丹的发展受到战争的波及，因为其创立之始正好处于战事频发的年代。1854

年，当英国迎战俄罗斯时，用雅格狮丹独家布料制成的大衣，成为英军对抗俄罗斯恶劣天候的重要装备。传说由于大衣本身是晦暗的灰色，还帮助一队英军士兵从俄军阵地逃生。雅格狮丹从此进军战场，进入军队，暂时告别时尚，在两次世界大战里，雅格狮丹都起到了非同小可的作用。

战后，雅格狮丹带有肩章和黄铜扣腰的军装，演变成一种服饰的潮流，渐渐成为当时电影明星最喜欢的装扮，束腰、半立领的造型引领时尚。20世纪60年代，年轻、时髦的及膝男士雨衣便在全世界流行起来，名人圈里人手一件。

任何一个品牌，如果能获得皇室顾客的认可，都是至高无上的荣誉，雅格狮丹品牌幸运地得到爱德华七世及威尔士王子的青睐，他们定购由这种神奇防水布制成的大衣和披风。1897年，雅格狮丹公司赢得了它的第一个皇室奖，此后，雅格狮丹获得过5次以上的皇家特许证，为皇室服务。

在最初50年，雅格狮丹的经营范围比较局限，只生产男士服装，1909年，受运动女装普及的影响，欧洲妇女开始抛弃帽子和曳地长裙，改穿具有运动风格的短款套装。顺应潮流，雅格狮丹推出了第一个系列女装。曾几何时，"绅士和穿着花呢服装的太太"已经成了英国文化和不列颠国际时装形象的一个标志，而雅格狮丹对此功不可没。

👑 雅格狮丹是品位、内敛的代言人

非常有趣的是，当雅格狮丹的设计师凯瑟琳于1989年第一次在巴黎展示她的作品时，《费加罗报》评论说："英国现在除了开司米套衫及雨衣外，也能生产时装了。"从这一点来看，当一个外国人提及英国传统款式时，通常情况下指的是那种完美的英国风格的品牌如雅格狮丹等。可见雅格狮丹代表着整个不列颠的传统形象。

雅格狮丹一直不断创新，不断进步。除了研发各种防水抗风的特殊材质外，在服装设计上也别具一格。雅格狮丹品牌因其服装而被世人认知。然而，雅格狮丹公司在面料方面所取得的成就更显著，面料新颖成了雅格狮丹品牌服装的一大优势。20世纪50年代是雅格狮丹着重面料发展的重要时期，1955年，它将一种具有闪光效果的棉轧别丁用于雨衣上。1959年，雅格狮丹开发和使用了一种在干洗后无须再进行防水整理的防雨织物，在世界范围内需求旺盛。1985年，雅格狮丹首次将羊毛与马海毛混织，制作出一件以爱德华时代歌剧斗篷为概念，具有防水功能的黑色晚装大衣，并赢得当时服装界奥斯卡的大奖。雅格狮丹还致力于开发细微和超细纤维用于男女系列。男装手工依然精细，男士服饰中常见闪亮配饰品，以烘托品牌的尊贵。而女装的裁剪则具有阳刚味道，这与这一品牌的起源风格不无关系。雅格狮丹女式防水大衣风格简洁，有可扣式挡风衣领、袖口扣带及附于腰间的D字金属环。

好莱坞银幕上曾红极一时，把风衣作半企领的穿着方法，正是雅格狮丹的经典例子。各款男女服装仍采用英伦式优秀剪裁技巧和布料，并在货品中配以雅格狮丹专有格子图案。花纹格子的运用是雅格狮丹的传统，得到了喜欢优雅风格的人士的喜欢，其中延续了双排纽扣的大衣是其品牌的经典风格的典型代表。

历史上，雅格狮丹曾屡获英国皇室工业奖，是英国文化和不列颠形象的标志，代表着浓浓的绅士与淑女风范。除男女服装外，雅格狮丹品牌产品的范围已延伸到饰品系列，且都价格不菲。雅格狮丹专卖店门口都有一幅巨大的广告画，画面上的建筑就是其伦敦总部。100多年来，其男、女服饰既保持了古典形象及传统的英国风格，又在剪裁、轮廓、用料的细部设计讲求机能，它最大的特征是沿用"House Label–Club Check"杏色、蓝色和酒红色混合的格子图案。1986年后，雅格狮丹已全方位推出女装系列。雅格狮丹的饰品方面包括：手提包、伞、帽、围巾、小件皮制品等。

之后，雅格狮丹以绝对的实力与成功的经验激励公司开始向中国中高档男装市场进发，拥有高素养设计人才和完善的生产配套设施的雅格狮丹公司，在国际男装品牌中已拥有了自己的一片天地。公司自成立之初便制定了高起点的发展战略，有超前的经营理念、高科技的管理方式、成熟的品牌经营机制以及完善的服装销售渠道，与此同时，公司全面开发T恤衫，于2005年主推商务休闲系列产品，使它得到了众多喜爱时尚的人士的推崇，成为优雅与高品质的典型代表。

Daks

达克斯
（英）

意式风格革新英伦品牌

品　　类	时装、配饰
标志风格	时尚、优雅
创 始 人	西蒙·辛普森（Simeon Simpson）
诞 生 地	英国
诞生时间	1894 年

品牌解读

目的在于展示出高品位、实用且风格优雅大方的达克斯（Daks），非常重视产品的质量，每一个过程都以全手工制造，同时在苏格兰设有自己的工厂，来确保每一个细节达到最高标准。为了延续英国传统服饰的主要风格，他们聘请英国本土的设计师，将优雅的英伦设计延续下去。现在位于拉克霍尔的工厂，面积达数十万平方米，将所生产的货品销售到世界各地。

达克斯的领军人物之一 乔尼·曼洁斯（Johnny Mengers）于 1976 年 设 计 出 了 Daks House Check 方格纹经典面料，方格图案是以米色、棕色交织为主，配以少量黑色交织线条提升对比度。Daks House Check 方格透露着内敛的贵族气质，被英国人视为优雅大方的象征。

随着 Daks House Check 方格图案的成功，达克斯为旗下 10 组不同颜色配搭的格仔花纹取得专利权，并将其作为品牌的标识，使人们一看到格子图案，立刻就会想起达克斯。以英

文 Dad（父亲）及 Slacks（西裤）的缩写创立的达克斯品牌，亦先后获得皇家认证。

阅读传奇

达克斯诞生于 1894 年，成立之初，仅为一家简单的服装公司，为注重衣着的人量体裁衣。当时，达克斯的服装，即意味着剪裁适体、线条自然、潇洒不凡，之后发明并推出了腰位配备牢固的裤子，这一突破性的腰位设计获得了专利权，裤子的质量、布料及用色方面，更令众多生产商望其项背。

1936 年 4 月 29 日，欧洲时装史一定会在显著的位置记载这一天：英国伦敦最繁华的时尚街区皮卡迪利大街（Piccadilly），一家新的时装店开业了，它独特而又时尚的外观设计瞬间成为街区里一道闪亮的风景。在接下来的 70 个年头里，精致的欧洲时装史将在这里被装饰，被描绘，被演绎。

1956年的爱丁堡公爵皇家认证、1962年的英女王皇家认证、1983年的威尔士亲王皇家认证，这些皇家认证都是对达克斯品牌的肯定。达克斯已拥有全线男女装系列、皮具配饰、领带及丝巾等。高素质的成衣系列，成为达克斯100多年来的历史见证。

1934年，这个时期诞生了一件划时代的单品——西蒙的儿子亚历克（Alec）设计了一种得灵感于高尔夫运动的男士休闲裤（Slacks），这是一种将橡皮衬垫缝合在裤腰处用以替代背带的更适宜活动的裤子。这一新裤种的概念来自西蒙·辛普森之子亚历克·辛普森，亚历克和他的好友达德利·贝克（Dudley Beck）将他们两人的名字的字首拼合，得到了Baks这样的名字，但因不够响亮缺乏硬朗，于是将B更换成D，便成了"达克斯（Daks）"。他们的广告代理人也一下子喜欢上这个名字，并发现这个词恰好暗示了"dad"+"slacks"。自此，一个响亮的品牌和一段令人难忘的传奇开始了跨越时代的演绎。其突破性的腰位设计获得多年的专利权；这种设计仍往往被冠以"Daks腰带"的称号。

20世纪30年代，时装潮流趋向舒适和实用，上装设计趋于短小，翻领不再夸张惹眼，裤子更加宽大。亚历克继Slacks（休闲裤）之后乘胜追击，推出这种与达克斯裤子配套的上衣，Simpson推出的拥有双层防水质地的风雨衣成为当时的流行风尚，成为著名的达克斯套装。与此同时，达克斯集团推出了一系列腰部也采用该独特设计的女装，亦大受欢迎并取得极大的成功。1936年的奥林匹克运动会更使运动元素成为当时的时尚，这股风潮迅速刮遍整个欧洲大陆，做工精良并拥有防风防雨特殊面料的Simpson出品的束腰裤自然成为众多运动支持者的最爱。

第二次世界大战之后，达克斯的女装设计开始加入更多的男士服装元素，将肩部放宽，改变了常规女装的视觉效果；重点强调上装的腰部曲线，并外延短裙的下摆，从而体现出崇尚和平及自然的法国风情。到20世纪50年代中期，身着达克斯的男士体验到了前所未有的舒适感。进行网球或者高尔夫运动的同时，身上的休闲软呢上装使他们再次感受到了战前的闲适，而达克斯的运动短裤、休闲长裤、前开式羊毛衫，这些仍然是未来数十年男士衣橱里必不可少的配备。1957年起，达克斯的风格更加国际化。直翻领混合了来自美国的休闲风，更加入了精致的意大利线条。同时，彩色的牛仔布和棉质织品开始在海边流行起来。

20世纪60年代的反战情绪引发了嬉皮士运动，反传统的时尚风愈演愈烈。达克斯男装运用涤纶和羊毛打造出合身的夹克上衣。女装则推出一系列糅合多种面料以及异域风情的设计款式。土耳其风味十足的连身长裙、迷幻色彩浓烈花纹的丝质上衣都成为当时人们争相追逐的流行风潮。20世纪60年代末，Simpson为追求新潮的人们带来了全新的风格。灵感来源于神话故事的女装，将女性包裹在绘满植物图案的纱裙里，格子图案和迷幻花纹依然是达克斯永恒的主题。男装则在细节处取胜，拜伦式的衣袖尽显倜傥个性，向上尖耸的肩部和宽领相呼应。德国设计师将涤纶织物运用到运动系列中，使服饰拥有持久的亮丽质感。

1976年，达克斯又添力作，推出其招牌格子——Daks House Check经典方格纹，用于达克斯服装及配饰上，成为达克斯的独家标识。紧身和闪闪发光的70年代风潮过去了，20世纪80年代，男装又有了新的变化。夹克上衣的腰线下降，肩线变得宽而松弛，狭长的衣领搭配显眼的衬衫和领带。直脚裤则显出闲适感，更适合旅行和都市生活。女装的休闲短装和贝雷帽增加了活力和俏皮。经典的毛料和流行色彩的搭配，继续延续20世纪80年代的乐观态度。添加在军装风格上衣胸袋前的达克斯徽章则使人们追忆起西蒙·辛普森的第一个成衣工作室。1991年，亚历克将达克斯出售给日本株式会社，在强大后台的支持下，达克斯更有规模地打入国际市场。同时其全新的演绎方法，亦为传统的英伦时装增加了时尚魅力。达克斯的足迹遍及世界各地的各个领域，包括男装、女装、皮具配饰、领带及丝巾等。

有的品牌单凭专门店的装潢，就可以联想到其设计风格，达克斯的专门店就是一个好例子。位于世界各地的达克斯专门店，都洋溢独有的英伦色彩，以深咖调木材为主的装潢，低调中又不失品位，虽然全店没有用上金碧辉煌的装饰，但店内所挑选的每件摆设都非常讲究，同时还印上自家的商标，每一件都十分珍贵。

Kent & Curwen

肯迪文

（英）

彰显尊贵与荣耀的骑士精神

品牌名片

品　　类	成衣
标志风格	尊贵、优雅
创 始 人	肯迪文（Kent&Curwen）
诞 生 地	英国
诞生时间	1882 年

品牌解读

　　创立于 1882 年的肯迪文（Kent&Curwen），处在维多利亚女王时代。刚开始的时候，仅从事对英国上流俱乐部、军事及牛津、剑桥大学等的领带设计制作，肯迪文品质的精良为其赢得了好名声。如今，肯迪文仍然被认为是世界领带制造的佼佼者，它的原创性设计，可以追溯到 19 世纪，领带的多样性更是无可比拟，花色已达到 3 万多种，本着传统的风格，加入流行元素，在形式上更新，是肯迪文的宗旨。

　　肯迪文的服装种类有男性西服、衬衫、针织毛衣、大衣、夹克、运动休闲服饰、礼服、配件等，是适合于各种社交场合与生活形态的全系列服饰。在温布尔登网球公开赛等许多运动比赛中，肯迪文的印迹到处可见。皇室御用的肯迪文总是充满贵气，舒适柔和的米白配色充满夏日的悠闲，招牌皇家徽饰与领口、袖口的条纹饰边等细节处都十分讲究。在商品

上，全系列完整的男装，尤其是西装的部分，分为 classic（古典）与 modern（现代）两种设计剪裁，让不同体型及身份的男性可依需求自行选择，同时为表现品牌的英国特色，多款条纹的设计也突显 Kent & Curwen 的独特英式品位。

英国古典西服的细致，正是肯迪文所追求的，从谨慎选料开始到进行繁复的 182 道工序，都足以体现肯迪文西服系列的崇高品质。肯迪文服饰以皇家的生活方式与社交穿着为设计重点，秉持着永不妥协的精神，运用传统精密的手工，并赋予不过时的剪裁，使西服在延续传统英国风格的基础上，显示出尊贵与荣耀！

肯迪文的皮革也十分讲究，特地引进多款皮草，独特的设计是肯迪文品牌有别于其他男装的重要标志，让注重设计与品位的男性穿出带有英国绅士的风范。

阅读传奇

英国理查一世御用徽章中的三头狮子，象征了显赫、尊贵与荣耀的骑士精神，彰显了肯迪文源远流长的品牌历史和高贵的英伦气派，寓意品牌结合悠长的英伦传统和瑰丽的皇族气派。正因为肯迪文曾被委任为英国国家板球队制服的指定供货商，所以便成为唯一一个可以采用皇室三狮为商标的品牌。在历经百年的时代试炼后，肯迪文以其对品质一丝不苟的坚持，赢得英国多项绅士运动服装的指定制造，其中所蕴含的荣耀可以说是不言而喻。

肯迪文品牌在英国伦敦创立，当时品牌为各大俱乐部、军队及学府如牛津和剑桥大学提供领带的生产供应。到 20 世纪 50 年代，成为英国最大的领带生产商之一。20 世纪 70 年代初，品牌的业务由制造领带拓展至生产板球和橄榄球的衣饰，自 1972 年起，成为英国国家板球队指定制服供货商。这项骄人的成绩令肯迪文从此成功建立了自己的针织王国，到了 20 世纪 80 年代更将业务版图开拓至时装零售市场，品牌的三狮标志自此成为注册商标，标志着现代英伦服饰品牌肯迪文的诞生，既保证了肯迪文品牌的优雅风格，又融入了时尚的元素。

肯迪文始终保持着传统的英国式风格，肯迪文也为旗下服饰注入更多时尚创新的英伦风格，替追求品位的男士和女士塑造贵气的"新英伦"造型。肯迪文结合华贵的布料选材、匠心独运的线条剪裁、饶富魅力的色谱组合和令人眼前一亮的细节缀饰，呈献了一系列散发强烈"新英伦时尚"味道的行政、休闲及运动服饰，表现出品牌对生活品位的热切追求。

Gieves & Hawkes

吉凡克斯 （英）

外表华丽，内涵坚毅

品牌名片

品　类	服装
标志风格	高雅
创 始 人	詹姆斯·吉凡（James Gieves）
	汉克斯（Hawkes）
诞生地	英国
诞生时间	1785 年

品牌解读

　　吉凡克斯（Gieves&Hawkes）英文简称：G&H，是英国著名男装品牌，始于 1785 年，200 多年来吉凡克斯为欧洲的贵族绅士提供高贵隽永的经典男装，被授予皇室勋章，同时也深受金融界、法律界和商界成功人士欢迎。严谨、正直、坚定和自负，是吉凡克斯品牌最明显的特性，吉凡克斯品牌诠释的不仅是严谨的英国绅士风格、经典的皇家典范，更是富有正直坚毅的内涵。吉凡克斯秉承传统，坚持保留英式传统军服的元素，在细节上加入时尚元素，成为吉凡克斯特殊的风格，受到时尚人士的推崇。

　　吉凡克斯的历史十分光辉，在第一次世界大战期间发挥了重大的作用，为英国海军设计了救生背心，在一定程度上保证了英国海军的安全。1922 年，G&H 在英国推出一系列西装成品，并陆续推出套装、休闲服、领带、羊毛毛衣，皮箱，皮件等。G&H 的货色齐全，

光是服装即有 110 余种，配饰类亦有 20 余种。成为只要驻足专卖店内即能一次购足的品牌。

阅读传奇

　　吉凡克斯，其实是由两个品牌于 1974 年合并而成的。这两个品牌分别是创立于 1785 年 的 Gieves 和 创 立 于 1771 年 的 Hawkes，都是有 200 年以上历史的老字号。对英伦文化有些了解的人，相信都应该知道对于英国的服装商而言，无不把成为皇室御用品牌作为最高的荣誉，而在这一点上，吉凡克斯绝对堪称是其中的佼佼者。

　　如果去吉凡克斯的旗舰店，一定会见到三个大大的徽章，分别是由英国女王伊丽莎白二世、其夫婿爱丁堡公爵（Prince Philip）以及威尔士亲王授予的皇家徽章，代表着吉凡克斯作为这三者御用服装供应商的地位。当然，这三个徽章只是吉凡克斯 200 多年来

取得的皇室徽章中最新的三个，早在1809 年，吉凡克斯就取得了第一个皇家徽章——来自英王乔治三世，在这之后的 200 年间，吉凡克斯就没有停止过为英国皇室及商界服务。更广为人知的是，吉凡克斯百年来均为英国皇家卫队指定的唯一卫队服饰总管。所有皇家卫队的制服，统一保存于 G&H 总店内。为了达到完好的保存状态，每件制服都分别订制个人保管箱存放。当重要场合召集卫队出列时，所有成员都必须集合于 G&H 总店，整装待命。而于典礼任务完毕后，则须立即归还，并由 G&H 做专业的制服整理工作，以便为下次的出列而准备。皇家卫队每次展现于世人面前的，不仅是英国传统中军职人员的威严，同时也是 G&H 的品牌荣耀。

吉凡克斯品牌如此优秀，是因为其西装采用 100% 特细毛制作。在布料的选定过程中，要通过重重关卡。检查后的布料，均需经过特别的蒸缩定型处理，可减少布料缩水的情况。在平放 24 小时后，才进行剪裁、针缝。观察西服最重要的两个部位，即是：（1）前幅粘补与襟领；（2）肩头。这是保持西服笔挺的关键。一般西服因需提高产量，多采用较不讲究的制作方式，即全前幅粘补，并在襟领也粘补。其缺点是衫身不够自然，襟领也会太过死板。吉凡克斯的西服不同于一般，它只把粘补用于衫身前幅部分，襟领没有用粘里及麻里，此外，会加上最高级的毛里针缝，以确保襟领柔软自然。而每一个缝制过程，都是经过独立的蒸烫处理，以使布料与各种不同衬里互相配合定型。除了粘补、毛里针缝处外，还会在肩头加上马尾毛里——这是选用马尾毛，并加入特别混纺（54% 羊毛、34% 棉及 12% 人造纤维），再由手工纺制而成。特别要说明的是，马尾毛的特性是在受到压力后可迅速还原，保持西服原有的平顺。而马尾毛里使用纵纹的剪裁，再配合蒸烫。当穿上吉凡克斯的西服，即更能体会出高品质的舒适与美观，让你无论出席任何场合，都是众人所瞩目的焦点。

吉凡克斯的西服能够体现出高品质的舒适与美观

Brooks Brothers

布克兄弟（美）

总统的御衣

品牌名片

品　　类	高级服装
标志风格	总统御用
创 始 人	亨利莎士·布克（Henry Sands Brooks）
诞 生 地	美国
诞生时间	1818 年

品牌解读

美国经典服装品牌布克兄弟（Brooks Brothers）在 1818 年由 45 岁的杂货商人亨利莎士·布克（Henry Sands Brooks）于纽约市开设首间店铺，创业至今，已有近 200 年的悠久历史。布克兄弟作为美国经典衣着品牌，多年来秉承着优质用料、服务至上及不断创新的方针，逐渐地成为一个美国经典衣着品牌的创造者。

布克兄弟为顾客挑选的西装布料，图案式样变化多端。净色、粗条、间色条子、窗框格、人字纹等，尽现非凡风度。如果说法国浪凡、英国吉凡克斯都是足以代表品位的男性服装品牌，那美国布克兄弟也不例外。在美国有不少即将毕业的学子，无论是应征或就职，第一套西装就是布克兄弟，得体的款式、简洁的设计与品位的坚持，也让布克兄弟得到"总统的御衣"的美誉！林肯总统在他第二度就职时，即 1865 年，穿上布克兄弟为他订制的华服。肯尼迪总统亦选上布克兄弟双钮西装作为他就职礼的服装，其后，双钮西装更是福特总统及布什总统的最爱。而尼克松总统则最爱专为年轻行政人员设计的"Brooksgate"系列。克林顿总统最爱布克兄弟的休闲服，他在 1992 年获选总统后，翌日出席活动时，就穿着布克兄弟皮楼。另外，布克兄弟亦是电影美术指导所喜爱的指定戏服，如电影《珍珠港》《阿里》内的主角都选用其为戏服。布克兄弟更是林肯总统音乐中心爵士交响乐团著名美术指导温顿·马萨利斯（Wynton Marasalis）的指定服装。《贫民窟里的百万富翁》（Slumdog Millionaire）的男主角戴夫·帕特尔（Dev Patel）穿着布克兄弟男装登上奥斯卡红毯，而乔治·克鲁尼（George Clooney）主演的电影《在云端》（Up in the Air）中，男主角也穿着布克兄弟男装。布克兄弟以上班服为主，亦以优质见称，更

是不少名人世家之选。此外，豪门贵族、好莱坞红星及运动健将，亦是布克兄弟的拥护者。

如果你来到纽约，会发现纽约第五大道与53街交叉叉口的地铁站，成了不少观光客游览整个纽约的第一站，下了地铁、走上地面，第一眼便看到典雅的布克兄弟旗舰店。没有一个品牌比布克兄弟更能代表美国了，在这个年轻的国家中，布克兄弟的历史已近200年，几乎跟着国家一同创立、前进，见证过苦难与辉煌的时刻，还有什么比这更值得骄傲？每个穿上布克兄弟服装的美国人，都像在宣示着："看，我们也有传统！"

阅读传奇

时间回到1818年，亨利莎士·布克在纽约开设杂货店，而1850年儿子丹尼尔（Daniel）、约翰（John）、以利沙（Elisha）与爱德华（Edward）继承家族企业，布克兄弟因而诞生。布克兄弟一直秉持"只制造及买卖最佳品质的商品，买卖讲求公道的利润，并追寻有眼光欣赏这种商品的顾客"的哲学，因此从产品到售后服务，无一不充满卓越品质以及典雅品位，不但树立了美国服饰风格标准，更成为许多白领阶层心目中的最佳服饰。

在近两个世纪的时间中，布克兄弟一次次地革新男装的风格。1830 年，布克兄弟首度为美国引进泡泡棉装，被誉为成衣界伟大的革新。1845 年引进第一套成衣西装，在此之前，男装不是在家缝制就是请裁缝师剪裁，而且只有贵族才穿得起，受到淘金热潮的影响后，当时男性都到布克兄弟选购现成的衣服。1896 年，约翰·布克推出了新品，从马球赛得到灵感，设计出一款纽扣领衬衫，这种衬衫一经问世，就受到了广泛的好评，至今仍是畅销品。

从创立开始，布克兄弟就以最好的品质、独特的设计，以及完美的做工出现在人们的视线中，再加上品牌一贯运用简洁得体的剪裁、舒适的材质，打造出符合各年龄层与不同场合穿着的服装，传递出一种简约内敛的品位，使布克兄弟成为古典、完美的美国服饰最佳象征，深受白领阶层的男性所喜爱。布克兄弟服装采用高级天然纤维的棉及丝，重视质感、剪裁和易整理的细节设计，因为非常重视设计细节，所以虽然款式基本但不流于呆板老成，样式简洁经典而不退流行，搭配性强。

♛ **布克兄弟的服装非常重视设计细节**

2004 年，布克兄弟新推出了以百分之百天然纤维的棉、丝等绝佳的材质，裁制出的经典传统款式，强调柔软舒适，能够穿出正式和休闲的高尚品位，适合在任何季节穿着。在清理上，使用洗衣机清洗过后，即便不使用熨斗烫平，同样能保持面料的平整和笔挺。

在色彩的选择上，除了一贯稳重而不出错的各色阶的蓝、白衬衫，长裤与套装外，布克兄弟还特别推出各种粉彩调的衬衫与领带，粉紫与嫩绿等鲜艳而大胆的色调，跳出传统束缚的窠臼，在传达稳重大方的形象之余，更能表现活力。

2007 年 9 月，布克兄弟邀请纽约著名男装设计师桑姆·布郎尼（Thom Browne）合作设计全新的高级男装系列 "Black Fleece"，"Black Fleece" 的设计基于布克兄弟美式经典，并采用更高级的布料，更关注细节设计，为时髦男士提供更有吸引力的选择。布克兄弟 "Black Fleece" 系列大获成功，因此 2008 年冬季，布克兄弟在曼哈顿巴勒克街（Bleecker Street）上开设了独立的 "Black Fleece" 专门店。

Lyle & scott

金鹰
（英）
古典主义的低调儒雅

品　类	高级服装
标志风格	皇家御用
创 始 人	威廉·莱尔（William Lyle）
	沃尔特·斯科特（Walter Scott）
诞 生 地	苏格兰
诞生时间	1874 年

品牌解读

苏格兰金鹰（lyle&scott）品牌 1874 年创立于苏格兰霍伊克（Hawick）小镇，得名于创始人威廉·莱尔（William Lyle）及沃尔特·斯科特（Walter Scott）的姓氏组合。距今已有 100 多年历史。以高档毛纺织品及高尔夫服饰著称于世，一直为英国皇家御用产品。迪奥曾在 20 世纪 50 年代委托其生产旗下所有羊毛制品。其产品定位尊崇英国古典主义风格，低调儒雅，在富裕阶层中广受欢迎。另外，其制作的高尔夫产品一直为世界顶级选手所爱戴，后来以自己姓名创立品牌的格雷格·诺曼（Greg Norman）最早选择的也是苏格兰金鹰。只要身穿带有"金鹰"商标的衣服就代表着经典与时尚。

既有英国皇家御用的工艺，也是年轻学院风格的代表，苏格兰金鹰以 100% 的品质保证，带来充满时髦个性的新态度，创造出另一个时尚经典。良好的材质，让人一看

就知道质量上乘，百搭的灰色开衫，蓝色的描边，将开衫的轮廓展现出来，简洁的设计让毛衫不管作为内搭还是外穿都极佳。搭配鲜艳夺目的 POLO T 恤是体现时髦英伦氛围的重点，良好的质感为装扮带来视觉的享受。

20 世纪 20 年代，苏格兰金鹰从内衣生产转而制造针织衫，公司营运因而繁荣昌盛。之后开始生产女性穿着的两件式上衣（twin sets），以及男性的套头衫、前开扣羊毛衫和高尔夫夹克。为了适应不断更新的消费需求和流行变化，公司在 20 世纪 50 年代与法国知名品牌迪奥结盟，生产开司米羊毛服饰，成功打入北美市场。

自此，苏格兰金鹰在许多人的心中成为高质量毛衣的代表名词。随着高尔夫球运动的普及，生产图纹、颜色鲜艳的高尔夫球衫，成为公司另一次重大的营运变革。20 世纪 60

年代赞助世界知名的高尔夫球专业名将、国际团队的服装，或为锦标赛提供赞助比赛服饰，让苏格兰金鹰独特的黄金老鹰标志，现身在不少全球重大的锦标赛中。而20世纪70年代，欧洲休闲、学院风盛行，苏格兰金鹰在当时造成风潮，盛行一时，黄金老鹰标志更是深受各年龄层的喜爱。

苏格兰金鹰象征高贵经典，并且充满着苏格兰风味的现代休闲时尚感。苏格兰金鹰留存经典的同时一直注重朝多元化路线发展，并为自己的品牌注入了新鲜的血液，掀起引领时尚潮流的新风潮。冷风弥漫天际、雪花覆盖大地，时尚圈弥漫清一色冷调的灰黑、萧瑟的大地色系，来自英国苏格兰的苏格兰

金鹰用缤纷色调、层次搭叠的 Preppy Look 学院风格，平稳中暗藏玩味设计，为秋冬季节带来不同的双重乐曲。

象征英式学院风的板球 V 领针织衫、鲜明对比条纹的圆领衫、苏格兰传统的毛呢格子、经典菱格纹、温暖奢华的开司米羊毛服饰、百分百撷取的羊皮材质外套，搭配上经典老鹰徽章，完美地呈现出贵气又活泼的造型风格。

春夏街头时尚的概念——不收边、皱褶、磨破等，也一路延续至秋冬。"冲突性的协调"——两件式层次感的毛衣、外套，兼顾实用与时尚，幽默趣味地抛下暮色秋冬的沉重包袱。

Pringle of Scotland

普林格

（英）

来自苏格兰毛料的温暖

品　　类	高级服装
标志风格	贵族、皇家御用
创 始 人	罗伯特·普林格（Robert Pringle）
诞 生 地	英国
诞生时间	1815 年

品牌解读

　　普林格（Pringle of Scotland）是顶尖的苏格兰毛衣制品商，通常简称为 Pringle。始建于 1815 年，公司由罗伯特·普林格（Robert Pringle）和他的搭档创立，最初的名字是 Waldie, Pringle, Wilson & Co.。他们的第一间工厂位于苏格兰边界的霍伊克（Hawick）小镇，当时那里的纺织业非常发达。许多名人名流都喜欢穿着普林格品牌的服装，如玛格丽特公主，摩纳哥的格蕾斯·凯丽、诺埃尔·科沃德、罗比·威廉姆斯、麦当娜、万人迷大卫·贝克汉姆等。

阅读传奇

　　普林格公司由罗伯特·普林格和他的搭档于 1815 年建立，是一个享誉世界的英国皇家御用品牌，持有伊丽莎白二世女王和王太后颁发的王室供货许可证，为英国三大经典品牌之一，另外两个是巴宝莉和达克斯，

在最新一波品牌转型的风潮中，来自英国的普林格可说是其中的翘楚！曾荣获英国皇家认证，获得出口工业优良厂商最高荣誉，英国皇室的狮型商标不仅彰显尊贵的肯定，同时也代表 Pringle 对这份至高无上荣耀的坚持与传承。由金·温莎（Kim Winsor）担任品牌执行长，并找来斯图尔特·斯托克戴尔（Stuart Stockdale）担任设计部门负责人，年轻、时髦且注重经典的崭新形象，立即受到时尚界瞩目。至今，以"菱形格纹、狮形商标及羊绒"闻名于世的普林格，受到麦当娜、伊万·麦格雷戈、朱莉亚·罗伯茨、罗比·威廉斯及贝克汉姆等明星的宠爱，这个品牌在街拍时也有很高的出镜率。普林格公司在伦敦邦德街、纽约、米兰、首尔、东京等地都设有专卖店。

　　1967 年，普 林 格 被 道 森 国 际 集 团（Dawson International）收购。它的主要市场

普林格的服饰彰显尊贵

在于高尔夫球服装，大多数是羊毛制品。普林格公司是高尔夫球手尼克·法尔多（Nick Faldo）大部分职业生涯的赞助商。2000年，普林格公司被中国香港的纺织业大亨，中国香港纺织业联会名誉会长方铿所领导的方氏集团（SC Fang & Sons）收购。据闻方氏公司只花了600万英镑便取得了这个年亏损额高达1000万美元的百年老店。他让自己的儿子去经营这间新收购的公司。方氏公司为新购入的普林格投入了大约700万英镑的资金，并且聘请了斯图尔特·斯托克戴尔作为首席设计师。在他的带领下，普林格公司重新回到了之前作为顶级时尚品牌公司的地位。并且在伦敦时装周上发布了基于公司传统菱形格设计的新款服装。

2005年，年轻的英国女设计师克莱尔·韦特·凯勒（Clare Waight Keller）担任普林格品牌首席设计师以后，其品牌的价值和声望呈现出了不断攀升的趋势，使普林格品牌迈出了全新的步伐，Clare不仅重新点燃了这个历史悠久的羊绒品牌的活力，更使普林格在保留传统特色的基础上又符合当代潮流的口味。克莱尔·韦特·凯勒对于品牌的创新虽谈不上达到颠覆的程度，但不难看出，普林格的改变是巨大的。可喜的是，这种改变已被时尚界所认可，在2007年苏格兰时尚大奖中，普林格夺得年度最佳纺织羊绒设计大奖。克莱尔·韦特·凯勒对于该品牌的改造正像克里斯多佛·贝利对巴宝莉的改造一样，使这一悠久的老字号焕然一新。

第四篇

香水化妆品

流光溢彩，游走之间的奢华宠爱

Estee Lauder

雅诗·兰黛 _{（美）}

美丽是一种态度

品牌名片

品　　类	化妆品、香水
标志风格	高雅、自信
创 始 人	雅诗·兰黛（Estee Lauder）
诞 生 地	美国
诞生时间	1946 年

品牌解读

"美丽是一种态度。"当雅诗·兰黛（Estee Lauder）夫人说出这句掷地有声的话时，全世界的女性都为之震惊，因为她们以为美丽是天生的，而兰黛愿意给你一个机会，她要缔造一个"后天"努力型的美丽女人。"雅诗·兰黛"美女绝对是自信、高雅的，也许再也没有比兰黛自己的香水品牌"美丽"，更能诠释它的内涵的了。"从来就不拒绝昂贵，但却物有所值。"这是雅诗·兰黛让世界顶级时尚女人为之倾倒的经典秘诀。凭借对产品质量的严格控制和对顾客承诺的忠实履行，雅诗·兰黛这个品牌在不断地创新、精于研发中赢得了品质优良的美誉，更成了科学与艺术完美结合的最佳范例。

作为美国最大的化妆品集团，雅诗·兰黛不断推出一款款顶级的护肤品：雅诗·兰黛眼部修护精华霜、雅诗·兰黛特润修护露和雅诗·兰黛鲜活营养系列等，这些都是该品牌最畅销的明星产品。雅诗·兰黛被誉为化妆界美国式的传奇，备受美国女性的追捧。在全球，雅诗·兰黛已经成为时尚完美的典型代表。它在全球高端化妆品领域的地位牢固可靠，不可动摇。在消费者眼中，雅诗·兰黛已经成了完美的代名词。他们相信这个品牌，相信兰黛夫人所提倡的"好产品会为自己说话"的理念，从而成为这个品牌的忠实消费者。作为时尚的典型代表，它不断重新界定着奢华护肤的新标准，而其所倡导的化妆风格及护肤方式早已成为女性美容的典范。

阅读传奇

提到化妆品领域，人们首先想到的是法国，因为它拥有迪奥、香奈儿等众多国际品牌。然而在 20 世纪的美国，因为一个女人的出现，打破了这种垄断性的局面，她就是令人敬仰的雅诗·兰黛夫人，一位终生都在推

销她的美丽秘密的高贵女性。

　　雅诗·兰黛的一生都在与美丽打交道。在她6岁那年，化学家叔叔带来的神奇护肤膏，使雅诗·兰黛从此把心中的梦想与它联系在一起："我的未来从此写在一罐雪花膏上。"不过雅诗·兰黛没想到，在她结婚并生下两个儿子后，才逐步向理想进发。1946年，她一无所有，但是她有丈夫的全力支持。他们共同努力建立了自己的公司，并发誓"一天要接触50张脸"。尽管最初只有清洁油、润肤露等4项产品，但由于雅诗·兰黛培养了一支极其出色的销售队伍，公司在开业第10年便达到了80万美元的营业额，这在20世纪50年代是很惊人的数字。

　　她生前曾说："如果你有一个目标，如果你想成功，如果你真的梦想成为另一个雅诗·兰黛，你必须努力工作，必须始终坚持理想，必须对你所做的事业拥有充分信念。"雅诗·兰黛后来解释自己的成功经验时说："我在职业生涯中从未有过一天不是在推销中度过。如果我相信什么东西，我就把它推销出去，而且推销得很卖力。"

　　她的坚持推销终于有了回报。1948年，她说服了一个采购商下了相当分量的订货单。她和丈夫两人在一家餐馆改装成的作坊里亲手调制订单上的所有脸霜，并装在漂亮的罐子里。产品出货后在两天内出售一空，"雅诗·兰黛"公司就此踏上了新的征程。她的著名推销策略之一就是随卖附赠试用品，因为公司起步时没有足够资金支付广告公司的费用，所以她用源源不断的赠品代替宣传。她坚信："当你设法把产品塞到顾客手中，只要产品质量好，它自然会替自己宣传。"

1968年，企业最大的分支"倩碧"（Clinique）面世，倩碧是专为敏感性皮肤的女士而设。雅诗·兰黛集团一直把创始人雅诗·兰黛夫人在1967年出席全美100位最有成就的女性颁奖晚会时说的一句话作为自己的服务宗旨："我们的工作就是让所有的女性展现最完美的一面。"

公司旗下拥有雅诗·兰黛、倩碧、阿拉米（Aramis）等6大著名护肤、化妆和香水品牌系列。倩碧和魅可属于高档品牌里面初级的入门品牌，价位相对低一些；雅诗·兰黛和芭比波朗属于高档化妆品牌里面中高档的级别；海蓝之谜则属于顶级奢华品牌。不同的品牌也各有不同的风格，比如魅可是时尚和潮流的先锋，强调更多的自我风格；雅诗·兰黛是一个经典的高端品牌；倩碧注重于护肤，有很多皮肤科医生参与研究配方；芭比波朗帮助女性朋友成为自己的彩妆师；海蓝之谜则强调奢华和享受。

雅诗·兰黛集团傲居世界化妆品行业领先地位，产品已经销售到全世界130多个国家和地区。雅诗·兰黛的功劳不仅在于她将美丽带给全世界的女性，还在于她白手起家，打破法国在这一领域的霸主地位，就像是第一位吃螃蟹的人，她的勇气与胆魄使得她成为当之无愧的"化妆品女王"。尽管她已离开了世界，但是她所创造的传奇还在继续，她的名字也将随着雅诗·兰黛这一品牌的传播而永远散发着迷人的芬芳。

Pure Color 唇膏系列

自1984年起，雅诗·兰黛便一直采用 Re-Nutriv 双重滋润唇膏的全金色古典盒身，外面刻有浮雕饰纹。而到了新世纪，Pure Color 唇膏推出了雅诗·兰黛十几年来首个全新的盒身设计：方形的盒身，气派别具一格，衬上金色盒盖及剔透晶莹的底部，可以清楚看到唇膏之真正色调。此外，其崭新独特的香味——淡淡清新的无花果味配上幽幽花香，令时尚女性爱不释手。

ANR 系列护肤品

ANR 系列，无疑是该品牌最为经典和大牌的护肤保养品了。推出 20 多年来，一直保持经典的琥珀色玻璃瓶包装，创下全球每十秒销售出一瓶的佳绩。该系列产品的广告语也别具一格："如果你 16 年前已经用上了 ANR 系列，那么 16 年后，你的皮肤依然与 16 年前一样细腻娇嫩！"

香水系列

20 世纪 50 年代以前，香水是名副其实的奢侈品，因为只有少数真正的贵族女性才会舍得天天使用。绝大多数的女性一般不会自己购买，她们将所有的期待与热望寄托在自己所心仪的男人身上——如果一个男人送给女性香水，那么它的出现等于是一种爱的承诺与宣言。面对这样的局面，雅诗·兰黛夫人在 1953 年推出了一款香水，名为 Youth Dew（青春之泉），为沐浴后的护理油。这种香水已成为女性的日常用品，不必节日时购买，更不是珍贵的礼物，它就如同时装一样可以时时更换。兰黛夫人的确改变了人们对香水的认识。这使 20 世纪 50 年代成为香水产业的一个分水岭。此前，法国香水一直雄霸世界，外人很难分得一杯羹，而打破这个局面的正是来自美国的香水品牌雅诗·兰黛。

提及雅诗·兰黛的香水不能不提到"美丽"（Beautiful），它是迄今为止雅诗·兰黛品牌中最为经典的香水。雅诗·兰黛公司至今的经营理念还不曾抛弃它关于"美丽"香水的解读，她说："美丽是一种态度。美丽没有秘诀。为什么所有的新娘都很美？因为她们非常在意自己在婚礼上的形象。世上没有丑女人，只有不关心或者不相信自己魅力的女人。"美丽——难以忘怀的极致温柔，雅诗·兰黛赋予她浪漫、温馨、高雅的全部内涵。

"美丽"香水之所以那么美丽，与一段美好的故事有关。"美丽"香水广告一直以新娘为主角，因为"美丽"所诉求的，是生命中最美丽的香水。雅诗·兰黛夫人创造"美丽"这瓶香水时，自己此生中最美好最动人的回忆，以及令人感动的誓言，皆伴随着浪漫的情愫一起涌现。因为怀抱着美丽的浪漫情怀，"美丽"的外盒包装选择了粉红色，粉红色是一种美丽而且典雅的颜色，浪漫、抒情，而且非常女性化。"我不希望'美丽'闻起来像是任何一种玫瑰花、栀子花或任何一种单独的花香，我要令'美丽'成为世上最奇妙、最丰富、最和谐的千百种花香调集于一身的香水。"雅诗·兰黛夫人这样说。

如果你是一位充满幻想的准新娘，或者打算送礼物给你待嫁的朋友，那么没有什么比"美丽"更合适的了。有谁不希望自己在人生最重要的那一刻浑身散发出迷人的女性魅力呢？

Elizabeth Arden

伊丽莎白·雅顿
（美）

打开你心中那扇神秘的红门

品　　类│化妆品、香水
标志风格│高贵、典雅、智慧
创 始 人│佛罗伦丝·南丁格尔·格雷汉姆（Florence Nightingale Graham）
诞 生 地│美国
诞生时间│1910 年

品牌解读

伊丽莎白·雅顿（Elizabeth Arden）是最能精准诠释出美国女人风格的品牌，自信、高雅、智慧、独立，这些都是雅顿所要传递给全球女性的品牌价值观。如果你正是一位追求品质生活的"白骨精"，那么雅顿将是你不二的选择。（"白骨精"即"白领""骨干""精英"的简称。）

伊丽莎白·雅顿亲自创办了富有贵族气息的第五大道美容沙龙——"红门沙龙"，在当时就有别于其他装潢得像医院而且只做颈部以上护肤的美容沙龙。"红门沙龙"的装潢精致高雅，以粉红色作为基调，它的大门也为著名的红色。除了提供最先进和最流行的脸部与身体全身护理外，沙龙还销售高级服装、珠宝与化妆品，指导女性整体美的概念，所以曼哈顿的女人纷纷开着高级的雪佛莱轿车前去光顾，甚至还有名列"十佳着装"名单中的知名女士。

阅读传奇

"每个女人心中都有一扇神秘的红门，只有打开它你才能了解她。"这句极具诱惑力的广告语来自世界顶级奢侈品品牌伊丽莎白·雅顿，它的出现迷倒了全球的爱美女性，同时也让男人们心甘情愿地做伊丽莎白·雅顿女人的俘虏。伊丽莎白·雅顿的创始人佛罗伦丝·南丁格尔·格雷汉姆（Florence Nightingale Graham）生于加拿大的多伦多，有英国血统，她曾在纽约化妆品企业工作。

伊丽莎白·雅顿的美丽事业起步于 1910 年第五大道上第一家 Red Door（红门沙龙）的开张。

此后，伊丽莎白·雅顿凭借她出色的经济头脑和铁腕风格，将伊丽莎白·雅顿品牌经营得有声有色，一家家红门沙龙在美国和欧洲遍地开花。到了 1930 年，雅顿夫人已经证明了"美国只有三个品牌能享誉全球：可口可乐、胜家缝纫机和雅顿的化妆品"。《财富》杂志在论及她的魄力和努力精神时，这样写道："她可以喝令太阳驻留，容她调制好合适的粉红色，她因此比其他商业女性赚取了更多的财富。"

据说"伊丽莎白"（Elizabeth）这个名字是从当时一本著名的小说中得来的，那本书名叫《伊丽莎白和她的德国花园》（Elizabeth and Her German Garden），不过也有人认为这个名字是从泰尼森（Tennyson）的诗《伊诺克·雅顿》（Enoch Arden）中得到"雅顿"（Arden），再加上佛罗伦丝喜爱的"伊丽莎白"混合而成的。世上女子有万种风情，而那些用雅顿的女子，更是魅力独具。她们需

Elizabeth Arden

要真正能匹配她们迷人气质的香水以及独具特色的化妆品，需要将她们那不可抵挡的诱惑力得到充分的释放，让抽象的魅力在瞬间栩栩如生。

要论最"雅顿"的女人，当属品牌的创始人伊丽莎白·雅顿夫人。在只有演员才化妆的20世纪初，正是这样一位充满了自信、梦想和野心的女性，一位一生以"美"为事业的女性，一位被《生活》杂志评选为"20世纪最有影响力的美国人之一"的女性，亲手开创了享誉全球的"红门王国"——伊丽莎白·雅顿品牌，并一直引领着世界化妆品及香水的时尚风潮，她就是世界流行的风向标。

20世纪30年代，伊丽莎白·雅顿提出化妆品应该与服装而非头发颜色相配的观点，从根本上改变了化妆品工业。此外，雅顿夫人也是第一个推出不同色调口红的人。

延续伊丽莎白·雅顿对美丽的不懈追求，品牌强调展现女性充满自信的迷人风采。而它也一直在寻觅一位既美艳优雅，又真实地忠于自我的现代女性，来代表伊丽莎白·雅顿的品牌灵魂。

于是，凯瑟琳·泽塔·琼斯（Catherine Zeta Jones）与伊丽莎白·雅顿的携手几乎是一拍即合。完美的脸，寓意深刻的目光，动人心弦的微笑和天生的浪漫气质，继传奇般的雅顿夫人之后，伊丽莎白·雅顿又拥有了这样一位超凡脱俗的巨星级"雅顿女人"。人们看到凯瑟琳·泽塔·琼斯那自信而优雅的微笑，她的一身红装与雅顿的"红门"相映成趣，成为雅顿最具代表性的精神图腾。

1932年，伊丽莎白·雅顿推出了第一个系列的各色口红，那时在全球，她已经拥有了29家店面。她开始以"雅顿小姐"而闻名，有完美主义的性格，不屈不挠，对细节的

要求近乎苛刻。

也许所有成功的模式都有一条——苦难，没有人能够从一开始就风光无限，更没有人能始终站在时代的前沿。如同潮水一般，人们的事业有高潮也会有低潮，尤其是在刚创业的时候，伴随他们的往往不是荣耀与掌声，而是充满泪水与汗水的辛酸往事。伊丽莎白·雅顿也是这样，刚开始的时候，她卖的是别人生产的香水，人们无法想象她为了这个"美"的事业付出了怎样艰苦卓绝的努力。

第一款自己配制的香水大约在 1922 年出品，那是一种独香花型，有雅顿玫瑰、意大利百合等。1936 年，她推出了相当受欢迎的"青青芳草"（Blue Grass），这款香水的名字使人想到她在弗吉尼亚的养着马匹的故居。香水由乔治·福克斯（George Fuchs）调配，他是佛拉格那德企业（Fragonard）的老板。20 世纪 30 年代和 40 年代的香水中，有两款香水瓶是人们到现在还记忆犹新的，一款是"仙客来"（Cyclamen），扇形的瓶子附加可以拆下的珠宝别针，另一款是"就是你"（It is You），瓶身用水晶制的手托住。伊丽莎白·雅顿公司总共推出的香水品种超过 50 款。伊丽莎白·雅顿去世以后，她的家族和公司的联系也结束了。

1971 年，公司由制药业巨头艾利及莉莉实业（Eli&Lilly Co）收购，新东家为企业带来了新的技术支持。伊丽莎白·雅顿生前常说："美是自然和科学的结晶。"公司后来又有过变动，20 世纪 70 年代，和法国巴黎的克洛伊高级成衣公司（House of Chloé）联系密切，并且由其常任设计师卡尔·拉格菲（Karl Lagerfied）设计推出 Chloé 和 KL 两款香水。同时又与意大利的芬迪（Fendi）公司

联姻，推动了 Fendi 香水的问世。公司的其他香水还有白钻石（White Diamonds），受到了伊丽莎白·泰勒、尼诺·赛儒迪和瓦伦蒂诺的钟爱。

除了"青青芳草"以外，伊丽莎白·雅顿香水系列还包括"红门"（Red Door），是一款花香型的提纯香。"太阳花"（Sun Flowers）是一款获奖香水，被宣传为"生命的庆典"，是为年轻女孩子们在夏天准备的。再有就是"第五大道"（5th Avenue），也是香味浓郁的提纯香，具有一种经典的优雅气质。瓶身被设计成纽约的摩天大楼的样式。后来推出的一款"奇妙"（Splendor）香水取代了原来"真爱"（True Love）香水的位置。

从典雅的"红门"到风情的"俪人"，从浪漫的"粉漾红门"到性感的"诱惑"，无论你是自信、率真、充满活力的年轻女性，还是独立的现代都会女子，又或者你是神秘高贵、令众人倾倒的魅力焦点，伊丽莎白·雅顿不同属性的香水都能瞬间为你灵动的风采加分，展现女人多重的迷人样貌。

人们常说闻香识女人，不同的香水代表不同的女人，那么雅顿的女人一定是都会中自信、独立而高雅的女性形象，如同雅顿本人一样，她那高贵而不屈不挠的个性赋予这一品牌令人想象无限的灵魂。

"红门"

诞生于 1989 年，主题是描写 20 世纪 90 年代女性精明聪慧又极具女人味的全方位形象。"红门"香水含依兰、橙花、兰花、百合等数种高贵的花香，将花香与女性的优雅风华发挥到极致，完美衬托出女人华贵性感与独具品位的优雅气质。香调为花香调。前味为依兰、Vlbrant 红玫瑰。中味为东方兰花、茉莉花、山谷百合、摩洛哥橘子花、野

百合、鸢尾花、康乃馨、野生紫罗兰。后味为木料、辛香、蜂蜜。

多数的香水，精彩的生命由化妆品公司赋予，比如"5号"，比如"毒药"，唯独"红门"例外。"红门"香水的诞生，是伊丽莎白·雅顿化妆品的一个转折点，即使之前伊丽莎白·雅顿公司推出的种种产品都颇获好评，并且已经拥有一定的世界知名度，不过当1989年"红门"香水推出后，伊丽莎白·雅顿时尚、独立、内敛、智慧的都会品牌形象，才真正地鲜明起来。

"每个女人心中都有一扇神秘的红门，只有打开它你才能够真正了解她。"就是这种隐喻，打动了众多认为没人了解她的女人。"红门"香水香味神秘、华丽，瓶身的设计概念来自雅顿的发迹地。纽约第五大道上的"红门沙龙"，入口就因为耸立着一扇耀眼的红门而成为一个精神的象征。打开红门，意味着你已经进入了伊丽莎白·雅顿的殿堂。

"第五大道"

诞生于1996年。香调为清甜东方花香调。前味为紫丁香、木兰、法国铃兰。中味为保加利亚玫瑰、紫罗兰、桃花。后味为琥珀、鸢尾花、香草。这是另外一款雅顿的典范之作，她的出现也同样联系了雅顿的发迹之处——纽约第五大道。第五大道香水采用顶级的保加利亚玫瑰、菩提、依兰及茉莉，调配出半东方花香调的诱人芬芳，优雅、华丽、时尚、蕴含无穷魅力。香调清淡却不失持久，优雅却不失柔媚，完美传达现代都会女子俏丽时尚、自信活跃的面貌与风采，散发她们的独特个性。

"诱惑"

香调为清新花香调。前味为蕴桃、水莲、野姜花。中味为午夜兰花、木瓜花、粉香雪兰。后味为琥珀、桧木。这款全新香水的灵感来自凯瑟琳·泽塔·琼斯，这个惊世绝伦的美丽女子在荧幕上下所散发的那种内外兼具、引人注目的魅力和诱惑，总是令人难以抗拒。以凯瑟琳为代表，现代都会里存在着这样一群出类拔萃的女性，她们自信而迷人，具有一种潜藏的性感诱惑，只要她们愿意，就可以将它释放。这种诱惑的力量，如此扣人心弦，如此强而有力，足以将任何一个男人融化。这样的女人，应该搭配一款能传达她那超乎寻常的性感的香水，于是伊丽莎白·雅顿"诱惑"香水由此诞生。

这全部的暧昧气息，装在一个具有绝妙的整体拱形的小瓶中，创作灵感来自优美的女性背部曲线，极具诱惑。如此杰作，连凯瑟琳·泽塔·琼斯本人都不禁称赞："这款香水是性感和魅惑的，我喜爱我们的新香水所带来的反应。"

"绿茶"

香调为清新花香调。前味为葛缚子、大黄、柠檬、橙皮、佛手柑。中味为绿茶、薄荷、茉莉、康乃馨、茴香。后味为桦树苔、麝香、白琥珀。全新概念的清新香调，淡雅脱俗，采用"茶浴"的概念灵感，散发淡淡的知性及高雅气氛，宛若雨后清晨般令人神清气爽，心旷神怡。一杯香茗，唇齿留香；一滴绿茶，宁静淡泊。

融合了绿茶特有的清爽味道及明朗的地中海香味，前味散发新鲜悦人的芳香，含有柠檬、佛手柑与葛缚子；中味散发振奋心灵的芳香，含有薄荷、茉莉与康乃馨；后味散发温暖心灵的芳香，含有琥珀、麝香与桦树苔。这清新的花香水调蕴含于淡绿色的清爽液体中，容纳于绿茶叶片覆盖的透明玻璃瓶中，一切都简单自然，清新迷人。就像在暮色中，静坐于湖边的少女，绿茶香水即是献给那些拥有清纯脱俗、淡泊宁静的自然气质的女性，让她们在纷扰的人群中，如同一朵纯洁百合一般，高雅绽放。

Anna Sui

安娜·苏 （美）

童话般的神秘与优美

品牌名片

品　　类	时装、化妆品、香水
标志风格	复古、奢华
创 始 人	安娜·苏（Anna Sui）
诞 生 地	美国
诞生时间	1980 年

品牌解读

安娜·苏（Anna Sui）的产品具有极强的迷惑力，她的妖艳无人能及。第一眼看到安娜·苏，无论服装、配件还是彩妆，都能让人感觉到一种抢眼的、近乎妖艳的色彩震撼，更会迷醉于她独特的、巫女般迷幻魔力的风格之中，时尚界因此叫她"纽约的魔法师"。她最擅长从纷乱的艺术形态里寻找灵感，作品尽显摇滚乐派的古怪与颓废。在崇尚简约主义的时代中，安娜·苏逆潮流而上，设计中充满浓浓的复古色彩和绚丽奢华的气息。不过安娜·苏的服装华丽却不失实用性，它可以让时尚的都市女性发挥自己的无限创意，自由潇洒，展示自己独特的个性。

安娜·苏时装的设计风格浪漫梦幻，有明显的波西米亚和嬉皮风格，略带幽默、摇滚、反怀旧感觉。安娜·苏的时装洋溢着浓浓的复古气息和绚丽奢华的独特气质，大胆而略带叛逆，刺绣、花边、烫钻、绣珠、毛

皮等一切华丽的装饰主义都集于她的设计之中，擅长于从大杂烩般的艺术形态中寻找灵感：斯堪的那维亚的装饰品、布鲁姆伯瑞部落装和高中预科生的校服都成为她灵感的源泉。

安娜·苏彩妆的特色：既时尚又复古，体现了一种前卫的感觉；包装既俏丽又精美，犹如古代漆器，具有收藏价值；质地与彩妆双效并用。所用产品都具有蔷薇花的花香。她所有的设计均有明显的共性：摇滚乐派的古怪与颓废气质，这使她成为模特与音乐家的最爱。

阅读传奇

安娜·苏本人拥有中国与美国血统，1955 年生于底特律，身为第三代华裔移民，她的经历类似于其他大师级人物。她在童年时期就显露出了非凡的设计天分，最喜欢做

的事情之一是为自己的娃娃和邻居孩子的娃娃设计服装，为它们打扮。她的设计天分可能来自母亲的艺术基因的遗传，她的母亲曾在巴黎读过艺术专业。在最初的阶段，安娜·苏有一本剪贴簿，里面贴着自己的"大作"，她还称之为"天才档案"。这个小女孩后来进入美国著名的帕森设计学院就读，在那里找到了自己志同道合的伙伴，这就是史蒂夫，两人的合作对安娜·苏的发展起到了非常关键的作用。留着童花头，圆圆脸、黑发、笑容可掬的安娜·苏，外表是颇有东方感的，但是美国的生活背景却使她骨子里面已经非常国际化了，这些都能够从她的性格中表现出来，也能够从她的作品中展现出来。

安娜·苏从很小的时候，就已经树立了她要当时装设计师的梦想，20世纪70年代，安娜·苏到纽约的帕森设计学院深造，毕业两年之后，她做过一些运动服装设计，并为同事——时装摄影师史蒂夫·梅瑟尔做自由撰稿人，在著名的《时代》杂志长篇累牍地刊载她的文章之后，她决定要心随人愿地将其全部精力投入到自己的设计中去。

1980年，安娜·苏在服装店里展示了她制作的服饰，很快就获得了著名的梅西和布朗明黛尔百货公司的

订单，从此，安娜·苏开始了在服装行业的征程。1991年，安娜·苏发布了她个人的服装展示会，同时还在《纽约时报》上将自己的风格表述为"现代摇滚和上流社会的混合物"。不久之后，她在格林大街上开设了自己的第一家旗舰店，新颖的风格和独特的款式使安娜·苏受到了年轻时尚人士的热爱。1998年，安娜·苏化妆品在日本正式诞生。

只要经过安娜·苏的专柜，很少有女性不被其华丽而又神秘的色彩所吸引。紫色、黑色、西班牙红色，蔷薇、蝴蝶、娃娃，朋克、摇滚、华丽、古董……提起安娜·苏，每个人的脑海里都会涌现出一大堆词汇。根据这些词汇创造的安娜·苏化妆品，受到了世界各地粉丝的疯狂追随。安娜·苏于1999年推出了第一瓶以品牌命名的香水：安娜·苏香水。外瓶设计形似魔镜，又名魔镜女士香水。该款香水为EDT（Eau de Toilette 的缩写）女性淡香水。这是一款体现安娜·苏品牌精神的香水——古典浪漫、高贵时髦，温柔花果调的香水传达着女性糅合摩登与怀旧的特质。

此后安娜·苏推出了"甜蜜梦境"（Sui Dreams），这款又称"手提袋"的女香给人们留下了深刻的印象，"甜蜜梦境"香水高贵典雅的手袋形樽身叫女士们爱不释手，无论是手挽或是磨砂瓶身，都以凸起的莲花及叶纹做装饰，极具东方色彩。

了业界的一片 girlie（少女）风潮。彩妆的精髓仍是叛逆，因为"美丽，需要准则"，其颜色前卫大胆，大肆鼓励独创性（Be creative）。美妆工具以紫色为主调，如梳妆镜、发梳、调理碗，甚至有紫色的化妆棉，看着就让人心花怒放。

安娜·苏推出的限量时尚香氛"许愿精灵"（Secret Wish），延续着安娜·苏魔法学院的风格。这同样是一款女性淡香水。安娜·苏官网是这样说的：这是一款花果木质麝香调的香水，让你拥有精灵般神奇魔力，将你所有的愿望——巧妙地实现！Secret Wish，实现你的愿望。晶莹剔透，特殊三面体的水晶瓶顶端，有一位姿态娇美、闪烁着梦幻般微光的精灵温柔地坐在精巧的雾面水晶球上。这位守护天使就是许愿精灵，她甜美的诱惑力吸引着人们打开水晶瓶，释放其中神秘的魔力。许愿精灵是小仙女的化身，象征着自信、魔力、女性化的温柔魅力以及力量。恋爱版的 Secret Wish Magic Romance 魔恋精灵女士淡香水是为深信真爱魔力的女性而设计的，这是一款如咒语般增加女性魅力，提升爱情运势的馥郁白色花香调的香水。每次使用安娜·苏的产品，就好像小女孩带着崇拜的心情，偷偷玩妈妈梳妆台上那些华丽化妆品的感觉。

安娜·苏彩妆与保养品，在包装设计上忠于品牌"古典、精美、艺术"的要求，它会将蔷薇、蝴蝶的立体浮雕标记、洋娃娃的可爱包装混合在怀旧浪漫与摩登摇滚中，不管是奢华优雅的黑色雕花容器盒，小巧复古有各种蔷薇图腾的眼影盒，还是漆黑瓶身、顶端绽放娇艳黑色蔷薇的睫毛膏或口红盒，还是最经典的大四角方形蜜粉盒，精雕细琢的花纹让人想起妈妈时代的粉盒，这些都是安娜·苏令人疯狂的地方。其设计令产品本身极富装饰美，深受年轻女孩迷恋，并掀起

安娜·苏在亚洲的时尚版图里，彩妆品占了重要的比重，眼影、粉底、眼线笔、唇彩等都是安娜·苏最著名的产品。从彩妆开始，安娜·苏的产品线越来越完整，已经拥有服装、服饰配件、化妆品、香水、家居用品等系列产品，并在世界的许多地方设有专卖店，从而在全球女性中刮起了一股"安娜·苏"风潮。对于一些人来说，安娜·苏这一品牌也许会显得叛逆，显得另类，显得超脱和梦幻，然而对于那些渴望通过神奇魔力让自己变得更有魅力的女孩来说，安娜·苏的每一款产品都会让她们着迷，让她们沉醉在这种浪漫中无法自拔。

Carolina Herrera

卡罗琳娜·海莱娜 (美)

低调的华丽

品牌名片

品　　类	服饰、香水、饰品
标志风格	优雅、高贵
创 始 人	卡罗琳娜·海莱娜（Carolina Herrera）
诞 生 地	美国
诞生时间	1981 年

品牌解读

卡罗琳娜·海莱娜（Carolina Herrera）是和奥斯卡·德拉伦塔、比尔·布拉斯（Bill Blass）齐名的著名美国纽约时装品牌，带来结合现代摩登时代气息的复古优雅时装。卡罗琳娜·海莱娜品牌来自纽约，它的创始人就是领导美国优雅风潮，名噪半个世纪的卡罗琳娜·海莱娜，曾连续 7 年荣登美国"世界十大杰出衣着女性"排行榜中。

"时尚总是变化的，"卡罗琳娜·海莱娜这样说道，"但组成时尚的元素是不变的，精致、优雅，当然还有必不可少的奢华。"于是卡罗琳娜·海莱娜在坚持精致、优雅、奢华的理念下，设计出来的每款婚纱都有各自的特色，找不到完全相同的元素。

这个品牌的成衣看上去很有都市的感觉，有点类似唐娜·卡兰，相对适合都市的上班族，而不是街头的年轻风格。卡罗琳娜·海莱娜的香水中，女士香水有卡罗琳娜

（Carolina）、水凝花（Aquaflore）等，既有女士香水又有男士香水的别致（Chic）、海莱娜（Herrera）、212、212 on Ice 等，都受到了非常多的好评。

阅读传奇

卡罗琳娜·海莱娜品牌来自纽约，她的创始人就是卡罗琳娜·海莱娜本人。卡罗琳娜·海莱娜同时拥有法国与西班牙贵族的血统，她于 1939 年出生于委内瑞拉首都加拉加斯。也许是殖民地那老派的社交生活和怀旧感赋予了这位现代女性与众不同的气质，所以当卡罗琳娜·海莱娜以自己名字命名的时装出现在纽约麦迪逊大道的时候，展现出的是一种综合了内在优雅的气质与简约外表的风格，而当人们觉得似乎读懂了这些看似简单的作品时，却又发现在其简单的表象之下，还隐藏着更加晦涩复杂的一面，正是这种气

质让卡罗琳娜·海莱娜的服装极富张力与个性，这也就是曾作为杰奎琳的私人形象顾问长达12年之久的女士的作品。卡罗琳娜·海莱娜致力于极强的时代感而又华丽非常的风格得到了世界各地人们的喜爱。

当卡罗琳娜·海莱娜开始着手打造自己的时尚帝国的时候，她对于一位生活在现代都市的时髦女性该如何穿着就已经了然于心。在她看来，现代的时尚已经有了从单一刻板的简约主义风格转向更加奢华、更富于装饰的趋势，而这也恰恰反映了卡罗琳娜·海莱娜一直以来秉承的设计理念。

当卡罗琳娜·海莱娜13岁的时候，她看了第一场时装发布会，使她获得了对流行的启蒙及灵感，同时使她理解到设计师对20世纪的重要性！那场时装发布会是巴黎世家的作品，那时她还是陪奶奶一起看的，当时她周围的女士都只穿高级裁缝订制的服装，高级成衣的概念还尚未出现，也许在这位小姑娘的记忆里，充满了长辈们美丽霓裳的幻影。而几十年后，看卡罗琳娜·海莱娜的时装发布，你却发现这里毫无哗众取宠的痕迹，也许她的服装并不适合于电影节的星光大道，更不会出现在有百万观众的电视直播中，但她知道，有更多的时间需要这样一种服装，可以让你穿着去参加婚礼、社交舞会，甚至可以当作晚宴服装穿出去，卡罗琳娜·海莱娜一定不会让你失望的。

1980年9月，卡罗琳娜·海莱娜在纽约大都会俱乐部举办了生平第一次服装设计秀。此次服装设计秀结束后她返回委内瑞拉与投资者合开公司。随后和家人永久性地迁移到纽约，她融合欧洲的保守与美国的现代感，成立了自己的卡罗琳娜·海莱娜公司。

卡罗琳娜·海莱娜和西班牙Antonio Puig香水公司合作，发展香水事业，1988年发表第一款香水：卡罗琳娜·海莱娜，1991年发布给男性的Herrera for Men，产品远销世界

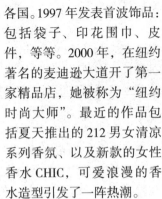

各国。1997 年发表首波饰品：包括袋子、印花围巾、皮件，等等。2000 年，在纽约著名的麦迪逊大道开了第一家精品店，她被称为"纽约时尚大师"。最近的作品包括夏天推出的 212 男女清凉系列香氛、以及新款的女性香水 CHIC，可爱浪漫的香水造型引发了一阵热潮。

卡罗琳娜·海莱娜主张个人风格最大化，每个人的魅力都极具特色，以独特风格诠释属于女人的新时代。卡罗琳娜·海莱娜的品位不是制式化的品位，既没有标准，也没有定义，只有自己才是引领流行的主角！优雅款式、简单线条，彰显了女性风采，成为引领美国的时尚风潮，在时尚界扬名半个世纪的卡罗琳娜·海莱娜，已经成为纽约的风向标。其香水有许多爱好者，品位不凡的杰奎琳便深深喜爱卡罗琳娜·海莱娜。现今其香水在阿根廷、墨西哥、拉丁美洲等地都跻身前 5 大品牌，在竞争激烈的美国市场，也常保有前 20 大香水品牌的优异成绩。卡罗琳娜·海莱娜荣获了不少香水设计奖，并获得美国时装设计协会（CFDA）2004 年年度女装设计师奖。

卡罗琳娜·海莱娜的每一种香水都可以征服 21 世纪的女性，使她们每个人都具备自己的风格和优雅。而 CHIC 对于卡罗琳娜·海莱娜本人又有着非同一般的意义——CHIC 一词开始两个字母是 C 和 H，这也是她名字的首字母，而 CHIC 的问世正是对女性和艺术的褒奖。CHIC 就是卡罗琳娜·海莱娜创造的时尚！

深受 20 世纪 40 年代引领世界流行风潮的时尚界泰斗巴伦萨葛的影响，卡罗琳娜·海莱娜保持着年轻时的梦想并形成了可以融合现代与古典的创造力，这也让她成为美国文化的最佳表现。"优雅是一种天赋，是一种态度。"为流行而存在，以香水为热情的卡罗琳娜·海莱娜相信有些东西是时间与流行无法改变的，秉持这样一个信念，卡罗琳娜·海莱娜香水强调个人的时尚品位，以独特风格诠释属于个人的新时代。在纽约，这个名字代表着对流行脚步的沉思，是一种真正自我风格的体现。

Lancome

兰蔻

——————————————(法)

女人心中永远的红玫瑰

品牌名片

品　　类	化妆品、香水
标志风格	尊贵、高雅
创 始 人	阿曼达·珀蒂让（Armand Petitjean）
诞 生 地	法国
诞生时间	1935 年

品牌解读

不论你是芬芳艳丽的红玫瑰，还是纯洁清雅的白玫瑰，相信你都逃脱不了兰蔻（Lancome）那朵玫瑰的诱惑。兰蔻，一个走在同行前列的化妆品品牌，早已成为法兰西精神的代名词。兰蔻被誉为法国国宝级化妆品品牌，带着法兰西与生俱来的美丽和优雅，为世界各地的人们所熟悉和喜爱。兰蔻将细心、迷人和富有文化底蕴的气质与美丽相结合，为世人传递着法兰西优雅的艺术品位和简约的生活方式。兰蔻的品牌符号是一束玫瑰，用 70 多年的历史凝结成的品牌的精髓，承载着一缕私密的浪漫，永恒地植根于女性的心中。创始人阿曼达·珀蒂让（Armand Petitjean）先生凭借着自己对香水的敏感以及立志让法国品牌在世界范围内占领一席要位的抱负，将兰蔻发展打造成了世界化妆品历史上闪亮的一页。他成功了，经典的商标加上法兰西玫瑰构成了兰蔻的精美包装，造

就了一个美容界成功的品牌。发展至今，已成为引领潮流的全方位化妆品品牌。它的创始人有"香水之父"之称，他要带给众人的兰蔻玫瑰是这样的：它时而妖冶，时而清纯，时而浪漫，时而充满欢乐的激情，总之这一切的魅惑情缘，人们在兰蔻都能如愿。

阅读传奇

兰蔻于 1935 年诞生于法国，它的创始人阿曼达·珀蒂让先生凭借着对香水的天才敏感嗅觉、执着不懈的精神，为世界化妆品历史写下美的一页。兰蔻就是一个为普天下爱美女人而创造的美妆世界。这个发音优雅的品牌名称构想来自法国中部的一座城堡。1935 年，兰蔻的创办人阿曼达·珀蒂让看到这座美丽的城堡四周种满了玫瑰，充满浪漫意境，而阿曼达·珀蒂让本人认为每个女人应像玫瑰一样娇艳摇曳，但细细品味，又各

有其特色与姿态，于是以该城堡命名品牌，玫瑰也就成了兰蔻的品牌标志。

阿曼达·珀蒂让先生一直钟情于美丽的玫瑰花，他甚至在位于巴黎市郊的自家花园里，亲自栽培各式各样的玫瑰。如果说女人是一朵美丽的玫瑰花，那么珀蒂让先生无疑是最会欣赏玫瑰之美丽的"护花使者"。

兰蔻玫瑰还有创造它的"父亲"，它就是昵称为"橡树"的玫瑰灌木，兰蔻玫瑰从"橡树"身上继承了特别坚韧的生命力，创造出红色的花朵，代表着现代女性坚强独立的个性；从它"母亲"那里则衍生出接近紫红色的色彩，娇媚可人，象征着现代女性温柔

善良的美好本性，两者结合后才孕育出十分稀有的、朝气蓬勃的、与别的玫瑰品种截然不同的唯美和高贵气质的兰蔻玫瑰。

兰蔻玫瑰是兰蔻许多产品的灵感之源，如果没有了玫瑰，兰蔻也就不复存在了。1935年2月21日，兰蔻公司正式注册成立，一个月后便同时隆重推出5种香水、两种古龙水及粉饼、唇膏等产品，顷刻之间，华贵、新颖的兰蔻风格在当时大大风靡。同时，阿曼达·珀蒂让将刚诞生一个多月的兰蔻在布鲁塞尔的国际博览会上展出，参展的兰蔻橱窗以它的绝妙风采荣获了大奖。一夜之间，兰蔻成名了。

然而到了第二次世界大战期间，战争给

世界带来了危难，也令兰蔻处于困难时期。1940 年至 1945 年，兰蔻几乎没有推出新产品，因为战争让人们无暇顾及香水、保养和彩妆。转机出现在 1942 年，珀蒂让先生想出一个天才的主意，培训一批兰蔻美容专家，通过她们把兰蔻的美丽传播到世界各地。于是，兰蔻美容学校诞生了。经过 9 个月的集中培训，第一批美容顾问学习了美容按摩、化妆、香水历史及其他与美有关的知识，为兰蔻以后在全球的发展做出了很重要的贡献。

1950~1960 年，这 10 年时间可说是兰蔻闻名世界的时代，它发展迅猛，并推出很多著名产品。其中包括 1952 年推出的领先世界潮流 40 年的 Tresor 珍爱香水（又译作璀璨香水）。由于这款香水的意义非常重大，兰蔻总公司在 1990 年将包装、原料更新后的香水再度推出，成功地延续了 Tresor 跨 40 多年的生命历程。

而 1960~1970 年，则是兰蔻的转让时期。由于年事已高，兰蔻创始人珀蒂让先生开始考虑兰蔻未来的发展前景，他希望看到兰蔻玫瑰能够生生不息地发展下去。1964 年，兰蔻与欧莱雅集团达成协议，成为第一个进入欧莱雅集团的高档品牌。在动荡的 20 世纪 60 年代，兰蔻是幸运的，欧莱雅给兰蔻带来了新的动力和策略，并坚定了兰蔻迈向国际化发展的道路。

20 世纪 70 年代是兰蔻进军美国化妆品市场的重要年代。兰蔻在最豪华的大商场里开设形象优美的专柜。凭借专业且亲切的服务，独具魅力的兰蔻玫瑰在全世界人民的心中深植下高贵而浪漫的形象。

20 世纪 80 年代，兰蔻承继占领美国市场的势头进军亚洲市场，它成功了。不久，兰蔻庆祝了它的 50 华诞，也就在这个时候，伊莎贝拉·罗西里妮成为兰蔻的品牌形象代言人。罗西里妮优雅细腻的气质与兰蔻的风格吻合得非常棒，将兰蔻的美丽进一步传向整个世界。

兰蔻的护肤品系列也在这个时期达到巅峰，Niosome 新抗老系列建立在 Vector 毫微运输技术和生物活性分子的尖端科技基础上，代表了兰蔻拥有领先于世界的先进科技。

2000 年，为了进军美国市场，兰蔻推出粉红色的"真爱奇迹

（Miracle）"新款香水，完美地表现了爱情的无瑕与美丽，用经典诠释了新世纪真爱的永恒。这也成为兰蔻在新世纪创造的一个奇迹。2002年，兰蔻涉足男性香水市场，推出了第一款男香——Miracle Homme "奇迹"男香，这款香水 "就像是日出一样充满活力"，市场反应极佳。

2005年，兰蔻推出了 Miracle 的延伸版 Miracle So Magic。这款香水味道清新，呈现了女人的精致与优雅，深受市场的追捧。后来推出的 "引力"香水是新世纪兰蔻倾情奉献的又一款旗舰级香水，用自然与创意交融的芬芳描摹着女性深刻的内心世界。香水、护肤品和化妆品在兰蔻王国中鼎足而立，分别以玫瑰、莲花和小天使作代表，并成为兰蔻早期的商标。玫瑰是完美的化身，莲花是智慧的象征，天使是脱俗的代表。

几乎每个具有悠久历史的品牌，都是由一位能人加天才所创立，兰蔻也不例外。这位灵魂人物便是人称 "老板"的阿曼达·珀蒂让，似乎命中注定与香水有缘，第一次世界大战前他在南美经商。战后家族生意崩溃，几乎一无所有的阿曼达，仍保住了当时美国的香水王国 Coty 的巴西代理权，并因销量奇佳而受到弗兰科斯·科蒂（Francsois Coty）——Coty 的创办人的赏识，成为法国总公司的执行总监。

这个品牌绝对不凡的原创性，就在于它

贯彻始终的高贵中不失甜美的品牌个性，兰蔻的名贵香水系列总是拥有世界顶尖设计师为其设计的个性外衣，小小玻璃樽投射出兰蔻的精致品位。兰蔻所有的化妆品都是艺术的结晶，包括精致的蜜粉盒、装饰华丽的镀金包装，还有唇膏上的真宝石；而兰蔻的蜜粉都含有一股魅惑的清香，细腻地演绎着 18 种色泽的无限光芒……

虽然魅力无法像科技一样被量化，但是这种品牌魅力的确穿越时空，存在于女性心中。不管是女性从兰蔻体验到的品牌魅力，还是兰蔻透过香水、彩妆所展现出的独特吸引力，都让兰蔻的魅力成为独特的品牌特质。

对于领导流行，兰蔻绝对是走在时尚的尖端。对于唯美玫瑰，兰蔻总是象征最浪漫最经典的那一枝。对于可爱女人，兰蔻愿意为她创造无限可能的美丽新世界。如果说每个女人都是一朵花，那么玫瑰无疑是人们心中最美丽的花，因为它浪漫、唯美、雅致。说到玫瑰，大概再也没有哪朵玫瑰能像兰蔻的玫瑰那么妩媚动人，它是女人心中最光彩照人的一朵。

"魅力之源"（Magie Noir，法语 "黑色的魔力"之意）

兰蔻20世纪50年代的经典香水，"神秘的东方香调代表之一"。据说，魔力从 Magie Noir 与你的肌肤第一次亲密接触开始，在茉莉、黑醋栗、西洋衫、蔷薇、依兰等的袅袅香味中蔓延。

"珍爱"（Tresor，又译作 "璀璨"）

"珍贵时刻的香水"，象征着兰蔻的所有激情，属于兰蔻在1952年推出的芬芳花香—东方神秘之香的系列香水。这款由果香、粉香与玫瑰花香融合而成的香水，弥漫在温暖浪漫的蜜桃色与玫瑰花瓣交融成的罗曼蒂克

气氛下，"璀璨"的甜香所象征的，就是
爱情与幸福的香味。而倒立金字塔状的
香水瓶衬托出 Tresor 香水的主题：珍惜那
一段相处的时光。

"诗情爱意"（Poeme）

1996 年推出的芬芳花香系列香水，瓶身的
设计据说来自女士时装垫肩的灵感，又仿如一
个三棱镜，光线变幻，它便折射出魅惑光芒，
"既有属于女性的柔美婉约的线条，又有清
新利落的切面"。

兰蔻睫毛膏

兰蔻的睫毛膏在化妆品界有着无可争辩的崇高
地位。全球每售出的两支睫毛膏中，就有一支是兰蔻的。独
特的刷头设计，层次细致分明；纤维超幼细。其中，淡妆首
选 DE 精密睫毛膏，晚妆等场合首选 3D 立体睫毛膏。

Hydra Zen 水分缘系列

该系列无疑是兰蔻最被推崇的护肤系列，以细腻薄透的
质地出名，有保命霜之称。

Guerlain

娇兰

（法）

"帝王之水"打造的奢华品位

品牌名片

品　　类	香水、化妆品
标志风格	高贵、优雅
创 始 人	皮埃尔·佛朗索瓦兹·帕斯科尔·娇兰（Pierre Francois Pascal Guerlain）
诞 生 地	法国
诞生时间	1828 年

品牌解读

娇兰曾经说过："光辉实属短暂，美誉才是永恒。"它上演了一场百年的传奇。1854年，法国"娇兰"创始人被拿破仑三世皇后钦点为御用香水专家，充分证明了这一品牌的影响力。娇兰推出的"Eua De Cologne Imperiale"，被称为帝王之水，意为即使是君王也对它爱不释手，难以割舍。这个香水王国最娇艳的品牌骄子，已经成了优雅浪漫的代名词。近 200 年来，娇兰共推出 300 余种香水，这些高产量和高品质的产品，使得娇兰不仅在法国成了香水的代名词，而且在全球高档化妆品市场上也享有着至高无上的声誉。娇兰这个香水王国最娇艳的骄子，正是以它特有的贵族气质与优雅浪漫的品质，奠定了它在法国乃至世界香水品牌界的王者地位。娇兰的香水与化妆品就像它的名字一样：娇俏迷人，幽雅如同空谷幽兰。说它是香水王国里的女王实不为过，已经走过近 200 年

风雨沧桑的法国顶级品牌，它的独特品质与高贵的身份毋庸置疑。人们有理由相信，用娇兰的女人也与娇兰一样迷人。

近 200 年芳香，款款都是精致的艺术品，都曾演绎了一段不朽的传奇，交织出一支最美妙的乐章，为人们展开一片梦想的天空。它们穿越了久远的时空，迷醉着一代又一代人的心灵。娇兰这个品牌在历史长河中变成了永恒！创新始终贯穿在娇兰的发展之中，既有对原有系列的补充，也有对过时产品的更新。其成功的奥秘就是利用高新科技将天才的创意变成现实。幻彩流星粉盒就是想象力和高科技的结晶，它曾掀起了一场粉饼的革命。

阅读传奇

享有盛誉的国际品牌娇兰，创办近 200年以来，推出的香水品种超过 300 种。这个

香水王国以它那特有的贵族气质与幽雅浪漫的品质保障，奠定了它在法国及世界上的品牌地位。在走向成功的背后，娇兰有着怎样的传奇故事呢？

追溯至 1828 年，从娇兰的创办人娇兰开设第一间香水专门店起，即专注于创制不同种类的独特香水及香精，以配合不同人士的性格特质。由于概念崭新，旋即倾倒万千女性而闻名于世。

在创立他的生意之初，娇兰就以能为客户配制各色不同个性的香水而出名。当时巴黎面临重建，一条林荫大道即将出现在人们面前，而娇兰很快就在新建的帕斯大道上设立了办事处，在哥伦布开办了一家工厂。在两个儿子爱默（Aime）和加布里埃尔（Gabreil）的帮助下，他的品牌逐渐建立起良好的声誉，曾得到过比利时王后给予的王室许可。1853 年出品的"皇家香露"（Eau Imperiale），瓶子上有拿破仑时代的蜜蜂标志，因此得到了欧仁妮（Eugenie）皇后的欢心，娇兰也因此被指定为皇家御用香水师。"皇家香露"现在还在销售。

娇兰公司为欧洲超过半数的王室成员提供香水，对员工提出的要求是："制作优质的香水，对质量毫不松懈，坚持单纯的构思，为求细致的表现。"这段话现在仍然是娇兰公司的座右铭。娇兰创制经典香水的传统艺术，仍由让·保罗贯彻延续，他的首要任务便是严格控制香水的品质，他认为一个优秀的香水创造者，要具备分辨香水的记忆力，以及钟爱女

GUERLAIN

AQUA ALLEGORIA

Inspiré par la nature, créé par Guerlain.

士的浪漫情怀。由他创制的香水,旨在激发每个女士蕴藏的独特魅力,让她倍添诱人风姿。

1884年,娇兰创始人离开人世,爱默继承了父亲的天赋,在老人逝世仅5年以后,推出了著名的"姬琪"。这款香水和以前的香水都不同,非常时髦、非常完美,被看成是第一款现代香水,而且是最伟大的经典之作。"姬琪"被界定为半东方调的馥奇族香水。以现在的眼光来看,它并不复杂,但是它使调性的分层得以实现,第一次运用了综合方法来架构香料的排列。"姬琪"是爱默前女友的名字,也是雅克·娇兰(Jacques Guerlain)对它的昵称。香水瓶由娇兰家族的人担任设计,巴卡莱特制造,模仿了古典的化学试瓶的样子,瓶塞很像是香槟酒瓶塞,象征着香水所代表的快乐和幸福。非常奇怪的是,没有人规定它是为男人还是女人准备的,因为那时候香水的性别分别并不明显,所以姬琪从此成了一款中性香水,但主要还是女用居多。后来领导公司的是加布里埃尔的儿子们,而雅克继承了娇兰家族天赋的鼻子,继续调制新的香水,他们发展和建立了更大的工厂。

1906年,雅克·娇兰手中诞生了另一款经典香水——"水波",跟着推出花香调东方香型的"忧郁",这是雅克献给爱妻的礼物,也是对考迪公司的"牛至香精"香水在商业上的回应。

对富有阶层来说,第二次世界大战之前的日子每天都像是庆典,公司适时推出了"东瀛之花"(Mitsouko),是一款带有日本风格的香水,后来又推出东方风情的"莎乐美"(Shalimar),还有以歌剧《图兰朵》中的一个角色命名的"柳儿"(Liu),接着是向电影界献礼的"长夜飞逝"(Vol De Nuit)。

娇兰的事业始终在拓展,并在其他国家开出许多分店。但是战争的爆发破坏了娇兰的生意,战后的重建是一个相当缓慢的过程。1955年,雅克·娇兰和自己的孙子让·保罗一起,制作了他的最后一款香水。让·保罗继承了娇兰家族敏锐的嗅觉，在 1969 年为娇兰香水家族增加了新成员——"迷醉"（Chamade），它使人联想到战时的鼓声、心跳声和投降的场面。接下来更是一系列的经典之作：清新温柔的"娇兰香露"（Leau De Guerlain）、柏香调的"盛装"（Parure）、歌咏玫瑰的"娜赫玛"（Maltema）、花香调的"香园"（Jardins De Bagattle），然后是花香调东方香型的"轮回"（Samsara）和更清新、淡雅的"轮回之香"（Unair De Samsara）。

1996 年，迄今为止由让·保罗出品的系列香水中最卓越的一款——"香榭丽舍"（Champs Elysees）问世，完美的花香型，主要香水由含羞草、含羞草叶和醉鱼草构成。"香榭丽舍"的瓶子由罗伯特·格拉奈（Robert Granai）设计，把巴黎最经典的建筑元素华美地表现在瓶里瓶外，让人们尽情地感受花都巴黎以及法国这个浪漫的国度，给每位女性带来青春飞扬、前所未有的轻快感觉，让每个女人找到自我，深受女性的追捧。这款香水一上市就风靡法国，被评为"疯狂时代的代表作"。正是这款香水，为娇兰造就了又一次的辉煌。他从 1959 年开始设计了娇兰所有的香水瓶。但是娇兰 1997 年推出的"天琴座"（Vega）的新版（第一次是在 1936 年）用的是巴卡莱特制造的限量香水瓶。1998 年，又有一种限量的香水出售，那就是为了纪念娇兰的创始人 200 周年诞辰的"娇兰沉香"（Guerliande）。

娇兰当之无愧地成为世界首屈一指的美容护肤品制造商。设计师丹尼尔凭着其专才，将娇兰的设计领域进一步拓展至配饰业，一系列的产品包括化妆袋、皮革旅行袋、丝质、毛巾浴袍、发刷、梳子及有多种颜色选择的化妆工具。所有产品均在法国制造，品质胜人一筹。众多的产品均散发着永恒的魅力，可见娇兰的光辉成就早已超越时空。

娇兰，这一香水界的佼佼者宛如法兰西沃土上一朵永不衰落的娇艳之花，在经历了历史的考验和时间的见证后，依然娇艳地绽放着，继续书写着它不朽的传奇。

Sisley

希思黎

（法）

"植物护肤王国"的花魁

品牌名片

品　　类	彩妆、护肤品
标志风格	草本、高品质
创 始 人	休伯特·多纳诺伯爵（Coun Hubert D'ornano）
诞 生 地	法国
诞生时间	1976 年

品牌解读

　　高品质是希思黎的代名词，戴安娜王妃、杰奎琳等，都是希思黎的忠实顾客，可见希思黎的高品质得到了最确切的肯定。任何一件带有希思黎标志的保养品，都要经过严格的品质测试。商品上市前，先需经过300名皮肤科医师的专业测试，以提供绝对安全性的保障。希思黎是极少数被皮肤科医学家认定的化妆品，因此在每一瓶的包装上被许可标示有"业已经过敏感测试"字样，即使是过敏性与敏感性肌肤，也能够安心使用。希思黎所有产品均以植物萃取精华与植物香精油作为主要成分，配以独特配方研制而成。所以，希思黎产品带给肌肤自然、安全、有效的承诺，不但成为敏感性、过敏性肌肤者所衷心信赖的化妆品，其口碑也令希思黎成为欧美上流社会钟爱的贵族化品牌。

　　希思黎对自己负责，不懈向前迈步。多纳诺伯爵结合现代科技，加上严格的质量管理，真正使"以高品质的产品，献给高品位的人士"的宗旨落实在希思黎的每一项保养品、彩妆品之中。

阅读传奇

　　对于希思黎，很多人并不感到陌生，那见之于报纸杂志上格局端正、风格融贯的广告，没有浮夸的缀辞，更没有追赶时髦的外形。然而在质朴的包装下，是其高品质的产品；在悠久的发展历史背后，是希思黎显赫的家族背景。希思黎的创始人，休伯特·多纳诺伯爵（Count Hubert D'ornano），是法国著名的波旁王朝时期名门贵族的后裔。多纳诺家族先后于1935年与1951年创立了两大闻名国际的化妆品牌（Lancome 与 Orlane），并在汇集了丰富的化妆品研究开发经验与知识后，便共同携手创造了这个强调纯植物精华提炼的化妆品牌"希思黎"。

　　"借由简单的保养步骤，提升肌肤本身组织的运作功能，以体现正常状态，并展现出肌肤原有的美丽。"这就是希思黎的护肤哲学。经过医药学证实，植物自古以来除了能作为烹调、药疗之用外，萃取植物的精华成分，更能对肌肤的健康产生帮助。也就是凭借着这样的理论支持，希思黎调配的由植物中撷取的植物精油（Essential Oil），能达到消炎、镇静、保湿等美容效果。

　　希思黎产品内含的细微植物性分子能迅速渗透毛孔达到真皮层与微血管，让皮肤彻底吸收；此外，纯天然的馥郁清香，还能通过鼻腔吸嗅，刺激脑部神经细胞，影响自主神经、血液循环、消化系统、肌肉组织以及内分泌系统，让身体机能得到调理，达到全面的美容效果。

　　希思黎化妆品凭借其领先的技术研发背景和追求卓越的信念，早已成为全球致力于植物美容领域产品研发创新的先驱。也正是由于希思黎对于完美品质的至臻追求，才令其在奢侈品和化妆品领域独树一帜，并以其出类拔萃的品质、绝对的安全性和适用性，以及优质的效果得到了世界各地爱美人士的认同。

　　多年以来，希思黎一直在为创造至高生活品位，提供既值得人们信赖，又具有完美品质的护肤美容产品而不懈地努力着，精益求精的坚持，无懈可击的执着，令希思黎将与生俱来的贵族精神发挥到极致，这个不朽的名字，会凭着它源自贵族的对卓越美丽的坚持，继续创造植物护肤领域的一个又一个传奇。

圣罗兰 （法）

缔造都市雅皮之爵士

品牌名片

品　　类	时装、香水
标志风格	冷峻、热情、矛盾
创 始 人	伊夫·圣罗兰（Yves Saint Laurent）
诞 生 地	法国
诞生时间	1962 年

品牌解读

伊夫·圣罗兰（Yves Saint Laurent）简称"YSL"，是都会中的雅皮士，他最大的特点是矛盾，时而热情，时而冷酷，颜色的变换更是让人叹为观止。也许"爵士"这款香水名称最能体现他悠闲而惬意的本质了。如同午后的茶座，你轻轻地品茗，这时飘过来的是伊夫·圣罗兰的一缕幽香，让你顿时一扫阴霾心情。

伊夫·圣罗兰就像是一位穿梭在时装王国的敏感的王子，他善于捕捉瞬间的灵感，能及时抓住表达他思想的色彩。也许只有天生的敏感——一种对于美好事物的敏感，才能创作出如此撼动人心的作品。

阅读传奇

伊夫·圣罗兰 1936 年 8 月 1 日出生于法属北非的阿尔及利亚。他的家境富裕，祖先多从事法律相关事业，也有曾被封为男爵

的，父亲从商，拥有保险事业及电影制作事业，因此他从小就可以接触到许多时装服饰。

伊夫·圣罗兰从服饰起家，渐渐地，开始向化妆品与香水业进军。1964 年，他推出了伊夫·圣罗兰第一支香水，以其名字第一个字母"Y"命名，之后陆续推出不少经典作品。伊夫·圣罗兰香水的特色在于可以明显区分使用者的个性和生活方式。其香水的命名极富争议性，例如"鸦片"，还有"巴黎""香槟"，"香槟"甚至遭到法国酒商的控告。其中最著名的应该是"鸦片"香水，它是伊夫·圣罗兰第一瓶世界级的香水，也是第一瓶突破传统命名的香水，不仅名字诱惑，而且香水瓶造型参考中国鼻烟壶造型，暗红色设计，充满危险与神秘的诱惑力，香调是东方辛辣调，完全的异国风味，是东方调的经典之作。

他是一位"色彩的创造者"，他拥有得天独厚的设计才华，他得到克里斯汀·迪奥

先生的赞誉，并在克里斯汀·迪奥辞世之后成为他公司的首席设计师。

伊夫·圣罗兰，这位"一致公认的世界上最伟大的服装设计师"，是女性衣裙的化身，他以其敏锐的目光和才华，打破了男女服饰的严格界限。他的毕生努力使时装界发生了一场革命性的变化，特别是他把追求美的权利还给了女性。伊夫·圣罗兰先生是"20世纪时装界的一个传奇形象"，他以叛逆与创造精神，挑战了整整一个时代。伊夫·圣罗兰长期所执着追求的信念是，"时装不仅仅是用来美化女性的，同时可以使女性变得坚强，使她们有信心去实现自身作为女性的价值"。他还直言不讳地指出了当今某些设计师利用时装去满足自我虚荣心和个人幻觉的一些倾向。

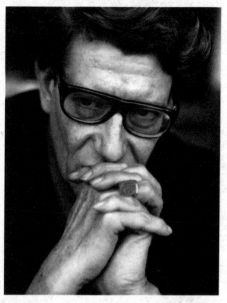

"色彩的创造者"圣罗兰

伊夫·圣罗兰4岁的时候，已经开始对衣服感兴趣。当母亲要出席晚会时，他常常会在旁边仔细地观察母亲如何装扮自己，有时他甚至会对妈妈的衣着发表评论。小伊夫·圣罗兰比一般的孩子更为敏感，在学校里他并不是一个成功者，他不擅长男孩子们通常热衷的娱乐和游戏，因而常被自己的同学们粗暴地排斥在外。伊夫·圣罗兰成为一个孤独的孩子，他只好更多更深地沉浸在自己的内心世界内，寻找属于他自己的快乐。

年幼的伊夫·圣罗兰十分羞涩和内向，这样的性格也为日后伊夫·圣罗兰因兵役而患神经衰弱埋下了伏笔，但或许也是这样的性格让伊夫·圣罗兰专注于时装，创造出服饰的精品。

17岁时，伊夫·圣罗兰就被世界知名时尚杂志《VOGUE》誉为神童。1954年，伊夫·圣罗兰参加了国际羊毛局举办的比赛，作品分获第一、第三名。这次的参赛对伊夫·圣罗兰来说有着非常重大的意义，这次比赛的审查委员是迪奥。伊夫·圣罗兰的出色表现引起了克里斯汀·迪奥的高度注意，并且这位大师十分欣赏伊夫·圣罗兰的设计。

随后伊夫·圣罗兰被世界知名的时装公司克里斯汀·迪奥公司聘为设计师，并逐渐担当起主设计师的重任，在当时克里斯汀·迪奥公司，出品的

时装中已有三分之一出自伊夫·圣罗兰的设计，通过迪奥公司这座桥梁，世人知晓了伊夫·圣罗兰这位设计时装的天才。

1957年是伊夫·圣罗兰挑起克里斯汀·迪奥公司大梁的一年，这一年克里斯汀·迪奥因心脏病逝世。鉴于伊夫·圣罗兰出色的设计天赋，迪奥公司董事会要求伊夫·圣罗兰出任公司领导人。7天后伊夫·圣罗兰赴任，21岁的伊夫·圣罗兰在出任迪奥公司领导人后，便根据克里斯汀·迪奥的A型线条选用黑色毛绸设计出用蝴蝶结装饰的及膝时装，这种设计让伊夫·圣罗兰名扬时装界，并因此被称为"克里斯汀二世"，媒体更是以"迪奥公司的救星"来盛赞伊夫·圣罗兰。在以后的时间里，伊夫·圣罗兰又以郁金香线条、喇叭裙等时尚设计为流行掀开了新篇章，骑士型长筒靴、嬉皮装、中性服装、透明装等更是风行一时，伊夫·圣罗兰据此打下了在时装界的王者地位的地基。

1958年，阿尔及利亚爆发内战，伊夫·圣罗兰被征召入伍，从而离开迪奥公司。但是伊夫·圣罗兰的性格等因素导致其入伍仅仅两周的时间就患上了神经衰弱，并进而精神崩溃，不得不进入巴黎精神病院接受治疗。

3年后，伊夫·圣罗兰的朋友皮耶·贝乐（Pierre Berge）

从巴黎精神病院接回了伊夫·圣罗兰。对伊夫·圣罗兰十分了解的皮耶·贝乐知道伊夫·圣罗兰的志趣所在，因此，皮耶·贝乐开始与伊夫·圣罗兰共创品牌。然而对于取得那么多荣耀的伊夫·圣罗兰来说，背后有那么多让人看不见的辛酸和痛楚。他和范思哲一样，备受众人的非议。与范思哲的张扬所不同的是，伊夫·圣罗兰更加敏感与内向，这些都使得他要比别人承受更多的痛苦。

1962年，他在巴黎建立自己的公司。伊夫·圣罗兰的设计既前卫又古典，模特不戴胸罩展示薄透时装正是他开的先河。伊夫·圣罗兰善于调整人体体型的缺陷，常将艺术、文化等多元因素融于服装设计中，汲取敏锐而丰富的灵感，自始至终力求高级女装如艺术品般完美。伊夫·圣罗兰的旗舰产品是高级时装，服务是全球仅几千名的富豪们，用料奢华，加工讲究，价格昂贵，常人难以接受。

伊夫·圣罗兰的服装代表的是一种优雅的气度以及色彩的盛宴。

"优雅不在服装上，而是在神情中。"这是出自伊夫·圣罗兰的名句，亦流露出他的自信。1985年的春天，在北京的中国美术馆门口，有不少人排着队等着购买伊夫·圣罗兰——这位法国的服装设计师回顾展的参观券。在当时，对于这个叫伊夫·圣罗兰的法国人，人们所知并不多。那时的中国人刚刚告别了灰色和蓝色的时代，曾经被长期抑制的对生活对美的追求正像春天的幼芽一样刚刚开始萌发，稚嫩而又朦胧。时装展览在当时还是一个非常新鲜的名词，伊夫·圣罗兰成为第一个将时装作为艺术、作为文化介绍到中国的先行者。

伊夫·圣罗兰在纽约国立博物馆的时装回顾展中，人们惊奇地发现伊夫·圣罗兰设计的高级服装并不需要豪华的展厅，也不需要光彩夺目的水晶吊灯和一尘不染的打蜡地板，伊夫·圣罗兰的魅力在他的服装本身。当一种事物本身已经成为高雅的艺术品时，

它已无须过多的陪衬渲染，本身已足够让人为之停留与赞叹。

于是有那么多的女人和男人愿意为伊夫·圣罗兰的服装一掷千金，最著名的当属法国巨星凯瑟琳·德纳芙（Catherine Deneuve），20多年来，伊夫·圣罗兰的服装是她唯一的选择。也许好的作品、好的艺术品都有一股吸引人的魔力，让人身不由己为它感叹，伊夫·圣罗兰绝对具有这样的致命诱惑。

在时尚界，能够纵横时装、成衣、香水、化妆品等几个领域的品牌并不多，而伊夫·圣罗兰无疑就是其中一枝最瑰丽的花。它那充满矛盾的激情与色彩的变幻，无一不让人惊讶、惊喜。

2008年6月1日，伊夫·圣罗兰于巴黎去世，享年71岁。这位时尚大师纵横流行舞台，呼风唤雨40年，创造了无数流行趋势。而无论时尚如何变幻，其亲手创立的伊夫·圣罗兰始终是最知名的品牌之一，不仅在时装上的表现可圈可点，其版图也扩大至

**YSL 服装作品

烟壶般瑰丽华美，如同鼻烟壶里所装的鸦片般充满诱惑、让人上瘾、深陷其中无法自拔？因此，他创造了"鸦片"。

这瓶由鼻烟壶为灵感而来的香水，外形就好似一只精致华丽的鼻烟壶，香水瓶身上雕刻有罂粟花纹。而瓶子里的，是馥郁神秘又华丽的东方辛香调香味，是最能传递诱惑而引人沉沦的讯息。

装饰品、香水、化妆保养品、腕表、眼镜等。虽然江山易主，但伊夫·圣罗兰的精神将成为经典而长存，当人们讨论起华丽与优雅，第一个想到的名字仍旧是伊夫·圣罗兰。

"鸦片"——诱惑你没商量

"鸦片"诞生于 1977 年。前味：茴香、黑醋栗。中味：中国姜、四川胡椒。后味：西洋杉、树脂。曾有一位澳大利亚昆士兰的土著首领禁止这种香水在他的领地使用，据说是因为用了之后会像吸食鸦片一样上瘾。不过"鸦片"确实有它的魔力，一闻之下就会有相当深刻的印象。20 世纪 70 年代初期，时装设计师伊夫·圣罗兰到中国旅行，他深深为迥异其过去生活经验的东方风情所吸引，他回国时携带了一只鼻烟壶作为收藏。当他把玩着这只鼻烟壶时，突然想到，会不会有一瓶香水，如同鼻

"巴黎"——天生就要如此浪漫

"巴黎"前味：含羞草、山竺葵及五月花。中味：以玫瑰为主，紫罗兰、鸢尾、非洲堇为辅。后味：白檀香、龙涎香、琥珀及麝香。

这款经典香水是伊夫·圣罗兰先生献给那些天生对玫瑰花有着感性嗅觉的女性，同时它也象征着用一束玫瑰献给世界上最美丽、浪漫的城市——巴黎，它以一种感性的现代精神所表现出的浪漫主义带给女性新的气息。

"巴黎"香水也是全世界唯一获准以巴黎这个浪漫之都命名的香水，它融汇了玫瑰的柔和、木的温暖和琥珀与麝香的精髓，将你引入对花香的无限幻想之中。

"爵士"（Jazz）——都市雅皮士的调情

"爵士"诞生于 1988 年，前味：芫荽、豆蔻、肉桂。中味：玫瑰、天竺葵、茉莉、深谷百合。后味：檀香、橡树苔藓。大家通常都把香水当成一支交响乐，开瓶之后，前、中、后味的散放，就如同交响乐的种种乐器一般，共同营造出美好的艺术气氛。不过，真的将这个譬喻实现的，却是在 1988 年推出"爵士"男性香水的伊夫·圣罗兰。全部雅皮士的味道，就在"爵士"香水之中，用黑与白类似琴键的颜色，想要诠释的就是都会男

性在白天与夜晚的双重面貌。这是一款以音乐为概念的男性香水。由豆蔻、檀香等组成层次丰富的木质薰香调，搭配以黑白对比的瓶身包装，就像爵士乐给人的印象——自由奔放，不拘形式，自我特质浓厚。历经 10 年，"爵士"的风格与品位一直深受欢迎，屹立不摇。爵士香历久不衰，使得伊夫·圣罗兰在1998 年继续推出兄弟作"Live Jazz 男性香水"。——"爵士第二代"则依然以现场演奏爵士乐的感觉为概念，保留爵士原有的木质薰香调，再加入清新的冰薄荷、水生植物、葡萄柚等香味，为其增添活泼、热闹、奔放、多变的临场感。

圣罗兰彩妆

伊夫·圣罗兰的香水具有独特的魅力，彩妆也具有非凡的个性，自 1964 年推出第一个彩妆系列起，这一品牌始终传达着高雅、神秘以及热情的"伊夫·圣罗兰精神"。伊夫·圣罗兰的彩妆外观几乎都是光滑的金色金属，其中有两样被称为化妆品最经典的设计：明彩笔和蘑菇腮红。据说现在全球每 20 秒钟就能销售一支伊夫·圣罗兰明彩笔，它既不是凝胶，也不是粉末，而是透明、流动的乳液停留在粉、粉底或化好的妆容上。蘑菇腮红开始并不是伊夫·圣罗兰的主打产品，而是某一年圣诞的限量版，一经发布却出人意料地赢得众多女性的欢迎。这是一个散粉妆的腮红盒，盒口有块圆形海绵，直接打开盒子就可以使用，使用起来非常简单，而且效果非常自然，迅速成为当时最受欢迎的化妆品，受到广泛的追捧。

Shiseido

资生堂
（日）

东方唯美主义的化身

品牌名片

品　　类	护肤品，化妆品
标志风格	时尚
创 始 人	福原有信（Yushin Fukuhara）
诞 生 地	日本
诞生时间	1872 年

品牌解读

资生堂（Shiseido）是日本著名化妆品品牌。取名源自中国《易经》中的"至哉坤元，万物资生"，资生堂的含义为孕育新生命，创造新价值。"至哉坤元，万物资生"意为"赞美大地的美德，她哺育了新的生命，创造了新的价值"。这一名称正是资生堂公司形象的反映，是将东方的美学及意识与西方的技术及商业实践相结合的先锋。将先进技术与传统理念相结合，用西方文化诠释含蓄的东方文化。

尽管在全世界有了响当当的名气，资生堂仍不忘通过介绍西方文化与融合东西文化来增强自己的实力。资生堂推出了新的公司宗旨"一瞬之美、一生之美"。这句话包含了"发现新的更深层的价值，创造美丽的文化生活"这一企业理念，并向社会宣布要把资生堂建成能够满足人们"希望美丽地生活下去"这一愿望的企业。今后将在提供有吸引力的商品和服务、发挥企业的社会责任、企业文

化活动、公司管理等活动中贯彻"一瞬之美、一生之美"这一思想，发挥企业的社会作用。

资生堂致力于通过研发接触肌肤时能令人产生舒适感的原料主剂（配方），研发增强粉底的功能及使用性的粉末，研究防御肌肤不受紫外线及干燥等外界环境损伤的机理，研发具有"美白""抗老化""生发"等功效的药剂，以及对能够带来满意的使用感的研究，等等，为广大的消费者提供满意的多样化"价值"。

阅读传奇

资生堂最开始是药房，并非是化妆品公司。1872 年，曾留学海外攻读药剂，并曾为日本海军药剂部主管的福原有信（Yushin Fukuhara）在东京银座开设了自己的药房，名为资生堂，这亦是全日本第一间西式药房。除了卖药，福原有信也有自己的制药，及至

1888 年，他成功研制了全日本的第一瓶牙膏，迅即取代了当时流行的洁牙粉，亦令资生堂成为日本本土为人熟悉的名字。牙膏这一概念沿自西方，而牙膏瓶印上了汉字和英文，预告一个结合着东西方文化的故事即将开始。虽然牙膏的售价是洁牙粉的六倍，但消费者仍被其极高的清洁效能所吸引，掀起一时的抢购热潮。

　　日本传统的粉底颜色，总是千篇一律的白色，直至 1906 年，资生堂突破常规，推出两款肌肤色调的粉底——Kaeda 和 Hana。而 1897 年，资生堂创制出 Eudermine（为希腊文，是 good 和 skin 的意思）。这是一支突破性的美颜护肤化妆水——酒红色的化妆水，为资生堂开启了踏入化妆界的第一步。

　　到了福原有信的儿子福原信三（Shinzo Fukuhara）接手时，资生堂经营情况发生了不小的变化，由于信三曾游历欧美多国，对当地美学和文化极有心得。1916 年，他成立资生堂的设计部门，专责产品包装和宣传。自此，他们以富有独特装饰艺术风格的字母来设定资生堂这一品牌的形象，并以山茶花作为公司标志，再加上富有阿拉伯色彩的花叶阔形来装饰产品瓶身。资生堂的品牌形象，自此可算有了雏形。虽然，山茶花和阿拉伯图纹已不复存在，资生堂的字体亦曾两度修改，但现时所见的"Shiseido"字样，亦与当年的非常相似。

　　1917 年，资生堂推出彩色蜜粉系列。当时西方潮流仍未于日本普及，只有较多接触西方文化的贵族，才热切追求时尚的肤色化妆，而一般妇女，观念上仍坚持白色粉底的传统。

资生堂以无畏的精神，生产七色蜜粉，包括：白色、黄色、肌肤色、玫瑰色、牡丹色、绿色和紫色，以适合西方服饰的配衬，亦提供机会让爱好传统和服的女士们认识这股化妆潮流，选择最适合自己的色彩。无论是时尚大方的产品，还是低调冷静的产品，对于爱美的女性来说，在资生堂总能找到自己最想要的色彩。

在资生堂的香水童话里，生活是唯美而浪漫的。它融合了奢华与优雅，让人们在其独有的浪漫气氛中沉迷。穿越了百年的沧桑，资生堂这一品牌依然风华绝代，散发出独特的神秘魅力。有人说，选择了资生堂香水，其实就是拥有了一个梦想。没有一个女人能够在这一瓶小小的魔力精灵面前不动心。无数的天地精髓、时尚风华、钟灵毓秀于这盈盈一握之间，幽幽一缕，引领你内心奔向永恒的理想国度，这正是资生堂香水永恒的魅力所在。

资生堂公司在欧美地区推出了许多款香水，如 1992 年推出的"女性八音盒"，这款香水被形容成"纯粹、敏感的香水，灵感来自女性的力量"，香水的调子里面有杉木香贯穿始终。它适合多种场合，是为了传递一种幸福的感觉。1997 年，公司推出"放松"香水，这款香水的特别之处就在于，它由多种东方鲜花、香草、香料提炼而成，在给予你一种融于大自然的感觉的同时，也平滑、滋润着你的肌肤。它强调了香水中的馨香调，这是超越于芬芳之外的幽香，资生堂希望借此提供给使用者"一个闲适的世界和新奇的感觉"。面对现代生活所带来的紧张和压力，或许真的只有"放松"香水才能使你放松、舒缓、释放自己。1998 年，资生堂推出了"练声"，这款香水以清新花香的东方香型而著名。它使用了一种新配方，其淡淡的香味如少女情怀，弥久留香。立体式的瓶身设计，展现出了香水瓶子的另一种魅力，象征着女性浪漫温柔的一面。

Helena Rubinstein

赫莲娜 （澳）

穿越时代之美

品牌名片

品　类	护肤品、化妆品
标志风格	高贵、优雅
创 始 人	赫莲娜·鲁宾斯坦（Helena Rubinstein）
诞 生 地	澳大利亚
诞生时间	1902 年

品牌解读

赫莲娜（Helena Rubinstein）简称 HR，是一个属于女性的品牌，由女性创立，又服务于女性，并在全世界各地由女性管理。一直以来，赫莲娜对于女性生活及女性职业生涯的贡献与关怀都不遗余力。赫莲娜女士以"严谨、科学、艺术、哲学、女性"为精神，从创业开始就希望成为"美容界先锋"，100多年来，赫莲娜一直遵守内涵，同时不断创新，其品牌的胜出关键在于首创许多前卫大胆的作风，赫莲娜夫人是一个划时代的新女性，也是永远可以追随的女性典范！赫莲娜是气质优雅、一生充满传奇色彩的赫莲娜女士于 20 世纪初创立的全球第一个国际性化妆品牌，被誉为"美容界的科学先驱"。

赫莲娜女士的经营手法及私人名声在美容界都以"强势"出名，她的名言是："我用毕生精力去建筑一所对抗时间的堡垒。"她的赫莲娜产品一向强调科学与艺术的自然结合，

力求最大限度地体现女性之美，延缓皮肤的衰老。高调的宣传口号，真真假假的"辉煌"身世，奢华的时装首饰艺术珍藏……她的许多举动都表现出了想跻身上流社会、称霸美容界乃至领导潮流的野心。

阅读传奇

19 世纪末，赫莲娜出生于波兰的一个家庭，年轻的她就去了澳大利亚投奔亲属，1902 年于墨尔本开设了 20 世纪第一家美容院，率先在柜台主动为顾客提供美容咨询，针对不同肌肤性质提供护肤产品，产品由她弟弟在波兰制造，运到澳大利亚销售。不久她与提图斯结婚，定居伦敦，分别在伦敦、巴黎开设 Valaze 美容院。

拥有优雅气质的赫莲娜女士

1914 年，第一次世界大战爆发，她搬家到纽约并开设赫莲娜美容院，1916 至 1918 年是赫莲娜重要的发展时期，其美容院扩展到芝加哥、波士顿等地，而此时伊丽莎白·雅顿也在 1910 年开设第一家美容沙龙，两者的良性竞争带动了现代美容产业的蓬勃发展。在当时的保守气氛下，赫莲娜夫人时常去国外学习，并经常与知名皮肤学家、生物学家、营养学家为伍，积累相关的皮肤学问，同时确立了 HR 百年来以科技研发为宗旨的远大目标。

赫莲娜女士非常热爱艺术，她与当时的名画家如毕加索、达利等的关系都非常好，可以说毕生都在追求完美的事物，以高科技为品牌后盾，不断在产品品相、质感上努力开发，因此赫莲娜不只是一个专业美容品牌，更为女人提供由内而外的肌肤呵护。

1938 年，66 岁高龄的赫莲娜嫁给俄罗斯王子，当时可是一大盛事。1939 年，纽约举办世界博览会，她推出创新的第一支防水睫毛液，正式踏入彩妆产业领域。第二次世界大战结束后，高龄 73 岁的赫莲娜回到欧洲，她亲自主导业务，建立起全球的美容王国。1950 至 1958 年期间推出许多创新产品，每一种都大受欢迎。以最新皮肤医学、整容科技为基础，赫莲娜各项产品融合各种创意，始终为女性带来前卫大胆、美丽加倍的效果。

1965 年 4 月 1 日，赫莲娜在纽约去世，享年 93 岁。欧莱雅集团在 1988 年并购 HR，但仍然遵守赫莲娜定下的"科学"与"艺术"，每一季新推出的创意，均奢华优雅而又大胆前卫。其追求，正如赫莲娜·鲁宾斯坦女士所说的："是给那些最为挑剔的女性，提供最为精锐的产品与服务，使她们将自身的美之潜力发挥到极致。"

赫莲娜品牌致力于服务那些期望获益于先进科技成果、体验美容领域惊人成就的女性。在国际最具实力的美容科技研究实验室的支持下，始终以"护肤先端医学高科技，彩妆领先时代新理念"为品牌理念，不论是融会最先进的医学、整形外科科技的突破性护肤产品、体现独特护肤理念的"个性化护肤方案"——均衡调理方案和深度修护方案，或是凝聚卓越科技成果、高贵包装、丰润质感和新颖创意于一身的潮流化妆品，赫莲娜凭借其前瞻性视野，开拓潮流新路向，为未来美容护肤奠定新标准。2000 年，赫莲娜品牌进军中国，把高科技的护肤、时尚的彩妆带到中国，满足爱美女性的需要。而赫莲娜女士这个勇敢的新时代女性，知性优雅、喜爱艺术，如同其产品一样，随着时间长流，依然散发美丽智慧的光芒！

名表

一刻千金，用瑰丽来镌刻时间

Vacheron Constantin

江诗丹顿

（瑞士）

记录时间缥缈的踪迹

品牌名片

品　　类	腕表
标志风格	文化品位、精益求精
创 始 人	让·马克·瓦什隆（Jean Marc Vacheron）
诞 生 地	瑞士
诞生时间	1755 年

品牌解读

江诗丹顿（Vacheron Constantin）品牌具有悠久的历史，多年的制表经验，使江诗丹顿出现了许多惊世伟作，"最小批量，最优质量，最高卖价"一直是江诗丹顿的经营战略，江诗丹顿在日内瓦的工厂年产量仅为 6000 只表。自 1840 年起，每只手表的生产图纸、记录、销售日期及机芯表壳编号等资料，都完整无缺地保留在公司的档案柜中。他们将超群的技术、严格的测试、精湛的工艺与完美的造型结合在一起，创造出一个又一个高贵典雅、令人赞叹不已、极富收藏价值的稀奇经典之作。在悠久的历史和丰富的制表经验下，江诗丹顿一直是名贵和优雅的象征。

物以稀为贵，江诗丹顿的产量是世界三大名表中产量最少的，但品质却是毫不逊色。江诗丹顿是名副其实的贵族艺术品。200 多年的工艺积淀赋予江诗丹顿每一款产品以丰富的内涵。江诗丹顿注重品牌中所有类型的产品，高复杂机械表、高级珠宝腕表、珐琅面表、镂空表等所有产品，款款皆是传世佳作。

从 18 世纪至 21 世纪，江诗丹顿品牌的精神与信条保持不变。从过去到现在，江诗丹顿所创制的时计，均秉承三项优良传统：

技术先进——江诗丹顿融合古老的制表技术与当今的尖端科技，制造出多款复杂精密时计。其所创制的机芯，具备最基本的时、分、秒显示功能，而万年历、定时器、月相盈亏显示、跳时、陀飞轮和三问报时等非常复杂的结构，均一应俱全。今日，公司 85% 的腕表均采用机械机芯。江诗丹顿的 Tour de l'Ile 是世界上第一只集 16 项精密复杂功能于一体的双面腕表。江诗丹顿的 Saint-Gervais 腕表是世界上第一只采用四个发条盒，同时兼备陀飞轮调节器和万年历的腕表。

设计优美——江诗丹顿的设计风格优美大方，品牌历史悠久，它从未停止创新与追

求完美。公司从现有的珍贵数据与承传下来的传统中获取灵感，创制出线条简单、形态优美的腕表，展现出和谐的当代美学精神。虽然随着不同时代的转变而有所不同，但是对形状和装饰图案的要求都是不变的，江诗丹顿继续致力于创造不受时空局限的作品，和集实用性与美观于一体的佳作。

工艺严谨——装饰正是钟表匠在制造每一枚时计时，点缀在技术与美学层次的无尽心血的印证，也正是这些细节令钟表收藏家为之着迷。追求完美一直是江诗丹顿钟表大师们的信念，这份执着虽然看不见但却真实存在。

阅读传奇

江诗丹顿创立于1755年。公司的创始人是哲学家让·马克·瓦什隆，他学识渊博，技艺精湛，是钟表业的一代宗师，也是卢梭和伏尔泰的好朋友。也就是他，成立了世界上第一个制表厂，这一制表厂就是江诗丹顿的前身。

1819年，瓦什隆的孙子和弗朗索瓦携手合作，将表厂的名字改为Vacheron Constantin，也就是表厂今日的名字江诗丹顿。"可行性是永远存在的"成为企业的格言。

1839年，江诗丹顿研发了一套革命性的钟表生产方式。由乔治·奥古斯特·莱斯奥特着手发明改良式杠杆擒纵机，两年后陆续研发成功。从此制表厂开始具备工业化的基础，江诗丹顿进入零件用机械预先组成的时代，并以手工加以雕琢，而制表师傅们更有充裕的时间运用艺术天分从事创作，当然，这也使江诗丹顿居于当时钟表界的先进地位。

江诗丹顿的几代继承人都延续着公司的传统，并生产出了不少出色的多功能怀表和瑰丽优雅的腕表。在这一过程中，江诗丹顿与巴黎Verger的伙伴关系正式展开，两家公司合作生产出多款惊世作品，其中不少是专门为世界多家华丽的珠宝场馆设计制造。

1872年，向来以严谨著称的日内瓦测试局首次举办钟表精准度大赛，江诗丹顿制作的钟表在比赛中夺魁，并在此后的诸多大赛中屡创佳绩，获奖无数。历经时代变迁，江诗丹顿的表系主要有："马耳他系列"（Malte）、"传承系列"（Patrimony）、"纵横四海系列"（Overseas）、"女装计时系列"（Ladies Timepieces）、"历史名作系列"（Les Historiques）、"艺术大师系列"和"阁楼工匠系列"（Les Cabinotiers）等，各表系均具有独特的个性及外观，以迎合不同的品位和场合需要。从简约典雅的款式到精雕细琢的复杂计时，从日常佩戴的款式到名贵的钻石腕表，每一款均代表了瑞士高级钟表登峰造极的制表工艺。随着时间的流逝，江诗丹顿也在不断超越自身，虽然现已归属到历峰集团，但作为一家全面的钟表生产商，由机械至机芯开发，由技术至设计等创作，以至生产工序，均由江诗丹顿全盘掌控，并一直延续着卓越技术、完美设计、严谨工序这三项历史传统，傲然屹立于世界表坛之巅。

卡里斯泰（Kallista）是江诗丹顿的经典之作，也是世界上最昂贵的手表。此表制作于 1886 年，原为沙特阿拉伯的哈里德国王所订购，但在制造期间哈里德国王撒手尘寰。1986年，此表被一位不知名的买家用 350 万美金买去。1987 年12 月 3 日，此表再度易手，被 Palm Beach 珠宝行主人皮埃尔·哈里米（Pierre Halimi）代客户买去。哈里米声称，他是以美金 500 万元成交的。于是，卡里斯泰表每日升值 4000 美元的佳话不胫而走。不久，皮埃尔·哈里米把这只世界上最昂贵的手表带入美国，交与一个不愿透露姓名的买家。卡里斯泰表身表带镶满钻石，共用了 118 颗经过严格挑选的上品

蓝白方钻，重 130 克拉。表面是每颗重 1 克拉的钻石，表面外圈重 2~4 克拉的钻石共 14 颗，表带部分采用每颗 2 克拉的钻石。江诗丹顿为制造此表，召集了最优秀的技师，经历 20 个月 6000 小时工作才制成。"Kallista"在希腊文中是完美无瑕的意思，成品和它的名字一样，完美无瑕。

2000 年，江诗丹顿推出了新的系列——富有当代气息的 Malte 系列，它是以江诗丹顿的"马耳他十字"徽号为名的，显示出制表大师独特的创意和精湛的工艺，不愧为江诗丹顿的最新典范。马耳他腕表，拥有优雅细致的外形、圆润的表身和独特的扇形级位的表耳，设计上独具匠心。

马耳他系列分为五款。第一款为马耳他陀飞轮腕表，应用了陀飞轮技术的机芯确保时计准确无误。第二款为马耳他万年历计时腕表，使腕表具备卓越性能，可以量度、记录和展示时间的长短，由瞬间以至数小时均分秒不差。第三款为马耳他两地时间显示腕表，源于法国国王和法国海军的御用

♛ **江诗丹顿对形状和装饰图案要求甚高**

钟表。海军计时器的设计有助于海上航运，并确立调节器的技术模式。时针、分针和秒针独立运作的构造，减少驱动齿轮所需的能量，因此可以减少摩擦力，延长机芯的精确度。第四款为大日历自动上链腕表，设计充满阳刚气息，特别适合日常佩戴。设于表面六时位置的双窗日历显示视窗，在昏暗的灯光下仍能清楚看到特大的日期。防水功能可达 30 米。第五款为马耳他女士腕表，表身设计形状优美，加之印有阿拉伯数字刻度的表面，令人难以抗拒。

　　江诗丹顿已经度过了两个多世纪，说它是贵族之宠也毫不夸张。制表业是瑞士最主要的工业，不管在过去还是现在，江诗丹顿始终在瑞士制表业史上扮演着关键的角色。江诗丹顿作为现存历史最为悠久的钟表公司之一，旗下大部分机械腕表的机芯都拥有日内瓦印记。很多时候，江诗丹顿与百达翡丽两个同样来自日内瓦的品牌真可谓旗鼓相当，不分高下，均代表着腕表的至高境界。

　　江诗丹顿的 5 大表系中，"纵横四海"标志着江诗丹顿的活跃、进取精神，它以钢与纯白金等高科技的素材营造出鲜明的时代感，博得了现代人的钟爱，并被授予荣耀的"精密计时计"证书。

　　"历史名作"将以往备受欢迎的款式加入摩登元素重新演绎，典雅高贵，具有返璞归真的气息。每款造型独特、稀奇，价格不菲。

　　江诗丹顿以工艺闻名全球，擅长复杂机械表的制造。以 Les Complications 系列的 saltarello 为例，表底的透明水晶，方便佩戴者欣赏到机械运作的动感美，由于制作要求高，所以此款名表限量发行。jumping hour 的设计更是精湛，它以 12 时的窗口展示时间，半圆环显示分钟，被人们称为"跳时表"，十分罕见。

　　Les Joailleries 系列中的 Fiorenza 令人瞩目。全表镶嵌了 200 多颗名贵圆钻石。整体造型典雅清新，简单大方，处处流露着高贵富丽。江诗丹顿将珠宝镶嵌工艺融入制表技术之中，更显女性的优雅娇媚。

　　Les Essentielles 系列的 Patrimony，更是以其特别丰富的内涵及严格的测试独领风骚。Patrimony 以超薄的机芯做卖点。尽管它的外形并不花哨，但每只表都附有优秀品质的保证书，是公认的江诗丹顿经典之作。当年为庆贺英国王妃戴安娜与查尔斯王子的婚礼，阿拉伯酋长特地向江诗丹顿订制了一只极为昂贵、小巧的腕表——"Lady Kalla"。这只表用 30 克拉共 108 颗柱形名贵钻石精制而成。戴安娜王妃佩戴这只手表更显风姿绰约，同时也向世界展示了江诗丹顿的富丽华贵。

Omega
欧米茄
（瑞士）

陪伴着人类科学的探险

品牌名片

品　　类	腕表
标志风格	高雅、不凡
创 始 人	路易士·勃兰特（Louis Brandt）
诞 生 地	瑞士
诞生时间	1848 年

品牌解读

佩戴欧米茄（Omega）手表，代表成就与完美，欧米茄腕表的佩戴者，既有探险家和国家元首，也有超级巨星及间谍。欧米茄这个钟表业与广告业都闻名的名字源于希腊字母，深受品位人士喜爱。欧米茄在帆船、田径、游泳等世界级赛事中担任标准计时，并且常赞助欧洲高尔夫球赛，荣任奥运会指定计时器达 31 次之多。同时，欧米茄是第一只也是唯一一只在月球上被佩戴过的手表。

在欧米茄的形象大使中有很多人们都非常熟悉，如一级方程式冠军舒马赫、花样滑冰冠军陈露等各界名流。值得一提的还有我们的大师季羡林，他在德国留学的时候曾经买过一款欧米茄的手表作为纪念，这只手表丈量了大师大半个人生的风风雨雨。

阅读传奇

由路易士·勃兰特（Louis Brandt）始创

于 1848 年的欧米茄是最受欢迎、最畅销的品牌手表。欧米茄代表了制表历史上的光辉成就，傲视同侪。1880 年，路易士·勃兰特的儿子路易·保罗（Louis-Paul）及凯撒（Csar）将厂房搬迁至人力充足、资源丰富且交通方便的比尔（Bienne）地区。此后，采用机械化生产，统一规格零件，并引进新式分工系统进行装配工作，装制出精密准确、品质优良且价格合理的表款。1892 年，欧米茄推出全球第一块打簧手表，两年后，即 1894 年，生产了举世闻名的欧米茄 19 令机芯，这一机芯的制造融汇了当时革命性的先进技术，以其数项出色的功能，如以表冠调校时间，令欧米茄成为当时瑞士首屈一指的制表厂商。欧米茄是希腊字母中的最后一个字母，具有完美、成就和卓越之意。自此时起，欧米茄以其先进的科技和卓越的制表艺术，稳占表坛的领导地位，创造了无数骄人的成就。

自 1909 年起，欧米茄用其完美的精准性进入了世界体坛，得以大展身手。欧米茄不只写下无数个第一，更在无数表展、军事用途、官方计时、体育竞赛、天文台表证书等方面拥有杰出的傲人表现。1932 年洛杉矶奥运会，欧米茄首度当选奥林匹克官方指定计时器，此后欧米茄数十次为奥运会担任计时工作。它见证了历史的关键时刻。

欧米茄腕表已经发展了多个系列，包括诞生于 1948 年的深受潜水爱好者与探险家喜爱的海马系列，曾因遨游太空而闻名于世的全球最为著名的计时表款超霸系列，全世界范围内最具辨识度的时尚表款星座系列，搭载有欧米茄创领表坛的同轴擒纵技术、经典高雅的碟飞系列。另有博物馆等特别系列、华贵珠宝及华贵皮具系列。1952 年，欧米茄获奥林匹克荣誉勋章，以表彰其对世界体坛的卓越贡献，并奖励其精确可靠的计时功能及无以计数的伟大发明，如第一台可显示千分之一秒的终点摄像装置，前所未有的电子计时仪，和可将测量时段显示于电视屏幕的欧米茄观测望远装置等。此外，装置于大部分现代化运动场中的大型视频矩阵记分板亦是欧米茄的发明成果之一。

最令人兴奋的是，欧米茄表是第一只也是唯一一只登陆月球的表，并且"超霸"陪伴人类 6 次登月，被美国太空总部指定为"所有载人太空设计专用计时工具"。1963 年，美国国家航空和航天局为宇航员实施阿波罗登月计划，物色可靠的计时器时曾暗中采购了一大批名表，目的是为阿波罗登月计划的宇航员挑选一款性能卓越的可靠的腕表。美国国家宇航局的测试堪称全球最严格的考验，在为期两年的严格测试中，只有欧米茄"超霸专业计时表"得以脱颖而出，通过

测试。1965 年，被正式确认为美国国家航空和航天局的计时用表，并最终伴随宇航员登上了月球。1969 年 7 月 21 日，美国宇航员佩戴欧米茄表登上月球，实现了人类千百年的梦想。塞尔南指挥官重述当时的情况时说："在月球上，时间飞逝的概念已经没有多大意思，所以，我需要超霸手表继续显示休斯敦时间。这对我非常重要！它让我根据时间表完成全部科学实验。"1992 年，超霸再创佳绩，设计出最新款式 X-33。此款式专为人类踏足火星而设计，

其准确程度每天误差 1/10 秒。并能抵受 -20℃乃至 -70℃的温差，符合火星气候的要求，并有多种计时功能。1970 年 4 月，阿波罗 13 号发生爆炸，毁坏了整个计时系统，当时唯一与陆地上对时并安全返回的，只有宇航员手上的欧米茄手表。于是欧米茄超霸专业计时表（Speed master）成为又一大著名系列，每只表背后都刻有"第一只登月手表"的字样。欧米茄与人类的航天事业共同迈进，同创下不朽传奇。目前，超霸表仍是美国国家宇航局认可的升空任务合格计时腕表。

百年来，欧米茄一直处在世界制表业的最高峰，如今归属于世界最大制表集团公司——瑞士斯沃琪集团。作为全球销量最好的高档表品牌之一，各个领域、各种款式，欧米茄仿佛无所不在，无所不能。经过 100 多年的历史，欧米茄表似乎已不再是一个简单的记录时间的机械产品，而是一种态度，对生活的态度，它用自己的传奇经历告诉世人，什么叫作完美，什么叫作精准。

历史的车轮转动，唯有时间见证一切，没有哪个钟表品牌比欧米茄更像个传奇，在闪烁的镁光灯下，欧米茄陪伴着世界超级名模辛迪·克劳馥、世界网坛神女库尔尼科娃、一级方程式赛车冠军德国赛车手舒马赫等名流一路走来……之所以有这么多名人选戴欧米茄，缘于其品质和价位的双重象征意义。作为行业的领导者，他们时时刻刻反映着欧米茄的精髓所在——勇于探索、功成名就、温文尔雅、魅力四射。无论是他们的性格、谈吐或举止，都能折射出欧米茄所蕴含的典雅气质、缜密心思和辉煌成就。全球各界顶尖人物在各种场合不断用行动向大家宣布："欧米茄是最好的选择。"

Rolex

劳力士 （瑞士）

表坛的真正霸主

品牌名片

品　　类	腕表
标志风格	庄重、实用
创 始 人	汉斯·威尔斯多夫（Hans Wilsdorf）
诞 生 地	瑞士
诞生时间	1908 年

品牌解读

　　一个以腕表名扬天下的国度，一个以庄重和精准而扬名的表坛霸主——劳力士（Rolex）。它为它的拥有者带来的永远是一种尊荣的享受以及品位的象征，更以庄重、实用且不显浮华的风格赢得了成功人士的喜爱，如同它的标志"皇冠"一样，它是腕表中真正的"国王"。劳力士不仅在 20 世纪的机械表时代一直是全球手表业的领头羊，而且，卓越的工艺与技术使得劳力士保持着手表业的霸王地位。劳力士作为全球顶级的腕表品牌，一个多世纪以来一直是功能和尊贵的超群象征。

　　劳力士品质精良，工艺精湛，集尊贵、典雅和独特气质于一身，是世界手表中的翘楚，被称为"精确"的代名词。劳力士之所以能在竞争如此激烈的世界表坛享有盛名，与它"品质至上"的经营哲学和进取精神是分不开的。劳力士一直在追求完美，它的每

位钟表设计师都抱有相同的信念，那就是凡事必须做到最好，这也正是劳力士表享誉全球的非凡之处。

　　劳力士深得世界各界人士的信赖和追捧，具有极高的投资收藏价值。在国际市场上，劳力士手表虽然价格不菲，但消费者还是推崇至极。被昵称为詹姆斯·邦德的劳力士 Submariner Ref. 6538 生产于 1954 年，不锈钢表壳，具防水功能。据信演员肖恩·康纳利 1962 年演出第一集 007 电影《第七号情报员》时佩戴的就是这款表，预估拍卖价为 124 万到 186 万美元。

　　一般的表用旧了就进了垃圾箱，劳力士则不然，据说是如果保养得法，它的价值每六七年就能翻一番。在国际古董表市场上，劳力士手表成为收藏家心目中的宠儿，例如，20 世纪 70 年代几十元便可买到的 18K金"泡泡背"表，而现在品相好的可卖到 2

万~3 万元。2002 年，在日内瓦举行的一次拍卖会上，一只越南末代皇帝保大戴过的 1952 年款劳力士万年历金表，曾拍出 34.2 万瑞士法郎（当时约合 23.54 万美元）的天价。劳力士年产量高达 80万只，备受全世界各界人士的推崇，更深得收藏家们的青睐。有人钟情其精确，有人欣赏其典雅，有人喜爱其坚固……一旦拥有，顾盼自豪。

劳力士"品质至上"的经营哲学使其获得了巨大的成功，在劳力士"皇冠系列"手表上淋漓尽致地体现了这一哲学的精髓。该系列专为鉴赏首饰表的名士而设计，称得上是劳力士显赫工艺的最佳典范。它采用极品的制表质料——黄金或铂金精心凿制而成，严格挑选镶嵌最纯正的罕贵宝石，配合绝对可靠的劳力士机芯。每一款都是稀世奇珍，其美感与价值恒久不变。名款手表，只做限量生产，其中若干款式更是独一无二的珍品。劳力士总是以独具匠心的表壳线条、不易磨损的水晶表面配合紧锁上链表冠，令杰出运动员喜爱它，探险家信赖它，艺术家欣赏它。劳力士手表已经不是单纯的手表了，它已经演化为一种高档首饰，一种高贵生活的体现。

1960 年，劳力士进入中国，作为最早进入中国市场的世界名表之一，劳力士是中国第一批"先富起来"的人的梦想。人们对劳力士的渴望与认同，更多的是对经典与历史的尊重与崇拜。

阅读传奇

劳力士的发展史与它的创始人汉斯·威尔斯多夫（Hans Wilsdorf）的名字紧密相连。1881年，他出生在巴伐利亚，年轻时就涉足国际商业。开始时他并没有涉及钟表业，而是做养殖珍珠的生意。

1905年，他创办了自己的企业，名为"威尔斯多夫及戴维公司"（Wilsdorf and Davis），是一家主要负责销售手表的公司，但它也研发自制手表。1908年，劳力士商标正式注册。第一批劳力士表因它高超的技术质量而立即受到重视。一只小型劳力士表于1914年得到丘天文台（Kew Observatory）的A级证书，这是英国这一知名天文台从未颁发过的最高评价。劳力士的精确度得到了承认，这是世界性的大事，使该手表在欧洲和美国顿时身价倍增。从此，劳力士的质量即代表了精确。

第一次世界大战后，劳力士迁回日内瓦，在创始人的推动下，劳力士公司不断创新、创造，完善自己。它的研究方向有两个：防水与自动。1926年，第一只防水、防尘表终于问世，这就是著名的蚝式表（Oyster）。1929年的经济危机打击了瑞士，但它似乎对劳力士没有太大的影响。劳力士在这一时期发明了一种自动上链的机制，造出了后来风靡一时的"恒动"（Perpetual）型表。这种自动表拥有一种摆铊，之前在手表上从未用过，它给钟表业带来了一场革命，它是所有自动表的先驱。其后，劳力士又出产了带有日期的表，以及能用26种语言表明日期和星期的表。

除"蚝式恒动系列"之外，"切利尼系列"（Cellini）也承载了劳力士对尊贵品位的独特诠释，以及不容置疑的品牌准则：优质、美观与精准。每一只劳力士男款和女款腕表都是杰出性能与尊贵气质的象征，"切利尼—兰花系列"女表尤其高贵时尚，这款手表采用条纹图案珍珠贝母表盘，镶钻表圈尽享尊贵。

劳力士能在世界表坛享有盛名，这与安德烈·海尼格的灵感和热情分不开。海尼格1921年出生于拉夏德芬，汉斯·威尔斯多夫第一次见到他时，就对他产生了充分的信任和真诚的尊敬。

他们两人都爱与人交往，对事情往往喜欢追求至善至美的境界。威尔斯多夫在1948年邀请海尼格加入劳力士工作。他在布宜诺斯艾利斯工作了6年，负责开发南美市场。1955年返回日内瓦，晋升为劳力士董事会成员，1964年起取代汉斯·威尔斯多夫成为劳力士公司的总经理。帕特里克·海尼格在劳力士的"家庭"里长大，热爱该企业的传统，他曾担任 10 年劳力士公司的律师，其后被任命为商业经理、总经理等职。他忠实地继承劳力士创始人的事业，不断提高质量和进行技术革新，为企业带来了新的气息：国际化。这一决定的第一步就是把企业的总部从市中心搬到了郊区一所漂亮的新楼里。然后，海尼格开始了他的远征，跑遍世界各个角落，开拓新市场。他有着惊人的商业头脑，决定在各大洲的主要城市建立分行，这在当时是个创举。海尼格在任内也设立了劳力士企业精神奖，这一奖项每三年颁发一次，奖励那些在应用科学、创造发明、探索研究、科学发现和环境保护方面做出杰出贡献的人士。

劳力士的全体员工为了共同的目标努力奋斗，劳力士正继续发扬它的传统，在全世界继续担任日内瓦和高质量钟表的代表。劳力士手表一向以专业功能见长，因此深得全世界专业人士的推崇。1955 年，劳力士发明飞行员手表，以便人们在不同时区测量精确的时间。同年，劳力士为深海潜水员研制的潜水表问世，其防水深度达到 100 米。

此外，劳力士的名作还有：劳力士探险家型（Explorer），附带 24 小时红色辅助针，以方便探险爱好者辨别日夜。劳力士金表潜航者型（Submariner），防水深度超过 300 米。游艇名士型（Yacht Master），配有可旋转外圈，方便计算时差。格林尼治型（GMT Master），其可转动外圈及 24 小时指针，不仅同时显示两个时区的时间，更可将时针独立移动至另一时区，而无须移动分针及秒针。宇宙计型（Cosmograph），为一款多功能手表，能满足工程、运动及商业等多种需要。

拥有一款劳力士的腕表是很多人的梦想，对于世界顶级的奢侈品而言，拥有它并不是财富的炫耀，更多的是彰显拥有者的身份与品位。一般劳力士腕表的市场零售价约在 6 万到 15 万元人民币之间，而镶有金钻的表款的价格更高达几十万到几百万元。电影里关于劳力士的情节一般是这样的——流落异乡的落难旅客，靠着典当传家的劳力士取得了盘缠和资金，获得东山再起的机会。现实中，劳力士绚丽的皇冠标志里，同样暗藏着慑人的霸主气势，在无数富豪和贵族的手腕上灼灼其华，并被当成传世的珍宝，其地位更发展至与人类成就时刻相系，因此劳力士见证了无数体坛、探险、艺术及生活范畴上的历史创举。

Breguet

宝玑

（瑞士）

叹为观止的制表之父

品牌名片

品　　类	腕表
标志风格	精确、创新
创 始 人	阿伯拉罕·路易·宝玑（A.L.Breguet）
诞 生 地	法国巴黎
诞生时间	1775 年

品牌解读

无论在钟表历史或是整个西方历史中，宝玑（Breguet）钟表都有记载。并且，从诞生的那一天开始，宝玑这个名字就为皇室而存在。哈布斯堡公爵曾如此评价说："宝玑似乎发明了一切，以后的任何技术与设计似乎都只是其发明的变招而已。""宝玑是欧洲文化遗产的组成部分，它的座右铭是——文化！宝玑是技术和艺术的绝妙联姻，拥有宝玑，你就同时拥有爱因斯坦和贝多芬。"

宝玑表的价格因其经典而昂贵，最贵的高达数千万元。根据佳士得、苏富比和安帝古伦的拍卖数据，宝玑的身价已经超过劳力士、江诗丹顿、爱彼（Audemars Piguet），仅次于拍卖明星百达翡丽。2007 年 11 月，一款定制的宝玑腕表，在佳士得以约 136 万美元的价格成交，是佳士得当年钟表拍卖纪录的第三位。

欣赏宝玑的钟表，就如同在回顾现代钟表业精彩的技术发展史。宝玑表的创始人——阿伯拉罕·路易·宝玑（A.L.Breguet）一生中发明了一系列的钟表，给世界钟表业带来了深远的影响。强烈的辨识性和夺目的璀璨是宝玑超凡脱俗的特征，精美绝伦的设计和鬼斧神工的手工技艺奠定了宝玑在表坛不可取代的地位，而每一历史时期的社会名流、风云人物的钟爱又书写着宝玑钟表的历史传奇。1815 年，法国拿破仑与英国惠灵顿公爵大战滑铁卢，使用的就是宝玑表，为这场历史上著名的战役提供了精准的时间。科学家爱因斯坦和作曲家柴可夫斯基都是宝玑表的拥有者，宝玑表是这两位伟人获得惊人成就的时间上的见证者。英国维多利亚女王、普鲁士国王威廉一世和美国前国务卿杜勒斯等，虽然彼此并不处于同一时期，但是都有一个共同的联系，那就是他们都是宝玑表的钟爱者和忠实顾客，许多文豪的著作中也都

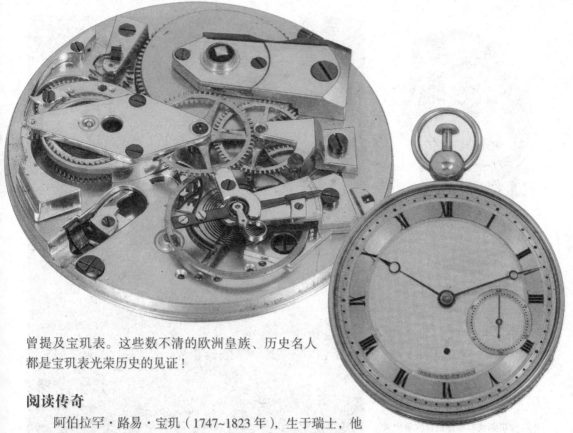

曾提及宝玑表。这些数不清的欧洲皇族、历史名人
都是宝玑表光荣历史的见证！

阅读传奇

　　阿伯拉罕·路易·宝玑（1747~1823 年），生于瑞士，他
大部分时间居于巴黎。自 17 岁起，在巴黎开始制造钟表，
不久便崭露锋芒。宝玑设计及制造的钟表产品多元化，大都
独具匠心，这也使他在表坛上被誉为最杰出的人物。

　　1775 年，宝玑在巴黎开设首间钟表店。由于他对机械具
备渊博的知识，对钟表的特点及技术独具过人天分，使他吸
引了当时最优秀工匠的兴趣，投身其门下，并在他的训练下
成才，他丰富的想象力也得以成为一件件动人的优秀作品。
例如于 1780 年推出的自动手表，后来又发明大大减少自鸣
表阔度的鸣钟弹簧以及世界上第一个手表防震装置。

　　宝玑设计的时针在近末端处有镂空圆点，在珐琅表面上
更有优雅的数字。至于黄金表壳，以及后来的白银字盘皆用
人手以刻花机精心雕琢而成。1795 年，宝玑推出大批新发明、
新创作，包括宝玑摆轮游丝末圈、定力司行轮、售予拿破仑
的世界上第一个行李钟等。

　　在航海天文钟方面，宝玑做出了重大的贡献，在 1815 年
成为皇家海军钟表师。在宝玑的努力推动下，钟表制造无论
在艺术还是技术上均获得了新的动力与广度。宝玑在 77 岁高
龄辞世，他的成就获得广泛推崇。宝玑一生重要的发明包括
飞轮擒纵结构、摆轮双层游丝、自鸣钟、定速擒纵结构以及

👑 **宝玑制成的轰炸机在战争中大显身手**

三问表的盘旋式打簧系统等，均为今日钟表界带来深远的影响，被公认为有史以来最伟大的钟表制造天才。许多人称宝玑为"表王""现代制表之父"，这是恰如其分的。

宝玑去世后，他的后人也不乏杰作。近代，宝玑的第五代孙在 20 世纪 50 年代制成具有飞返计时功能的手表。1907 年，宝玑制造出可以凭借本身动力起飞的直升机 Gyroplane；1909 年，宝玑制造出第一架双翼飞机；1912 年，制成了第一架海上飞机；1915 年，制成了第一架轰炸机。1917 年，宝玑 XIV 型飞机为第一次世界大战的胜利做出贡献。在航空事业如日中天的同时，宝玑也一直坚持着为航空业提供精密的计时表。他们制造出名为 Siderometre 的恒星时间手表，此外还开发了 TypeXI 及 TypeXII 驾驶机舱时计，现在仍在十几个国家的飞机上使用。

但公司一贯的传统经营思想始终不变，那就是："保持传统手艺，强调品质，重视经典设计，占据上层市场。"公司奉行舍数量求质量的高价高档次策略，为确保手表的价值，所有的宝玑表都是由人工装配而成，表上精巧绝伦的刻花也全部由手工雕琢。在每只表上都刻上独立的编号，证明其身份。

宝玑表的表系在不断地扩大，各放异彩。在宝玑制表工作间里，制表师们依旧遵循宝玑先生在两个世纪以前的风范，将先进工艺与传统技术完美地结合在一起。在这个标准化、机械化产品风行的时代里，每一只宝玑表都是个性孤品，所有宝玑表的新型号的表壳均饰以币纹，这俨然成了宝玑表最大的标志。宝玑表的价格没有上限，虽然昂贵得令人难以想象，但外表并不张扬，没有花哨的装饰却处处透着精湛的工艺，由内而外散发着尊贵。当人们评价一件艺术品，宣称其为经典之作时，就表示了它蕴含了三个阶段：过去、现在以及未来。宝玑无论过去、现在还是将来，都是真正懂得腕表和追求高品位生活的人的最爱。

5327 万年历手表

5327 万年历手表装备动力储备显示，以及改良式自动上链机芯。黄金镀银的手工花样车床表盘，表面设计完全以平衡美学视觉效果为考量。该表同时拥有 1∶30 方位月相盈亏显示、10∶30 方位动力储备显示、8 点方位年份显示、4 点方位星期显示和 6 点方位日期显示等。蓝宝石水晶玻璃表背，可透视内部以手工雕琢的机芯，表壳以黄金或白金打造。特别值得一提的是，宝玑在这只新表款 9 点钟方位设计一个可同步调整日、星期、月相的简易快速调整钮，让拥有万年历的使用者于调校需求时只要一个按钮，从此更加快速方便，再度展现宝玑的钟表创意与工艺水准。

Type XXI 系列

Type XXI 系列是为庆祝宝玑表于 1950 年专为法国海空军队所开发的款式——Type XX 系列是满 50 周年纪念所延伸发展的新款式。

Type XX 系列是宝玑表在 1950 年为法国海空军所开发的款式，由于制造技术精湛，性能良好且坚固耐用，因此深受收藏家

们的喜爱，一直是宝玑的一款为全球人们所喜爱的时尚表款，说它是宝玑主流表款中的新潮流款再贴切不过。为了庆祝 Type XX 系列推出 50 周年，设计师与制表技师共同创造了 Type XXI 系列。新款式性能良好，坚固耐用，受到全球爱好者的欢迎。

此次加大直径的 Type XXI3810 计时码表采用黑色铑金属表盘，双斜面设计和高碳钢币纹雕饰表壳。新型自动机芯，retour en vol 功能备受使用者赞赏——归零、启动分秒计时，均使用同一个按键。为了达到更清晰的显示效果，宝玑别具创意地将分针移至表盘中央。3 点方位由日 / 夜显示装置取代，6 点方位为日期显示窗。表盘采用清晰的发光式指针与小时刻度，显示清晰明确，再加上飞返计时功能，让此款更能展现户外活动的休闲特色。

Patek Philippe

百达翡丽
（瑞士）

简单外表，缜密内心

品牌名片

品　　类	腕表
标志风格	完美、复杂、精确
创 始 人	安东尼·百达（Antoine Norbert de Patek）
诞 生 地	瑞士
诞生时间	1839 年

品牌解读

在众星云集的钟表行业里，对"P.P"这一简单的字母组合，人们总能心领神会地露出钦佩与向往的神情。因为这一瑞士钟表品牌不仅拥有近 200 年的历史，在腕表之都日内瓦设有自己的总部、工场和博物馆，旗下拥有 80 多项专利技术，更是多项世界纪录的保持者。近 200 年来，百达翡丽（Patek Philippe）一直信奉精品哲学，一款表从设计到出厂至少需要 5 年的时间，遵守重质不重量、细工慢活的生产原则。主旨只有一个，即追求完美。它奉行限量生产，每年的产量不过 2.5 万到 3 万只。在长达一个多世纪中，百达翡丽出品的表数极为有限，不敌一款时尚表的年产量，并且只在世界顶级名店发售。

谁会陪你过 24 小时？钟表爱好者的标志是拥有一块百达翡丽表。高贵的艺术境界与昂贵的制作材料足以让很多人甘愿为百达翡丽这家百年钟表厂倾倒。百达翡丽是公认

的世界上最好的钟表品牌，卓越的技术与一丝不苟的制作精神使其独步世界高级钟表业近 200 年。"品质、美丽、可靠"是百达翡丽始终如一的优秀传统。要充分领略百达翡丽腕表，必须让时光倒流，回到昔日。早在 16 世纪，钟表制造业的深厚文化已在日内瓦萌芽。日内瓦早期的钟表制造者不仅是工艺师，更怀着一种近乎狂热的热忱，力求作品在外形及性能上达到完美。

近 200 年来，百达翡丽一直享有盛名，被誉为世界上最高贵的腕表。它的每只经典之作所采用的精细镶嵌技巧及技术，都是被同行所忘怀或失传的传统珍艺。百达翡丽集中了钟表师、雕刻家、瓷画家、设计师、表链匠、金匠及宝石匠等 7 大行业工艺，以精致入微、一丝不苟的严谨制作精神，成为千古不朽的传世名表。英国维多利亚女王于 1837 年 18 岁时登基，统治大英帝国 64 年之

久，她的道德观和责任感深深影响了维多利亚时代人民的思想。她购买的百达翡丽表是首批问世的免用钥匙上链的袋表。维多利亚女王于1851年8月18日在伦敦世界博览会上亲自为自己挑选了这件精品，并保存了将近50年。表盖上饰有钻石拼成的玫瑰，蓝色珐琅与女王的蓝眸相互辉映，透视出高贵与典雅。在她的影响下，阿尔伯特王子也选购了百达翡丽的表。名人王公贵族选购精品，为百达翡丽彰显了奢华的身价，使其被世人所赞誉。

阅读传奇

百达翡丽的创始人安东尼·百达（Antoine Norbert de Patek）在瑞士日内瓦定居，于1839年开设了百达钟表公司。1844年，安东尼·百达与简·翡丽在巴黎一个展览会中相遇。当时简·翡丽已经设计出表壳很薄，而且上链和调校都不用传统表匙的袋表。两人经过一番交谈，立即达成合作的意向，就这样，简·翡丽加盟百达公司。1851年，百达公司正式易名为百达翡丽公司。

安东尼·百达与简·翡丽的合作可谓珠联璧合。安东尼·百达对艺术有很深的造诣，倾向唯美主义，在钟表制作上追求完美与高境界。简·翡丽则是一位天赋的设计师、发明家。这种结合，决定了百达翡丽钟表走的是外观精美、工艺卓越、水准超群、一丝不苟的路子，奉行的是"唯美、优质、可靠"的原则。

百达翡丽公司成立后即得到一大殊荣：那就是英国维多利亚女皇选中并买下了一只百达翡丽袋表。这只采用新旋柄的袋表悬垂在一根镶有 13 颗钻石的金别针上，珐琅蓝金表盖上饰以钻石拼成的玫瑰。为追求产品的高境界，百达翡丽在材质选用上不惜工本。早期的百达翡丽表壳，采用的材质为纯银和 18K 黄金。19 世纪以来，大部分选用 18K 金（包括黄金、白金、玫瑰金等），甚至铂金。而全钢的表壳，是到后来才有一小部分。百达翡丽表机芯则均采用高钻数，早期表多在 15 钻以上，后来以 29 钻为多。20 世纪 60 年代制作的一些性能复杂的金表，钻数高达 37 钻，为同类表中罕见。

在钟表技术上，百达翡丽一直处于领先地位，拥有数项专利。从 1851 年百达翡丽获第一项"旋柄上发条"专利起，重大的专利项目计有精确调节器、双重计时器、大螺旋式平衡轮、外围式自动上链转子，以及有关平衡轮轴心装置等。仅 1949 年到 1979 年的 30 年间，百达翡丽便获 40 项专利，其专利之多，为名表中之最。

百达翡丽目前仍是全球唯一采用手工精制，且可以在原厂内完成全部制表流程的钟表制造商，并坚守着钟表的传统工艺。瑞士钟表界称这种传统制造手法为"日内瓦 7 种传统制表工艺"，意即综合了设计师、钟表师、金匠、表链匠、雕刻家、瓷画家及宝石匠的传统工艺。百达翡丽深信，由这 7 类工艺大师的巧手所制作出的名表皆为独一无二的艺术珍品，而这也是百达翡丽钟表最值得骄傲的地方。

百达翡丽公司对手表的产量有严格的限制，每款不会超过 1 万只。从公司成立到现在近 200 年，其总产量仅 60 多万

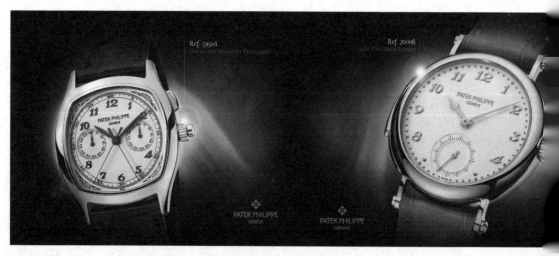

只。精品加限量，使百达翡丽表极具保值功能。1989 年，为纪念百达翡丽公司成立 150 周年而生产的纪念表，到 20 世纪 90 年代初已升值 4 倍。而公司 1953 年生产的一只白金镶钻日月星万年历男表，在中国香港举行的 97 春季拍卖会上被一位欧洲买家以 530 万港币购得，破了当时万年历手表最高成交价和亚洲手表拍卖最高价两项纪录。

不久，百达翡丽再次刷新古董表的世界拍卖纪录。一只 1933 年为一位美国银行家订制的手表，其成交价高达 1100 万美元。这只表具有 24 种功能，设计时间花了 3 年，又用 5 年时间才制成——一只表生产了 8 年！

为取得更进一步的发展，百达翡丽在 1996 年 10 月正式发行《百达翡丽国际杂志》，以英、法、日、中、德、意 6 种语言版本发行，力图通过该杂志的内容来吸引客户，提升企业形象。凡此种种，皆在证明百达翡丽不断求新、求变的经营理念，使这家百年老厂至今依旧充满活力，朝气蓬勃。

百达翡丽始终保持着每年度全部手工制造一只表的传统。要拥有这只表，唯有耐心等待 8 至 10 年时间，且价格不菲。在追求完美的过程中，美感无处不在，即使在看不到的表壳之下，如边角、机芯上美丽的圆形纹理，这些细微之处，都经过精雕细磨。

复杂功能是制表业中的顶级工艺，而百达翡丽尊崇的正是这"完美的复杂性"与"完美的精确性"的结合。百达翡丽的尊贵不仅在于它典雅的外表，还在于它内部机械的极端精密复杂性。"在最简约的外表之下，配置最复杂的款表"一直是百达翡丽信奉的准则。19 世纪制造的百达翡丽表，尽管轮轴末端已在轴承上转动了逾 120 亿次，但依然精确得令人叹奇。

百达翡丽要告诉所有的人，它的尊贵不仅在于它的精确、独特、卓越与高贵，而且在于它的耐用、恒久与延续。它的价值是"持久的价值"，不能以单纯的金钱来衡量。这其中包含着超凡的美丽、传奇的工艺与卓越的品质，以及对现在与未来的主人的忠诚。百达翡丽之所以能如此自信，只因为它具有历久弥新的品质，而在这品质背后，凝聚的是几代百达翡丽人的心血，以及对完美的执着与追求。

为保留最正宗的日内瓦传统，百达翡丽一直实行独立家族式管理，衣钵相承，迄今已是第三代。世界瞬息万变，而在百达翡丽的保密车间中，传统与创新、纯良与精密的信念依旧，仿佛时光永远静止在日内瓦的 1839 年。这种精神，在百达翡丽制表师的不懈努力之下，仍将代代延续，跨越时空，成就百达翡丽的永久传奇。

Piaget

伯爵 （瑞士）

用黄金度量时间

品牌名片

品　　类	腕表、珠宝
标志风格	精致、华贵
创 始 人	乔治·爱德华·伯爵（Georges Edouard Piaget）
诞 生 地	瑞士
诞生时间	1874 年

品牌解读

始创于1874年的瑞士表——伯爵（Piaget）因其精雕细琢的制表技艺，享有"世界八大奇观之一"的美誉。凭着出色的设计才华，以及精湛的制表技术，伯爵领导表坛一个多世纪，在世界钟表业大放异彩。"世界上最昂贵、最华美的腕表"一直是伯爵的品牌形象。伯爵告诉世人的是：只有品质上完美的表才是真正值得拥有的。伯爵的每一款表都是一件艺术品，都是结合了制表大师的智慧、美学理念和精湛技艺的杰作。正如总裁依芙·伯爵（Yves Piaget）所说的："你从伯爵表上看时间，是在欣赏一件至尊之宝。"

发展至今的伯爵表无论造型、色彩均洋溢着现代派的主流气息。伯爵在世界市场的消费群，不仅包括商界巨贾、影视名流，甚至包括政界要人，许多都是伯爵的钟爱者，意大利前总理还特别订制了50只伯爵腕表赠送给各国元首。一个月薪两到三万的人，一

般是不会来买伯爵表的。能消费得起伯爵表的人，钱对他们来说已经不是问题。伯爵带给他们的，是时尚、是独特、是品位，也是身份和身价的象征。

阅读传奇

伯爵表为表中后起之秀。它跻身于第一流手表行列，还是20世纪40年代后期的事。这个令无数望族钟爱的顶级表，在其起飞前，却经历了近百年的缓慢发展。伯爵表的创始人乔治·爱德华·伯爵（Georges Edouard Piaget）原为侏罗山脉中的一个名叫拉考奥克费斯村庄的农场主。1874年，乔治·伯爵建立了制表工作室，将他14个孩子组织起来为其制表公司生产机芯，也以伯爵公司的品牌生产整只成品表销售。后来，乔治·伯爵的两个孙子吉拉德和凡伦汀重新组建公司，推出伯爵手表，第一只刻有伯爵标志"Piaget"

🔱 **伯爵的每一款表都是一件艺术品**

的腕表正式问世。这款经由伯爵制表工匠竭力研究而首创的超薄九线运转装置，至今仍是机械腕表系列的主要设计依据。由于品质精良，伯爵表很快打出了牌子。

　　自 1874 年创立以来，伯爵始终致力于提升创造力、修饰细节以及融合腕表和珠宝工艺等方面，体现高档品牌的风范。伯爵原本专注于腕表机芯的研究和制造，后来进一步将这项精湛的技艺推广至珠宝工艺，因此得以在 20 世纪 60 年代推出第一款珠宝腕表。为了证明其拥有不断自我超越、出类拔萃的能力，伯爵特别擅长研发稀有、珍贵和独一无二的作品。不论是创造世界最薄的自动上弦机芯或是最昂贵的腕表，面对每一次的全新挑战，伯爵都全力展现其制造腕表和珠宝的精湛工艺。"永远要做得比要求的更好"不仅是创始人的格言，对于位于侏罗山区拉考奥克费斯村内的伯爵机芯制造工作室和坐落于日内瓦的高级钟表制造厂来说，这也是他们的宗旨。伯爵精确地掌握时间的脉动，永不停息地以大胆尝试的精神、专业的技艺与丰富的想象力，追求更精湛的技艺。

　　伯爵首创的纤薄型机械运转装置，成就显赫，是钟表业的历史传奇。伯爵的产品，每一部分都是由伯爵工作室所制造。除了独创首屈一指的机械运转装置外，伯爵的设计心思也为人仰慕。所有表壳及表镯都必定用 18K 金或白金铸造，而表面的设计更是多姿多彩，别具特色。其中超薄机芯腕表、珠宝腕表和 Piaget Polo 系列腕表是伯爵表中的经典款式。

1990 年，伯爵将其版图扩展到了珠宝行业，推出了 Tanagra 和 Possession 首饰。引起了人们广泛的关注，从设计、制作蜡模型到镶嵌宝石，伯爵始终秉承精益求精的宗旨。其"手铐腕表"（cuff watches）和"硬币腕表"（coin watches）设计出众，是伯爵表中的珍品。伯爵独一无二，一丝不苟，甚至自设铸金工场，力求完美中的完美。

2003 年，伯爵推出了"Emperador"陀飞轮腕表。这款表不仅是一款方形的 3.5 毫米超薄机芯陀飞轮，而且是一款鬼斧神工的镂空雕刻与钻石镶嵌的表；不仅技术精湛，而且精美绝伦。表壳上镶嵌有 151 颗美钻，极板上镶嵌了 159 颗圆钻，还装饰着 7 颗蛋圆形切割的蓝宝石，堪称表界的精品。

伯爵其他的产品包括 Limelight Rose Mofil、Possession、Cage Motif 和 Piaget Polo。Limelight Rose Mofil 是伯爵女装手表，Possession 是伯爵女装戒指，Cage Motif 则是伯爵女装耳环，而 Piaget Polo 是伯爵男装名表。Limelight Rose Mofil 采用 18K 白金材质的活动式表壳，它的表盘造型使用玫瑰造型的设计，以色彩渐层方式排列和紧镶 718 颗粉红色的宝石，以及 73 颗圆形而美丽的钻石。

为了表扬伯爵表所带给瑞士侏罗山区的荣誉，瑞士政府特将伯爵表厂的起源地拉考奥克费斯村庄称为"伯爵村"。100 多年来，伯爵表厂一直享有"制表至尊"的美誉，在带动及影响世界珠宝钟表文化的潮流中，更是占有举足轻重的地位。伯爵成功的秘诀是什么呢？面对外界的疑问，依芙·伯爵露出笑容说道，秘诀无他，只是"永远做得比要求的更好"。百年来，伯爵表厂一直坚持这种经营哲学，在 21 世纪的现在也是如此。

Piaget Polo 系列自面世以来，一直是全球各地追求品位的人士极想拥有的藏品。该表款之所以能成为当代传奇经典表款，与 20 世纪 80 年代上流社会生活形态的改变有关。20 世纪 70 年代，上流社会盛行一股马球运动流行风潮，多数有品位的贵族都参与马球运动。因此伯爵表厂专为这种贵族运动设计出 Piaget Polo 腕表，一推出即深受推崇与爱戴。腕表最初的创作理念具有多种特色：坚固耐用；符合手腕设计，让佩戴者有最舒适的感受，不会勾到衣物；亮面及雾面相间；维持顶级的设计品位等。

在风靡 20 余年后，新一代 Piaget Polo 以崭新的面貌让世人重新体验了 20 世纪 80 年代经典传奇与现代风华带来的震撼。全新推出的 Piaget Polo 腕表保留了 20 年前无缝边一体成型的设计，兼备了 Piaget Polo 的精要，并添加时尚新元素，呈现出古典与创新兼具的全新生命力。新款 Piaget Polo 腕表以 18K 黄金及白金精铸，备有钻石款式及伯爵特有、自行研发的机芯，展现绝佳设计品位。全系列 Piaget Polo 腕表共有 7 款，兼具男女对表款式，无论是机械或石英机芯，都融合了休闲与华贵的精髓，为崭新的时代奠定时尚简约与华贵优雅的格调。

伯爵的经典系列都令人称奇，其中有一个系列取名为"舞者"（Dancer），一个既明智又恰当的名字。它一直都是伯爵畅销的腕表系列，集结了伯爵表举世无双的种种设计风格，最能表现出伯爵表传统的至尊。那精湛的制表工艺，简洁清雅的外观，令人一见钟情；表环及表带钩子的花纹设计，相得益彰；钟点刻度则用钻石分辨，风格统一；表壳纤薄，高雅大方。"舞者"的美感在于圆浑的弯形线条，戴在手腕上，衬托出皮肤的光泽和嫩白，更加透露出伯爵的质感。

一直以来都流传着这样的一句话："如果要珠光宝气，请找卡地亚；如果要高贵完美，则唯有伯爵表。"独一无二，无疑是尊贵度的最好体现。如果要订制一款独一无二的伯爵表，起价就要超过 400 万元人民币，但每年仍不断有富翁名流要求订制。人们已经不再满足于市场上流通的表，而是找到制表商订制自己心中的表，完成自己对于表的一个梦想。

自品牌创立之初，伯爵就在发展中明确了双方面的方针策略，制表技术与珠宝设计并重，旨在将专业的制表技术与华丽创新的珠宝设计相结合，创造出伯爵独特的设计风格。20 世纪 60 年代，伯爵表就率先使用黑玛瑙、绿松石及青金石等彩色宝石做表面，从而进军珠宝表领域。伯爵曾经推出金币表、奖章表、指环表、胸针表以及袖扣表等一系列经典的珠宝表款，从 20 世纪 90 年代起，每年还会推出独一无二的珠宝首饰新作，"占有系列"就是其中的经典代表。

在时尚界，有这样一种说法：无论你参加多么高级的酒会，无论你出席多么重要的庆典，也无论你出现在多么奢华的聚会中，无论有多少盛装出席的美女，只要选择佩戴伯爵珠宝，就一定会成为全场瞩目的焦点。所以对于女人来说，在很多场合佩戴伯爵珠宝是最保险、最明智的选择。与很多庄重、典雅、高贵的知名珠宝品牌相比，伯爵珠宝一如耀眼的火焰，为白昼增添了热情，也照

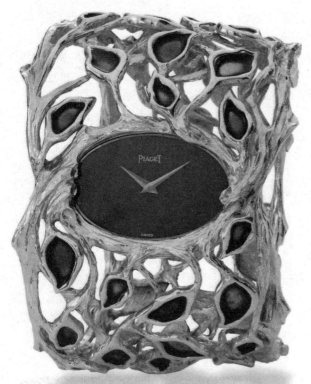

亮了扑朔迷离的夜晚，以无可比拟的璀璨光华，见证着佩戴者的不凡品位。

Piaget Polo 男表系列

Piaget Polo 系列为时尚经典的表款，经重新诠释后，深受具有时尚品位与酷爱悠闲生活的人士推崇。它主要设计的概念传承了原创外形的风格，并添加划时代演绎的时尚元素，独创圆形表壳。同时腕表的设计也更符合人体工学的设计，使手腕更加舒适。这款表采用自动上链机芯，圆形一体成型表框，具有时、分、秒、日期显示及动力储存等功能。青灰色面盘呈现简约经典的设计，3、6、9 及 12 点钟时标，以立体浮雕的阿拉伯数字显示，6 点钟位置则为日期显窗口，12 点钟位置有 Piaget 的英文字样，整只腕表充分展现运动优雅的造型。该腕表的另一个特色是：机芯采用 11 法分口径，震频每小时达 21600 次，并以 5 个方位校正，可快速上链；运用磨光及磨边联桥，有日内瓦条纹装饰。腕表的链带及表壳运用雾面、亮面等不同处理方式，营造出框线的效果，表背则刻有伯爵的英文标志。

Piaget Polo 女表系列

Piaget Polo 女表系列在设计上与男表相同，有表框镶钻及无镶钻等款式，采用伯爵表厂自行研发的石英机芯，具有可靠、耐用、精准、电能长达 62 个月等特性。伯爵表在腕表的制作上并不排斥使用石英机芯，所有伯爵表制作的机芯，不论是机械或石英，都拥有 80% 以上相同的组件。因此只要是能符合美观与实用，加上客人的需求，石英机芯相对而言是最好的选择。此外，女表的整体设计上较男表小巧，但清晰简单的面盘同样呈现出流行的特色。表框在设计上与男表相同，保留成 6 个简单对称的条纹，表框与表带条纹相间的一体成型的设计形成了 Piaget Polo 的一贯特色，表带及表框采用雾面磨砂及抛光相间处理，佩戴者可在任何角度折射出不同的光泽，不论是白天或黑夜都相当适合佩戴。这款腕表还提供表框及时标镶嵌美钻款式，除位于 12 点钟位置的时标仍以阿拉伯数字显示外，其余刻度都用顶级美钻替代，精美绝伦。

Jaeger-Le Coultre
积家
————————————（瑞士）
腕表界的"豪门"

品牌名片

品　　类	腕表
标志风格	精准、创新
创 始 人	安东尼·拉考脱（Antoine Le Coultre）
	阿玛德·积家（Edmond Jaeger）
诞 生 地	瑞士
诞生时间	1833 年

品牌解读

近两个世纪过去了，时间在流转，但积家（Jaeger-Le Coultre）钟表日益辉煌。积家拥有超过 900 名员工，是世界上规模最大的钟表厂之一，积家厂内分工达 40 种，并运用 20 种尖端科技。"唯有事必躬亲，才能生产最好的产品"，让积家成为世界上拥有最多钟表工艺遗产的表厂之一，同时获得最多的钟表专利及发明。每件成品都传承了积家 170 多年悠久的传统，遵照传统工艺打造，并融入最先进的现代技术。为了呈现钟表的极致美感，积家钟表兼容了细腻典雅的巴黎风格。积家钟表始终怀着一份信念，绝对不会满足于只是一只赏心悦目的珠宝腕表，同时也注重腕表的内在美。悠久的工艺传统，融合巴黎上流社会的高尚、优雅，丰富了积家的内涵。

积家腕表历久弥新，不但没有随时间流逝而黯然失色，反而更加光彩耀目。腕上佩戴一枚新款积家腕表，已成为尊贵独特的象征。积家浓缩制表历史，更是完美技艺和优雅美学设计的结晶。富有想象力与创新精神的积家，为人们带来的远不止一款表壳可翻转的腕表，它们给世人带来了激荡不灭的热情，令人们惊喜连连。积家系列腕表以辉煌往昔，点亮充满希望的未来。这是钟表制造史上的一段奇闻轶事。无须过多想象，栩栩如生，仿佛就在眼前，如同一部电影，情节生动，活灵活现。

阅读传奇

和些许大师的经历类似，安东尼·拉考脱（Antoine Le Coultre）先生凭着过人的天赋和对制表独特的理解，一手创立了一个傲人的瑞士钟表品牌。安东尼·拉考脱是 16 世纪从法国前往瑞士避难的新教教徒的后代。在他制造机械仪器的父亲的影响下，积极研究钟表机械及齿轮制造技术，其最卓越的发明之一，是用来制造钟表齿轮的仪器。最初在瑞士侏罗山谷创建了一家制表作坊。20世纪初，拉考脱的孙子与法国计时器大师阿玛德·积家合作，并以双方的姓氏共同组成积家（Jaeger-Le Coultre）这个钟表品牌。

积家的制表工艺向来名列前茅，保持着传统的制表工艺，同时又是精确计时技术和设计领域中的佼佼者，无论在雕刻、搪瓷绘画技术、宝石镶嵌，还是在透视机芯等技巧方面，均显示出对钟表艺术更高境界的追求。因此，它不仅赢得了英国女王伊丽莎白二世的芳心，而且据美国奢侈品协会调查显示，在美国人心目中的奢侈钟表品牌中，积家表获得了78分的高分，被列为奢侈名表之首。

积家为 Master，Reverso 与 Atmos 三个系列制作各种精密机芯。积家最著名的腕表之一 Reverso，自 1931 年问世以来，就几乎不曾修改过。这只传奇腕表的长方形回翻转表壳内，更配有 12 枚不同机芯，尤其是结构复杂的三问表、陀飞轮及万年历。因为设计独特，更多的女士也热衷 Reverso 系列。积家另一个招牌系列 Master，则是精密腕表的极致，圆形的表壳内安置着积家最复杂、享有最高声誉的机芯。而积家制作、靠空气温差运作的 Atmos 空气钟，问世以来就不断给世人带来惊喜。这个神奇的座钟从温度变化中获得运作的能量，并不断推陈出新，带来革命性的突破。它以空气缩胀为能源，温度每改变 1 度，便可运行 48 小时，它在正常温差条件下可行走 600 年。每款空气钟的制作历时一个月，要经过数周调校。这种空气钟后来成为瑞士政府馈赠国宾的礼品。

1844 年，拉考脱发明了测量精度达到 1/1000 毫米的微米仪，使其钟表零件

的加工精度大大提高，并使其在 1851 年的伦敦世界博览会上夺得金奖。1907 年，积家推出世界上最薄的机械表芯，1929 年又制造出创吉尼斯纪录的 101 微型机械表芯，并推出首款 2令表（1 令 =2.256 毫米）。这款表将 74 个零件装入 3.4 毫米 × 4.85 毫米 ×14 毫米的空间中，震惊了钟表界。此外，积家在三问表、日历表、响闹表、世界时区表、陀飞轮表以及机芯制造等领域都创下了佳绩。

积家拥有多不胜数的钟表设计专利，为世界钟表业的发展做出了巨大贡献。世界第一只采用表冠上链装置的手表，以积家的名义面世。从 1950 年开始，积家推出了一系列经典作品：为职场人士所设计的 Memovox 响闹腕表，Geophysic 码表，世界上最小的石英机芯，最小的石英跑马表机芯，等等。到 1989 年，积家推出 Grand Reveil，这只合并了万年历手表及闹铃表功能的手表，被收藏家视为创世纪的发明，由 300 件精密零件构成。2004 年，推出世界首创配备球形陀飞轮机芯腕表 Gyrotourbillon I。2007 年，积家推出了高级珠宝腕表"玫瑰系列"（LaRose）。这款表在威尼斯电影节上高调亮相，吸引了众多目光。这款表上镶嵌了 3000 多颗珍贵的宝石，其中有 1480 颗粉红色宝石，120 颗钻石，构成了一朵玫瑰花，另有 1370 颗 Tsavorites 宝石构成了绿色的枝干，颜色的搭配自然温馨。借助于"熔模铸造""雪花镶嵌""宝石镶嵌"等技术，制表大师和宝石镶嵌专家们耗费了 600 多小时来精心构思、制作每一个细节，使每一片花瓣都各显美态，每一个弯枝都自然平和。终于制作出清新欲滴、朝露环绕、雍容璀璨的珍贵腕表。这款表配备了积家 846 机芯、镀铑白金表壳，上链表冠隐藏于表盘下面，处处彰显着积家表至高无上的艺术精髓。

♛ **积家制造的空气钟**

对技术日新月异的追求，驱使积家在 2007 年隆重推出 Duometre 系列，并推出该系列首款双动力精准计时表。该表搭载了新一代的机芯，采用全新设计概念的 Dual-Wing（双翼）双动力系统，具有两个独立的发条盒，分别供能给时间显示与计时功能，同时使这两个功能系统可经由同一调校系统进行操作，实现了配备有复杂功能的腕表也能拥有天文台表精准度的梦想，其推出的每一个款式都堪称经典。2010 年，积家 Duometre 系列又推出了新品——月相日历腕表。表盘可显示小时、日历与月相，以 Dual-Wing 理念设计的卓越机芯将钟表之走时精准推向史无前例的巅峰。

IWC

万国

（瑞士）

世界仅有的记录簿

品牌名片

品　　类	腕表、怀表
标志风格	精准、实用
创 始 人	佛罗伦汀·阿里奥斯托·琼斯（Florentine Ariosto Jones）
诞 生 地	瑞士
诞生时间	1868 年

品牌解读

　　毫无疑问，时间是历史的经纬在无尽岁月中一项最为准确的表达。而演绎时间的钟表则是最令人难忘的机械工艺。在众多的钟表品牌中，如果说伯爵的奢华令人心醉，万宝龙的庄重令人肃然起敬，那么万国（IWC）的世界却洋溢着机械的经典风范。万国表创立于1868 年，制表已有 140 多年历史。立业地方叫夏佛豪塞，当地有钟表的历史可远溯至 15世纪初，足足比万国早了 450 多年，但直到万国建厂制表后，时间的精确度，才开始被人们牢牢掌握在手中。万国的创办人是美国波士顿工程师佛罗伦汀·阿里奥斯托·琼斯，他在莱茵河畔的厂房中创立了瑞士早期的机械制表工厂，实现了他的新颖构想——以机械取代部分人工制造出更精确的零件，而后由一流的制表师装配成品质超凡的表。万国表利用水力动力进行现代化生产，使当地成为创新精密制表业的摇篮。琼斯利用现代化的美国生产机器，制

造极为精确的怀表机芯，并在当时处于低迷经济时代的瑞士掀起了一场钟表革命。

　　万国表的外观呈现出硬朗的黑、白及灰色调子，强化了万国的主题："万国是腕表制造的工程师。"低调的品牌风格跟专门店的设计相互呼应。万国的专门店营造了最理想的环境，让顾客可专心地欣赏以万国坚守的制表哲学"Probus Scafusia"（源自夏佛豪塞的非凡技术与精湛工艺）制造的腕表精品。而专门店"具深度的简约"设计特色又与万国形象紧紧相连，在全店的每一个角落流露出来。清雅、简约的线条配合亮丽的玻璃及高质素的金属，令每位过路人投以欣赏的目光，更禁不住要入内参观并进行非同一般的腕表体验。

　　创始人琼斯富有开拓精神，他激情饱满而且充满抱负，奠定了万国表的文化根基。对万国表的工程师而言，钟表外观设计与精确时间同样令人着迷。他们喜欢运用大胆创

新的理念，努力钻研精确度和创新设计。他们用140多年的创新，潜心钻研具有顶级技术内涵的制表工艺，打造出诸多永恒经典的作品，为钟表业的发展做出了巨大贡献。

万国表的总裁曾经说过这样一段话："拥有万国表对男人来说，是一种骄傲，就像拥有跑车一样。最新的保时捷跑车的时速可以达到390公里，但没有人能开得那么快；我们的手表月相盈亏标志557年才出现一天的误差，但拥有者恐怕也看不到这一天。拥有奢侈品不是为了使用它的复杂功能，而是拥有这种复杂功能，就是拥有完美。"琼斯认为，一个男人，应该用手表和鞋子来表现自己的男性品位。他常常从这两件物品去判断一个男人的教育背景、人生品位。他本人就只带瑞士名表，只穿英国名牌鞋。他收藏的万国表就有10多款。当人们好奇地问他，哪款是他的最爱时，他总是得意地反问人家："就像我的两个孩子，难道我能分出哪个更好吗？它们都是我的心肝宝贝。"

阅读传奇

人的一生无论长短，都在不停地经历"时间"，又在不停地失去"时间"，能够记载我们生命的唯一载体就是"钟表"。在世界的表坛中有几朵奇葩，万国表绝对是其中当之无愧的一颗明珠，在世界很多地方都引领了当地风尚，在表坛有这样的说法：商人喜欢用劳力士，医生偏爱欧米茄，大学教授及工程师则钟情于万国。为什么会有这样的说法呢？当然是和万国表的精准和内敛分不开的。

1868年是一个值得纪念的年份，不仅因为在这一年世界上第一枚万国手表被制造出来，更是因为万国表百年传承中不断上演创新的精品在这一年被开创。

这一年，随着一位美国波士顿的天才工程师琼斯的到来，风景秀丽且平静的瑞士小镇夏佛豪塞显得不再平静。琼斯当时的初衷是为了向美国市场生产高品质的怀表机芯，虽然当时的美国已经设立了提高钟表制造效率的标准，但琼斯还是被小镇精通钟表技艺的工人和当地低廉的工资所吸引，因此他毫不犹豫地在夏佛豪塞的莱茵河畔创立了瑞士早期的机械制表厂，既开创了一个时代的品牌典范，拯救了将死于工业时代边缘的拥有精湛技艺的钟表工人，同时也实现了他内心深处的梦想。

140多年来，万国潜心钻研制表工艺，这一举世公认的瑞士名表品牌，是国际公认制造精密机械芯的专家，其制作的机芯，至今仍是举世罕有匹敌。而其不受时代潮流左右的款式、内敛典雅的特色以及简便的操作，不断在精密复杂的制表工业创下新的经典，深受腕表爱好者的喜爱，素有"顶级钟表工程师"之称。

回溯历史中的机械典范不计其数。自1885年第一枚大日历窗表和万国Pallweber怀表问世以来，万国的钟表精工们不断改写着钟表历史和技术极限。那珍藏在小镇表厂里的万

国特有的手表出场登录簿中，一个个花体手写条目是那么耀眼：1935年精密耐用的Pilots watch飞行员腕表系列、1938年贵族奢华的Portuguese葡萄牙腕表系列、1990年集众多复杂机械功能于一身的Grande Complication超卓复杂型腕表系列等。万国表的品牌魅力和超凡历史地位可见一斑。

成功的钟表有两种：一是实现了想象的设计，二是经历时间仍深受欢迎的设计。万国作为一个设计时间经纬线的品牌，人们有理由相信万国是二者合一的名表。它经历了时间的考验，至今仍然活跃在世界顶级腕表业的舞台之上，这些足以证

明它的艺术生命力与恒久的精确度。

万国表 2005 年进入中国时，早已经家喻户晓了，万国表亚太区董事总经理讲述过这样一个小故事。"那是大连的一个小伙子，有一天带来一块 70 年前出产的腕表，是他祖父留给他的。6 个月前，他出了一场车祸，表的一边被撞变形了。因为是 70 年前的表，这边也不知道该怎样修理，就运回了瑞士。后来我们用黄金给这只表镶边，为他创造了一款世界上独一无二的手表，他看到后非常高兴。就这一款手表，我们的制表师用了整整一个月的时间，这一个月，只是修缮这一只表。这就是我们做事的态度，也是我们品牌价值含量高的原因。"在他看来，购买奢侈品更多的是购买一种高质量的服务，而且是一种世界范围内的服务，你在伦敦买的表，到了巴黎出了问题，在当地就可以修。而且过了 30 年、50 年同样可以。这对购买者来说，是顶级的保障。

100 多年来，万国表于瑞士的夏佛豪塞当地潜心钻研制表工艺，打造出永恒经典的作品，其设计与技术在同行业中的领先一直是万国表缔造众多辉煌成就的动力。源自万国表的非凡技术与精湛工艺不仅是夏佛豪塞优异、纯正工艺的表征，同时也体现出万国表对其宗旨的一贯坚持。

葡萄牙琼斯系列

在 1868 年制作出著名的"琼斯机芯"后，品牌创始人就在夏佛豪塞当地遗留下他优良的传统。这些珍贵的遗产通过葡萄牙琼斯腕表的推出，而得以重新面世。

从万国表的葡萄牙腕表系列，可以看出机械时计的悠久历史和无穷魅力。该系列腕表尺寸庞大，是高级机械腕表的登峰之作，其历史可追溯至 20 世纪。首批葡萄牙腕表是应两名葡萄牙商人的特殊要求而制造，机芯采用万国表独创的怀表机芯，体现完美的制表工艺。

万国表的葡萄牙腕表系列与葡萄牙民族

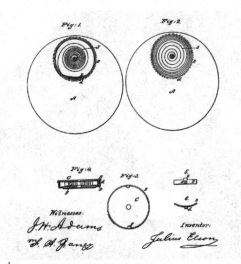

♛ 琼斯为万国表取得专利的文件

的航海历史有着千丝万缕的联系，葡萄牙民族对精确时间的不懈追求，源自其著名探险家的航海壮举。20 世纪 30 年代末，两名葡萄牙钟表商罗德格斯（Rodrigues）和特谢拉（Teixeira）来到瑞士夏佛豪塞，寻找一款具有观察腕表功能且能佩戴在手臂上的时计。与当时的潮流逆行的是，他们想要一款硕大、超精确的腕表，一般只有在制造马甲怀表时才需要符合这一要求。最终，万国表实现了这一构想，制造出一款极为精确的腕表，采用 74 型号怀表机芯，是当时最纤薄的机芯。这款市场潜力巨大的腕表在内部被称为葡萄牙腕表，葡萄牙腕表系列亦就此诞生，成为钟表家族的一个传奇。

飞行员系列

万国表拥有海洋时计系列与工程师系列、飞行员系列，分别代表海、陆、空三个专业领域，口碑享誉全球。自 20 世纪 30 年代中期起，万国表一直致力于为飞行员和乘客制造航空专业腕表，钻研出技术精湛而富现代感的飞行员腕表。

1936 年，万国表推出的第一款飞行员腕表，即是能在当时驾驶舱的特殊环境下运作的功能性腕表的典范。随后万国表于 1940 年推出大型飞行员腕表，配备原创的怀表机芯

及大型中置秒针，专为军事飞行的侦察员及飞行员设计。最驰名的万国飞行员腕表则是自 1948 年以来推出的马克十一（Mark XI）军用及民用腕表，配备 89 型手动上弦机芯，一直是英国皇家空军飞行员的指定专用腕表。

2006 年的全新经典飞行员腕表系列与传统的飞行员腕表设计一脉相承，共有大型飞行员腕表、追针计时腕表、自动计时腕表、经典马克十六腕表及中型飞行员全新腕表五款设计，皆是糅合了万国表传统精髓与现代气派的完美典范。

海洋系列

潜水与时限总是息息相关。万国表在潜水领域也是先锋之一。随着潜水运动在 20 世纪 60 年代开始广受欢迎，万国表于 1967 年制作了防水深度达 200 米的第一只海洋计时 Aquatimer 腕表。自此，一项新的系列就此展开，即为潜水员设计和制造腕表。

这些绝对防水的腕表一直被改良，以适应日渐增加的要求。在过往的防水表款中，备受赞赏的包括破纪录的 2000 米防水深度海洋 Ocean 腕表、仍在生产中的防水 GST 海洋计时 Aquatimer 腕表，以及内置机械水深测量仪的"深海一号"（Deep One）腕表。

即使现代人已为潜水员发明了减压电子计算器，但在任何情况下都能提供准确计时的万国潜水表，依然备受世人青睐。

工程师系列

如果说万国表厂的飞行员腕表在空中叱咤风云，海洋时计系列腕表在海中如鱼得水，那么工程师系列无疑是在陆地上傲视群雄的顶级运动表，无论是挤压、拉扯、撞击、振动、紧急加速、紧急刹车、从冷到热的温差，或是越来越多机械装置发出的磁场效应，均无法动摇这一系列腕表完美的运作。

万国表厂在研发工程师腕表的过程中，正式步入自动上弦表的时代。自此以后，工程师系列便一直是精准、耐久与创新的代名词，并具有强力的抗磁功能。

工程师腕表具有陆地挑战活动所需的完整配备，是表厂久享盛名的杰作，独具动感与魅力，格外牢固耐久，展现绝对的简约之美。自 1954 至 1955 年间开始，该系列腕表便堪称万国表的代表性产品，其表盘上电光闪烁的"Ingenieur"字样不仅象征电力，更是摩登时代的标志。

20 世纪 60 年代，瑞士表受到日本石英电子表的挑战，市场占有率大为减小。万国顺应潮流，提出了"新产品系列、新机械、新市场、新形象、新用户"的战略思想，采用石英技术，开发出了"Beta21"型石英机芯，以低成本、高质量迎接挑战。还推出采用钛合金制作的手表、"Ultra Sportivo"超薄型手表、"Portofino"系列等，使万国手表跻身于瑞士一流计时器行列。顶级之作"DaVinci"系列的自动计秒表，则更是将全自动、日历、月相显示于一身，全部程序编至 2499 年，还可以调校各类功能，在世界表坛大放异彩。

工程师系列腕表也是万国表与世界顶级的精品轿车制造厂 Mercedes-AMG 的合作结晶。基于相同的目标、价值观与对产品严格的要求，万国表厂与 Mercedes-AMG 车厂携手合作，为工程师系列推出以钛金属精心打造的 AMG 版本的自动腕表与计时腕表。

秉持"超越精简外在的丰富内涵"的创作理念，经过进一步改良提高的工程师腕表，携带着一股不可抵挡的气势重返表坛，开创了重新发现传统价值，并糅合先进科技的新时代。

Girard-Perregaux

芝柏

（瑞士）

腕表界的蒙娜丽莎

品牌名片

品　　类	腕表及其他精密钟表、珠宝
标志风格	时尚、优质
创 始 人	让·佛朗索瓦·宝特（Jean Francois Bautte）
	康士坦特·芝勒德（Constant Girard）
	玛丽·波利高（Marie Perregaux）
诞 生 地	瑞士
诞生时间	1791 年

品牌解读

手表制作，是心思的结晶，也是对美学和技巧完美配合的追求；满足不同年代的品位和潮流之余，必须无损传统素质及优点，才能叫人赏心悦目，始终如一。两个多世纪以来，芝柏（Girard-Perregaux）表的创意源源不绝，全赖背后无数超卓的制表工匠代代相传，努力不懈，使其优良的制表传统得以发扬光大，达到今日举世推崇的地位。

真正的表厂应该坚持自行生产，因为成本的关系，瑞士很多表厂都已经停止设计和生产机芯，芝柏是少数几家坚持自己做机芯的厂家之一。从设计到实物的完成，传统制表工艺和尖端先进科技进行的结合，使芝柏的机芯通过了最严峻的品质控制。芝柏设计完成的新机芯，当然首先用在自己的表上，日后才供应给其他商业伙伴。而且，有机会使用芝柏机芯的厂家，一定是制造高质素手表的名牌，像江诗丹顿、卡地亚、伯爵和宝

格丽等。特别的技艺使芝柏逐渐成为制表业皇冠上一颗最为璀璨的明珠。每一只芝柏的机芯，都由专家用手工装嵌、刻花与装饰，通过几个不同制造步骤的品质测试。多数型号都有不锈钢、玫瑰金、黄金以及铂金的不同版本，所有表壳都装有蓝宝石水晶玻璃。此外，每一个型号都有不同的表面供选择。

阅读传奇

芝柏表的历史可追溯到日内瓦一位名叫宝特（Bautte）的表匠。宝特于 1772 年 3 月 26 日出生在一个劳工阶层的家庭，从很小的时候就成了孤儿。12 岁时他拜师学表艺，逐步学成了制壳、车工、制表和珠宝镶嵌的技术，他也同时挤出时间接受教育以弥补其年少失学之遗憾。宝特在 19 岁时，就打造出了刻有自己名号的钟表，这象征着他已蜕变为一位制表大师，而这早年的成就也为日后芝

柏厂的诞生奠定了基础。两年后，宝特和昔日雇主雅克多芬（Jacques Dauphin Moulinier）结为事业上的伙伴，而他的名号也首次出现在官方的商业登记上。

康士坦特·芝勒德（Constant Girard）在 1867 年发明的三金桥陀飞轮表具有令人叹为观止的元素，尤其表现在机芯的结构和组件的排列上。这一发明基本上确定了机械机芯的结构：包括一个主机板、一个发条鼓条板（或板桥）、一个上板桥及一个擒纵叉，所以一个机芯包括三个板桥成为芝柏手表普遍的组件。而康士坦特·芝勒德的杰出之处在于以上组件的结构及排列方式，这三个平行排列的金桥板不仅外观精美，还能固定发条鼓、指针和陀飞轮。而且这三个金桥板还蕴含独特的象征含意。康士坦特·芝勒德的三个箭形金桥象征着过去、现在与未来。从人类计算时间的历史，源自公元前 3000 年美索不达米亚文化中以及其倍数作为时间计算的基础。从宇宙天体运动来看，太阳轨道有三个阶段：日出、日顶、日落。根据"三位一体"的宗教含义类推出三种不可分割的自然元素：水、土、火。康士坦特·芝勒德的三个箭形金桥不仅是表业中功能与美学的完美结合之典范，而且已经变成了芝柏表一个象征性的标志。三金桥陀飞轮表 1867 年

一经推出就在巴黎万国博览会上获得金奖，1889 年再度赢得巴黎世界博览会冠军，并且赢得"钟表界的蒙娜丽莎"的美誉。

20 世纪 40 年代，蓬勃发展的芝柏表厂又相继推出功能性表款医生表（DuoDial-Doctior's Watch）和华贵的女装宝石表（Lady's Watch）。医生表是为便于医生探脉时使用的手表，采用上下两个刻度盘的设计；上为小时盘，下为分针盘，而大盘则为读秒盘，如此的设计，不仅功能性强，更因其新颖的构思而令业界称奇。1945 年推出的女装宝石表，更是在细小的表身上，设计有黄金、白金、红宝石、钻石的带扣及表链，显得华美至极，成为当时最时尚的表款。

1966 年，芝柏成功研究及制造了世界上第一枚高频率的机械机芯，它的平衡摆轮每小时可以摆动 3.6 万次。1969 年，这家表厂设计和生产了一枚石英机芯，振荡频率 32768 赫兹，成为所有石英表被国际接受的唯一标准。这个标准频率，使得芝柏走向了成功。

自 1991 年起芝柏已生产超过 20 种型号，当中包括结合超级复杂功能如三问报时或计时功能等。表厂其中一项最重要的创造是为三金桥陀飞轮配置自动上链系统，当中的概念是采用一个较小型，但密度及重量高的铂金摆陀，可以容纳于三金桥结构余下的较细小的空间中。无论装置在 Vintage 还是 Laureato 表壳中，透过表盘或者透明表背都可以清楚展露出三金桥的结构，充分表现当中蕴含的顶尖技术及独特的腕表艺术。

芝柏表的经典系列"歌剧系列"（Opera）能够演奏出莫扎特的《小夜曲》和柴可夫斯基的《不伟大的爱》。"歌剧系列"是芝柏表的顶级复杂巨作。制表大师以独具匠心的高超技艺，由数百件精致灵巧的零件，组合成环环相扣的齿轮、擒纵结构、音簧机制，模仿出绝佳的管弦乐团，演奏出莫扎特和柴可夫斯基的天籁之乐。芝柏表的"歌剧系列"把时间与音乐完美结合，每一件作品都堪称极品，树立了世界表界的里程碑。钟表制作是智慧的结晶，也是由美学和技巧完美配合的技术，它在满足不同年代的品

位和潮流之余，必须无损传统品质及优点，才能始终令人赏心悦目。有了最高品质的机芯的保障，芝柏这一品牌才得以在制表界经久不衰。

芝柏品牌跨行业合作的例子也屡见不鲜，1993 年，芝柏与法拉利签订了合作协议，创作双秒分段计时表的限量版。推出充满概念的"法拉利""计时码表""法拉利总裁表"，还推出了"向法拉利致敬"的纪念表。这些表都深受跑车赛手和车迷的喜爱。

芝柏以其复刻版推出 Vintage 1945 系列，为 20 世纪 40 年代的复古线条注入新颖的现代元素，让表壳更为服帖手腕曲线，凸显视觉与舒适度的协调性。1945 年，芝柏推出一款深受 ArtDeco 影响的方形表，以雅致的线条刻画方形表的独特魅力，竹节型表画龙点睛，带出其优雅的气质。复刻系列主要有 Vintage 1945 三金桥陀飞轮自动表（陀飞轮摆轮镂空透视窗）、Vintage 1945 大日历月相自动表、穿越时空的典雅仕女芝柏表 Vintage 1945 Lady 系列。

1996 年 11 月，芝柏在日本市场再创新高，其经典系列 Vintage 1945 被选为"全年最佳手表"之后，芝柏在日本开设了自己的分公司。与此同时，芝柏表买下了玛基列特别墅。这幢 20 世纪早期的建筑物，成为表厂新的博物馆。1999

年，芝柏首次参加在日内瓦举行的国际高级钟表大展，展出了两枚最新的自动机械机芯：柱状轮计进表及自动上链的陀飞轮表。

艺术和时间可以完美地结合在一起，芝柏表"歌剧系列"每一件作品都可以称为钟表界的里程碑。事实上，每一款以芝柏命名的表，都由芝柏的设计师、工程师以及制表师一丝不苟地构想和制造出来。从设计概念、机芯研发、表壳设计和制造等每一道工序，都经过仔细监督和改良而成。他们将世界顶级制表工艺付诸实践，有如把无价的知识贮存在锦囊里，让人们随时随地都能感受到什么叫艺术，什么叫尊贵。

2004 年，推出全球瞩目的女表系列 Cat's Eye。为了庆祝 Cat's Eye 于日本及瑞士获得最佳女表大奖，芝柏特别推出全钻珠宝表。此款珠宝表的设计，白金表壳镶以 315 颗华丽美钻，并延伸到优雅弧线般的长型表耳，表盘上 4 个阿拉伯数字镶以闪烁的钻石，呈现于娇嫩的粉红珍珠贝母盘。此外，表冠更镶嵌了一颗晶莹剔透的粉红水晶，显得格外妩媚。粉红色丝绢表带搭配镶满钻石的金蝴蝶扣，增添华丽感。底盖以 4 颗锁牙螺丝锁紧，可以看到自动机芯的运作。表盘上呈现 Cat's Eye 腕表的 3 项功能：9 时位置的小秒盘显示、1 时半位置的日期显示及 4 时半位置的动力储存显示。

Chopard

萧邦

（瑞士）

像钢琴音符般律动

品　　类	腕表及其他精密钟表、珠宝
标志风格	创意非凡、时尚
创 始 人	路易斯·尤利斯·萧邦（Louis–Ulysse Chopard）
诞 生 地	瑞士
诞生时间	1860 年

品牌解读

来自有 150 多年历史的制表世家——萧邦（Chopard）的腕表，以"萧邦（Chopard）"为名，一向结合非凡创意与华贵用料，设计出品位出众与新颖的时计。萧邦品牌秉承过去丰盛的成果，着力研究多款复杂功能腕表，推出更多元化的创作。无形之中为萧邦表注入了浓厚的艺术气质，因此令人印象深刻，给品牌本身带来了意想不到的效果。现实中的萧邦表在世界表坛，就像萧邦之于世界音乐史，同样名声显赫，通过积极地推动文化和慈善事业，如为每一届戛纳电影节金棕榈奖和世界慈善协会提供赞助，不仅让萧邦表在名流阶层大受推崇，也使其在普通人中树立了良好的口碑。在人们心目中，萧邦表自然成为身价不菲又有着积极声誉的国际名表。从热情洋溢的加勒比日光海滩，到樱花飘舞的日本温泉，再到法国的香榭丽舍大道，甚至埃及的金字塔脚下，你都会发现萧邦表华贵而时尚的身影。

萧邦手表常常令人耳目一新，手表表面有独特的画面设计，衍生出千变万化的几何图，分别有 12 小时刻度尽是耀眼星光的西洋星座款式，令人满载浪漫感觉的雪花系列，以及充满中国风味的 12 生肖款式。与此同时，在表面中有一颗颗可流动的钻石，钻石随着身躯舞动而摇晃，充满趣味。秉承着富有浪漫诗意的创意设计，品牌继续打破传统的创意精神，把一向收藏在表面内的小时数字表现于外，以阿拉伯数字构成表圈，加上闪闪耀眼的钻石，创意与美感无限。

阅读传奇

1860 年，路易斯·尤利斯·萧邦（Louis–Ulysse Chopard）在瑞士汝拉山松维里埃小乡村创立了萧邦，萧邦专业生产怀表和精密时计。萧邦的钟表制作工艺超卓，在金质的怀表中享有杰出的声望，以其精湛、奢华的手表闻名于世，可谓是制造首饰的钟表商，是日内瓦钟表业界里一颗璀璨的明珠。萧邦的产品全部出产于自己的厂房，制作过程极为严格精密，产品质量极佳，深受爱好者和收藏家的好评。萧邦珠宝首饰拥有完美的奢华风格，尽显珠宝的骄矜和实力，无论钻石还是宝石，都传递出摄人魂魄的魅力，尽显超然美感。

1920 年，路易斯·尤利斯·萧邦的儿子决定拓展萧邦品牌的领域，开始设计镶嵌宝石的珠宝类手表，并将工厂从松维里埃迁到了钟表业的"首都"日内瓦。从此，萧邦著名的宝石手表开始进入人们的视野。尽管萧邦获得了广泛的赞誉，但路易斯·尤利斯·萧邦的后代们却没有延续家族对钟表的热爱。20 世纪 60 年代，保罗·安德鲁·萧邦是最后一个以萧邦为名的手表制造者，而他不得不面对这样一个现实：他的儿子之中没有一个愿意将他的传统继承下去。与此同时，卡尔·舍费尔（Karl Scheufele），一位年轻的珠宝和手表制造商，作为家族的第三代传人，正在寻找一个新的突破点。他的目标是传统、品质和形象，因而与萧邦公司一拍即合。于是，历经百年的萧邦，在 1963 年被卡尔·舍费尔收购，舍费尔家族将萧邦发展成为拥有世界声望的著名珠宝首饰和手表品牌。

1975 年，萧邦制表厂离开日内瓦中心，迁往梅兰—日内瓦基地。1976 年，萧邦公司创制了首个主力系列"快乐钻石（Happy Diamonds）"。在表盘上，活动的钻石在两块透明的蓝宝石水晶之间可以完全自由地滑动和转动。随着手腕的动作，钻石不停地游走，闪烁出星星点点的诱人光芒。这般独特的设计迎来了珠宝手表市场的黎明，改变了宝石仅能静态镶于表面的呈现方式，凭借这一大胆独特的创造，萧邦"快乐钻石"赢得了 1976 年德国巴登巴登金玫瑰奖，这个奖，代表了世界制表业至高无上的荣誉，自此，萧邦公司跻身国际顶级豪华表制造商之列。

Audemars Piguet

爱彼

（瑞士）

握住时间的影子

品　　类　腕表及其他精密钟表、珠宝
标志风格　精密、优雅
创 始 人　朱尔斯·路易斯·奥德莫斯（Jules–Louis Audemars）
　　　　　爱德华·奥古斯蒂·皮捷特（Edward–Auguste Piguet）
诞 生 地　瑞士
诞生时间　1881 年

品牌解读

爱彼（Audemars Piguet）是瑞士钟表国家品牌，在 1889 年举行的第十届巴黎环球钟表展览会上，爱彼的 Grande Complication 陀表参展，精湛设计引来极大反响，声名大噪，享誉国际，使爱彼表在表坛拥有了崇高的地位，爱彼表在奥德莫斯（Audemars）与皮捷特（Piguet）家族四代子孙的领导下，成就骄人，深获钟表鉴赏家及收藏家的推崇，成为世界十大名表之一。

在有钟表界奥斯卡奖之称的日内瓦高级钟表大赛中，各个品牌都表现得很出色，爱彼表曾同时囊括最佳运动表和最佳设计奖，是唯一获双奖项的品牌。

在美学设计方面，爱彼秉持当代创作的精神，重新勾勒 Jules Audemars 系列圆形表壳的轮廓，给人视野开阔、轻松愉快的感觉。以精密手工进行亮面或雾面抛光处理的玫瑰金或铂金表壳，辉映着简洁洗练的造型外观，

两只表耳衔接表带天衣无缝。表盘亦全新演绎 Jules Audemars 经典风格，整体设计和谐完美，极富动感。乳白表面饰以轨道刻度外圈并镶贴活泼新颖的蓝色阿拉伯数字分钟时标。小时显示窗具有别致的斜入式切面，其数字盘每达整点即于瞬间跳至下一个数字。表盘中央单一的火淬蓝钢巴黎梨形分针显示分钟，6 点钟位置则配有小秒针显示盘，凹入式设计与轨道刻度外圈益增美感，直线形指针末端以环形收尾，即便是在细小的地方，也处处彰显出了爱彼精益求精的品牌风格。

爱彼表是瑞士少数仍然自己造机芯的表厂之一，其实，追溯到 130 年前，爱彼表已经开始生产复杂的钟表装置，世界上首次将陀飞轮装置从袋表转到手表之上，便是爱彼表的一项杰作。Grande Complication 系列便是表现爱彼表精细制表工艺的示范之作。

爱彼表表壳背面的蓝宝石透明底盖让

Cal.2907 手动上链机芯尽收眼底，可尽情欣赏其 412 个组件和每小时高达 21600 次的摆频。机芯结构完全遵循瑞士侏罗山谷精雕细琢的美观要求，为了使齿轮系组的三颗红宝石成一直线整齐排列，爱彼制表师必须对齿轮系组进行全新设计。大多数桥板的弧线是以表冠齿轮为轴心，仿佛用圆规画出来的完美弧形。所有组件的表面处理一律秉持瑞士高级钟表工艺的传统，不论表面的镜面抛光或内外角的打磨都处理得一丝不苟。每一枚组件都经过人手倒角打磨与镀铑，并视表款不同而饰以日内瓦波纹或施以珍珠圆点打磨。报时功能的两圈音簧围绕着这首华丽的机械交响曲，两只小音锤只待敲响音簧，奏出悠扬悦耳的乐章。装饰桥板的日内瓦波纹与三颗红宝石划出的直线互相平行，展现无微不至的周到。爱彼表采用的钻石全部经过严格挑选，无论颜色还是清晰度都是上乘的水平，真正做到完美。然后经由经验丰富的珠宝工艺师精心镶嵌，在精确掌握时间的同时，尽显佩戴者非凡的魅力和优雅的风度。

阅读传奇

1875 年，两位年轻才俊的制表大师朱尔斯·路易斯·奥德莫斯（Jules-Louis Audemars）和爱德华·奥古斯蒂·皮捷特（Edward-Auguste Piguet）决心在瑞士钟表胜地侏罗山谷共同发展他们的制表事业，创办爱彼表钟表厂；并于 1881 年 12 月 17 日在布拉苏丝（Le Brassus）成立 Audemars，Piguet&Cie 公司。

爱彼是取两人姓的第一个字母 "A" 和 "P" 组成。两人在侏罗山谷受训成为专业打磨师，制造腕表中最精密的部分。钟表厂成立之初，两位高瞻远瞩的爱彼表始创人已决定不再做钟表厂的零件供货商，率先研制完整钟表。他们于 1882 年创制出首枚配备万年历装置的袋装手表，充分反映他们的进取和机智。凭借着本身的创业精神，他们集中制造爱彼复杂表，并进行连串策略性的市场推广，令爱彼表成为当今世界上拥有最多复杂表发明纪录的品牌。

在 1889 年第十届巴黎环球钟表展览，爱彼表的参展作品 Grande Complication 陀表，配备问表、双针定时器及恒久日历，设计精密，引起钟表界的极大反响。这次成功，令爱彼表声名大噪，迅速在表坛建立领导地位。除原有在伦敦及巴黎的代理商外，新的代理商亦在柏林、纽约及布宜诺斯艾利斯等地成立。

1892 年，爱彼公司又将打簧表与跳时表成功地结合在一起，新开发的跳时打簧表再次夺得了世界第一。爱彼公司把这一系列新型手表称为 "高档精巧" 系列表，并把公司的经营目标定为：向市场提供此类精巧复杂的高品位表。

随着爱彼表越来越受到欢迎，在 1907 年，Audemars，Piguet & Cie 公司在原有大厦旁购置新物业，现为爱彼表博物馆。爱彼表制造中心亦从未迁离原址，每枚腕表均出自钟表制造的发源地——瑞士侏罗山谷的制表工厂，并刻上制表工匠的名字和特殊的编号，使其更加珍贵。

1917 年，朱尔斯退休并由其儿子保罗继任董事会主席及技术经理。1919 年，保罗亦掌管公司的商业部门。直至 1962 年，保罗的两个女儿开始在公司工作，其中一个女儿雅克·路易斯更成为董事会主席直至 1992 年。现在，爱彼表已传至第四代，而董事会主席则由雅克·路易斯的女儿杰斯米出任。

1925 年，爱彼创制出当时最薄的怀表。1934 年研制出第一只镂空怀表，引发了镂空表的风潮。1946 年和 1986 年，分别推出了全世界最薄的机械腕表以及首枚自动超薄陀飞轮腕表。1972 年推出"皇家橡树"（Royal Oak）系列，这一系列是高级运动腕表，成为爱彼表举世知名的代表作，对爱彼表具有里程碑意义。

"皇家橡树"于 1972 年首次在巴塞尔钟表展亮相就一炮而红，好评如潮，一直被后人传颂为经典。其创制意念从史书中获得：当年英国国王查理二世在流亡的路上为躲避追捕曾藏身于一棵中空的橡树中，后来回到英国重整旗鼓，成为英国史上著名的君王之一。200 年后，为纪念上述历史事件，英国海军将其 3 艘战舰命名为"皇家橡树"，战舰的窗户呈八角形。爱彼表的大师从这段历史出发，创造出了举世闻名的"皇家橡树"系列。"皇家橡树"的设计线条与其复杂的装置

一样一丝不苟，经典设计的八角形粉蓝珍珠贝母表面，饰以熠熠生辉的八角形钻石内圈，配衬磨砂白金表壳。无论表壳、表盘以及表链均力臻完美，不仅外观时尚，也保证了品质上不受到灰尘、水雾等外界影响。

"皇家橡树"是现代高科技的重要突破，其崭新的设计是 18K 黄金及钢的精炼结晶。除了时针及分针外，表面上更配有日期指针。其表盘为八角形源于橡树树干的横截面形状，表框镶有 8 颗白金螺丝，精钢制成的表面从 250 个不同的角度打磨而成，分外光亮，制作工艺之高超令人叹服。

"皇家橡树"系列的表款有 700 多种，有玫瑰金、黄金、白金男女表款，计时码表、两地时间显示、月相盈亏显示、万年历、镂空表、陀飞轮表等。表冠的牢固镶工确保 50 米防水，离岸型系列备有 100 米防水。此外，还配有动力储备功能，可持久使用 38 小时，能自动包容年历中不规则的情况。其中最昂贵的一只表，光表壳上就镶嵌了 78 颗钻石，表面上镶嵌了 237 颗小钻石，11 颗红宝石，表链上镶嵌着 454 颗钻石，其豪华昂贵、完美极致完全秉承了"传统、卓越和创新"的三大理念。

在注重生活品位的消费者眼中，选购任何一款腕表，不单单是在选择一件计时工具，他们追求的是与其身份、品位相匹配的艺术珍品。而爱彼表的优异之处并不仅仅在于精湛的工艺，更重要的是其脍炙人口的功能设计，该品牌每出新品必会成为全球表坛的焦点。除"皇家橡树"之外，爱彼的"八大天王系列（Tradition of Excellence Collec-tloi）""经典系列（Classic）""千禧系列（Millenary）"等都各具特色，均采用贵重金属手工打造，有的珍品甚至需要一个工匠花上半年至一年的时间方可制成。正因如此，很多顾客往往要等上几个月，甚至几年才可以戴上自己梦寐以求的爱彼表。然而人们愿意等待，因为人们坚信爱彼表真正能做到完美无缺，让拥有者在准确无误地掌握时间的同时，展现出自身优雅的品位与高贵的身份。

珠宝

绝代风华，精雕细琢的璀璨光芒

Tiffany

蒂芙尼

（美）

见证你生命中的每个重要时刻

品牌名片

品　　类	银饰、珠宝
标志风格	优雅、浪漫
创 始 人	查尔斯·刘易斯·蒂芙尼（Charles Lewis Tiffany）
诞 生 地	美国
诞生时间	1837 年

品牌解读

承载 180 多年的盛誉，蒂芙尼（Tiffany）的发家之道却是简单的一句话："格调高雅的设计能够造就杰出的事业。"蒂芙尼是一个经典品牌而非时尚品牌，这是蒂芙尼的定位中明确且微妙的地方。经典是可以经得起时间考验的，是持久并且贯穿于人的一生当中的。没有荣誉是从天而降的，从一个小小的文具精品店发展到世界上最大的珠宝公司之一，蒂芙尼的实力可与欧洲的珠宝王朝一争高下。作为上流社会配选珠宝首饰和情趣饰品的"必修课"，无数人以佩戴蒂芙尼的首饰为荣，其顾客名单中包括了英国女王、意大利国王，丹麦、比利时、希腊及美国本土的众多名声显赫的贵族名流。蒂芙尼为英国维多利亚女王等 23 位皇族订制过精致尊贵的珠宝首饰。这些珠宝后来成了传家之宝，大多数已经是价值连城，成为顶级的收藏品。

蒂芙尼是美国的骄傲，是世界的骄傲。1885 年，蒂芙尼受命设计了美国的国徽，并印在美国的一元纸币上。1886 年，"蒂芙尼镶嵌法"——用 6 爪镶嵌单颗钻石戒指的 6 爪镶嵌法，成为国际标准钻戒的镶嵌法。1907 年，蒂芙尼的首席钻石专家乔治·昆兹（George F. Kunz）为国际宝石的重量标准设计了统一的克拉标准，为国际统一宝石的重量标准做出了巨大贡献。1926 年，蒂芙尼的铂金纯度标准 925/1000 成为美国的官方标准。

每个人的一生都是由时光组成，无论长短。但是总有那么一瞬间需要我们用心铭记，这时你一定会想起美国的顶级品牌蒂芙尼，因为只有它的精致与浪漫才能见证你的重要时刻。"见证你生命中的每个重要时刻"是蒂芙尼对于消费者的承诺，在很多关键的历史时刻，蒂芙尼都有杰出的表现：不知从何时开始，拥有蒂芙尼成为一些人为之节衣缩食的奢侈梦想，成为另一些人为之疯狂的理由。蒂芙尼的设计讲求精益求精。它能够随意从自然界万物中获取灵感，撇下烦琐和矫揉造作，只求简洁明朗，而且每件杰作均反映着美国人民与生俱来的直率、乐观和机智。

在电影《蒂芙尼的早餐》中，著名影星奥黛丽·赫本扮演性格怪异的角色，有一个场景是在纽约第五大道蒂芙尼商店吃炸面包圈、喝咖啡，剧中人还有一句台词："在那儿吃早餐不会不愉快。"影片放映后，蒂芙尼公司名闻遐迩，商店在一周内接了 20 多个电话，人们纷纷预定早餐。事实上，蒂芙尼提供给人们的只是诱人的珠宝盛宴。

阅读传奇

如果你喜欢奥黛丽·赫本，你一定记得她的代表作之一《蒂芙尼的早餐》。该片中赫本饰演的是一位流连在纽约第五大道蒂芙尼店前的交际花，她渴望能在蒂芙尼里面吃上一顿早餐。蒂芙尼代表的是女人的梦想，代表的是一种尊贵的身份。美国历史上最伟大的总统之一林肯在前往华盛顿就职的时候，为了在自己的就职典礼上让第一夫人玛丽能光彩夺目，平时简朴的林肯总统亲自向蒂芙尼定做了一条项链送给玛丽。蒂芙尼曾被称为世界上最著名、最昂贵的银制品，当然现在它已经不止银器。

美国康涅狄格州一位磨坊主的儿子查尔斯·刘易斯·蒂芙尼（Charles Lewis Tiffany），于 1837 年来到纽约百老汇，开设了一家不起眼的小铺子，经营文具和织品，后转为经营珠宝首饰。想不到丑小鸭长成了白天鹅，简陋的小商店几经变迁，最后成了美国首屈一指的高档珠宝商店——蒂芙尼珠宝

TIFFANY

赫本与蒂芙尼可以说是相互成就

首饰公司，其实力堪与欧洲的珠宝王朝一争高下，名声甚至超过了巴黎的名牌卡地亚。查尔斯·刘易斯·蒂芙尼自己则赢得了"钻石之王"的桂冠。

查尔斯确实是一位天才的生意人。当年美国穿越大西洋的电报电缆中有一根因破损需要更换，他得知这个消息后，毅然买下了这根电缆。当人们还以惊异的目光看着他买下这根电缆到底想派在什么用场之际，他已经在自己的蒂芙尼商店里，把电缆截成2英寸长的一小段一小段，作为历史纪念品出售，就这样赚了一大笔钱。另一次，他买下了欧仁妮皇后珍奇的鲜黄色钻石，但并不急于出手，而是从容地在纽约举办了一个展示会，从全球各地蜂拥而至、急于一睹这件稀世珍宝风采的参观者身上赚进了无数金钱。

查尔斯的儿子刘易斯·康福特·蒂芙尼（Louis Comfort Tiffany）生于 1848 年。他也许没有父亲独具匠心的生意眼光，但同样富有创造精神。蒂芙尼的首饰设计工艺在他的手里得以发扬光大。他到巴黎学习后，成为一名玻璃制品专家，创建蒂芙尼工作室并发明了独一无二的螺旋形纹理和多面形钻石切割工艺，使钻石闪烁出更加夺目的光彩，他设计的灯饰也大获成功。蒂芙尼成为美国新工艺的杰出代表，并使美国工艺品成为风行一时的商品。

蒂芙尼创立不久就设计出了束以白色缎带的蓝色包装盒，成为其著名的标志。19 世纪末 20 世纪初，蒂芙尼品牌首次使用不锈钢首饰盒，强调要银色，不要金色。

蒂芙尼自 1837 年成立以来，一直将设计富有惊世之美的原创作品视为宗旨。事实也证明，蒂芙尼珠宝能将恋人的心声娓娓道来，而其独创的银器、文具和餐桌用具更是令人心驰神往。

1878 年，蒂芙尼以 18000 美元购入当时全球最大、总重287.41 克拉的黄钻石，切磨成为罕见的、90 刻面的蒂芙尼钻石（Tiffany Diamond），比传统的多面形钻石还要多 32 个琢面。Tiffany Diamond 每次在国际上亮相，都让世人惊艳，100

多年来，该颗巨钻一直陈列在纽约市第五大道蒂芙尼总店的一楼，已成为蒂芙尼公司高品质标准和卓越工艺的标志。世界各国大型博物馆、追求高格调的人士和眼光独到的收藏家，均将蒂芙尼的作品视为珍藏。蒂芙尼被誉为美国殿堂级设计名门和首屈一指的珠宝商，实在令人赞叹不已。

经典设计是蒂芙尼作品的定义，也就是说每件令人惊叹的完美杰作都可以世代相传，魅力永恒。蒂芙尼的设计从不迎合起起落落的流行时尚，它完全凌驾于潮流之上，因此也就不会落伍。蒂芙尼的创作精髓和理念皆焕发出浓郁的美国特色：简约鲜明的线条诉说着冷静超然的明晰与令人心动神怡的优雅。和谐、比例与条理，在每一件蒂芙尼设计中自然地融合呈现。

蒂芙尼——美国设计的象征，以爱与美、罗曼蒂克和梦想为主题而风行了近两个世纪。它以充满官能的美和柔软纤细的感性，满足了世界上所有女性的幻想和欲望。人们甚至可以这样说，如果没有蒂芙尼，那么人们也许在珠宝界看不到太多的精致与浪漫，还有那数不尽的优雅。它的艺术气质和赫本的高雅放在一起，以及纪梵希的时装，世上的优雅性情大概都在这里绽放了。

♛ 德国慕尼黑的蒂芙尼专卖店橱窗

Harry Winston

哈利·温士顿

（美）

独一无二的珠宝宫殿

品牌名片

品　　类	珠宝
标志风格	气度非凡、品质卓越
创 始 人	哈利·温士顿（Harry Winston）
诞 生 地	美国
诞生时间	1932 年

品牌解读

哈利·温士顿（Harry Winston）是世界上高级珠宝的代名词。欣赏哈利·温士顿的作品，犹如置身纽约第五大道，站在时尚与流行的中心，在兼容并蓄的多样风华中，找到典雅不凡的高贵品质。

当梦露戴上哈利·温士顿，他们已将彼此视为知己：一个拥有倾国倾城的容貌，一个拥有富可敌国的身价；一个是用"嫁个百万富翁"自我标榜的物质女孩，一个是让从美国大亨直到阿拉伯王子的豪富主顾心仪的珍宝。只不过，梦露早已西去，哈利·温士顿却仍是享誉全球的超级珠宝品牌。

2000 年起，哈利·温士顿开始推出男性功能表，每年都邀请一位顶尖的独立制表师，以特别创制的机芯结构，为 Opus 系列再添新员。

阅读传奇

品牌创始人哈利·温士顿自小对珠宝有着过人的鉴赏力，凭着对珠宝的热爱和执着，他创造了世界上独一无二的"珠宝宫"，网罗了珠宝史上有名的钻石与宝石，这些稀有珍宝，让世人大开眼界。

1896 年 3 月 1 日，哈利·温士顿出生于纽约，他的父亲 1888 年开了一个小小的珠宝店。自小耳濡目染，训练出哈利·温士顿对珠宝特别敏锐的观察力与鉴定力。12 岁时，他以 25 美分在一家当铺廉价出售的假珠宝中买到一颗 2 克拉重的祖母绿宝石，这段传奇般的故事，成为哈利·温士顿珠宝生涯的开始。

1920 年，年轻的哈利带着存下的 2000 美元来到纽约，在第五大道开了一家"一人"公司——Premier Diamond Company，专门经营钻石买卖。为了在纽约珠宝界打出天下，几经实验与观察后，他找到一个具有特性、竞争又少的路子——低价收购旧珠宝饰品，卸下宝石，重新切磨，使它们变得耀眼光灿，

再以当时最时髦的镶法，镶成崭新的首饰出售。如此"汰旧换新"的手法为哈利开了条财路，两年内就积下了不少的钱及珠宝存货。不幸的是，这些钱与珠宝不久便被他的助手席卷而走，但身无分文的哈利并没有气馁，而是凭着他的胆识与信心反败为胜。从此以后，他的珠宝之路开始出现前所未有的坦途。

1932 年，哈利·温士顿已是一名成功的珠宝商，他结束了原来的小公司，以自己的名字为招牌，成立了新公司。他交游极广，豪富、名媛无不相识，自己也成为纽约社交圈中的名人。哈利·温士顿珠宝店的顾客，包括了欧洲、亚洲各个大小王室：尼泊尔、印度、伊朗、沙特阿拉伯、摩纳哥、英国等国的国王、王后、王子、公主。还有美国本地的铁路、石油、报业大亨、工商界巨子、政经领袖、电影明星，全是世界级的名人。有一回，哈利在日内瓦巧遇度假的某阿拉伯亲王，那人一口气向哈利买了数百万美元的珠宝，还意犹未尽，想再买 6 只钻石手镯。当他见到哈利的钻石手镯后，一下子被吸引住了，竟然买了 80 只。这倒真是符合哈利·温士顿"大气派、高目标"的原则。

哈利·温士顿曾推出一个史无前例的展览，定名为"珠宝宫"。所展出的钻石、宝石，几乎都可冠上"世界之最"的美名。其中包括 46 克拉的希望之钻（Hope Diamond）、95

♛ **哈利·温士顿为英国威廉王子夫妇提供的珠宝小熊**

克拉的东方之星钻石（Star of the East）、126 克拉的洋客钻石（Jonker）、337 克拉的凯瑟琳蓝宝石（Catherie the Creat Sapphire）等硕大绝美的宝石，还有许多具有历史价值的钻石及祖母绿项链。

1978 年，哈利·温士顿去世，他的儿子朗诺·温士顿接管了公司，他运用其所学知识，将家传的事业带入一个新的阶段。1990 年，哈利·温士顿钟表部门成立，制作出的手表，与哈利·温士顿出品的珠宝一样珍贵。有人说，世界上的钻石腕表多如过江之鲫，一只堪称匠心之作的华美高级腕表却少之又少。为了破除这个魔咒，1990 年，哈利·温士顿开始挑战高度专业的复杂性能表，以展现其专业制表的实力。在打造顶级美钻的领域，哈利·温士顿动辄花费一年以上的时间，为待镶嵌的项链寻找最合适的钻石，同样，在制作每一只腕表时，该品牌也从不吝惜花费大把的时间，而且坚持只用 K 金和纯白金打造表壳，不仅限量发售，而且还会为顾客免费提供世界知名保险公司整一年的遗失、盗窃保险费，做到面面俱到，这样的服务在首饰界尚属首创。

哈利·温士顿品牌只在乎其产品质量，不在乎其出产数量，使得哈利·温士顿的腕表永远能胸有成竹地捍卫"既是顶级珠宝，也是顶级机械腕表"的崇高地位。正因为有了将近一个世纪的品质保障，哈利·温士顿才能让富豪名媛毫不犹豫地掏出上百万美元购买其珠宝，也能轻松说服新贵们为其新款手表放弃置办豪宅的计划。

The Avenue 系列

哈利·温士顿经典之作 Avenue 系列集高贵与典雅于一身。位于纽约第五大道与巴黎蒙田大道的哈利·温士顿展厅成为 Avenue 系列的设计灵感。长形表壳上的圆拱造型，取自展厅的拱门，这便为 Avenue 加入浓浓的欧美气息。全新推出的手镯式表款，为线条流畅的 K 金表壳，搭配了哈利·温士顿原创的 CAPTIVE 镯式链带。具有弹性的手镯，轻柔地环绕手腕，将珠宝表的内涵意义升华至更高境界。哈利·温士顿十分注重钻石的质量，腕表上所镶嵌的每一颗钻石，都经过严格筛选，并以纯手工方式镶嵌，坚持以制造艺术品的方式呈现。

Opus 系列

哈利·温士顿与独立制表师合作的 Opus 系列，是每年表坛上的注目焦点。而哈利·温士顿推出的表款，不仅具有豪华尊贵的气势，更具有复杂独特的功能。配合最拿手的珠宝切割及钻石设计，哈利·温士顿为旗下的表款增添了价值与美感。

Cartier

卡地亚
（法）

奢华高贵的代名词

品牌名片

品　　类	珠宝、钟表
标志风格	典雅、精致
创 始 人	路易·弗朗索瓦·卡地亚（Louis Francois Cartier）
诞 生 地	法国
诞生时间	1847 年

品牌解读

回顾卡地亚的历史，就是回顾现代珠宝百年变迁的历史，在卡地亚的发展历程中，一直与各国的皇室贵族和社会名流保持着息息相关的联系和紧密的交往，并已成为全球时尚人士的奢华梦想。百年以来，美誉为"皇帝的珠宝商，珠宝商的皇帝"的卡地亚仍然以其非凡的创意和完美的工艺为人类创制出许多精美绝伦、无可比拟的旷世杰作。

卡地亚（Cartier）在钟表领域的辉煌成就，不仅是把浪漫的珠宝设计与精巧的钟表机械巧妙融合，还在于其设计方面所具有的非凡灵感，尤其是几何线条的完美运用。在160多年的悠久历史中，Pasha 系列、Tank 系列、Santos 系列及近年的 Trinity 腕表系列已经成为经典的代名词。

阅读传奇

20 世纪 30 年代，"爱美人不爱江山"的

英国温莎公爵为了表达对妻子的爱意，请卡地亚设计了"猎豹"胸针、"BIB"项链、"老虎"长柄眼镜和"鸭子头"胸针四款首饰赠送给妻子。1928 年，卡地亚为印度土邦邦主订制了一条项链，上面镶嵌了重达 234.69 克拉的巨型黄钻——全球第 7 大钻石"维多利亚—戴比尔斯"……卡地亚与传奇爱情有说不完的故事。

卡地亚自己的故事起源于 1847 年，卡地亚创始人路易·弗朗索瓦·卡地亚（Louis Francois Cartier）盘下了其师傅在巴黎的珠宝铺，正式成立了卡地亚首饰店。当时的巴黎上流社会繁荣奢华，卡地亚也非常幸运地得到了拿破仑三世年轻的堂妹玛蒂尔德公主的推荐，在巴黎逐渐赢得上流社会的追捧。卡地亚的业务也由此增长，并于 1859 年迁往巴黎最时髦的地区意大利大街（Boulevard des Italiens）9 号。从此以后，卡地亚与皇室就

结下了不解之缘，成为法国乃至欧洲皇室贵族的"御用珠宝"供应商。1888年，卡地亚尝试在镶嵌钻石的黄金手镯上装上机械女装表。1902年，卡地亚的店铺已经从巴黎开到了伦敦和纽约，仅经历了两代人，卡地亚便成了闻名世界的顶尖珠宝品牌。1904年为老朋友山度士（Santos）制造的金表一炮打响。从此卡地亚手表一直是上流社会的宠物，经久不衰。

卡地亚总是善于从各国文化以及周遭的优雅生活细节汲取灵感，开创出领导世界潮流的设计，而这些设计背后深厚的文化底蕴，令作品拥有了永恒的生命力。早在20世纪初，卡地亚的创办人为了找到一种可将宝石的光芒发挥得淋漓尽致、简洁纯净的线条，花了50年的时间进行研究及试验，革命性地引入铂金，把源自路易十六时代的花环风格（Garland style）发挥至完美的境界，成为世界上第一个使用铂金搭配钻石的珠宝商。

卡地亚的高级珠宝作品都在巴黎的高级珠宝工作坊制作完成，每件高级珠宝只生产一件，是工作坊整个团队几个月，甚至几年的心血结晶。

卡地亚表除了一部分由设在巴黎的总厂所制造之外，还有相当一部分与百达翡丽、江诗丹顿等著名公司签约制造。其功能、造型、工艺等可谓博采各家之长，荟萃精华，因而天地广阔。卡地亚凭着国际名牌集团的优势，生产并销售高档手饰，尤其女用手提包，深得贵族与富豪青睐。

Pasha Seatimer 腕表

2006年，卡地亚推出的Pasha Seatimer自动上弦超大型腕表系列，凭借其独特而另类的选材，尊贵且经典的设计，得到了当今追求生活高品质的男士的一致推崇，成为新一季之奢华旅程的领航者。

卡地亚的Pasha腕表系列自1985年诞生以来，各个时期的产品都沿用了其豪迈而硬朗的风格。贵金属材质的使用，让Pasha在雄浑坚厚的造型中展现出高雅的质感。它圆润而充满阳刚气息的外形、经典的方形扭索雕纹与3、6、9、12四个时间数字形成完美对称，再加上特殊的表壳链环连接表冠帽等经典设计，奠定了Pasha在卡地亚钟表王国中的经典地位。

2006年的全新Pasha Seatimer自动上弦超大型腕表，在款式上仍继承了Pasha系列一贯的圆润造型：宽大的圆形表盘显示出男人狂放不羁的风格；黑色巨型表盘搭配荧光时、分针及时标，缔造出的点点星光在黑夜里为佩戴者导航，它将激流勇进的精神赋予钢铁，发光的指针与数字在它巨大的黑色表

盘的映衬下强有力地跳动；表圈上环绕着卡地亚独有的 clou de Paris 巴黎钉纹装饰，再配以雾面精钢材质及磨光表圈的表壳，不同质感的精钢在此配合得完美无瑕；机芯则采用卡地亚 049 型自动上弦机械机芯；单向旋转表圈，防水深度可达 100 米。这一切再次使得艺术与专业得到完美的融合，尽显设计师的精湛技艺；亮面与哑面、精钢与黑色的强烈对比，更令它显得个性鲜明，动感十足。

Santos 系列

19 世纪末，著名巴西籍飞行员山度士·杜蒙（Alberto Santos-Dumont）和当时已是世界顶尖珠宝商的卡地亚设计大师——路易·卡地亚，因拥有相同的热情和奇才而结为好友。山度士在巴黎的一个派对中，曾向卡地亚提及自己在飞行期间，不便取出怀表看时间，想找寻解决方法。结果，激发了卡地亚的灵感，经潜心创制，1904 年，Santos de Cartier 腕表由此诞生。

以后，Santos de Cartier 腕表伴随山度士畅游天际，让他可以从容不迫地体验旅途梦想。而 Santos 腕表在岁月河流中不断演进，百年之际，卡地亚再铸经典：Santos100 开拓新视野、探索世界，重新定义时间。特殊的螺丝设计，模仿飞机座舱的铆钉。腕表以刚毅有力的线条，展现出奔放自由的精神，是腕表收藏家的最佳选择。另外，还有 Santos-Dumont 腕表，表壳以玫瑰金、黄金或白金制成，八角形的表冠镶嵌着磨圆切割蓝宝石，如同腕间珍宝。而 Santos de Moiselle 腕表则是每位女士梦寐以求的瑰宝，闪耀的钻石尽显女性动人风韵。

Van Cleef & Arpels

梵克雅宝（法）

珠宝的极致艺术

品牌名片

品　　类	珠宝、香水
标志风格	自然、高贵、华丽
创 始 人	梵克（Van Cleef）家族 雅宝（Arpels）家族
诞 生 地	法国
诞生时间	1906 年

品牌解读

梵克雅宝（Van Cleef & Arpels）这一穿越整整一个世纪的珠宝品牌，积淀了太多的荣耀与精彩瞬间，为人们带来了永远的惊叹。梵克雅宝自诞生之日起便一直是各国贵族和名流雅士所钟爱的顶级珠宝品牌，曾为许许多多的王孙贵族和社会名流制作过高级珠宝，每一件都是极其华贵的传世佳作。它曾经订制过英国公爵夫人的首饰套装、埃及公主的大婚珠宝、摩纳哥皇室的御用珠宝、泰国皇后的项链、伊朗皇后的冕冠等。

梵克雅宝的创作风格含蓄鲜明，充分体现出崇尚自然的理念。叶子、玫瑰、牡丹、燕子、蝴蝶、蜻蜓、雪花、雨滴等都是梵克雅宝的常见图案，其设计灵感的源泉就是美丽的大自然。此外，梵克雅宝还常常用金属材质编织出结子、绳索和吊坠等，并用贵重金属雕刻出惟妙惟肖的花网图案。

它代表的就是法国时尚艺术的极致，它的高贵与典雅无人能比。梵克雅宝的艺术魅力让国际知名影星泰勒、罗伯兹等醉倒在它的殿堂。在上流社会的各种舞会、宴会中，名媛贵妇们都以能拥有正牌的梵克雅宝作为时髦、流行的象征。在梵克雅宝的理念里，珠宝不仅仅是奢侈品，更是一种伟大的艺术，代表着执着的梦想。1976 年，梵克雅宝创作了芭蕾舞《珠宝》，其灵感来源于高雅通灵的芭蕾舞姿。演出在福莱音乐的陪衬下演绎祖母绿的风姿，诉说着法国的浪漫风情；在斯特拉文斯基音乐的衬托下，展示热情的红宝石，呈现出美洲新世界的骚动；在柴可夫斯基音乐的烘托下，彰显钻石的华丽风采，勾起人们对古老欧洲的无限回忆。整场演出将珠宝的特征、音乐的内涵和优美的芭蕾元素完美结合，极具艺术震撼力。

阅读传奇

在 2007 年的奥斯卡红地毯上，众多女星争奇斗艳，但是谁也不能掩盖住歌后席琳迪翁的光芒。她所佩戴的梵克雅宝珠宝让她神采奕奕，尽显歌后的尊贵地位。

这是一个来自欧洲的珠宝家族，它由珠宝商梵克家族和雅宝家族联姻，共创了以双方姓氏作为珠宝店名号的珠宝事业。家族双方结合各自的专长技艺，追求极致的珠宝艺术。1906 年，两大家族在最为国际名流人士流连忘返的巴黎芳登广场 22 号开设了梵克雅宝精品店，从此开启了一段绵延一个世纪的传奇故事。1939 年，梵克雅宝为强化其国际市场地位，开始进军美国大陆，迅速成为纽约第五大道上流阶层的钟爱，随即又在棕榈滩、比弗利山庄等地开设分店。

一个世纪以来，梵克雅宝凭借精湛的技术、极为挑剔的宝石以及精致典雅、简洁大方的样式与完美比例的造型设计，在国际珠宝界中独树一帜。

现代高级奢侈品的订制——从梵克雅宝诞生伊始，这也曾是它最大的卖点。通常，名流、明星会对梵克雅宝说："我要参加一个活动，希望佩戴你们的项链或者戒指……"没有更具体的要求，他们非常信任艺术大师的手艺，知道工匠们清楚他们理想的样子。工匠设计出效果图，等顾客满意后，便开始选材、制作。有时，他们也会收到一些特殊要求，比如玛利亚·凯莉希望制作一款和她美誉一样的蝴蝶造型饰物。因为她唱歌拿麦克风的时候，手指很引人注目，梵克雅宝的大师们便设计出了一款可在多个手指佩戴的戒指。这也成为热销的经典款式。

1930 年，梵克雅宝发明了满载女性柔情的百宝匣。这是现代化妆箱的始祖，特别被注册成专利商标，其中可摆放各种随身小件，内里镶嵌风景、花卉或中国古典艺术图案，造工之精湛可媲美 18 世纪典丽家具。

梵克雅宝的另一项闻名遐迩的杰作是 1933 年发明的"神秘镶嵌法"。这种镶工让宝石紧密地排列在一起，其间没有任何金属或镶爪，而是运用轨道一般的手法，把宝石切割成同样大小，再一个个套进去。这个方法非常耗时，但其呈现的结果可以令宝石服帖肌肤，随着肢体呈现出多角度不同的光泽。这种技术没有任何肉眼可见的爪子，镶嵌效果简洁悦目，可用于手镯、花卉、蝴蝶胸针和戒指等各类首饰。全世界可以运用"神秘镶嵌法"这种登峰造极工艺的工匠不超过 6 个，专属于梵克雅宝。梵克雅宝拥有此种"镶工法"50年的专利权。

2004 年，梵克雅宝再度展现不固守的积极态度，将百年高级订制珠宝的优良血脉，融入了珠宝时尚的新风潮，提出

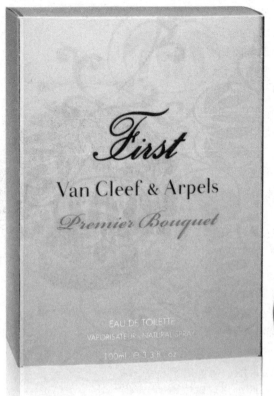

"把布料变成珠宝，珠宝变成布料"的好点子。

梵克雅宝全新的珠宝系列"高级订制珠宝系列"（Couture Collection），改变了珠宝佩戴的方式，也改变了女人欣赏珠宝的视线。高级订制珠宝系列，提出 8 种对珠宝设计不同的新想法，身价总值超过 10 亿元。蝴蝶结的装饰细节，自然是讨论高级订制女装不可忽略的重点，这是梵克雅宝中极为经典的设计元素。据说，这灵感来自法国皇后安妮所倡导的简单主义。

在众多珠宝经典中，以花形作为设计主轴的"Broderie"系列，呼应着订制服饰最精髓的精细刺绣绣法，并融入梵克雅宝从大自然取汲灵感的传统，以钻石、蓝宝石为花形的素材，将晶透的绿色沙弗来石为叶，时而含苞待放，时而绽放，展现花世界的生命力。"Petillante"系列，呈现的是一种闪闪发光的视觉效果，不同切割钻石拼组是其一大特色；将钻石如穿绣手法串连于贵金属丝线上，灵感则来自女人胸衣上的绑带花边。

Baccarat

百乐

（法）

完美与古典的结合

品牌名片

品　　类	水晶珠宝、首饰配件、酒瓶器皿、家饰
标志风格	精巧、完美
创 始 人	梅斯主教（Bishop of Metz）
诞 生 地	法国
诞生时间	1764 年

品牌解读

百乐（Baccarat）——一个拥有 250 多年历史的法国品牌，是人造水晶中的奢侈品。经过岁月陶冶孕育而出的百乐水晶精品，已成为法国文化具有代表性的名牌产品。它代表着奢侈、精致以及优雅的生活方式。"完美"是百乐的格言和口号，它的每一款水晶制品都因为工艺的卓越而分外提升佩戴者的个人气质。

水晶是光的艺术。大自然中存在着各种各样的光，一旦被吸入百乐，便光芒四射、纵横交错，形成美丽的图案，超越时空，震撼着每个人的心灵。

百乐欲滴晨露系列手镯的设计突破了百乐以前所有款式手镯的设计特点，用银环代替水晶环，重量只有 20 克，轻便小巧，提高佩戴的安全性。在银环上镶嵌的水晶珠呼之欲出，生动而典雅，尤其与同系列的项链和戒指结合佩戴时，更显时尚本色。欲滴晨露戒指同样轻便小巧，佩戴时的手感很好，并且银指环和金指环取代了以前一贯采用的水晶指环，增加了安全性。

百乐完美的水晶制品还将百乐的精神带进生活及居室内，提升每一个热爱生活者的层次。百乐的完美基于几个重要的细节：

1. 优质的材料

百乐的材料均来自比利时特选专供的精细幼沙，它使百乐水晶拥有无可匹敌的密度及非比寻常的光芒。此外，还在原料中加入了"cullet（碎玻璃）"枣水芯片，以防止水晶内形成石粒。

2. 优秀的技术员

百乐的每一位技术员均需接受超过 10 年的学徒训练才能掌握制造水晶的技巧。在百乐，至今已有 41 人获得法国最优秀职人（MOF）的称号，这是法国总统授予传统工艺者的最高荣誉。

3. 多元化的款式

百乐水晶款式众多，从小巧的首饰到酒具、摆设，乃至吊灯、家具，一应俱全。此外，百乐还邀请艺术家参与创作，比如美国设计师芭芭拉·巴里（Barbara Barry）的酒具Tranquility系列，就一改百乐传统的法国式优雅，令世人领略到美国式的实用风采。

4. 优雅的印记

每一件百乐产品均用激光刻上其品牌名称，再加上圆形酒具印记，以防假冒。

阅读传奇

百乐于1764年在法国成立，是现今珠宝业中最为历史悠久的品牌。18世纪，百乐是法国东部洛伦一个风景优美的小村落。当时，由于大部分居民都到城市工作，当时梅斯（Metz）主教一方面有感于人才外流，另一方面认为由波希米亚输入玻璃器皿，倒不如在当地制作。主教于是申请在当地开设玻璃工场，并由法王路易十五御准创立，从此一个横跨多个世纪的水

晶品牌便正式诞生。但拿破仑战争令百乐陷入困境。1815年，法国北部另一著名玻璃工场Voneche的主人Aime-Gabriel D'Artigues购买了百乐，并延续了百乐的高雅品位，同时开始钻研水晶生产技术，百乐正式生产水晶制品。短短7年，百乐就成为法国的首席水晶制造商，其华丽辉煌的光芒迅即赢得了世界各国王侯贵族们的青睐。多年来，百乐的顾客名单不乏王族政要，如路易十八、美国前总统罗斯福及俄国沙皇等，法国、英国、印度皇室均是此品牌的拥护者。百乐因此被认为是法国的皇室御用级水晶品牌，更被誉为"王侯们的水晶"。

百乐旗下的水晶产品包罗万象，家具、首饰、家居精品、餐具到酒杯都包括在内。2003年，百乐更与反传统的建筑师菲利普·斯塔克（Philippe Starck）合作建造位于法国的水晶展馆。该展馆既保存了大宅的古典外形，又增加了时尚气质，把水晶与光线所产生的光学作用，发挥得淋漓尽致。

由法国品酒专家布鲁诺（Bruno Quenioux）为百乐所设计的Oenologie系列，极具收藏价值。当中有11款不同品种的水晶酒杯，晶莹透彻。系列中的酒杯部分包括Bourgogne红酒杯、Bordeaux红酒杯、Cote du Rhone杯、Loire Valley杯、白酒杯、香槟杯、顶级Bourgogne杯、顶级Bordeaux杯、干邑白兰地杯、啤酒杯等。

谈到品酒器皿，不得不提2005年百乐与全球第一的威士忌领导品牌——尊尼获加

（Johnnie Walker）的合作。尊尼获加为纪念其创始人约翰·获加（John Walker）200周年诞辰，推出了由20个国家独家发售，全球限量4000瓶的"Johnnie Walker Blue Label the Anniversary Pack"。由百乐所设计的瓶身，成功地使品质独一无二，象征崇高地位与顶级品位的威士忌透过洁净无瑕的百乐水晶，展示出它不凡的价值与尊贵魅力。而这两个经典品牌的合作，更掀起全球爱品酒及喜爱收藏水晶人士的抢购之风。

Chaumet

尚美
（法）
风华绝代的冠冕之王

品牌名片

品　　类	珠宝、腕表
标志风格	奢华、神秘
创 始 人	马里·艾蒂安·尼托（Marie Etienne Nitot）
诞 生 地	法国
诞生时间	1780 年

品牌解读

尚美（Chaumet）一直在品质、工艺和潮流上执着坚持。它的设计风格时尚，珠宝制作技术也不断改良。尚美一直是西方上流社会和收藏家们最向往的顶级珠宝品牌之一。人们戴着尚美的珠宝参加红毯盛会和盛大的舞会，尚美珠宝随着音乐的节拍和身体的动作而闪烁着、晃动着。戴着尚美珠宝首饰的女性让人们竞相回头，而她们却依然神情自若。尚美 200 多年来一直，而且今后也将继续让人产生一种感觉——折服。

阅读传奇

奢华至极的珠宝是对女人最深的宠爱，戴上它们，仿佛瞬间成为被赋予权力的女王，倾倒众生。有欧洲皇室御用珠宝商美誉的尚美创始于1780 年，以巧夺天工的精湛工艺及典雅高贵的设计闻名于世，锁定品位买家，尚美带来令人心驰神往的尊贵风华。

尚美珠宝创办人马里·艾蒂安·尼托（在当时还尚未出现尚美这个品牌名称）与拿破仑戏剧性的相识，据说是因为尼托控制住一匹脱缰的马匹，而保证了拿破仑的安全，给当时身为执政官的拿破仑留下深刻印象，也给了这位极具才华的珠宝工匠极佳的崭露头角的机会。马里·艾蒂安·尼托在法国王后玛丽·安托瓦内特（Marie Antoinette）的御用珠宝匠奥贝尔手下学徒，之后于1780年在法国巴黎开设了一家珠宝店，并且很快就得到了一批贵族客户的青睐，而真正使他声名鹊起的是在1802 年成为拿破仑的御用珠宝商之后。由于马里·艾蒂安·尼托在珠宝制作方面天赋过人，再加上他对宫廷品位的了解无人能及，拿破仑执政时期的法国宫廷对他设计的珠宝十分青睐。马里·艾蒂安·尼托不仅为拿破仑铸造了加冕仪式上佩戴的皇冠和御剑，恰如其分地表现了帝国的强盛和皇帝的威严气势，还为约瑟芬皇后等皇室女眷制作了无数华丽的首饰。1804 年，约瑟芬加冕时，尼托为其制作了著名的月桂枝叶后冠，彰显出了典雅高贵的奢华品质，成为珠宝领域里的经典之作。

1880 年，让－威廉·摩雷的女婿约瑟·尚美继承了经营权后，他以自己的姓氏作为品牌名称，使"尚美"作为一个顶级珠宝品牌的代表开始名传于世。1900 年，评论家罗杰·马克斯（Roger Marx）在一篇有关巴黎珠宝展的文章内对尚美做出以下评价："尚美首饰的光芒，并非来自它的体积，或者是钻石数目的多寡。因为，每件构图都让它像一滴晶莹光亮的水，又或是自一堆火光中所发出的璀璨光芒。"一个世纪前的评语，在尚美今天的系列设计上仍能得到印证，尚美的作品，乃是对时代女性的感性与美态做出的全新而贴身的创作。

进入 20 世纪后，尚美率先创出以铂金镶嵌宝石的皇冠制作方法，令名贵的宝石更为突出，此时的尚美逐渐走出宫廷皇室，开始被更多绅士、名媛们拥有。当时，作为社会地位的徽章和时尚元素的羽毛冠状头饰是尚美的主要产品之一，约瑟就像魔术师一样能让珠宝栩栩如生。这位设计大师发现了人造宝石的制作方法，并设计制造了众多带有瀑布、翅膀、蝴蝶、羽毛、龟壳、扇子图案的皇冠，还有各种颜色的珍珠项链，因而成为毫无争议的珠宝界领导者，使尚美从此拥有了一代又一代的忠实顾客。

200 多年来，尚美代表了法国珠宝行业的尖端水平，这期间，它接连创造出精彩的惊世杰作，深受欧美贵族及名人爱戴。除了珠宝和钟表，前些年，尚美又推出眼镜系列。尚美眼镜设计优雅独特，做工精细无比，一推出便成为消费者的时尚之选。其眼镜对材料挑选和制作工艺的要求，与珠宝和手表一样一丝不苟，不仅铰链和螺丝暗藏在镜框内，而且每一个交接处都由人工细细打磨，几乎难见缝隙，这使其外形显得完美无瑕。

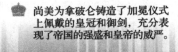

尚美为拿破仑铸造了加冕仪式上佩戴的皇冠和御剑，充分表现了帝国的强盛和皇帝的威严。

Boucheron

宝诗龙

（法）

古典珠宝，现代典范

品牌名片

品　　类	珠宝、腕表、香水
标志风格	奢华、神秘
创 始 人	费德列克·宝诗龙（Frederic Boucheron）
诞 生 地	法国
诞生时间	1858 年

品牌解读

　　珠宝总能给人以璀璨夺目的印象，而宝诗龙（Boucheron）品牌是这样的一类：它不仅光彩耀眼，更具有无穷的历史和文化意义。在世界各地旋风般的时尚潮流下，宝诗龙始终坚守着自己的理念：珠宝是用来佩戴而不是用来珍藏的，只有真实的肌肤才能衬托出经典珠宝的璀璨光芒。宝诗龙擅长运用各种材质的珠宝，包括白钻、彩钻、祖母绿、红宝石、蓝宝石和各种类型的珍珠。其中，蓝宝石是宝诗龙最钟爱的宝石，代表着梦幻与永恒的蓝色已成为该品牌的标志性色彩。蓝血之"宝"，艺术之"诗"，业界之"龙"，这就是宝诗龙，为世人不断创造美丽的传说。

　　宝诗龙从创立开始，它的品牌的历史就与世界上各地的王孙公主息息相关，宝诗龙的魅力让世人为之倾倒。自 1921 年起，英国王后在所有正式拍照场合均佩戴着宝诗龙皇冠。1928 年，印度帕地亚拉王将 7571 颗美钻、14 颗黑珍珠、两大批红宝石和 1432 颗祖母绿装在 6 个珠宝箱中，由 12 名年轻力壮、身着华丽绸缎的锡克保镖全程护送，委托宝诗龙代为设计。为了满足帕地亚拉王的要求，宝诗龙不辱使命，为帕地亚拉王设计了一款由 100 克拉的梨形祖母绿制作而成、四周镶嵌着钻石的臂章，这枚臂章象征着至高无上的权力和尊严，充满神秘的东方神韵，让人想起帕地亚拉由月亮降落到人间的古老传说，成为帕地亚拉王终生的爱物，也成为流芳百世的精品。据估计，这一珍宝级作品的价值不会低于 20 亿法郎，它不仅外形美观，而且做工精湛。20 世纪 40 年代末期到 50 年代，宝诗龙设计出一款首饰别针，它能够不着痕迹地变身为项链、别针及耳环，伊丽莎白·泰勒、索菲亚·罗兰都曾经佩戴过它。

　　宝诗龙紧跟时代的潮流，从各国各地区的风土特色中汲取灵感，形成具有自己风格的品牌。宝诗龙的辉煌事业不断前进，其独一无二的设计工艺相继征服了索菲亚·罗兰、妮可·基德曼、朱丽安·摩尔、苏珊·萨兰登等世界巨星，得到英国、保加利亚和埃及皇室的青睐。到了 21 世纪，宝诗龙仍保持自己的品牌特色，在时尚的洪流中坚持自己的文化内涵，在珠宝界光彩熠熠。

阅读传奇

1900 年，在埃菲尔铁塔下的塞纳河左岸战神校场上，举行了传奇的巴黎万国博览会，预示着新艺术的诞生。博览会上，宝诗龙一鸣惊人，获得了如下评语："胆识过人、战绩彪炳的冠军。总是令人目不暇接、甘拜下风，整个珠宝界都应以它为荣。"

出生于 1830 年的宝诗龙创始人费德列克，从小跟随著名大师儒勒·蔡泽，从一个小珠宝店的学徒做起，一做就是 14 年。凭着与生俱来的才华和对珠宝独到的理解与品位，28 岁的费德列克终于在巴黎高级时尚中心"皇宫区大街"开了第一家珠宝店。费德列克的珠宝店奢华大气，装饰着树枝形的水晶灯和天鹅绒般柔软的织物，一开业就吸引了不少高贵的客户。当时，首饰只是被简单地平放在橱窗中，费德列克打破传统，运用垂直立体的胸像展示珠宝。他并没有像当时的许多珠宝店那样经营经典珠宝系列，而是将水晶石、象牙、精致首饰和金色花边引入自己的创作中，而那些珐琅、金刚石、雕琢银与木材、水晶相结合的作品，也彰显着宝诗龙不拘一格的创意。

自 1858 年起，宝诗龙便开始推出珍贵的动物造型杰作。宝诗龙的"奢侈动物寓言集"珠宝系列不断发展壮大，正因如此，它已成为满足爱宝人好奇心的真正杰作，给人们带来欢愉与光耀。

1893 年，宝诗龙转址到凡顿广场 26 号，成为第一个在巴黎时尚圣地安家的高级珠宝商，店内装修豪华，充满现代气息，吸引了更多关注的目光。法国女星莎拉·巴恩哈特、音乐家波利尼亚克伯爵夫人、欧洲最著名的银行世家罗思柴尔德家族都曾经是宝诗龙的贵客。在宝诗龙之后，里兹大酒店和其他几家高级珠宝品牌也陆续出现在凡顿广场上，这里慢慢成为珠宝、高级时装和香水等时尚品牌的聚集地。

创始人费德列克于1902年去世，他的儿子路易·宝诗龙继承了家族事业，凭借他巧夺天工的技艺，成功地在纽约和伦敦等地建立了分店。20世纪20年代，珠宝界兴起了"新艺术风格"，宝诗龙的设计师更是这种新艺术主义的引领者。20世纪中叶，第三代接班人杰拉德·宝诗龙接手，当时"新风貌风格"已经占据珠宝设计的主导地位。宝诗龙创作了新的代表作，把宝石雕琢成花朵和羽毛，配以优美的曲线和几何图形，使宝诗龙珠宝更具生命力。在南美洲、北美洲和中东各地举办了一系列盛大的"新风貌风格"珠宝展览，使宝诗龙这个品牌远渡重洋、闻名于世。1971年，杰拉德之子阿兰·宝诗龙接管家族事业，把精品店开到了追求时尚的日本，深受日本人的欢迎，被日本人称为"世界上最好的装饰家"。

经历了五代的传承，宝诗龙仍然保持着手工工艺的制作方式、时尚的款式、丰富的历史内涵、昂贵稀有的材质和大胆创新的设计理念。宝诗龙为何如此迷人，让无数人为它醉心不已？答案其实很简单——多层次镶嵌方式是宝诗龙最著名的技术，精细到完全见不着的镶嵌底座，不论采用多少宝石缀饰，耳环、项链、手链皆能自由轻盈地如关节般地随意流动，甚至在移动的过程中还能产生轻颤效果，与主干合为一体，宛若天成，使佩戴者可以体验到珠宝的生命力，自然征服了世间无数女人心。

20世纪50年代的"危险美丽"系列，传承了宝诗龙一贯的奢华张扬的风格，设计大胆果敢。蛇形是"危险美丽"系列的重点。闪闪发光的钻石蛇状项链被美人佩戴后，蛇头吊坠垂荡在胸前，给人无限诱惑；黄金嵌钻蛇形戒指戴在指上，蛇头张牙噙着红宝石，熠熠生辉。拥有60件精品的"危险美丽"系列，设计大胆果断，继承了宝诗龙以往的奢华张扬的气势，诠释出名副其实的"危险之美"，加之珠宝大师无懈可击的工艺技巧，该系列已经成为宝诗龙的经典之作。

任何人都无法抗拒宝诗龙的魅力，而该品牌在定位上更是无人能及，它称自己的奢华永远不属于中产阶级，只属于城市金字塔的塔尖人群，因而王公贵族、明星名人们对尊贵无比的宝诗龙情有独钟，约旦王后的"树叶皇冠"、奥斯卡影后妮可·基德曼的黄金丝带头饰以及好莱坞巨星朱丽安·摩尔的祖母绿耳环等著名珠宝单品都是宝诗龙的杰作。此外，英国的戴安娜王妃，甚至是英国女王伊丽莎白二世，都频频在公开场合佩戴各式宝诗龙配饰，这无疑使其与皇室御用画上等号，充分证明了其魅力与品质的不同凡响。宝诗龙的尊贵之气历经百多年，依旧弥漫于各国王公贵族的衣香鬓影之间，在欧美各大时尚艺术颁奖盛会上，宝诗龙散发出的魅惑之色让人无法抵挡。

Mikimoto

御木本

（日）

极品珍珠的代名词

品牌名片

品　类	珠宝
标志风格	优雅、浪漫
创 始 人	御木本幸吉（Kokichi Mikimoto）
诞 生 地	日本
诞生时间	1893 年

品牌解读

享有"珍珠之王"美誉的御木本珠宝的创始人御木本幸吉先生，其品牌以他创造的人工培育珍珠的方法传承至今，已有 100 多年的悠久历史。御木本珠宝总是给人无限的遐想，向世人展示了各种珍珠首饰的无穷魅力，现已在世界各地建立 100 多家分店。御木本幸吉在 1954 年去世，享年 96 岁，后由伊藤先生担任公司的总裁。他过世后，日本政府为他追颁了日本一等荣誉奖章，"只有坚持生产最高品质的养珠，日本养珠才会有希望！"这是御木本的远见，也是他获得"珍珠之王"美誉的因素之一。御木本珠宝对经典品质与典雅完美有着永恒的追求，无愧被誉为"珍珠之王"。

多年来，御木本首饰始终保持着对经典品质的追求，典雅完美，工艺精良，各国社会名流因此成为御木本珠宝首饰忠实的拥戴者。

阅读传奇

御木本 1858 年 1 月 25 日出生，父亲是位贫穷的麦店东主。12 岁那年父亲去世，家庭的重担全部压在御木本身上，他开始接替父亲继续经营麦店的生意。在 20 岁时他对生产珍珠的软体动物产生莫大的兴趣，常与渔民交往，收集资料。经过 10 年的思索、推测和考验，他于 1888 年参加了一个国际渔业展览会，遇上柳犹悦。柳犹悦对产珠软体动物非常有研究，还给御木本很多资料。从此便开始了他的梦想——在几个小岛上（包括现在的珍珠岛）成立养珠农场。最初出产的只是劣质的半圆珠。

1890 年，御木本在东京大学的箕作佳吉教授那里学到了非常实用的培殖养珠知识。御木本回家后，与他的太太将全部积蓄花在养珠场的研究上，他们劳心劳力地尝试多年，早晚不倦地工作，都没有成果，邻居都认为他们夫妇俩疯了。他们尝试用铅、木、玻璃、

沙等插入蚝的体内，但每次都失败。1892年，一次严重的红潮将他们养殖的蚝全部杀掉。1893年11月11日，是他们最兴奋的日子，因为他太太发现一颗漂亮的半圆养珠在他插入的蚝体中形成。第一颗养殖珍珠在日本"诞生"，虽然就形状而言，半圆形的珍珠称不上完美，却是人工繁殖珍珠迈出的成功的第一步，御木本立刻进行申请专利。1896年，他终于拿到培植半圆珠的专利权，便将珠场移去Tatokujima岛。此时，他的太太突然去世，他不但没有因过度伤心放弃培养珍珠，反而更加努力地研究培植圆形养珠的方法。在同一时间，另外两个人也在这方面做出研究：Tatsuhei Mise是一位木匠，西川幸吉（Tokichi Nishikawa）是一位动物学家，在日本渔业局做渔业技工。1904年，Mise成功地培植出一颗圆形珍珠。1905年，御木本幸吉发明了完美的球形珍珠。为彰显他的功绩，日本天皇曾亲赠其手杖，由此御木本幸吉得到了"养殖珍珠之父"的称号。1924年起，御木本被日本皇室指定为御用珠宝首饰供应商。此后，日本皇室举办婚礼时，御木本首饰成为必备礼品，就连英国王室的后冠及饰品上也镶嵌了由御木本提供的珍珠。

关于御木本的传说有很多，据说早期日本的养珠者，并没有对珍珠的品质进行足够的重视，以至于国际上对日本的珍珠不抱有希望，有着"日本的珍珠就如同廉价玩具"的说法。御木本为了打破这种情况，特地在有国际媒体聚集的神户商工会议所前烧毁将近135公斤的劣质珍珠，除了对不自爱的同行提出抗议，也强调出自身对于珍珠的热爱与感情。因此在御木本幸吉所创立的珍珠品牌御木本中，采集的珍珠总数里，只有10％能真正通过严格的选珠标准，在日本，御木本首饰被认定为母亲留给女儿最珍贵的嫁妆。

在御木本品牌中，"矢车"（Yaguruma）不可不提，1937年的巴黎万国博览会上"矢车"首次出现，其令人惊艳之处，除了华美的珠宝镶工，透过细密精准的构造关节，小小的一只和服扣带，只需简单的道具辅佐，就能拆组出12件不同的饰品，如发簪、胸针、戒指、项链坠饰等，由此可看出当时工匠成熟而缜密的工艺巧技。而这只获得国际媒体热烈报道的作品，在确定于巴黎售出后，从此仿若消失一般，无人再见其踪影；直到50年后（1989年）在纽约苏富比珠宝拍卖会场中，才奇迹似的再现芳踪，最后"物归原主"，由御木本家族重新购回，现今珍藏于御木本位于珍珠岛的珍珠博物馆中。

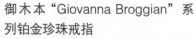

御木本"Giovanna Broggian"系
列铂金珍珠戒指

著名意大利设计师乔凡
娜·布罗詹(Giovanna Broggian)
精选铂金搭配珍珠,为御木本独
家创作了铂金系列饰品,以其创新
的风格和优雅的造型为世界瞩目。
铂金不仅保存了珍珠原有的华美
和完整,更突出了珍珠的独特形状与
色彩色泽,令珍珠在每一款饰品中都成为
焦点。

密镶钻石和大溪地珍珠铂金戒指

御木本以其完美手工艺,使纯净、永恒、稀有的铂金和
珍珠交相辉映,散发着不同寻常的优雅气质,更加突显了珍
珠的美观大方,令珍珠成为饰品中的主要元素。

御木本珍珠岛

Bvlgari

宝格丽

（意）

罗马帝国的光辉

品牌名片

品　　类	珠宝、腕表、银器、香水、皮件
标志风格	古典、浪漫、强调色彩
创 始 人	索蒂里奥·布尔加里（Sotirio Bulgari）
诞 生 地	意大利
诞生时间	1884 年

品牌解读

　　希腊和罗马古典主义的结合，加上意大利精湛的制造艺术，造就了宝格丽（Bvlgari）产品的独特风格。宝格丽珠宝最能令人想起最适合代表地中海艺术精华的历史。它不以喧嚣取胜，而是有分量感的珠宝贵族，在人群中即使不说话，一样不会被忽视。宝格丽的存在感，来自矜持的张扬和时间积累的自信。宝格丽的珠宝，每件作品都是由直觉构想开始，用不同宝石的组合，以独特建筑设计背景或艺术历史主题来发挥。每一款珠宝，都具有精致手工感和艺术工艺气息，都是欧洲人文阶段的一个缩影。它的色彩搭配流光四溢，闪耀夺目，交替演绎着时尚与典雅。宝格丽身上集合了一种"现代经典"的特质，既有古典的优雅，又有现代的创新元素，这个特征让宝格丽一直以来备受推崇。

　　宝格丽的家族化经营模式增加了人们对于宝格丽的热爱。一个家族的历史牵动着一个品牌，一个家族的历久弥新更是为品牌增添了高贵的色彩。人们认为，购买宝格丽，买的是一份历史的厚重、历史的积淀和家族的信念。因为宝格丽均衡地融合了古典与现代特色，不放弃对古典艺术的执着追求，并持续创新设计风格和发现新素材。宝格丽的设计简洁流畅，宝石镶嵌和切割巧妙，注重色彩运用，着力展现艺术与结构的细节，爱好体积感、线形与对称性，将现代女性的优雅浪漫表露无遗，成为新一代珠宝界的典范。

阅读传奇

　　意大利的宝格丽，是世界第三大珠宝品牌。这个品牌源自希腊，创始人索蒂里奥·布尔加里（Sotirio Bulgari）是希腊伊庇鲁斯地区的一个银匠。1879 年，索蒂里奥举家移民到意大利的那不勒斯，1884 年，他在罗马开了一家银器店，专门出售精美的银制雕刻品。

到了 20 世纪初，索蒂里奥的两个儿子已经长大，他们开始热衷于制作宝石首饰。在跟随父亲学习了多年生意经之后，兄弟二人终于在 1930 年完全接管了家族买卖，并开始悉心打造他们的首饰王国。

20 世纪初，在欧美珠宝界中，以法式风格最为盛行，首饰的题材和选料都有一定规矩。到了 20 世纪 40 年代，来自意大利的宝格丽率先打破了这一传统。它在首饰生产中以色彩为设计精髓，独创性地用多种不同颜色的宝石进行搭配组合，再运用不同材质的底座，以凸显宝石的耀眼色彩。宝格丽产品色彩之丰富，常常令人叹为观止。

为了使首饰上的彩色宝石产生浑圆柔和的感觉，宝格丽开始研究改良流行于东方的圆凸面切割法，以圆凸面宝石代替多重切割面宝石。这对当时的欧美传统首饰潮流来说，算是一次有冲击性的革新。此外，宝格丽开创了心形宝石切割法和其他许多新奇独特的镶嵌形状，这在当时是惊人之举。事实上，到如今，这些已经逐渐发展为首饰生产的标准。

自 20 世纪 40 年代开始，宝格丽步入多元化发展阶段，推出了精美的腕表作为时尚配饰，并配合珠宝、银器系列，作三线发展。第二次世界大战后，为了满足当时人们多样化的生活需求，宝格丽再接再厉，将其精品范围扩大到了眼镜、皮件、香水、瓷器等产品。不过即使到了今天，宝格丽还一直保有作坊形式生产，这使得其作品既有精致的手工感，又兼备深厚的艺术工艺气息，具有颇高的收藏价值。

宝格丽在 20 世纪 20 年代到 50 年代开始制作"古典珍藏"系列。这个系列包括了大约 40 件顶级珠宝，这些珠宝曾被宝格丽精心制作后卖出，后来又被逐个收购回来，作为绝版的珠宝永世珍藏。其中有一款钻石项链堪称是经典杰作。这款钻石项链共镶嵌了重约 100 克拉的钻石，用白金把钻石镶嵌得无可挑剔，还可以自由分拆，再组合成一套手链、胸针、耳环和手镯。

从 1970 年起，宝格丽加快了进军国际市场的步伐。这期间，纽约、巴黎、日内瓦和蒙地卡罗等世界各大都市的宝格丽精品专卖店纷纷开张。到今天，宝格丽在全球已经有一百多家精品店，是全球著名时尚集团之一。这个意大利品牌经过四代人的努力，俨然已经成为精致生活品位的标志。它是不

折不扣的意大利顶级精品，在每年的各类时尚排名中，一直稳居全球知名品牌的金榜。

多年来，宝格丽产品的拥趸既有皇室成员、政客名流、影视明星，也有事业有成的中产阶层。1964年，著名影星索菲亚·罗兰的宝格丽宝石项链被盗，这位拥有众多珠宝的意大利美人当即泪流满面，心痛不已。历史上，几位罗马公主曾经为了得到独一无二的宝格丽珠宝，不惜疯狂地以领地来交换……自1884年于意大利罗马创立宝格丽以来，宝格丽珠宝及其配件以其华美的设计风格牢牢地征服了所有像索菲亚·罗兰那样热爱时尚的女人们的心。

1999年，宝格丽推出了新的系列。新系列以时尚的设计和精致的取材表现着传统与创新之间的和谐，向人们传达着典雅崇高的宝格丽精神，成为艺术和品位的象征。时尚的设计、完美的工艺、优雅的风格将宝格丽的品牌风格表现得淋漓尽致，其经典特色有：

1.包圈镶：从18世纪开始，世界各地的首饰设计几乎都以"法国式样"为准，即：以爪镶的圆钻为中心，外围饰以祖母绿、红宝石与蓝宝石。这些首饰固然美不胜收，但流传太广，时

间太久，也就不再新鲜了。宝格丽就在此时推出了"包圈镶"（Bezel Setting）的方式，并以黄金代替当时惯用的白金来镶宝石，使人耳目一新，受到广泛欢迎。其实宝格丽并不是这种镶嵌法的发明人，他们是研究古代意大利"伊特拉斯坎"（Etruscan）的首饰设计，模仿并改良而成的。后来，这种镶嵌法几乎成为宝格丽的注册商标，黄金圈围着宝石，感觉温暖柔和，和"爪镶"大不相同。

2. 用色与配色：宝格丽特别强调彩色宝石在首饰中的重要性，不像其他世界级名店以钻石为销售主角。宝格丽认为"色彩"是其设计的精髓。这个"多彩"的传承可以上溯到 16 世纪的意大利——也就是文艺复兴时期，那时的首饰有"用色自由、配色大胆"的特点。

为了使宝石的色彩齐全，宝格丽率先使用了许多半宝石：珊瑚、土耳其石、紫水晶、碧玺、黄石英、橄榄石等，宝石的色彩绝不少于设计者调色盘上的颜料，这样设计出的首饰缤纷华丽。

3. 多宝夹：多宝夹的使用及不同金属材料的组合则是宝格丽在珠宝设计上创造的又一流行景观。所谓"多宝夹"金属管早在 19 世纪时已存在。这种金属管虽给人一种工业化、机械化的感觉，宝格丽却擅用这种能随人体各部位伸缩弯曲的材质，如布条皮带般的金属扁管来制别致的项圈、手镯、手表、耳环、戒指、腰带等。金属管可说是宝格丽招牌材料之一。

2007 年，宝格丽推出 Corona 铂金单钻

订婚戒指和 Marry me 铂金戒指，两款铂金戒指均以铂金做材质，寓意爱情的意味深长。其中 Corona 铂金单钻订婚戒指是宝格丽极为经典的铂金戒指，从皇冠图案中获取灵感，传递如皇家婚礼般的高贵典雅。完美的 V 形弧线轮廓，镶嵌着代表坚贞爱情的钻石，纯洁且久远。铂金独特的光泽和精雕细琢中展现的非凡强度将钻石的光彩亮丽凸显到了极致。戒圈曲线灵动优雅，充满独特的时尚感。另一款经典铂金戒指 Marry me 系列，拥有优雅简约的设计，在铂金上镶嵌了一颗精美的圆形钻石。Marry me 系列共包括三款婚戒，分别为素戒、镶嵌五颗钻石和密镶钻戒，传递着永恒的爱。

Buccellati

布契拉提 （意）

———— 延续高贵的艺术血脉 ————

品牌名片

品　　类	高级珠宝
标志风格	创意、精良
创 始 人	马里奥·布契拉提（Mario Buccellati）
诞 生 地	意大利
诞生时间	1919 年

品牌解读

早在很久之前，布契拉提（Buccellati）珠宝这个名字就活跃在米兰最有名的"金饰街坊"，布契拉提珠宝的品牌历史比很多欧洲国家都要长。虽然当时的成就和名气还不可与现在相提并论，但是浓厚的文化气息和历史积淀，注定了布契拉提珠宝这个意大利传奇珠宝世家将显赫一时。

由于布契拉提珠宝时尚的设计与精妙绝伦的雕刻金银的方法，和基于文艺复兴艺术光彩的简洁美，布契拉提珠宝的声望吸引了全世界皇室的注意。每一件布契拉提的创作中所使用的昂贵材料对其设计和做工来说都是第二位的：布契拉提所设计的珠宝不是许多美丽宝石的叠加，而是一个令人惊叹的各种材料交织的丰富整体。在这些珠宝中，布契拉提将品牌风格元素与工匠们高超的技艺完美融合。

布契拉提的顾客中不乏地位显赫的人士，罗马教皇皮乌斯十一世与十二世都非常青睐布契拉提珠宝与金银器，而意大利作曲家威尔第、歌剧《蝴蝶夫人》与《图兰朵》的作者普切尼，以及被称为"古典乐坛的传奇人物"、曾担任纽约大都会歌剧院指挥的意大利裔指挥家托斯卡尼尼等杰出的艺术家也是布契拉提珠宝店的常客。布契拉提不断从生活中寻找鲜活的灵感与细节，探究珠宝材质在美学领域的真正价值。那些异国情调浓郁的彩木、乌木、象牙以及珊瑚，被布契拉提赋予了生命与灵性。

如今，布契拉提的门店已遍布全世界，巴黎、伦敦、威尼斯、东京、洛杉矶、莫斯科、阿斯彭，各个店里陈列的不同珠宝银器展示了各种卓越的工艺技巧，都体现出布契拉提的完美工艺。

阅读传奇

　　18 世纪下半叶，布契拉提家族就开始生产珠宝，当时布契拉提先生在他位于米兰的工场中开了一家手工作坊。1906 年，布契拉提家族中才满 14 岁的马里奥（Mario），开始了金匠学徒生涯，拜当时米兰最负盛名的金匠贝特拉密（Beltrami）为师，学习制作金银工艺品的技巧。说到把这些珠宝上升到艺术品的级别确是马里奥先生的功劳了，他为布契拉提珠宝奠定了一个独特的艺术风格基础，这一品牌风格，经历了时间的考验，代代传承了下来。

　　到了 1919 年，马里奥在米兰开设了自己的第一家店，并选址在过去米兰非常著名的一家有 200 年历史的珠宝学院旧址上。他凭借着精湛的手艺与完美的设计，很快就在欧洲名声大噪，并赢得了"金艺王子"的美誉。意大利、西班牙、比利时，甚至埃及等各国王室、贵族都来订购饰品，就连梵蒂冈的教皇也成了他的顾客。很快，他的分店就不止意大利，大洋彼岸的纽约和棕榈滩也开始接受了这个来自地中海的珠宝品牌。

　　意大利是欧洲受文艺复兴影响最深远的国家之一，500 多年前的文化思潮几乎渗透到了意大利所有的手工业制作中，其中珠宝产业尤甚。马里奥一直痴迷于文艺复兴时期意大利的文化遗产，所有自文艺复兴时期传下来的技艺，他都继承了下来，并且用自己的理解加以发扬。马里奥有一套精湛的独门功夫，就是文艺复兴时期已为金匠们使用、后渐失传的一种雕金技巧——织纹雕金。马里奥（Mario）将古传的技巧翻新，演变出多种不同的织纹来。而且加上这些织纹雕金的金银饰品与珠宝，看起来格外高雅华丽，顾客们争相购买，首饰店同行们也争相模仿起来。但是，不论旁人如何努力地去模仿，总是难以做到像"布契拉提"店中的"真迹"一样精美绝伦。

　　布契拉提品牌的每一件珠宝都凝结着设计师与制作工匠的智慧，布契拉提拥有人们所向往的艺术与自然的完美结合，它的每一件产品都是令人叹服并不可超越的。"工艺"是布契拉提生存与发展的基石，布契拉提的珠宝和银器是由经验丰富的工匠们在作坊中制作的，他们受过独特的传统技艺的培训，他们中的许多人是当时与创始者马里奥一起工作的手工艺人的儿孙们，布契拉提的标志性的"织纹雕金"戒指需要 4~6 个月完成，同样，手链和项链的加工要 2~3 年时间，制作一件大件银器需要手工艺大师一整年的工时才可完

布契拉提银器

成。这一艺术创作工程由 70 多个意大利工匠来共同完成着，他们严格地坚持着所有工序的手工制作，包含描摹定稿、镂空穿孔、切割抛光等在内的制作程序，一个细微的失误，整个工作就要重来，并且，为保证在强度和美观之间做到最佳的平衡，布契拉提贯穿始终坚持着近乎严苛的质量检验程序，以确保每一件产品的完美。

1965 年，马里奥去世。马里奥用他的一生和意大利最精妙的珠宝制作工艺打响了布契拉提的招牌，而真正将布契拉提带入世界顶级珠宝品牌行列的，则是他的儿子姜马利亚。姜马利亚成功的秘诀是设计。他和父亲一样，最推崇文艺复兴时期的艺术———一切创作都源于自然，大自然就是他的灵感源头。花草树木、虫鸟动物都是其常见的创作主题，即使是看来极抽象的设计，也多半脱胎于大自然。姜马利亚还经常参考 18 世纪法国艺术家鲁萨里（Rocaille）的创作，并学其精髓，力求让珠宝首饰动起来、活起来，戴在脖子上、手腕上柔软舒适，毫不生硬。1973 年，姜马利亚在意大利创办了意大利宝石学院，向年轻一辈传播各种翔实的宝石知识。1981 年，意大利总统颁给姜马利亚"巨十字武士"（Cavaliere Di Gran Croce）勋章，以表彰他在文化艺术上的贡献。

后来，姜马利亚的二子一女，也都全心全意地投入布契拉提家族事业。其中二儿子安德利亚有如年轻时的姜马利亚，在珠宝设计与制作方面，能独当一面。

"布契拉提"的三代主人翁马里奥、姜马利亚、安德利亚，他们的设计，就像其间的血缘关系，一脉相传，虽有相似的形象，但每一代拥有各自的特点。布契拉提的名声在世界许多地方愈来愈响亮，它将文艺复兴时期的精神、技艺融入金银珠宝饰品中，带给"电脑世纪"的人们。在世界各地广设分店的布契拉提，从未想过要给所有人设计珠宝，它只为那些与其有着相同精神与热情的人们奉献一切，因为这种精神与热情是几代人辛勤发展并传承下来的。布契拉提会继续在世界各地寻找新的发展空间，但是质量永远不会向数量做出妥协。"布契拉提"这个名字，明确一点说就是"超凡的品质"，就是当代珠宝中蕴含着的古典风韵。

Swarovski

施华洛世奇
_{（奥）}

晶莹璀璨的梦工场

品　　类	水晶、家饰
标志风格	创意、切割精良
创 始 人	丹尼尔·施华洛世奇（Daniel Swarovski）
诞 生 地	奥地利
诞生时间	1895 年

品牌解读

　　施华洛世奇（Swarovski）这个名字，相信大家都耳熟能详，无论是否对水晶有所涉猎，提起代表高贵精致的天鹅水晶标志，都会心生敬佩。近年来，处处可见水晶应用在首饰、服装、灯饰等方面，而业界的领导品牌之一，就是来自奥地利的施华洛世奇。为什么施华洛世奇能有如此的地位呢？因为施华洛世奇是首创人造水晶机器切割的企业，历史已有上百年，也可说是奥地利最大、最有名的企业，在创意、技术和品质上，都不断追求发展进步。

　　施华洛世奇的企业源起于丰富的大自然元素。被公认为是最优质、璀璨夺目和高度精确水晶的产地就是奥地利。水晶纯质、高贵、卓尔不群、纤尘不染，又因它质地坚硬，具有岩石的品质，长久以来成为爱情纯洁坚贞的象征。而采用天鹅水晶标志的施华洛世奇，百年来几乎成为西方婚礼中不可缺少的

祝福。以精巧考究的水晶珠宝为首的施华洛世奇家族成员已经开发出多元化的产品系列，包括珠宝、纺织制品、礼品、首饰设计、时装配饰以及用璀璨水晶制成的吊灯垂饰。它的水晶制品与光线完美结合，从而能折射出耀目色彩，体现高雅的气质。

　　施华洛世奇品牌成立于 1895 年，施华洛世奇的闪耀光芒之所以闻名于世，完全是由于它们的纯净、独特切割以及刻面的编排和数目。施华洛世奇的产品最为动人之处，不仅仅在于它的制品是多么巧妙地被打磨成数十个切面，以致其对光线有极好的折射能力，整个水晶制品看起来格外耀眼夺目，更在于施华洛世奇一直通过其产品向人们灌输着一种精致文化。多少年来，丹尼尔·施华洛世奇与后人凭借无穷的幻想、睿智及技术，把这种珍贵物料的潜在魅力尽情展现。施华洛世奇不仅是人造水晶制品的代名词，也是

一种文化的象征。它具有一种无法替代的价值，那就是——情趣。

阅读传奇

施华洛世奇，国际著名珠宝品牌。其创始人为丹尼尔·施华洛世奇（Daniel Swarovski），1862 年出生在奥匈帝国版图内的波西米亚，那里是世界玻璃和水晶制品的制造中心。丹尼尔从小就在父亲的小作坊里观看技师们进行水晶切割，后来他成为父亲作坊中的一名学徒。

21 岁那年，丹尼尔有机会去维也纳参观

那里举行的一个电气博览会。西门子和爱迪生的技术革命给了丹尼尔灵感，他决心发明一台自动水晶切割机。经过日夜不停的实验，9 年之后，他的第一台可以完美切割水晶的自动切割机终于问世。与当时的手工技术相比，这台机器的切割速度快得多，也精准得多，从此水晶制造业进入了一个新时代。

1895 年，丹尼尔·施华洛世奇和弗朗茨·魏斯（Franz West），以及另一个朋友创办了施华洛世奇公司，他们把厂址选在阿尔卑斯山奥地利一侧的瓦腾斯。这里不仅有足够的水源可带动水晶加工机器运转，也远离他们的竞争对手，避免别人偷取他们的技术和设计，且交通便利，方便抵达水晶制品需求量极大的时尚之都巴黎。

20世纪初，丹尼尔·施华洛世奇的三个儿子——威廉斯（Williams）、弗里德里希（Friedrich）和阿尔弗雷德（Areaefrad）——开始陆续参与父亲的经营制造业务。丹尼尔本人从1908年开始试制人造水晶。他在瓦腾斯的别墅旁边专门建造了一个实验室，花3年时间设计制作了熔化炉。1913年，施华洛世奇开始大规模生产自己的无瑕疵人造水晶石，从而奠定了它在水晶制造业的王者地位。施华洛世奇用钻石切割法制作的水晶及宝石产品很快受到了市场的热烈追捧，这些晶莹剔透的饰物在巴黎时装店和珠宝店销售得非常好。

第一次世界大战爆发后，施华洛世奇陷入了缺少机械设备和原材料的窘境，但丹尼尔向来善于在逆境中寻找新路。经过两年的研制，1917年，他又推出了自动打磨机，用来加工水晶制品，1919年，丹尼尔给这种机器注册了专利。

20世纪20年代，欧美时尚界开始流行装饰着珍珠和水晶的裙装，施华洛世奇的水晶由此成了抢手货。除了时装店以外，一些电影公司也找上门来，希望能与施华洛世奇合作。1931年，施华洛世奇发明了一种大受时尚界欢迎的布带，上面缀满漂亮的碎水晶，可以直接缝在衣服或鞋子上，施华洛世奇为它注册了新的专利。

1935年，丹尼尔·施华洛世奇的长子威廉斯制作出了施华洛世奇的第一款望远镜，从此这家公司又多了一个产品系列。望远镜使施华洛世奇开始跻身精密光学产品制造业。施华洛世奇的"Swarovski Optik"已经成为世界上最有名的望远镜品牌之一。

第二次世界大战结束后，施华洛世奇大力拓展业务，水晶石的生产规模和生产水平越来越高。此外，它不断开发新的产品，率先在水晶石表面涂上一层薄薄的金属微粒，以便增加水晶的闪烁感。丹尼尔的孙子曼弗雷德还通过与法国时尚业巨头迪奥的合作，发明了一种叫"Aurora Borealis"（北极光）的水晶宝石，这种水晶石的特点是永远闪烁着微微的彩虹光泽。

1960年，施华洛世奇开始生产"STRASS"牌水晶枝型吊灯，其光泽、质量和价值在同行业内首屈一指。施华洛世奇找到了用机器切割锆石的方法——锆石被认为是最好的钻石替代品。不久，它又发明了在织物上嵌置闪光物的热加固技术。1976年，施华洛世奇制造了一只水晶老鼠，它成为当年因斯布鲁克冬奥会上的畅销品。从此，施华洛世奇开始推出大量以动物和造型优美的物品为原型的

水晶摆设，这些产品很快成为世界各地收藏爱好者的猎物。

20世纪80年代末，施华洛世奇水晶不只被穿在身上，还被用以制作纽约大都会歌剧院、巴黎凡尔赛宫、中国人民大会堂和莫斯科克里姆林宫的水晶吊灯，而且更是不列颠王冠复制品的用料。施华洛世奇的产品线进一步扩大到晚礼服手袋、皮带等服饰领域。20世纪90年代初，在安东·海辛格（Anton Hirzinger）等设计大师的推动下，施华洛世奇又将产品线延伸到了花瓶、碗、钟表等家用产品上，当然这些东西全都价格不菲。

1995年，施华洛世奇成立100周年，为了庆贺此盛事，施华洛世奇特地在奥地利瓦腾斯总部旁边建设了大型地下博物馆，命名为"施华洛世奇的水晶世界"。兴建此博物馆，是因不少游客和喜爱水晶的人士常慕名来到瓦腾斯，希望一睹世界著名的施华洛世奇水晶诞生过程。基于厂房内部工序全属商业秘密，但施华洛世奇又不想令众人失望，最后便决定将水晶魅力通过博物馆内匠心独运的布置——世界上最大和最小的水晶、全部以水晶砌造的水晶墙、艺术家的水晶"书法"、全球最大的水晶精品店铺等，让游人亲身体验、感受水晶的美。

施华洛世奇"银水晶"系列设计精巧，款式别出心裁，包括动物、烛台及其他案头摆设等，现时，在世界各地超过1.2万间施华洛世奇专门店均可买到银水晶产品，至于产品系列则包罗逾百种。对于"银水晶"此名的来源，很多人都错误地说是水晶含有银的成分，实际上，水晶在光线下投射出一道银光，正是银水晶名称的由来。

施华洛世奇"雪花"水晶点亮伦敦夜色

施华洛世奇的灯具以"施特劳斯"为商标，有三大类产品四百多款设计。

第一类是传统的水晶吊灯，适用于比较宽大的空间，第二类是现代的时尚灯具。施华洛世奇一直致力于研发与水晶光学性能相适应的独特照明方式和完善的照明系统。第三类是特许生产商产品。施华洛世奇一直利用自己的品牌优势，在文化交流中获得更多的市场活力。

施华洛世奇公司资产已达 20 亿美元，产品经常出现在影视中，《红磨坊》《情归巴黎》和《上流社会》中都有施华洛世奇产品的镜头。

水晶小老鼠

1976 年，冬季奥运会在蒂罗尔州首府因斯布鲁克举行，施华洛世奇公司的麦克斯技师采用新发明的透明胶水将水晶垂饰粘贴组合，创新出银水晶的第一件作品"小老鼠"。这只晶莹剔透的小老鼠受到了极大欢迎。这件研究成果的面世，不仅为切割水晶历史写下了辉煌的一页，更向世人展现了一个闪烁璀璨的奇妙水晶世界。小老鼠的成功也宣告施华洛世奇公司"银水晶"系列摆件产品的诞生。

Lovlots 系列

施华洛世奇 2006 年推出的 Lovlots 系列挂饰小巧别致，造型奇特，与以往的水晶动物相比又别具一格，令人爱不释手。

这系列的每位成员，各有自己的故事。性格表现各有不同，有出其不意、欢喜若狂、蛮横无理的表情，也有忧郁、严苛及趣怪的造型。Lovlots 系列充满个人风格及古怪新意，是与人们形影不离的忠心伴侣。Lovlots 系列独树一帜的风格，在时装界掀起了热潮。10 个闪烁趣致的挂饰，可用来点缀腰带、手袋、牛仔裤及手机。只要够创意，挂饰用途可以千变万化。

"流金岁月"系列

2007 年的"流金岁月"系列设计大胆，将高贵与质朴的物料融为一体，展现出与众不同的风格。流金岁月系列虚幻无边，挑战常规，引领人们展开一次跨越历史的时空旅程。不同的文化象征、符号和仪式相互交融，形成一种崭新的时尚表述。由土、空气、火和水组成的四大自然元素，以时空交错的方式重新演绎，将人类祖先的原始制品与现代的施华洛世奇切割仿水晶联系在一起。

Graff

格拉夫
（英）

钻石中的顶级钻石

品　　类｜珠宝、钻石、饰品
标志风格｜极品
创 始 人｜劳伦斯·格拉夫（Laurence Graff）
诞 生 地｜英国
诞生时间｜1966 年

品牌解读

钻石是产生于地球表面最坚硬的自然物质。最早发现钻石是在 2000 多年前的印度，自此，这些迷人的宝石就一直令无数人魂牵梦萦、心驰神往。格拉夫（Graff）是高级珠宝的翘楚，格拉夫从原石的搜寻、精工的切割、经典的设计到对各种顶级宝石的采用，均不假外求。自 20 世纪 60 年代开始，格拉夫品牌已善于运用各种素材来制作珠宝，而以黄钻来衬托其他钻石或宝石，格拉夫更是当中的佼佼者。格拉夫先生曾骄傲地说："全世界七成以上的黄钻都来自格拉夫。"格拉夫的钻石珠宝是世界上绝无仅有的，钻石品质、设计、工艺均是顶级的。在高级订制珠宝这个绝对奢侈的领域里，钻石级的珠宝品项里，格拉夫就是钻石中的顶级钻石。

独一无二以及绝对的高品质是格拉夫珠宝的主要特征。格拉夫伦敦总店的客服经理说："我和我们的设计师团队密切合作，开发

新的潮流趋势和新鲜的创意。格拉夫珠宝行就是以罕见的钻石以及经典款式的珠宝闻名世界，它们不受时间的限制，是永恒的美丽，可以代代相传。"

阅读传奇

格拉夫钻石成立于 1966 年，始终致力于经营销售世界上最好的宝石，在业界俨然已成为"世上最无与伦比的珠宝"的代名词。1993 年，格拉夫修复了新庞德街上的一幢宅邸，成了第一批商业入驻者，想要在这里重现启蒙运动时期美丽繁华的景象和营造 18 世纪凡尔赛浪漫的感觉。这种基调从开业以来一直没有改变，保留至今。这里是世界高级珠宝的圣地，店面属于古典的风格，但却营造出了一种浪漫、奢华的感觉，象征尊贵与权威的狮子头图案呈现于大门之上，全世界的格拉夫店都有这个标志。正门和各个入

口用的全部是波特兰石，而室内装修注重细节，极其个性，结合了英国摄政时期的典雅与法兰西帝国的豪华。大堂盘旋的楼梯突显了展厅，它的形状呼应了大门的设计、锻铁格子窗和四色大理石地面。稀有的意大利大理石、缟玛瑙镶嵌的柱子围绕着红褐色的展柜，展柜上方一只狮身鹫首的神兽俯视守卫着这些珍贵的珠宝。所有的家具和摆设，从镜子、桌面到桌子的包边都是在法国或意大利手工定做的。鲜花和秘制的卡萨布兰卡百合熏香蜡烛欢迎每一位顾客的光临。它的存在让巴黎的旺多姆广场和纽约的第五大道都稍逊风骚，这里就是伦敦的庞德街。伦敦土生土长的格拉夫，在这条街上占有重要的席位，是全球最负盛名的钻石珠宝品牌之一。

品牌创始人劳伦斯·格拉夫（Laurence Graff）说："我从孩童时期开始，就对钻石有着不可抗拒的情感，它让我激动，它是我的生命。我也想让所有和我一样、对钻石有着不可割舍的情谊的人能拥有真正的完美钻石作品。"正如其宣传语"格拉夫从钻石矿一直延伸到了女性脖子上的项链"，1998 年，劳伦斯·格拉夫以 51% 的比例控股了南非钻石集团，从这里获得未切割的钻石，然后送往伦敦和纽约的工作室进行打磨加工。世界第 15 大钻石——603 克拉的"莱索托诺言"就是在南非钻石集团下属的莱索托（Letseng）钻石矿中发现的。

劳伦斯·格拉夫对于钻石具有极大的兴趣，格拉夫还很热衷买卖华贵大钻。其中格拉夫金星（Golden Star，101.28 克拉）、沙皇皇后（Tsarina，90.14 克拉）、金玛阿哈加（Golden Maharaja，65.57 克拉）和 107.46 克拉的黄色罗耶特曼钻石（Rojtman Diamond）等这些赫赫有名的钻石，尤以黄钻著称。世界上天然的彩色黄钻非常稀有，依据颜色可分为不同级别，从鲜艳浓郁的艳彩黄到精致优雅的淡黄色都有。而这其中，能被列为艳彩黄色级别的黄钻最为罕见珍贵。格拉夫拥有全世界 60% 以上的黄色钻石。

在许多地方，格拉夫都拥有自己的切割、打磨工厂以及镶嵌工作室，所有的格拉夫首饰都出自自己的工作室。在格拉夫，参观者还可以目睹明星钻石珠宝诞生的过程。

首先设计师会在纸上画好草图，接下来就是根据草图上所标示的尺寸和颜色来选择钻石，而后技师们会在凝固的石蜡上完成整个创作。从极富创造力的设计到完美的镶嵌工艺，每一件都需要众多技师数百小时的精心雕琢。许多身怀绝技的技师都是在格拉夫接受训练，他们已将超群的镶嵌工艺演绎到了出神入化的境界。精良的金属和钻石被精心融合在一起，演化成为一件件精美绝伦的耳环、项链或手镯，它们带给佩戴者的是高贵灵动的感受，以及一场场视觉的盛宴。

如何鉴定钻石是门高深的学问，通常人们以 4 个要素——即所谓的 4C 标准——来区分钻石的质量及价值，它们是：颜色（Colour）、净度（Clarity）、切工（Cut）和克拉（Carat）。所有被冠以格拉夫名义的钻石都来自属于这 4 项标准最高级别的极品。

钻石的品种数不胜数，但顶级的就是那么几种，"德拉里日出之石"（The Delaire Sunrise）产自南非的一个冲积矿，挖掘出的时候即呈现为天然完美的八面体形状。即使是格拉夫先生本人都赞叹，从未见过如此美、如此高品质的原石。可以说，它的命运在出生前便已注定，在漫长的耗时 12 个月的精心打磨之后，世界上最大的艳彩黄色祖母绿式切割黄钻诞生了，切割成形的"德拉里日出之石"重达 118.08 克拉！格拉夫以位于南非斯泰伦博斯并在 2010 年竣工的格拉夫庄园为其命名庆祝，同时，"德拉里日出之石"也寓意着格拉夫先生对南非这块盛产传奇钻石的热土的挚爱。

Ray-Ban
雷朋
（美）

天生的优质

品牌名片

品　　类	饰品、太阳镜
标志风格	时尚、舒适
创 始 人	约翰·博士（Joho Bausch）亨利·伦（Henry Lomb）
诞 生 地	美国
诞生时间	1930 年

品牌解读

雷朋（Ray-Ban）被誉为是世界上最畅销的太阳镜品牌。雷朋墨镜是美军的标志之一。在第二次世界大战后，雷朋眼镜被赋予了时尚的意义，受到了全球人士的欢迎。雷朋一贯的高品质和优雅设计成为了雷朋太阳镜的最大卖点之一。雷朋镜片以玻璃片为主，遮光效果极强，所有镜片都能够百分之百地阻隔有害紫外线，同时隔滤红外线等有害光线。现在使用的偏光膜技术，则使光线对眼睛的损害减轻了许多。雷朋镜架的设计与制造也同样出色，不论在什么情况下，都能使人们佩戴舒适。

永恒的设计、简洁的款式和质优的风格，无疑成为雷朋这一品牌走过 80 多年后仍然经久不衰的重要元素。在 20 世纪前半叶，戴一副雷朋镜是演艺界大腕的做派，雷朋 Wayfarer 式白框、红框、黑框、玳瑁框……不同的雷朋墨镜架在好莱坞明星们的脸上，

搭配正装或便装，出现在各种场合。加里－格兰特、奥黛丽·赫本都是它的死忠。现在，雷朋品牌在时尚达人们的日常搭配中曝光频繁。西耶娜·米勒、奥尔森姐妹，克尔斯滕·邓斯特等都是雷朋的中坚分子。汤姆·克鲁斯在《壮志凌云》中佩戴经典雷朋飞行员太阳镜的造型风靡全世界，掀起了又一股雷朋太阳镜热。此后，为表彰雷朋对流行时尚的杰出贡献，美国流行协会向其颁发了分量极重的设计大奖。

阅读传奇

早在 1853 年，德裔美籍人约翰·博士在纽约开始从事由欧洲进口光学产品的事业，不料经营没多久，就陷入了几近倒闭破产的惨景。幸亏好朋友亨利·伦鼎力相助，以他自己仅有的 60 美元资助公司，公司才得以维持并生存下来。公司就将约翰·博士与亨

利·伦的姓合二为一，正式命
名为博士伦公司。自那以后，
博士伦公司的事业便蒸蒸日
上，直到发展成为美国家喻户
晓的名牌公司。

　　到 20 世纪初，博士伦已
经可以凭借先进的技术和卓越
的工艺，大量生产优质光学镜
片。1920 年，美国空军委托博
士伦开发一种飞行员专用的护
目镜，以对付高空中刺眼的眩
光。几年后，世界上第一副绿
色镜片的太阳眼镜诞生。这种
眼镜既能防眩光，又能防紫外
线，因而备受飞行员欢迎。

　　1930 年，博士伦生产的
飞行员太阳镜正式被美国空军
列为专用品。1936 年，博士伦
公司将这种太阳镜介绍给一般
大众，但它的早期销售量上显
示，一般人对太阳镜不太感兴
趣。对此，博士伦公司并不气
馁，经他们分析研究，将太阳

镜做了一番小小的改动，再度推入市场。出乎公司的意料，这
种略作改动的太阳镜，不仅售价飙升，而且一举成为当时最畅
销、最热门的抢手货。当时，据说美国的男人们几乎都有一副
太阳镜，并以佩戴此镜来显示自己男子汉大丈夫的气概。发展
到后来，女士们也纷纷戴起太阳镜来，而美国漂亮的小姐们戴
上太阳镜居然另有一番风采，特别引人注目且富有魅力。

　　1937 年，博士伦公司正式把这种眼镜推向市场，并更
名为"Ray-Ban"（雷朋）。"Ray"的意思是光线，"Ban"的
意思是阻挡，自此"雷朋"品牌正式面世。20 世纪 30 年代，
好莱坞明星戴墨镜蔚为流行，这使得雷朋太阳镜上市不久，
就成为颇受美国人追捧的时尚饰品。第二次世界大战期间，
雷朋镜片被美国政府定为标准太阳眼镜，这种太阳镜确实给
美国空军执行作战任务带来了不少方便，有的人甚至称雷朋
为盟军获胜的功臣之一。最初，这种新发明的眼镜仅仅是飞
行员的护目镜，后来，发现它能吸收最多的日光，发散最少
的热能，视觉方面也能保持良好的清晰能力，在军中试用，
结果非常令人满意，便逐渐在美军推广开来。

👑 **雷朋眼镜与美国流行文化相辅相成**

　　进入 20 世纪 40 年代，雷朋为美国空军生产出了有倾斜反光镜面的太阳镜，给使用者提供了最大的视力保护。第二次世界大战期间，穿着皮质夹克的美国飞行员经常戴着一副新颖别致的太阳镜，出入于世界许多国家和地区，给人们留下了一种豪迈、潇洒的印象，成了当年的流行因子，这极大提升了雷朋太阳镜在全世界的知名度。当时，就连美国五星上将麦克阿瑟经常佩戴的一款墨镜，也是雷朋产品。与 ZIPPO "芝宝" 打火机一样，经历过第二次世界大战的雷朋太阳镜，成为美军的标志之一，并在战争结束后作为时尚产品，迅速风靡全球。

　　随着时间的推移，太阳镜越来越普及，逐渐成了时尚单品，转变为日常生活的必备品。20 世纪 50 年代，雷朋向市场推出了拥有多色镜片和大镜框的时尚太阳镜，同时推出了女用太阳镜系列。20 世纪 60 年代，雷朋防裂镜片问世，其太阳镜的款式设计粗犷而有型。20 世纪 70 年代，雷朋推出的变色太阳镜可以在不同的光线下，为佩戴者提供最清晰的视感。

　　多年来，雷朋太阳镜品种不断地增加，并形成传统、现代和未来三种风格系列。此外，根据消费对象的不同，雷朋太阳镜又分为绅士、淑女、运动三种类型：绅士型稳重高贵，淑女型潇洒飘逸，运动型则充满阳光动感。永恒的设计、简洁的款式和质优的风格，无疑成为雷朋这一品牌走过 80 多年仍然经久不衰的重要元素。

第七篇

皮具

方寸之间，彰显品位的皮质诱惑

A.testoni

铁狮东尼

（意）

坚持意大利的黑色尊贵

品　类	皮具
标志风格	技术精湛、手工
创 始 人	阿米迪奥·铁狮东尼（Amedeo Testoni）
诞 生 地	意大利
诞生时间	1929 年

品牌解读

一个知名品牌，是一笔宝贵的财富，捍卫这个知名品牌的传统意味着继承和发扬其精神，但又不为传统所束缚，跟上时代的变化，这就是铁狮东尼（A.testoni）一直贯穿在公司经营之中的品牌精神。

铁狮东尼——一个精心呵护脚部的品牌，它轻轻地带走你一天的劳顿，留下来自意大利的体贴。似乎有一种地中海式的温柔从脚底洋溢而上，传遍全身。每一步轻微的前进，都有飞翔的快感与享受的乐趣。铁狮东尼的鞋类产品以其特有的舒适呵护脚部，所有产品都具有一种特别的类似"手套"般的舒适感：当脚部着地承受全身重量时，鞋便变宽；当脚部离地处于休息状态时，鞋就自然收缩，像"手套"一样固定在脚上。铁狮东尼的作坊用古老的传统工艺——包括典型的"布袋"法制作皮鞋，以使其产品合脚舒适。它还特别注重皮革加工，以保持皮革的柔韧性但不妨碍导汗。

制作一件铁狮东尼产品要经过 200 余道手工工艺。除坚持精工细作的原则外，铁狮东尼 Dinamico 旅游系列产品还采用了新材料，如红电气石（Rubellite）。这些材料的柔韧性是皮革的 7 倍，而重量却只有皮革的 1/3。精细的传统工艺和具有远见的创新精神使铁狮东尼成为国际制鞋业的先驱，对不断变化的生活方式以及时装的细心观察使铁狮东尼推出一系列新型产品。因此，在追逐时尚的年轻新一代消费者中，铁狮东尼已家喻户晓。

在男人心中，铁狮东尼重要与经典的地位，不输女人心中的香奈儿。它从博洛尼亚这座意大利古城出发，以无与伦比的技艺站稳于世界。这位"鞋中之王"固守了豪华与精湛的领地，向年轻族群进攻，试图俘获精英与潮流的双重疆土。

铁狮东尼的优雅独特，用料之精良，手

铁狮东尼台北专卖店

工之精巧，与现代追求时尚的高品位人士相配合，尽显不凡形象。铁狮东尼羊皮系列轻柔润滑；牛皮系列光亮简洁；驯鹿皮系列富有动感，线条明快；鸵鸟皮系列清新脱俗；鳄鱼皮系列华贵高雅。公司的一流工匠非常熟识各种皮革特性，再结合现代人的需求特点，经多道工序手工制作出一系列产品。

当然，铁狮东尼并不是"男性沙文主义"品牌，它也为爱美的女性制作舒适的皮鞋。近年来，铁狮东尼女鞋在色调上大胆尝试，逐步贴近日益年轻化的时尚。

如果说要给你的脚找一个恋爱的对象，那么毫无疑问，就是铁狮东尼。它如影随形，伴着你走遍天涯海角；无论是前行还是驻足，是奔跑还是散步，它都在回应着最温柔的言语。

阅读传奇

铁狮东尼创立初期，以传统流传下来的皮革工艺，去制造男式皮鞋。它代表了意大利博洛尼亚的优良皮革手艺，也象征了意大利皮匠的专业和超凡品位。至今它仍坚守意大利传统皮鞋风格，不为潮流妥协。

自创建以来，铁狮东尼的业务不断扩大，第二次世界大战后，该公司由一个小作坊发展成为一个巨大的产业。其创始人阿米迪奥·铁狮东尼继续主持公司的生产业务，他的女儿玛丽莎以其独到的品位和创造力负责公司的设计部门，他的女婿恩佐菲尼则主管公司产品在意大利国内市场的销售。到20世纪50年代，随着质量高超的铁狮东尼皮鞋和系列皮具在世界很多地方的出现，它也成为世界各地达官显贵们青睐的高档品牌。事实上，铁狮东尼是意大利制鞋业首批成功进军法国、美国和日本市场的品牌之一。

铁狮东尼在世界各大城市拥有多家分店，每年制造超过 12 万双鞋子，其中八成更是出口到世界各地。

铁狮东尼的消费群体大多数是具有很强的经济能力、成熟稳重、社交广泛、有品位、有个性的高层男士，针对这些消费群体，为他们定位设计出适合不同场合的服饰，休闲生活装：时尚与实用结合，注重时尚、休闲、舒适、人文。适用于商务旅行、周末休闲及度假。半正式组合装：结构简洁、线条流畅、剪裁合身、突出成熟男士的成就感，体现良好的文化气质。适应日常工作及都市社交生活。正式职业装：现代都市精神与经典主义的双重体现，简约、低调，使人充满智慧和精神，适合工作和各种聚会。

一直以来，铁狮东尼都以其独特的定位、经典的风格、优秀的品质、高贵时尚的视觉感观，备受上流人士、高级白领与商务人士的青睐和推崇，成为地位和身份的象征，由法国风靡至整个欧洲，所到之处无不形成魅力焦点和消费热点，成为众多男士倾慕的服装品牌。

"手套"工艺

铁狮东尼的代表产品是男式正装鞋。源自 13 世纪开始代代相传的手工缝制技法制作，工艺之考究至今无人能及。其中 Black Label 黑标男鞋是铁狮东尼中最高级、卖价最昂贵的一个系列。每双 Black Label 的鞋子皆由人手缝制打造，当中牵涉到 200 个人手工序。

铁狮东尼男装鞋履的系列中，楦型系列是它的顶级精品。其设计典雅、恒久、卓越不凡的做工见证品牌的历史性和独特性。这个系列的所有款式选用"H"楦，适合脚背较高的东方人士。制作此系列皮鞋的技术被称为"Bolognese Construction"，中文名为"手套"形设计。"手套"工艺就是先用细线对鞋底的内皮和鞋面进行缝合；再用粗线对鞋底、内皮、鞋面进行二次缝合；然后用一张薄皮盖住，用特殊胶水黏合后，经高温使其气化成为一体；最后缝线和毛边，将鞋边刷成黑色，鞋底磨平、抛光。经此工艺制成的鞋子穿起来柔软舒适，双行的缝线做法使鞋子的伸展更有弹性和透气性。

"Good year"工艺

在这一系列产品中，铁狮东尼将品牌缔造者的名字热印于鞋底，鞋底使用了柔软精致的皮革。这是源于铁狮东尼高超精湛的传统手工生产技术，鞋内部采用了看不到缝合线的内底设计。这一系列的男装皮鞋更加体现了铁狮东尼杰出的设计质量和工艺水平。

Tod's

托德斯

（意）

优雅且毫不夸张奢侈

品牌名片

品　类	皮具
标志风格	经典摩登
创 始 人	迭戈·戴拉·瓦勒（Deigo Della Valle）
诞 生 地	意大利
诞生时间	1970 年

品牌解读

　　优雅而简洁的奢华，追求极致的品位，令人羡慕的质地，这些便是长久以来托德斯（Tod's）标志性的特征，同时也是托德斯能够拥有无数忠实拥趸的原因，也是托德斯得以长期占据国际市场重要地位的战略原则。

　　古琦、路易·威登、铁狮东尼……对于痴迷品位生活的人士来说，这些品牌都不陌生，但如果你不知道托德斯这一意大利新贵那就是遗憾了。虽然创立时间不长，但是它的时尚感是大家有目共睹的，戴拉·瓦勒（Della Valle）家百余年的制鞋历史孕育了它的经典韵味。它的摩登，让人奔走在时代的浪潮里，踩着轻盈的脚步，时尚的音符便流溢而出。

　　这个意大利家族企业传承着精致和讲究细节的制鞋工艺，一款托德斯鞋的制作过程要经过 100 多道工序。从最初的手工皮革切割，到把不同的部分缝制在一起。根据不同

的设计，一款鞋最多将使用 35 片皮革，而每一片都要做单独的处理和严格的检验，整个制作过程由技艺精湛的工匠手工操作完成。托德斯鞋精选来自世界各地最好的皮革，有些皮革就像酒一样需要长时间存放才能达到要求的形状和质地，而不符合标准的皮革将被淘汰。即便鞋子制成后存在微小的瑕疵，它们也将被销毁。严格的程序和检验下制造出来的 Moccasins 便鞋和 D Bag、Eight Bag 两款皮包堪称经典。

　　托德斯利用各式各样的皮质、皮色来玩弄"鞋底游戏"，把简单的商品创造出无数变化。以最受欢迎的 Moccasins 便鞋为例，从最基本、典雅的黑色，到最前卫的荧光橘色，竟然玩出了 150 种以上的花样。Moccasins 便鞋的鞋底与鞋跟后有着一粒粒圆胶，其创作灵感来自戴拉·瓦勒。戴拉·瓦勒的构思不只是品牌的标志，亦有实际的功能性。当时

他先和法拉利汽车总裁卢卡·迪·蒙特泽莫罗（Luca di Montezemolo）商讨，想设计一款极为轻软、有防滑作用、可当"开车鞋"的便鞋。另外，因为所有托德斯的鞋子都坚持手工缝制，这些小凸点也正好让鞋底在缝制时更为精准。

托德斯乐福便鞋，因鞋底133颗突起胶质豆豆而有了"豆豆鞋"的昵称，被公认是经典中的经典。那突起小豆豆不只踩在脚底，还从鞋底延伸到鞋帮后头，旁人从后方可清楚看见豆豆踪迹。托德斯把简洁与实用倾注到这些豆豆上，它已经不再是纯粹的鞋，而是一双融入了理念，倾注了创意与思考的活体雕塑。

在电影《电子情书》中饰演书店小子的汤姆·汉克斯，还有《超完美谋杀案》里的亿万富翁迈克·道格拉斯，这些身价不菲的上流人士脚上穿的都是托德斯。现实生活里，这个名牌的爱用者则有戴安娜王妃以及如哈里森·福特等巨星。

阅读传奇

托德斯诞生于意大利人痴迷英国文化之时，Tod's在英语中意为"机灵的、狐狸的"。托德斯最初只是一家家庭作坊式的家族小鞋厂，20世纪40年代发展成为规模庞大的集团。

公司拥有意大利最大的奢侈鞋品生产中心，总部坐落于安科纳，那里是全球最集中的制鞋区域——在不超过50平方公里的区域，集中了超过2700个大大小小的实验室。托德斯向来以精工细作闻名，那里盛产巧手的工艺匠人。托德斯在镇子上拥有大约1000名工匠，他们各有所长。很多人已经为托德斯效力20年以上。

几年前时尚界突然掀起了一股托德斯旋风，从时尚秀到奥斯卡颁奖典礼，只要有名模、明星、名流出席的场合，都可以见到托德斯的"芳踪"。一时之间，巨星、名模，几乎人脚一双托德斯便鞋。女士除了便鞋外，还有方形购物袋D Bag，或适合晚宴的Eight Bag。托德斯成了名流们的"生活必需品"。

戴拉·瓦勒相信，托德斯之所以受到欢迎，并不是因为市场策略或名人的推波助澜，而是托德斯坚持以自己的品牌哲学设计经典摩登的产品。因此，即使托德斯在外观上有不同变化，但仍会继续坚持用传统造皮和制鞋方式，创造出更多时尚界的传奇故事。托德斯力求打造世界上"顶级又舒适的鞋子"与"最简单但经典的皮包"。托德斯的橱窗设计也力求展现其皮鞋和皮制品的经典。专卖店内大量的金属和皮革材质体现了自然与未来的融合。别出心裁的彩色条纹设计让人耳目一新，在充满趣味的同时，也展现出托德斯崭新又流行的新款产品。

完美的质地和创造力，经典与现代的巧妙结合，这些是托德斯集团得以长期占据国际市场重要地位的战略原则。

Trussardi
图萨迪
（意）

只为完美主义者而诞生

品牌名片

品　　类	时装、皮具、香水
标志风格	摩登、简约
创 始 人	尼古拉·图萨迪（Nicola Trussardi）
诞 生 地	意大利
诞生时间	1910 年

品牌解读

图萨迪（Trussardi）代表着领先、完美、触感，强调经典与现代感的结合。如果要从时尚品牌中找出一个极简设计，又能充分掌握流行元素的牌子，那非它莫属！

尼古拉于 1973 年设计出象征力量、高雅、速度和精致的灰狗作为品牌标志。从此，图萨迪这只意大利最优雅的猎狗称雄于皮具品牌王国，大举高质量和耐用的王牌，席卷四方。它身上透露出高雅精致，洋溢着十足的现代感。在这里，皮具找到了归宿，觅得知音。

1. 皮件：图萨迪的皮件一直以来被视为品牌王国中的经典之作，不论是皮包或皮衣，与其他品牌大不相同的就在于图萨迪擅长为极为柔软的皮革塑型。有别于一般皮革的柔软触感，让图萨迪的皮件充满了无穷的魅力，这得归功于长久以来制作皮件的宝贵经验。而在跨世纪的极简风潮中，图萨迪更以准确的判断力抓准了"极简摩登"，运用黑、白、紫等个人风格明显的颜色搭配利落的剪裁，透过单纯的搭配，简简单单地就穿出摩登气质。

2. 服饰：图萨迪以敏锐的艺术感触捕捉意大利时装的精髓，以常新的手法迎合当代人不断变化的审美观念，以特有的自信去创造时尚都市青年的需求。它行走在时尚的前沿，脱去厚重，用轻飘演绎冬日的温馨和舒适；用颜色和款式打造女性深层美丽和性感；用刚劲力度的设计线条去阐释男性的阳刚气度。

图萨迪的服装无论在剪裁或设计上都非常简单，几乎看不到多余的缀饰，只是单纯地以布料原有的质感，来表现服装经裁剪后的样貌。而图萨迪的另一个特色，则是运用抢眼色彩，来凸显个人风格。于是，在众人之中，穿着图萨迪的时尚人士，总是显得格外突出。其中 Trussardi Jeans 系列始于 1988 年，属于 Jeans 系列的每件商品都蕴含了三

TRUSSARDI

个概念：多元性，即适合任何场合；多重性，即适合每一个
国家和地区；跨时代性，即适合任何年龄。

除了图萨迪的服装系列，图萨迪还开发了另一个充满活力
的副牌——T-STORE。它是针对 XY 时代都市新新人类所追随
的潮流步伐，开发出充满爆发力的服饰。T-STORE 运用各样特
殊材质大玩花样，例如高科技的皮料、光亮如镜的 CYBER 漆
皮、潜水衣料等，颜色上也像打翻调色盘一般地尽情挥洒鲜艳
的橘、黄、蓝，还有永恒的黑色，塑造全新年轻形象。

图萨迪为人们勾画了声色并茂的服饰世界，置身其中，
如同在琳琅满目的万花筒里畅游，累了，躺在那里，呼吸、

闭目的瞬间，连梦都染上了缤纷色彩。

阅读传奇

　　1910 年成立的图萨迪是国际著名的顶级意大利品牌。它的皮具设计高贵、优雅，吸引了不少白领人士的垂青。它的服装以休闲类为主，采用棉、麻、蚕丝为面料，设计风格简约、大方、飘逸，能衬托出穿着者的气质。

　　其创始人尼古拉·图萨迪（Nicola Trussardi）在意大利是与阿玛尼、范思哲和瓦伦蒂诺等人齐名的大师，他的影响力遍及欧洲乃至世界。他只用了 1/4 世纪的时间，就将米兰郊区一座中世纪小城——贝加莫的一个家庭式手套工场变成了一个豪华用品的王国。图萨迪也一跃成为服装界的翘楚。

　　1910 年，尼古拉·图萨迪的祖父在意大利贝加莫开了一间皮件工厂。经济系毕业的尼古拉 27 岁便接手祖父的家族事业，增加了皮制配件的新设计，即生产手套系列，并发展了新的更讲究的生产方式来达到高品质的改革。同时他还创造了 "INSIDE" 系列，包括笔、打火机、烟斗、钥匙圈等。所有的产品原料取自玫瑰木、银和金。皮革的使用和高贵的纤维素材、特别的细部设计、高科技的运用，使图萨迪的设计更为突出。第二次世界大战中，因为品质精良，图萨迪还被指定为国家军用手套的制造商。到了 20 世纪 70 年代，图萨迪家族的第三代大刀阔斧地将制作皮革手套的丰富经验运用到了皮件、服装、钢笔、烟斗、器皿等方面，使得图萨迪成为一个全方位的精品王国。

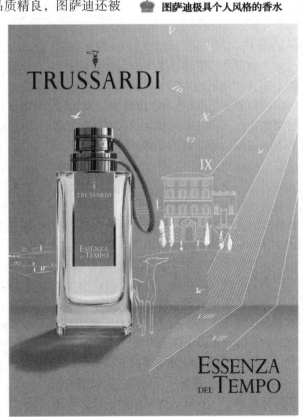

♛ 图萨迪极具个人风格的香水

　　在 20 世纪 80 年代，图萨迪发展出了独具风格的女装、男装、Sports系列、Jeans 系列及香水。各种作品中所表现的内容通常与世界的文化和艺术有关，这些系列反映了一个现代与改良的生活方式。1983 年，尼古拉·图萨迪的第一次服装展在米兰卡拉歌剧院举办，在时装界一炮而红。1999 年，碧翠斯和弗朗西斯科接替父亲成为庞大家族品牌的设计者。

　　图萨迪的一线品牌在市场中占有不可替代的地位，被成功人士誉为品位和身份的象征。

Bottega Veneta

宝缇嘉·维内达 _{（意）}

"意大利爱马仕"的梭织盛宴

品　　类	皮具
标志风格	优质、典雅
创 始 人	莫尔泰杜（Moltedo）家族
诞 生 地	意大利
诞生时间	1966 年

品牌解读

一直以来都流传着这样的一种说法："当你不知道用什么来表达自己的时髦态度时，可以选择路易·威登，但当你不再需要用什么来表达自己的时髦态度时，可以选择宝缇嘉（Bottega Veneta，简称 BV）。"宝缇嘉向来以其"低调的高贵"备受赞誉。没有标签的宝缇嘉在一众同类商品中依然耀眼到灼目，凭借的是其货真价实的奢华品质。很少有品牌像宝缇嘉一样，拥趸与反对者的界限划分如此清晰统一：在宝缇嘉的标志性单品 Cabat 包上，你找不到任何一处显眼的品牌商标，爱它的人钟情它的低调与矜贵，恨它的人往往想不通自己花了几万块，背上街却没有几个人能认出来，如果能像路易·威登、普拉达一样商标爬满身该多好！

宝缇嘉是名副其实的编织豪门，素有"意大利爱马仕"之称，宝缇嘉的产品向来都出现在名人或者明星的手上，整块的梭织皮革，展露出绝顶的好手感。宝缇嘉"The Knot"活结手包也是手包设计中的经典，是明星红毯秀必带的手包之一。宝缇嘉手工编制手袋的价格在 1000 欧元以上。

宝缇嘉之所以珍贵，在于纵横交错的皮革简直就是耗时耗工的手艺指针，以价格 10 万起跳的 Cabat 手袋为例，制作流程是，先各把两块皮上下黏合在一块儿，裁成条状后，再由资深的师傅编织而成，等于动用到 4 片皮革，据说 2~3 位师傅至少要花 3~4 天才织得成一只包。宝缇嘉手袋也不简单，要先把一块光泽颜色毫无瑕疵的皮革，用机器按照固定间隔打出一个个洞，取另一块皮裁成条状，师傅再一格格把这条状皮革编到洞洞里头。这些身价不凡的包，除小羊皮和鹿皮，也推出鳄鱼皮材质，造价数十万，令人过目难忘。

宝缇嘉手袋以软包为主，编织皮革被处

理得极为柔软，完全不用担心磨损衣服，除单纯的编织纹理，有的包还打上镂空的金属铆钉，或预先在局部位置打了结，或在纵横格子里加了车缝线装饰，甚至还会故意在每个格子切一道口子，用久了就会翘起来，原来是呼应隐喻吉祥富贵的金鱼。

宝缇嘉的时装美学是含蓄细致，因为懂得欣赏宝缇嘉的人，都具备"自信、优雅而忠于自己风格"的个人特质，"when your own initials are enough"——当你的称号已足以说明身份，便不会再追求浮夸矫饰。

阅读传奇

作为意大利手工艺传统的继承者，辉煌的奢侈品帝国，其崛起、兴衰与重振亦蕴含了千辛万苦的过程。"宝缇嘉没有耍什么伎俩树立自己的奢侈品质，它的奢华是慢慢被大家理解的。"BV 的首席执行官密尔顿·佩德拉萨这样说道。看来皆云淡风轻，罗马却非一日建成。

1966 年，意大利家族企业宝缇嘉创立，最先设厂于比邻威尼斯的意大利小镇，也是历来欧洲奢侈品的制造重镇维琴察（Vicenza），当时享有波普艺术大师的安迪·沃霍尔也大量购入其皮具作为圣诞礼物。然而当历史的脚步踏入 20 世纪 90 年代，古琦以张扬与奢靡的形象开始一统天下，内敛的宝缇嘉举步维艰。维琴察会聚的被朝拜过无数次的能工巧匠们也许谁也不曾想到，一个 6 年前来到这里被空气中弥漫的皮革气息迷倒的德国人将成为扭转局势的关键人物。他的名字日后被圈内人作为英雄般提起，圈外人则津津乐道于他"谨慎的个人主义"：他就是宝缇嘉现任设计总监托马斯·迈尔（Tomas Maier）。托马斯·迈尔成长于德法边境的小镇巴登巴登，自小文优于理，时装方面如编织毛衣等更是天赋异常。他的建筑师父母对他影响至深，注重细节的极简主义与包豪斯（Bauhaus）设计都让他十分入迷。也正是德意志式的严谨、低调、讲究质感与创造力的结合，以及在爱马仕 9 年的辛勤耕耘，让他在芸芸众生中脱颖而出，执掌了新的设计帅印。2001 年，托马斯·迈尔获邀进入宝缇嘉，为宝缇嘉带来崭新气息。托马斯·迈尔为宝缇嘉制定了他心目中"四个核心"的理念：上等质量的素材、卓越的工艺、时尚的功能，以及隽永的设计。第一年，托马斯·迈尔便设计了 Cabat Bag，马上成为宝缇嘉招牌包款！棋盘格纹般的编制效果，由

纯手工穿梭串编而成，质感独具，吸引来许多名人、贵族。此后，他出任其品牌创意总监，并负责旗下各个系列产品以及店铺的设计。"奢华是一个非常个人化的东西，与金钱无关，是一种独到的品位和独到的经验。"托马斯牢牢地把握住在巴黎高级时装学院生涯中学到的"茂盛、中庸、色彩和形状"这几个关键词，将美学与激情融入每一个细节，辅以丰富的工作经验和奢华低调的理念，令其传承了宝缇嘉独有的美学概念和高级品质。从独门的编织皮包，到尊贵的家居产品，再到与 St. Regis 瑞吉酒店合作设计的品牌标识套房，有了托马斯印记的宝缇嘉更专注于工艺与品质，迅速地占据了市场，赢得了消费者的喜爱与信赖。

宝缇嘉从 1966 年创立至今，制造出的产品以精良的皮制品居多，并富享口碑，自始至终都保持着该品牌生产的专一形象，杜绝任何授权制作产品，如履薄冰地持续经营，得到古琦集团的青睐，并对其进行收购。这个顶级奢华的皮件品牌，在被时尚集团怪兽收购后，短短几年内重新急速窜起，经典的编织系列是该品牌的镇店之宝。皮革编织的技术，像是品牌标志般塑造出 BV 的时尚轮廓。是的，编织就是 BV 的标志。宝缇嘉在时尚圈已经成为独一无二的奢华表征，标志典雅，同时也散发着历久常新的格调，其中更以触感矜贵细致、工艺精巧的皮袋为代表。而能成就宝缇嘉超越时间和地域的作品，元素相当多元，包括它简单大方的特质，以及具有鲜明的时代感、功能卓越、极富创意、技艺精湛、品质崇高的品牌风范。

Bally

巴利

<small>（瑞士）</small>

诞生于浪涛中的维纳斯

品　　类｜皮具、时装
标志风格｜精巧、摩登、品质高尚
创 始 人｜卡尔·兰斯·巴利（Carl Franz Bally）
诞 生 地｜瑞士
诞生时间｜1851 年

品牌解读

巴利（Bally）是一个经营了 160 多年的经典瑞士奢侈品品牌，以鞋靴起家的巴利在瑞士有一家鞋类博物馆，除了收藏中外古今的鞋子与相关历史外，还保留了巴利 160 多年来在每一个重要年代制造的皮鞋。至今，巴利更发展出皮包、时装、饰品等产品系列，成为世界级的奢侈品大牌。

经过 350 道手续才能完成的"Bally Scribe"皮鞋是巴利鞋中最受欢迎的经典代表。平均来说，每双巴利皮鞋要经过 200 道严格的制作与检验后才能上市，是高品质的典型代表。

巴利箱包设计精巧，质量上乘，呈现出画龙点睛的巧妙效果，看见皮件上的"B"就宛如象征了精致优雅的传统欧洲风格，巴利近年来趋向摩登的设计风格，这在金属质材的运用与变化上显露出端倪。巴利箱包被英国《独立报》誉为全球最好的 50 个箱包品牌之一。

巴利男士时装精致的质地与做工，使穿着者容易搭配，巴利服装系列表露出隽永的经典风格。精品作风、典匠风范都是其重要的特色，这也说明为何 160 多年以来，巴利一直受到人们的欢迎。

在众多的名牌世家中，巴利可称是独树一帜。无论是时装、鞋类还是手袋，巴利始终全心全意去实现一种"整体造型"的设计概念，使其作品散发出魅力十足的气质。如巴利的鞋和手袋，都具有相近的设计特色，采用相同的皮革制造，缝制方式相同，甚至连标识的手法都相同，这一切均基于一种理念，那就是巴利要创造一个丰富而多元化但仍是一个完美整体的时装世界。

阅读传奇

1851 年，巴利（Bally）在瑞士舒伦活（Schonenwerd）的一个小村落里创立。卡

尔·兰斯·巴利的一次巴黎之行启发了他的创作方向：有一天，卡尔走在巴黎的街头，目光不经意地扫过一双拖鞋，立刻被吸引了过去，拖鞋上的装饰太美妙了，就像是一件艺术品。就这么一瞬间，激起了他对鞋的浓厚兴趣。卡尔快速地为妻子选购了几个款式，回到家乡，找来当地的鞋匠，开始了用当时最先进的技术制鞋的事业。这段卡尔·巴利与鞋子的美丽相遇，引发了他想要生产世界最名贵、最高级皮鞋的构想。

从村落鞋铺到一个王国，从一开始，巴利就把美学概念融入制鞋中：鞋的轮廓因为个性化的设计让人感觉独一无二，螺旋形的边饰、黄铜鞋袢、血红色鞋缘，这些强烈的色彩沿袭瑞士传统图案的特色，令鞋的风格大胆创新，适合各种场合，不随潮流变化而褪色。巴利创造的样式获得了很好的反响：到1864年，巴利的营业额已经超过了100万法郎；1880年，巴利的市场扩展到欧洲、中东以及美洲；1892年，巴利已经达到每年生产200万双鞋子的产量，一个真正全球性奢侈品生产公司因此而产生了。第一次世界大战期间，巴利公司迅速发展。1916年，鞋类销量达到390万双；1930年的世界经济危机，巴利也未能幸免，销售一度受挫；在1951年至1973年阶段，巴利又重新登上了世界级公司的舞台。也是在那段时间，他们在瑞士成立了新的生产

基地。

1976 年，服装、手袋与其他皮具相继加入巴利王国，这也是标志着巴利这个家族企业的经营模式即将结束的一年，1977 年，巴利公司由外人参股操作，沃耐开瑞拥有巴利主要股份，任董事会主席兼 CEO。9 个月后，他把股份卖给了一家名为 Oerlikon–Buhrle Holding（简称 OBH）的军火商。巴利公司归属 OBH 之后，虽然销量有所上升，但是定位不佳、操作不善，使品牌形象模糊不清，在人们心中的地位大不如前。得克萨斯太平洋集团（Texas Pacific Group，简称 TPG）深信这个品牌的潜力，于 1999 年从 OBH 公司收购了该品牌。他们为巴利量身定制了一套营销策略，从世界其他顶尖奢侈品品牌公司请来高手，组建了一支国际化的设计队伍。新的形象配合广告攻势，从 2000 年春季开始，这个品牌逐渐唤回了老顾客，也吸引了一批新顾客。年轻的、才华横溢的设计师群，得天独厚的灿烂历史，从鞋发展到男装、女装、手袋和皮具品，难怪有时尚专家预言，又一个古琦就要出现了。

皮鞋是巴利的经典之作，它之所以能够经得起历史的考验，严谨的制作过程是其中最重要的原因。巴利皮件可简单分成女用与男用，内容包括皮包、皮带、皮夹、名片夹、旅行箱、皮件保养品等。

Samsonite

新秀丽

（美）

一切过往的事物都会是一个新开始

品　　类	时装、皮件
标志风格	时尚、大方
创 始 人	杰西·施瓦德（Jesse Shwayder）
诞 生 地	美国
诞生时间	1910 年

品牌解读

新秀丽（Samsonite），一个拥有百年历史、享誉世界的箱包品牌。新秀丽以高科技人工技术及先进原料，努力研究及发展新产品，并重新定义耐用性、多功能性、合乎人体工学的设计及安全标准。

新秀丽自诞生之日起，自同年推出全世界第一个硬式旅行箱开始，便以超凡设计和卓越品质，成为其他品牌模仿与追随的榜样。迄今已拥有遍布世界的生产基地和销售网络。公司奉行"待人如己"的经营理念，时刻以顾客的满意作为自己追求的目标。秉承"以人为本"的设计理念，严格进行质量检测，使其产品成为艺术与科技完美结合的典范。作为旅行用品领域的行家，它以世界带头人和创新者的形象，不断创造出别具匠心、经久耐用、时尚舒适的箱包产品。

在 100 多年的发展历程中，作为箱包行业的引领者和先行者，新秀丽一直致力于为全球的旅行者提供舒适而可靠的高品质创新产品。在美国，新秀丽拥有 90% 的知名度，在欧洲拥有 70% 的知名度。以其优秀而卓越的产品质量、与时代同步的设计风格、考虑周到的实用性和可靠性以及完善的售后服务，使新秀丽赢得了世界各地消费者的喜爱和认同。新秀丽依旧秉持相同的宗旨，继续领导业界，并以设计和创意发展全新的产品系列，同时扩大目标消费群体，进一步将创始人施瓦德先生的抱负推广至全世界。

新秀丽的新口号——Life's a Journey（生活是一场旅行），具体刻画出品牌的变迁及未来发展方向，象征新秀丽能够融入旅行人士的不同生活范畴。新秀丽的产品已经延伸至三大领域，分别是旅行、公文和休闲，为全世界的旅行者提供了一套全面的旅行配备方案。新秀丽的各款行李箱、拉杆箱、商务旅行包、背包、电脑包及其他配套旅行饰品，兼具实用、时尚的特点。从高品位、多功能、豪华的高档系列到低价位、结构简洁、朴实的大众系列，一应俱全，为旅行者提供了充分的选择余地。假如您的出行时间较长，可选择结实的大型硬质箱，它能承受 40 公斤的重力；牵引带还可有效减轻箱体自重；细节的讲究更是明眼可见，手柄、密码锁处分别镶嵌小牛皮和桃木，提升了商品档次；内置更体贴，收纳隔离层，可拆卸重组；丰富的色彩让您尽情挑选。拉杆箱采用高档甲胄尼龙，防水耐磨；按钮式拉杆，长度可任意调配，45 度的拉向符合人体工程学设计；滑轮具有特殊的吸振功能，与支脚的一体化设计，使箱体站立更稳，滑行更流畅；箱体的防护条可减少磨损。子母拉杆箱设计更时尚、体贴，商务出差人士还可随意搭配电脑包，扩展层增加了 35%的容量。此外，旅行气枕、折叠包、护照包、西服袋等旅行配件也是新秀丽体贴入微的体现，呵护着人们的出游情绪。

阅读传奇

1910 年，新秀丽创始人杰西·施瓦德（Jesse Shwayder）先生在美国科罗拉多州丹佛市成立制造行李箱的公司——新秀丽（Samsonite）。新秀丽这个名字来源于《圣经》中的大力士参孙（Samson），施瓦德先生希望用以象征新款行李箱坚固、耐用的特性。

新秀丽最初的产品是木质衣箱，在那个以车马为主要交

20 世纪 60 年代的新秀丽广告

👑 **新秀丽的广告非常有创意**

通工具的年代，新秀丽木质衣箱曾是最理想的行李箱。第二次世界大战后，人们的旅行方式发生了巨变，他们开始乘飞机越洋过海做长距离旅行，新秀丽顺应潮流开发出第一个用镁代替木头为原料的行李箱，可以防止托运过程中被挤压、刮擦、变形而导致箱内物件受损。

早在19世纪，拥有"淘金梦"的无数美国人涌向聚集在美国西部的金矿，每个人身边都需要一个能够承载家当的旅行箱，随着"淘金潮"末期的到来，1882年，新秀丽创始人杰西·施瓦德在美国西部科罗拉多州的丹佛市出生。自小时候起，施瓦德就从那些行色匆匆的淘金者身上，感受到旅行箱无法替代的作用。也许是由于儿时的旅行箱情结，施瓦德20多岁时便到纽约一家行李箱公司做销售员。

1910年，杰西·施瓦德决定放弃在纽约的工作，回到老家丹佛，开创属于他的"施瓦德行李箱制造公司"：3500美元、10位员工、6000多平方英尺（约557平方米）的厂房……创业之初，"寒酸"二字似乎无法描述杰西·施瓦德当时的窘境，杰西·施瓦德最初推出的产品是木头衣箱，而这些箱子也曾是最理想的行李箱，主要销往美国中西部。

随着公司规模越来越大，杰西·施瓦德的4个兄弟也随之加入。为了纪念此时此刻，5位兄弟站在一块木板上拍下了合影，而木板下面正是他们公司生产的箱子，尽管这5个人的重量超过450公斤，但是下面的箱子却完好无损。不过，新秀丽正式作为公司的商标名称使用则是在1941年。那时，杰西·施瓦德公司推出了一款名为"Samsonite Streamlite"的全新箱包。这款箱包从设计到用料、做工都进行了大胆的尝试，整个箱面采用了经过特殊处理的纤维材料，并打磨出粗糙的效果，整体效果看上去就好像真皮一样。

2006年，新秀丽将总部迁至时尚之都——英国伦敦，同时设立了全球创意中心。新秀丽正经历着令人激动的转变时期，尊贵产品系列Samsonite Black Label的陆续推出将新秀丽带入了崭新的纪元。它将继续秉承品牌实用性及灵活性的优点，以时尚及摩登的外形取代一向给人"稳重及保守"的旅行箱外形。

从新秀丽品牌创立之初到现在，一直致力于推出新颖时尚的产品、开发与革新，采用最新的科研技术研制出高质量、多功能、安全可靠、符合人体工程学设计的产品。经过不断的努力和创新，新秀丽已不仅是箱包行业的领导者，而且是IATA（全球航空协会）唯一注册认可的行李箱制造商。它拥有1000多项专利发明，并且拥有产品上市前"六大特殊测试"（即：翻滚/轮子/把手/坠落/拉链/锁头测试），新秀丽箱包产品每年都获得欧洲IF设计奖（IF Design Awards）、红点奖（Red Dot）等国际性设计大奖……

随着人们生活水平的日益提高，对于时尚大家都有不同的理解，消费者对体现与众不同的个人品位、卓尔不凡的产品的需求日益提高，新秀丽将不同的创新材质及科技融入设计里，使产品从单纯的"旅行箱公司"升华至"充满理想的旅行解决方案"的品牌。以优秀而卓越的产品质量，与时代同步的设计风格，考虑周到的实用性以及可靠性，配以完善的售后服务，使新秀丽博得了全世界的好感。

Coach

寇驰

（美）

简洁缔造出的轻奢侈

品牌名片

品　　类	包、手表、鞋、珠宝、丝巾
标志风格	简约、柔软、耐用
创 始 人	迈尔斯·卡哈（Miles Cahn）
诞 生 地	美国
诞生时间	1941 年

品牌解读

寇驰（Coach）是美国资格最老和最成功的皮革制品公司之一，凭借着耐久的质量、精湛的制作工艺，在一代美国女性消费者中建立起坚实的声望。寇驰的营销策略"一个美国的传奇"创造出了一种品牌形象的全新面貌，显得充满活力、朝气蓬勃以及富有现代感。

寇驰一直强调皮件的实用性，因此即使它的每一个钥匙环或零钱包，也都具有最大的实用性。此外，寇驰一直坚持手工制造和使用优质原料。寇驰的皮革处理拥有优良的传统。寇驰根据质感、韧度、特性和纹理精心挑选最优质皮革，在染桶中浸染多天后，经过多番严格测试，在功能和耐用度方面均符合标准的皮革，才会成为寇驰的原材料。现在，寇驰已经运用多种不同的材质和织物，但寇驰传统的手染皮革依然是不可或缺的元素。寇驰的产品包括女装手袋、男装手袋、商务包、行李箱、钱包等，新系列的不断开

发扩大了寇驰品牌的影响力。寇驰还与多家授权公司合作，生产寇驰冠名的手表、鞋和办公家具。

以往寇驰的设计偏低调简单，在瑞德·克拉考夫（Reed Krakoff）成为该品牌首席设计师后，寇驰在保持经典特色外，还添入了现代都市的时尚风格。融合了创新的时装触觉以及现代美国的态度，不断从美利坚传统中获取灵感，致力于现代美式风格，在传统和流行之间来去自如。它似乎是古典与现代信手拈来的尤物，剔除了随意追求沧桑的矫情，也没有被流行大潮淹没其故有的神采。生于战火中的寇驰，有着与生俱来的冲劲和胆识，不会在流行的烟雾中灭亡，反而是在新天地里追求重生。寇驰坚持在每个产品上都达到最高水平的工艺。寇驰产品的大小、形状、口袋以至系带都经过细心设计。寇驰产品的所有缝线均采用双缝技巧。选用

产品标识设计的装饰品以及传统手工完成的技术，为每件寇驰产品添上历久弥新的风格、品质和特征。

寇驰成立之初是一间只有 6 位皮革师傅的工作室，但其精细的手工却代代相传直到今日。当初寇驰的设计灵感来自一双棒球手套，惊叹于它的手感，所以寇驰的皮革皆经加工处理，柔软耐用，不需繁复的保养技巧便能保持最初始的样貌，其产品种类超过百种，在皮具界中首屈一指。

寇驰的设计除了保持经典精神外，也颇具有现代时尚的风格。推出的"Ergo"系列，线条简单，色彩鲜艳，可以说是寇驰纽约精神的代表。但不论是传统款还是流行款，真正的好皮件都是需要保养的。寇驰还极为体贴地在麂皮包中附上清洁保养用的刷子，小牛皮包则可以用寇驰的皮革清理剂，以保持不易脱色、耐磨损及柔软耐用的特性，弄脏时只需用湿布擦拭，清理极为简单。

寇驰在美国市场稳占领导地位的同时，还积极致力于扩展国际分销市场业务，吸引海外的消费者。寇驰已在美国以外的 20 多个国家和地区开设专门店及门市，逐步实现全球的发展战略。

阅读传奇

　　以皮件设计著称的寇驰成立于 1941 年。一开始它只是个位于阁楼中的家庭工作室，由 6 个工匠一针一线将皮件以手工缝制完成。1962 年，品牌创立人迈尔斯·卡哈从传统的美式棒球手套中得到灵感，结合自己精湛的制造技术，将原本粗硬坚固的棒球手套皮革，变成柔软又充满光泽的耐用鞣革皮件，并由设计师保尼·卡什（Bonnie Cashin）操刀，诞生了全世界的第一个寇驰皮包。从此，简单、有功能性的皮件设计逐渐成为流行风。历经了大半个世纪，寇驰的皮革工厂仍是由技艺精巧的皮革师傅负责，他们多半具有 20 年以上的皮革经验，对皮革工艺充满了热爱，因此，对于每一位寇驰的皮匠师傅而言，寇驰不仅仅是一个品牌的名称，更是他们心血的结晶和承传。

　　寇驰曾以精致的手工皮艺，创造出一系列高价值感的皮件饰品。然而，到了 20 世纪 90 年代，它和许多颇有历史的老牌企业一样，遇到了发展"瓶颈"。那就是产品大多具备较强的功能性、耐用性及实用性等优点，却无法构建起自己独特的品牌形象。与此同时，路易·威登、普拉达等开始以印象化的产品设计争夺市场，寇驰开始流失顾客。

　　直到 1995 年，寇驰才重新焕发生机。法兰克福（Frankfurt）上任之后，所做的工作就是不再让品质和功能性成为产品的单一"神通力"。他认为，在物质富裕的现代社会，单靠品质和功能性已不能满足现代消费者的需求，消费者其实更在意和追求产品在随身携带的过程中是否愉悦、是否漂亮等情绪化的需求。

　　为了打破僵局，寇驰在进行将工厂向海外转移等业务结构调整的同时，起用了新设计师重新塑造寇驰品牌，新设计师提出了一个 3F 的新产品理念，即 Fan（快乐的）、Feminine（女人味的）、Fashionable（时尚的）。这对于十分看重手工制作的质感，局限于皮件制品的寇驰来说，无疑是个巨大的挑战。然而，寇驰取得了巨大的成功。在这个蜕变过程中，寇驰并不急于求成，这是它的聪明之处。法兰克福认为，不顾一切地引入惊世骇俗的

设计，只会引起消费者的反感，更严重的是会给原有的品牌形象带来伤害。

寇驰最早的改进行动始于1998年，他们从改变产品的原材料入手，不仅采用皮革，还使用尼龙和布料，向市场推出了质轻、色调明快的包袋。当然，刚开始并不是"彻底变脸"，而是逐渐增加不同材料的新产品。为寇驰的发展带来转折的是2000年推出的"签名珍藏品"（Signature Collection）。而这个产品实际上在推出一年前就已完成了设计。之所以不立即同消费者见面，就是要让消费者逐渐适应寇驰产品的变化，培育起他们对寇驰产品的喜好。"签名珍藏品"的流行，使消费者大大改变了原先对寇驰品牌的印象。

由于比其他欧洲品牌还要便宜三至四成的价格，加上精致质感与年轻化诉求，让寇驰成功建立起"唾手可得的奢华精品"形象！不仅仅在价格上，寇驰对商品本身以及出售商品的店铺等所有的一切，都始终创造并努力追求一种伸手就"可以企及的奢侈品"印象。寇驰的店堂色彩以白色为基调，给人以明亮的感觉，店门也常常是敞开着的，以营造一种随时能轻松进入的气氛。在店址选择上，寇驰总是选在马路的拐角处，据说这样可以保证两面有窗，从而给人留下寇驰产品是"宽敞开放"的感觉。近年，寇驰的发展之快引人注目。而20世纪90年代中期，寇驰还在欧洲高级品牌的压制下，处于发展的间歇期。现在，它已成为一个充满青春活力的品牌，七成顾客都是25~35岁的女性，而这个年龄层恰是消费群中的主力军。

Aigner

艾格纳 （德）

与自然结合的环保主张

品牌名片

品　　类	皮具、腕表
标志风格	雅致、性感
创 始 人	伊特尼·艾格纳（Etienne Aigner）
诞 生 地	德国
诞生时间	1965 年

品牌解读

艾格纳（Aigner）的魅力在于兼顾现代化款式及传统风格，并且不破坏品质与设计的技巧！高级的材质、完美的线条、轻松的风格以及对细节的重视，创造出一种协调的活力。就如德国的民族性一般，艾格纳这个德国品牌服饰强调服装与配件之间能实用地相互搭配，并且在每一个产品制作的过程中能够顾及人与大自然的平衡，严守环保精神。虽然并不热衷追逐多变的时尚潮流，但是讲起艾格纳，用品与生活的结合是无从挑剔的！

艾格纳的设计哲学并不热衷于追逐多变的潮流，它强调与生活结合，大致可分成适合商务与旅游休闲的两大部分。而精致的做工与扎实的用料，更一如人们印象中的"德国制"产品，绝对无可挑剔。完美的线条充分表达女性美，并兼顾现代生活的需求。简单流利的几何形状、柔和的圆形，以及马鞍袋（saddle bags），所有的精品的灵感都源自

其独特理念——将艾格纳的传统风格与设计元素加以更新、改良，以符合美学与现代生活的需要。

也许是因为德国品牌重视人与大自然间的平衡关系，所以艾格纳在生产过程中也遵守环境保护的例律，包括回收含金属离子的水质，使用对人体无害、价格较昂贵的染料，都是一种完全环保的主张。艾格纳，就是这样一个充满传奇性的时尚品牌，以独特的手工与优质用料著名，尤以手袋与皮制腰带最受注目。品牌以欧洲作为基地，自 1965 年成立以来，一直向世界各地宣扬其签名式马蹄铁标记与众不同的风格，至今全球已在40 个国家和地区开设特约销售点出售艾格纳产品。

追求不断进步的艾格纳不忘适时点缀适当的摩登、流行气质，在各种场合恰如其分地有所展现。另外，长方形的手拿皮包则是

艾格纳推出的"革命款式",是成功地将艾格纳从单纯的传统品牌带入流行行列的代表作品。

艾格纳的创始人伊特尼·艾格纳（Etienne Aigner）认为服装会影响人的行为与语言方式,而饰品更是身份与地位的无声标志。艾格纳以皮具的用料和设计而著称,逐渐扩展至男女时装、配饰、手表、眼镜、香水等,已成为一个拥有多品种和高质量的国际知名品牌。

阅读传奇

1965年,艾格纳品牌创立,致力于皮件的设计和制作,建立初期,艾格纳显得分外低调,为了打开市场,与同类产品一争高下,艾格纳以"精致品质、整体搭配"为市场经营的原则。单从精致品质而言,"时髦、高级、小批量生产"是艾格纳品质魅力的表现。就整体搭配来说,服饰、眼镜、皮件、香水、丝巾、首饰构建了艾格纳的产品王国。除此之外,艾格纳在每年的设计中,必定选取各民族的特色,种种坚持对艾格纳来说,只是想在人与大自然间做一个"和平使者"而已。

艾格纳品牌的手表绝不是最昂贵、最奢华的,但它的精准、细致、完美的工艺给人留下了深刻的印象。

艾格纳revenna系列可以说是相当的经典,也是识别度相当高的一款,金色的幸运"A"符号,打造出经典不朽的多情时光,写意的数字时标感觉时光走向特别柔美轻盈。艾格纳所擅长的皮革工艺也是相当的细致优质,经典的不变传统成为一种模仿不来的时尚典范。

艾格纳成立至今，始终奉行着两大基本原则，即是"精致品质"与"整体性"。在皮件部分，只选用德国或意大利的牛颈背与喉部的皮（基于环保的原则不采用野生的牛皮），因为那里的纹路最独特，耐久度与韧性也最好，正符合艾格纳对皮革的基本要求。就整体性而言，丰富的产品系列，与各式可相互搭配的皮件，是艾格纳皮件应与服装搭配主张的具体呈现。从1998年开始，艾格纳的皮包、皮带、皮鞋、小皮件等所有的皮件系列开始向流行的方向奋起直追。维持对皮革素材的精致要求与实用的设计之外，艾格纳皮件刻意在一些细节上营造出摩登的气质，用来与平实的服装搭配，更可表现出一种恰当的时髦。

艾格纳的产品也常常会摄取各民族之风情，以融合艾格纳"全地球"的主张。除此之外，为严守环境保护原则，艾格纳回收含金属离子的水质，同时使用对人体无害且较昂贵的染料，不使用野生的牛皮，选择顶级的皮革制造厂商。种种理念都说明艾格纳犹如大自然的和平使者。皮革本身韧度高，用途广，且非常舒适，它会呼吸，用得愈久愈有光彩，使肌肤相亲时倍感自然。但艾格纳的皮革并不止于此，因为艾格纳的皮革一眼就可看出其来自自然的标记，加上精细的处理过程，显得格外美丽。除此之外，艾格纳的皮件还有各种皮质系列，从软到硬，样样俱全，其天然的皮革香更是无可比拟。

Loewe

罗意威 （西）

西班牙的优雅之风

品牌名片

品　类	皮具、服装、香水、眼镜
标志风格	优雅、自然
创始人	恩里克·罗意威·罗斯伯格（Enrique Loewe Roessberg）
诞生地	西班牙
诞生时间	1846年

品牌解读

罗意威（Loewe）是1846年诞生于西班牙、拥有170多年历史的国际著名皮具品牌。罗意威向来以制作顶级皮件闻名全球，罗意威的皮制品一直受早期曾占领西班牙的阿拉伯人传统风格影响。罗意威皮革用品以及时装饰物，具有浓厚浪漫古雅情调的地中海文化色彩。

罗意威一贯坚持的西班牙风格，是完全回归西班牙艺术风貌的表现，同时也吸收了当代全球化的艺术时尚气息。罗意威融合现在流行的街头时尚精神，转变为属于罗意威精彩多变的时尚元素，呈现出另一种充满女性优雅、男性帅气的面貌，幻化成古典艺术的美感和现代流行的指标，展现出属于个人的魅力。

无论在哪里，罗意威始终坚守着传统的手艺，在革新和保持西班牙独有文化的冲突中，巧妙地展现独有的风韵。它走在世界的任何角落都是焦点，人们手中的相机总是不由自主地被它撩人的芳容吸引，当人们按下快门的那一瞬间，有一种感觉油然而生——你和它相见恨晚！所以那一刻的捕捉永远不会是优柔寡断的注脚。或许在将来，它就是经典的又一种解说。

每一件罗意威皮具都隐藏着鲜为人知的故事，它们定格在历史的某一个经纬点。尽管时间匆匆而过，它们依然如星光般璀璨耀人。罗意威的经典不是划过天空的流星，而是一直盛开在你我心中的一朵花。在历史的转角处，只要轻轻回眸，那股淡香便扑鼻而来。

阅读传奇

罗意威品牌的历史，跨越了将近两个世纪。要在这期间维持盛名不衰，获得国际以及皇室的推崇，确非易事，但罗意威做到了。自19世纪开始，罗意威已是西班牙首屈一指的品牌。

　　罗意威创始人恩里克·罗意威·罗斯伯格（Enrique Loewe Roessberg）1844 年出生于德国。1872 年，年少气盛的他来到西班牙首都马德里，凭着多年制作皮革的丰富经验，加入由一群西班牙皮革技工师所创立的制皮工作坊。这个工作坊在 1846 年由几个西班牙皮革工匠在当时马德里最繁盛的购物街开设，也就是罗意威的前身。这里主要制造皮革小盒、相架、皮袋、皮包、烟丝盒等精致皮革用品。由于当时马德里人对一切奢侈品的设计极为着迷，皮革用品可谓盛极一时，于是这个工作坊在西班牙贵族界崭露头角，并拥有了无数国内外的贵宾。1894 年，制皮工作坊的另两位伙人相继离开，恩里克·罗意威·罗斯伯格成为公司唯一的老板，罗意威也正式成立。这时罗意威在马德里当时集商业与文化艺术于一身的安格尔那王子街建立总部。从那时开始，罗意威以优良品质及新颖设计，广为名流绅贾所熟悉。

　　也许因为老板生于德国的缘故，罗意威的设计精神兼具德国人坚毅的斗志以及西班牙人的灵活创意，并以精选好皮革和细密的镶嵌技术著称。

　　1905 年是罗意威历史上值得纪念的一年，它荣获了西班牙皇室颁赠的荣誉，为罗意威写下了光辉灿烂的一页，奠定了其崇高的地位。据皇室所提供的文献，当时国王阿方索十三世经常订制罗意威的精品，包括镶有纯银及象牙的红皮箱子、皮革文件盘、表盒，以 Morocco 皮革制成的首饰盒、皮制文件夹、各款手袋，以及用各式珍贵皮革制成的案头用

品等。此外，国王还向罗意威特别订制用上乘皮革制成的皮革椅套。皇室的眷顾使得罗意威的客户数量与日俱增，迄今仍有许多皇室成员向罗意威订制皮革用品。

踏入20世纪，罗意威进入了新纪元，除了在巴塞罗那开设两所新店外，更在工场内增设机械设备。在经历了西班牙内战后，罗意威第三代传人恩里克·罗意威·克纳佩（Enrique Loewe Knappe）将罗意威的优秀传统发扬光大，不断扩大其产品系列。多年以来，罗意威一直秉承传统技艺，散发着独有的西班牙贵族气派，对于专卖店内的设计以及橱窗摆设也极为讲究，为名店设计概念做出了新的诠释。

20世纪60年代，罗意威在第四代传人恩里克·罗意威·林奇的悉心管理下，尝试踏出西班牙，走向国际化的新里程。罗意威于英国伦敦开设首间皮革专卖店后，逐步扩展其销售网络，覆盖整个欧洲，并延伸到东南亚及美国等地。为庆祝品牌成立160周年，罗意威推出了特别纪念版手袋系列。这个系列最引人注目的就是上面别有各种各样的装饰徽章。这些徽章都是特别精选出来最能代表罗意威某段发展历史的品牌徽章，共有11款，另外还有9款印有现代罗意威标志的徽章。

Amazona 手袋

欧洲女性于20世纪70年代逐渐获得解放，她们开始追求自己的事业，并成为独立坚毅的Amazona女性。罗意威因此推出Amazona手袋，以赞颂新一代的时尚女性。新款的 Amazona 手袋打破了固有的设计模式，推出首个没有衬里及框架的手袋，并缀以刺绣顶边的设计。迷你款式以白色貂皮制造，展现出精湛的皮革制作工艺。Amazona 包特别之处在于无论体积大小，里头都没有内衬或是框架，但是依旧可以保持方整的形态。Amazona 包最经典款还是麂皮材质，另外还有小牛皮、小羊皮、皮草、牛仔、丝缎、鳄鱼皮等。

经典 Amazona 手袋已经推出了 30 多年，在欧美和亚洲有很多名媛、明星是 Amazona 的"粉丝"。新款在麂皮上以小羊皮镶边，做工相当细腻。很多人不知道 Amazona 最初的创作灵感源自男人的公事包，代表女性自由和解放。

计总监。这位古巴裔美籍著名设计师才华横溢，其成就获得国际时装界的高度评价。

时装

罗意威在第四代传人恩里克·罗意威·林奇（Enrique Loewe Lynch）的悉心管理下，业务发展一枝独秀，并向时装界进军。当今著名的设计师卡尔·拉格斐、乔治·阿玛尼及罗娜都曾担任罗意威时装的设计师。致力于发展高级时装系列的罗意威，于 1997 年邀请到国际级时装设计师纳西索·罗德里格斯（Narciso Rodriguez）出任女装系列的设

太阳眼镜

罗意威秉持着一贯高水准的制作技术，在眼镜的设计做工上，同样发挥得淋漓尽致。在各式镜款的镜脚前端，均可见着清晰优雅的罗意威刻印字体；而镜脚末处则包覆着罗意威独有的上好皮革，增添佩戴时的舒适感。此外，罗意威的独特标志也烙印在镜框与镜片扣锁的螺丝上面，精致的程度由此可见。

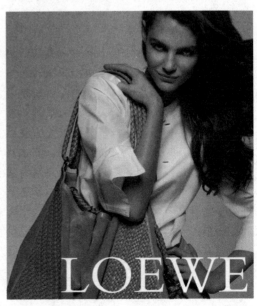

Celine

瑟琳

——————————————（法）

讲究实用的精品王国

品牌名片

品　　类	时装、皮具、香水、配饰
标志风格	华丽、简约
创 始 人	瑟林（Celine）
诞 生 地	法国
诞生时间	1945 年

品牌解读

　　充满当代风格的瑟琳（Celine）是最能展现职业女性风采的法国奢侈品牌。瑟琳品牌风格浓烈、洒脱独立，让女性时刻挥洒自如、彰显温柔魅力。精致的品牌形象出自女性之手，专为女性打造，采用舒适材料精工细作，精湛高质的技艺成就堪称完美的巴黎经典时装。瑟琳自 1945 年创立以来，一直是优秀品质和精致时尚的代名词。多年来，瑟琳持续为女性诠释优雅、创造时尚，同时不断地通过新设计的推出表达时尚界对文化与运动的关心。瑟琳代表了一种新的生活方式，也为淑女做出高雅的诠释，这是瑟琳要带给人们的设计理念。她是时装界的又一位高贵女性，瑟琳所要传达的就是一种无与伦比的精致生活与优雅格调。她像莲娜·丽姿一样将法国式的高雅华丽展现在世人面前，只是她更讲究设计的简洁与实用。穿上瑟琳的女人一定气度非凡——这就是瑟琳的魅力与魔力。

　　人们常说个人使用的品牌就代表着他的品位，它们的风格就像是人们自身的写照。顶级的奢侈品不是用来借以炫耀财富的资本，而是彰显个人魅力与品位的媒介。服装就是我们的"第二皮肤"，人们会借着它来考量衣者的身份与性格。穿上瑟琳的女人，人们自然而然会把她与优雅、舒适的淑女相联系，而这一切，正是瑟琳想要带给她的顾客的。

阅读传奇

　　举世闻名的瑟琳时装，由 20 世纪 40 年代发展至今，创作风格一直保持着浓厚的法国风味——优雅高贵，气派非凡。它的字母"C"标志，对世界各地的名媛淑女而言都有着不可抗拒的魔力。

　　1945 年，法国女人瑟琳在巴黎共和广场52 号创建了第一家瑟琳精品店，主要出售童鞋。之后，这家店陆续推出系列皮具，这些手工缝制的皮件做工极为精细，逐渐为欧洲上流社会所推崇。1959 年，瑟琳推出了名为 Inca 的休闲鞋，随后发布了一系列皮件与配件，并积极扩张销售网络，在法国各地开设零售点。

20 世纪 60 年代末，瑟琳成立了女装部。1969 年，在时装设计工作室两年的努力下，瑟琳首次推出时装系列，其设计理念主要是响应越来越积极的女性消费者的要求——让时装既实用易穿，又体现高品质和永恒的优雅。

瑟琳与迪奥、纪梵希等众多国际名牌同隶属于法国顶级奢侈品 LVHM 集团。瑟琳最突出的风格就是讲究"实际"，也就是说让华丽与自在共存，优雅但绝不会感到束缚。服装上，除了华丽、优雅外，瑟琳每一季会以三到四个主题，完成一系列的组合，以求让服装到配件，不论在款式、颜色还是质感上都能互相搭配。数十年来，不论潮流如何变化，瑟琳产品一贯体现着"休闲华丽"的特征。

纽约知名服装设计师迈克·柯尔（Michael Kors）从 1998~1999 年秋冬季开始执掌瑟琳的设计大权，在法国时尚华丽当道的情势下，成功地融入美式简洁利落的实用风格，为 21 世纪的瑟琳打开了一条通往更加广阔天地的道路。

瑟琳的时装从来都保持一致的风格：它们代表了精致优雅，同时通过华丽的面料以及设计师的完美剪裁加工，最后完成的就是一件集典雅与实用为一身的艺术品。瑟琳的华丽不是华而不实，而是在休闲、优雅中体现生活的味道。

瑟琳皮件有多材质、多尺寸的选择，强调与服装的完美组合，瑟琳如马具般精致品质的"单座双轮马车"标志，则经常出现在皮件与皮鞋上的金属装饰中。2001 年 12 月，瑟琳更推出了欧洲十二国硬币的限量版手袋以纪念被欧元取代的货币，见证了欧洲一个重要的历史时刻。

随着注重品位的男性群体日益壮大，男装开始色彩多元化，瑟琳也将自己的时尚帝国扩展到了男装领域，推出首个 Unisex 皮具系列，款式清丽脱俗，适合成熟稳重的男士。瑟琳所有产品也是人手缝制，现在于法国巴黎及意大利佛罗伦萨设有皮具设计工场。除了于 1964 年开始发售的香水，其实，瑟琳自 1967 年开始推出的时装系列也不容忽视。虽然迈克·柯尔在完成 2003 年秋冬季的 第 13 个系列后便离开了瑟琳自立门户，但瑟琳于 2004 年找来充满浪漫情怀的罗伯特·麦尼切蒂（Roberto Menichetti）接手，继续创造一份无拘无束及脱俗的现代生活态度。

Lancel

兰姿
（法）
优雅、华贵的完美演绎

品　　类｜手袋、配饰
标志风格｜优雅、简约
创 始 人｜阿尔方斯·兰姿（Alphonse Lancel）
　　　　｜安吉拉·兰姿（Angele Lancel）
诞 生 地｜法国
诞生时间｜1876 年

品牌解读

　　兰姿（Lancel）是有着百年历史的法国箱包品牌，兰姿坚持"法式轻灵"的品牌精神，既保持了传统的风格，又使品牌更富有时代感。兰姿高雅时尚型手袋主要以蟒纹、鸵鸟、鳄鱼等珍稀动物皮为主线，并配以流线型搭扣。对年轻、充满活力的消费者而言，兰姿推出了青春活跃型尼龙手袋。兰姿简约优雅型的肩袋尤其适合搭配办公套装。兰姿专业女性型是为经常因商务外出的职业女性设计的一系列轻巧的旅行皮具，独具时代感又不失耐用性与实用性。

　　兰姿以它贵族化的设计理念，为彰显地位、亮明身份的人士源源不断地创造出款款新包。当年在巴黎开烟具店的兰姿夫妇也许不会想到，在 130 多年后的当今，兰姿会成为全球知名的皮具品牌，产品种类也从最早的香烟配件，发展到各种时尚饰品、豪华皮具等。

阅读传奇

　　1876 年，阿尔方斯·兰姿（Alphonse Lancel）与妻子安吉拉（Angele）在巴黎开设了第一家兰姿烟具专卖店，以其新颖时髦的设计吸引了许多巴黎名流。他们的烟具设计十分考究，时尚的造型令众多绅士名流推崇至极。相传仲马家族的文学巨匠们都是叼着兰姿的烟斗奋笔疾书的。夫妇俩凭着经销上的先锋意识，到 19 世纪末已拥有 5 家分店。

　　19 世纪末是兰姿涉足新领域的重要时期，阿尔方斯·兰姿之妻安吉拉·兰姿接管兰姿。安吉拉是女强人的典型代表，她经常穿着男装、叼着烟嘴参加公司的各种会议，给人一种巾帼不让须眉的感觉。她的形象赢得当时众多女人效仿，成为当时的时尚一景。这一时期，安吉拉决定将兰姿品牌的开发重点逐渐转移到女性用品上，试图在女性奢侈品领域一显身手。

　　1901 年，兰姿第三代掌门人阿尔贝

（Albert）上任，加快了兰姿向女性产品转移的速度。兰姿产品开发重点放在女性皮质钱包和手提包上，并将广告场景集中在赌场、赛马场、宾馆、饭店，面带微笑、手提兰姿提包、着装性感的好莱坞明星一一展现在众人眼前，创造了兰姿的全新形象。到 1929 年，兰姿已拥有 13 家专卖店。

1956 年，兰姿采用尼龙面料，设计了一款新的箱包，这款箱包轻巧，有很多口袋，很适合旅行用，是一款很现代的箱包。

1976 年，在兰姿走过 100 年辉煌成就后，兰姿公司被佐比博（Zorbibe）兄妹收购，兰姿首度由外姓掌舵。兰姿虽然姓氏发生变化，但仍保持传统家族企业特有的创新和古典并重的优势。在突出高雅时尚风格的同时不断变化，不仅以鸵鸟、鳄鱼等纹样为主线，更增添了流线型的搭扣和明亮的色调。

兰姿的包具有时代感又不失耐用性

1997 年，兰姿加入 Richemont 历峰集团，更是建立了自己在奢侈品中的声望。在中国、日本、俄罗斯、美国等国家，都能看到兰姿的身影。

兰姿从最初创业阶段，就形成了公司的发展哲学——通过不断的创新来满足顾客的需求。公司在不断发展壮大的过程中首创了许多经典的产品，如第一只自动打火机、小型收音机、雨伞包、改变人们旅行观念的 Ariona 旅行箱系列、外侧有口袋的 Kangaroo 袋鼠皮软质旅行箱包系列等。兰姿知道如何设计出融合现代与古典的优雅风格、具有想象力的产品。每一季它都会推出新的系列和原有系列的新款式，淘汰一些不很成功的系列或款式。

兰姿经典水桶包 Premier Flirt

以兰姿标识性的流苏装饰配上经典的金属配件，典雅小外袋让日常使用更为便利，还设计了独家兰姿 Logo 印花内衬。

"兰姿阿佳妮"手袋

2009年春夏，兰姿以法国著名女演员伊莎贝拉·阿佳妮名字命名推出的"阿佳妮小姐"最新款系列手袋，由阿佳妮亲自设计，奢华大气，每一只手袋上都有一枚具有浓郁兰姿艺术装饰风格的流畅半圆弧线轮廓的金色金属扣，设计灵感来自兰姿1925年推出的一只打火机。"兰姿阿佳妮"手袋采用鳄鱼皮制成，售价高达1000欧元，却一直都是畅销品。

兰姿 BB 手袋 "Le Bardot Bag"

2010年9月，兰姿以法国20世纪的"性感传奇"碧姬·芭铎（Brigitte Bardot）名字命名推出了一款BB包和一款彰显碧姬·芭铎这位性感尤物的"品位、人生和外表"的手袋。采用全有机粗花呢的芭铎包价格为680欧元，采用alcantara质地的则是880欧元。整款手袋完全没有使用皮革，也没有化学染色或鞣革工序，这是因为碧姬·芭铎本身就是一位积极的动物保护者。"Lancel BB"手袋共有蓝色、粉红、杏黄、灰色、米色和咖啡色6种。

"Lancel Angelina"系列手袋

12种色彩缤纷的柔滑母牛皮手袋，从沉着稳重的玄色，到经典高贵的大红、活力四射的鲜橙、优雅俏皮的紫色以及春意盎然的绿色，甚至细致如沙的浅棕色、摩卡、白兰地色等，就如同体验性格各异的情人那般充满惊喜；淡金色或铜色金属扣作为细节，柔软的肩背带和悬摆的装饰带，都在不经意间体现兰姿的"法式轻灵"精神。

名笔

完美诠释，文化与品位的曼妙化身

Mont Blanc

万宝龙 _{（德）}

书写的艺术

品牌名片

品　　类	墨水笔、腕表、男装、皮具
标志风格	尊荣、儒雅
创 始 人	奥格斯特·爱伯斯坦（August Eberstein）
	阿尔弗莱德·尼西米兹（Alfred Nehemias）
	克劳斯·约翰尼斯·沃斯（Claus Johannes Voss）
诞 生 地	德国
诞生时间	1906 年

品牌解读

在世界高级笔行列，万宝龙（Mont Blanc）是最至尊无上的。对于所有标着"Mont Blanc"的笔来说，都是豪华和高级的象征。它从不降等于普通，就如同它的质量从不满足于仅是"合格"一样。它所追求的是奢华与尊荣，是永久的品质保证。作为生活品位的倡导者，万宝龙的产品总可以让人感受到对人类伟大义化的敬仰。古典与经典往往集于一身，在这个喜欢怀旧的时代里，古老文化的魔力演化成了心中的艺术品。放缓脚步，尽享生命，正是万宝龙的哲学。在万宝龙的产品中，可以看到人类用时间磨砺出的精神光芒，看到一段沉淀了百年的文化。

每支万宝龙笔套顶部都镶嵌了一颗显眼的白星徽号，象征欧洲大陆上最高的雪山峰"Mont Blanc"（勃朗峰），而其 4810 米的惊人高度亦刻在它的大班笔系列"Meisterstuck"的每支墨水笔的笔尖上。这种清晰的白色星雪线作为身份的象征，从一个个笔杆中探出头来，在世界各地领尽风骚。

阅读传奇

1906 年，万宝龙创建于德国汉堡，这支以欧洲第一高峰勃朗峰命名的笔，不仅笔套顶端的星形商标夺人眼目，而且其显赫的家世与名声足以同表中极品百达翡丽、车中极品劳斯莱斯相提并论。万宝龙、奔驰汽车、德国马克，因其名字的开头字母都是"M"，而被德国人引以为荣地称为"德国的 3M"。奔驰与克莱斯勒合并，马克也被欧元所替代，只剩下万宝龙像欧洲最高峰勃朗峰一样还坚强地挺立在德国人的心中。

1906 年，两位德国企业家奥格斯特·爱伯斯坦（August Eberstein）及阿尔弗莱德·尼西米兹（Alfred Nehemias）到访美国及英国，发现了一种能装墨水囊的墨水笔。

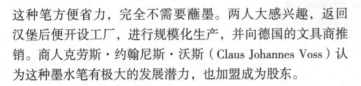

这种笔方便省力，完全不需要蘸墨。两人大感兴趣，返回汉堡后便开设工厂，进行规模化生产，并向德国的文具商推销。商人克劳斯·约翰尼斯·沃斯（Claus Johannes Voss）认为这种墨水笔有极大的发展潜力，也加盟成为股东。

不久，公司以"Mont Blanc"（勃朗峰）名称注册，生产的所有书写工具均附上"Mont Blanc"之名。1908年，发表第一款高品质安全钢笔——"红与黑"。两年后，"Mont Blanc"注册成为正式商标。1924年，万宝龙经典之作Meisterstuck大班笔隆重面世。公司所有的Meisterstuck（德文，意为"大师手迹"）墨水笔均刻上4810字样，代表勃朗峰的高度。其巧夺天工的工艺及恒久隽雅的设计，儒雅气派，彰显出对书写艺术的钟情，万宝龙笔由此备受推崇。此后的百年时间里，该系列产品曾与无数风云人物一起指点江山，共同书写世界历史。该系列产品也完美诠释出万宝龙的品牌精髓：追求精准无误和特有的价值取向，如传统、细腻、考究的手工工艺，以及对生命、思想、情感、美丽、文化等人文精神的礼赞。

1992年，万宝龙推出限量发行的大文豪系列及艺术赞助人系列（又名帝皇系列）。同年成立的万宝龙文化基金，以一年一度的"万宝龙国际艺术赞助人大奖"表彰全球范围内长期支持艺术事业的艺术赞助人，并长期赞助和支持由多国青年音乐才俊组成的国际管弦乐团，以此弘扬高雅艺术，促进世界和平。2000年，万宝龙以波希米亚系列开创了书写艺术的新篇章，其设计简洁流畅、小巧典雅，成为现代流行文化的新符号。

作为世界两大奢侈品集团之一的历峰集团旗下的著名品牌万宝龙，已发展成为一个多元化的高档品牌。不论是书写用品、皮件、眼镜还是珠宝饰物，一眼望去都

大文豪系列和艺术赞助人系列

万宝龙对文学家也推崇备至，如海明威、奥斯卡·王尔德等以大文豪、名作家命名的作家限量发行系列。从1992年开始，万宝龙每年限量发行一款艺术赞助人系列名笔，以向过往的艺术赞助人致敬。万宝龙限量发行的艺术赞助人系列和大文豪系列，都毫无掩饰地表达了万宝龙对历史上推动文化艺术发展的人物以及伟大作家的崇高敬意。而它们无论是外形、构造，还是观念，都印证了万宝龙一丝不苟的精神。

2003年文学家系列推出了尼古拉·哥白尼墨水笔。九道925纯银细环环绕着炭灰色笔管，一如太空中九大行星围绕着太阳。笔夹上一颗美丽的绿色陨石，象征着宇宙的中心——太阳，而与之巧妙相接的，恰是最顶部的那轮银环。哥白尼那幅深具历史意义的"行星运行轨迹图"则被雕刻在手工制作的18K镀铑笔尖上，精细得让人难以置信。限量发行的每一支哥白尼系列笔都堪称是独一无二的，发行序列号被精心镌刻在笔夹上，显示着名笔的尊贵。更值得一提的是，哥白尼系列的888限量版以780白金精饰而成，每一轮细环上，都以一枚宝石代表行星，而其笔帽上镶嵌的万宝龙白星，则用珍珠贝母精制而成，深含着对哥白尼这位卓越的天文学家崇高的景仰。

会被其特有的价值感所吸引。"放缓脚步、尽享生命"的理念，可靠的书写品质和完美感，都使得万宝龙在强调"高科技"的现今社会，愈显弥足珍贵。在人们的心目中，万宝龙已成为"高感受"诉求的象征、一种优质生活的选择。

勃朗峰高耸入云的巍峨气魄诉说着万宝龙工艺登峰造极和力臻完美的宗旨。百年的万宝龙已经成为高雅恒久的生活精品，反映着今日社会对文化、素质、设计、传统和优秀工艺的追求。

Meisterstuck 系列

作为万宝龙笔的象征，上下圆润、气势雄浑的 Meisterstuck 系列产品，由万宝龙制笔大师手工精心雕琢而成，具有不可比拟的耐用性。它几乎可以满足笔类爱好者的所有需求，从收藏鉴赏到书写，产品类型也从钢笔到圆珠笔、走珠水笔、活动铅笔等无所不包，甚至连与笔相关的墨水、笔芯乃至笔记簿、文件夹、纸张等均有生产。1924年后推出造型以手感舒适的粗笔杆为特征的新产品，在书写时始终保持着流畅，而其制造材料包括最经典的天然树脂、纯金银到白金乃至钻石。

波希米亚系列

2000年，波希米亚系列开创了万宝龙书写工具的新纪元。从闪耀的黄金、冷光幽幽的精钢，到泛着清辉的纯银，波希米亚系列采用三种不同的名贵金属，充分满足了不同的个人品位需求。而镶嵌在笔夹上的装饰宝石更是多姿多彩：红、蓝、黑、绿、橙、紫及清澈透明的颜色，张扬着对书写艺术独到和卓越非凡的追求。融合了炽热情感与绚丽色彩的波希米亚系列，特别适合善于享受生活的人，它精美的设计能让所有随心而动的书写者得到最大的满足。

Parker

派克 （美）

牛仔与绅士的混合体

品牌名片

品　　类	墨水笔
标志风格	粗犷、优雅
创 始 人	乔治·萨佛德·派克（George Safford Parker）
诞 生 地	美国
诞生时间	1918 年

品牌解读

　　派克（Parker）自始至终都是超凡脱俗、卓然出众的笔中贵族，它的经典工艺和锐意创新造就了一款款绝代佳品，作为见证永恒的标志，在世界笔坛享尽尊荣。其经营哲学"使产品更臻完善，人们才会购买"一直指导着派克致力于制造"更好的笔"，这亦是历经百年沉积的派克笔深厚的文化内涵。

　　派克的每一款限量生产纪念笔，都有特定的历史标签。或许它并没有给人多大的惊喜，但是它总能恰到好处地出现在历史的经纬点。

阅读传奇

　　派克是笔界元老，独领笔界几十年，100余年的悠久历史使它成为世界第二古老的制笔公司。派克笔作为全球高质量书写工具的领导者之一，始终秉承乔治·萨佛德·派克（George Safford Parker）先生的公司哲学："使产品更臻完善，人们才会购买。"创造出一款

款精妙的产品。世界许多著名的人物，如英国皇室成员和美国总统都用过派克笔。

　　派克笔的创始人——乔治·萨佛德·派克出生于 1863 年美国威斯康星州的舒尔斯堡。在 19 世纪 80 年代，乔治·萨佛德·派克是美国威斯康星州金斯维尔市瓦莱泰恩电报学校的一名年轻教师，他也是约翰·荷兰德墨水笔公司的代销商。他把笔卖给自己的学生，以此来贴补生活费用。当时，这种笔和其他的笔都有一个共同的缺点：漏墨水。问题的根源在于笔的笔舌。乔治·萨佛德·派克开始着手研究这个问题，不久便成功地找到了解决方案。

　　1894 年，派克得到著名的"幸运曲线"笔舌的专利后，便一往直前，不断发展。这一简单但却是革命性的笔舌设计是在后端弯曲，这样，如果笔尖朝上插在衣袋里时，弯曲的末端便可以确保墨水不会因为表面张力的作用倒流回墨水囊内而使笔尖冒水。这一

发明奠定了派克笔是"清洁笔"的基础：写字清楚，手指干净，还有无墨渍的清洁口袋，所有这些在现在人们的眼里都是理所当然的，但在19世纪90年代却是突破性的进展。

专利的成功申请大大鼓舞了乔治·萨佛德·派克。他开始组装和销售自己的笔。当保险推销员帕尔默向他投资1000美元时，1918年派克笔公司便诞生了。后来1921年推出的经典作品——平顶"Duofold"全系列中都在使用这项专利。这种笔一直领导着20世纪20年代制笔业的潮流，这段时期堪称墨水笔的黄金岁月。这种笔造型稍大，颜色更丰富，售价为7美元，是当时普通笔定价的两倍多。一直到1935年，使用"Lucky Curve 幸运曲线"笔舌的笔才停产。

后来的新艺术运动影响了派克笔公司的设计者，他们通过用贵重金属或珍珠母制作精巧的装饰表层或镂空镶嵌等复杂工艺创造出一些笔中精品。这些精品笔的产量极少，已成为稀有的珍宝。

1926年，随着塑料的问世，派克笔得以在原有的黑色和红色以外增添新的颜色。"大红"（Big Red）笔几乎成为墨水笔中佳作的同义词，多富得笔有6种大小尺码，设计年年更新，成为必备的收藏精品。派克公司的广告特技使派克笔在公众面前大显神奇，让人感觉派克笔即使从高耸入云的帝国大厦上扔下来或被抛到深不见底的大峡谷中都会是完好无损的。

作为全球高质量书写工具的领导者，派克笔一直伴随着世界上的许多重大活动，见证历史，传播文明。从20世纪40年代起，派克笔逐渐走上政治舞台，成为各国元首级人物的首选书写工具。富豪大亨利用派克笔签下了购买帝国大厦的合约，柯南道尔用派克笔塑造了福尔摩斯，美国前总统尼克松历史性访问中国时以派克笔相赠……从日本第二次世界大战投降时的受降人麦克阿瑟将军，到美俄签署核裁军条约等，无不是用派克笔记下了历史上浓重的一页。长长的历史铸就了派克笔的辉煌。目前，派克拥有美、英、法、中共四大生产基地，在产品的行销上实行区域授权经销制。

作为世界上第二古老的制笔公司，派克已经不仅仅是一种商品的名称。100多年世界历史演变的深深烙印，近代与当代文化精髓的汩汩流淌，令派克笔在人们的手中显得格外庄重。面对这种引领笔坛一个多世纪的书写工具，感受着绝不随时光流逝而褪色的风采，每个人都不禁会问：这还是一支纯粹的笔吗？

第二次世界大战纪念笔

在第二次世界大战结束50周年之际，为配合美国国防部和第二次世界大战50周年纪念委员会的活动，派克公司制造了 1945 支第二次世界大战纪念笔，以缅怀为和平事业做出贡献和牺牲的人们。此款笔的造型是依据麦克阿瑟的妻子简（Jean）递给他签署投降书的 Duofold 笔的造型制成的。每支限量版笔上都带有将军的签名和由纯金印模铸造而成的"Ruptured Duck"标记。"Ruptured Duck"最初的含义鲜为人知，这个口号源于向 1939 年 9 月至 1946 年 12 月间光荣退役的第二次世界大战工作人员颁发的荣誉服务领针。

西班牙珍宝舰队笔

1715 年，大西洋的飓风将驶离佛罗里达海岸的西班牙帆船送进了大西洋底，献给西班牙国王菲利浦五世的珍宝银币也由此失落。两个半世纪后，珍宝被从海底打捞上来，派克公司于 1965 年购下部分从船只残骸中打捞出的银币，并将其中的一部分制成"派克 75 珍宝笔"。此款笔限量 4821 支。

这款不同寻常的笔的笔套上印有墨西哥城的铸币标记，显得与众不同。由西班牙国王菲利浦五世创立的质量检验标识——精纯之鹰铸印于基底。笔身上则铭刻着"纯银，西班牙珍宝舰队，1715"的字样。

名人纪念笔

此笔是为了纪念美国前总统里根（Ronald Reagan）签订削减中程核武器协定而特制的。此笔以 75 型纯银钢笔为蓝本，笔夹及笔环均为 22K 金，笔身刻有两位领导人的签名，他们的头衔则以小楷大写字母刻于签名之下。

R.M.S 伊丽莎白女王笔

建造于 1938 年的"伊丽莎白女王"号是著名的冠达邮轮，在第二次世界大战期间曾被用作运兵船。它与姐妹号"玛莉女王"号是 1946~1968

年的豪华远洋航行的最后两艘船，因而名声大振。"女王"号退役后在佛罗里达州成为一家博物馆式饭店，后由一巨商买下，计划改建成为一所海上学校。正在改建时，"女王"号不幸失火沉没，时为 1972 年。为留下这艘名舰的一点片甲，派克买下了"伊丽莎白女王"号船舷处的 700 磅黄铜，制造了这款"R.M.S 伊丽莎白女王笔"。派克是唯一一家可以用打捞上来的"女王"号的材料制造产品的公司，所以，这款笔限量发售，不仅笔本身具有非常高的价值，其背后的意义也具收藏方面的价值。派克 51 型笔的广告宣传语中说道"就像来自另一个星球"，正是如此，派克所出产的产品中，派克 51 型被视作迄今为止制作得最完美的笔，它修长的外形，细小的笔盖，带罩的笔尖，对世界上的墨水笔设计者们产生了深远的影响。在派克 51 型笔前后出品的一些派克经典，如多富得大红笔、派克 75 型笔等，和 51 型笔一样，均为旷世杰作。

Waterman

华特曼
（美）

古老与优雅的写照

品牌名片

品　　类	墨水笔
标志风格	优雅、高贵
创 始 人	路易斯·爱德森·华特曼（Lewis Edson Waterman）
诞 生 地	美国
诞生时间	1884 年

品牌解读

华特曼（Waterman）是世界上最古老的制笔公司之一。大量使用贵金属来进行精密制作的华特曼是将个性宣扬得淋漓尽致的尤物。100 多年的显赫历史让华特曼赢得了欧洲权贵和商政界人士的青睐，惊艳的式样和大胆的色彩应用及精良的手工制造使得华特曼笔具有了无出其右的价值。至今，佩有一支华特曼笔仍是优雅生活品位的最真实写照！

惊艳不是俗气，华特曼的惊艳超越了堆砌的杂糅，洋溢着不平凡的魅力。她用优雅的姿态书写人生格言，与素纸亲密的每一刻，都是高贵与淡然的流露。智尊、思逸……华美的名字阐释了人们对华特曼的追忆。

1929 年华特曼推出第一支塑料笔杆钢笔，之后它的钢笔更显露了华丽的风采。

阅读传奇

华特曼又译威迪文，公司的前身是 1884 年路易斯·爱德森·华特曼（Lewis Edson Waterman）与艾沙·西普门（Asa Shipman）在纽约共同组建的理想墨水笔公司。以沾墨钢笔为基础，演化成至今的可储墨钢笔，华特曼功不可没，世人称他为钢笔之父。

所谓"失败乃成功之母"，关于该公司的创始人和著名的现代墨水笔发明家——法国人华特曼有一件家喻户晓的逸事。他曾在纽约做过保险推销商，据说有一次他的墨水笔漏水，不慎将一份合同弄脏而被竞争对手抢走了生意。为了使这类事情不再发生，华特曼发明了一种现代墨水笔。这种墨水笔装有新型给墨装置，而这一切都是他以小刀、锯和锉刀为工具，用饭桌做车床精心制成的。

这则添上了浓厚浪漫色彩的名人逸事，人们难辨真假。不过华特曼的确曾做过保险推销商。远在他的发明之前，他已经看出了墨水笔的巨大潜力，并于 1883 年在纽约市开了一家店铺。他利用毛细和吸水原理，发明了新一代墨水笔，在墨管加设罅隙，利用空气动力原理去填补所盛墨水的空间，让墨水得以稳定渗透到笔嘴上。这项发明于 1884 年得到认可，并获得了专利权，华特曼的墨水笔随之也遍销全美国乃至世界。

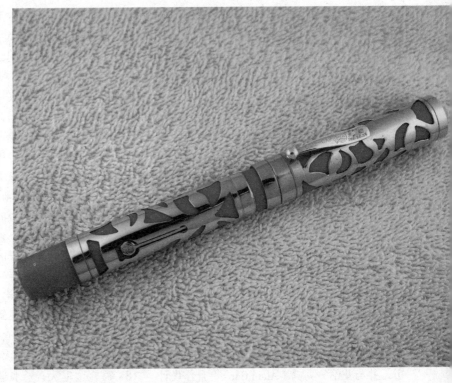

华特曼对自己产品的质量无比信任，它是第一个提供 5 年保修的品牌。他把自己的墨水笔

华特曼笔具有惊艳的式样和精致的手工

当作最优秀的产品在广告中大力宣传。1884 年，华特曼大约售出 200 支墨水笔，1885 年上升到 500 支，到 1900 年，每天已可售出 1000 支。英国首相曾以足金华特曼墨水笔签署了《凡尔赛条约》，结束了第一次世界大战，这使华特曼成为权力与地位的象征。

华特曼公司在以后的几年中，一直保持着特有的活力。公司雇佣新泽西州的希思珠宝公司专为华特曼笔镀上贵重金属表层，这类工艺精湛的华特曼墨水笔品种繁多、式样各异。但华特曼公司不久就培养了自己的宝石匠，并推出了许多新设计。他们同时还提供了质量顶尖的各式各样的硬胶质墨水笔，从火柴棍一样大小的全世界最小笔到巨人 20 型笔，这些笔在公司的广告中和产品陈列窗里大出风头。另外，华特曼的产品使用几种充墨装置，包括滴管式和安全可收缩式的墨水笔。当各厂家开始竞相生产内部装有胶囊的自动吸水墨水笔时，华特曼公司于 1915 年开始对泵式、套筒式和硬币盒式充水装置进行实验，最后决定使用杠杆式充水装置。

1954 年出品的 CF 墨芯水笔取得巨大成功，华特曼公司名声大噪。但是当时的赤字和机构臃肿等问题正困扰着该公司，没有使华特曼保住笔坛领导者的地位。公司由于经营不善，走向了衰败之路，于 20 世纪 50 年代中期停产。后来弗朗西恩·贡梅兹（Francine Gomez）成功地执掌了公司大权，

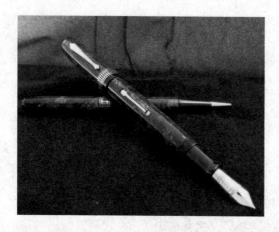

该公司重获新生。这位精明能干的女士精简机构，大力减少浪费，并聘请一位设计顾问专为公司树立新潮形象。1971年，杰夫－华特曼公司改组成华特曼SA公司，取回了美国的商标，并在18个月之内收回对加拿大、英国、英联邦各国及亚洲等地商标的控制权。1975年，该公司股票在巴黎证券交易所上市，并与艾伦·克雷（Alain Carre）合作设计了一系列新款墨水笔，其中最重要的是绅士笔（Gentleman），并为今后华特曼笔的设计特点打下基础。

1987年，华特曼公司被吉列公司收购合并，与派克公司、比百美（Papermate）公司和液体纸（Liqui Paper）公司联营，成为吉列公司文具产品部门的一部分。华特曼是全世界最大的书写工具制造商之一。华特曼笔行销一百多个国家和地区，处在事业黄金时期，品尝着胜利的喜悦，并不断地向时尚和有身份的人士呈献精品。

智尊系列

华特曼智尊Exception是一款高档系列，它专为眼光独特的人们设计：他们追求豪华奢侈、质量可靠的产品，崇尚现代另类、独一无二的设计。

当圆形的设计盛行过后，方形正逐渐受到设计者的青睐。新兴工艺、制材及对方形新的诠释使方形设计更普遍，更受市场欢迎。

原本略显贫乏单调的方形，通过柔化外部线条，变得更现代、时尚，显得匀称而纯粹，更具表现力。通过不同的制材颜色，方形呈现出时而现代、时而古典的曼妙之美。

方形的外观设计在国际著名书写品牌中是第一次尝试。笔帽呈方形，由一个圆形的徽章做笔顶，徽章上刻有"W"标记。笔夹的设计独特、简洁，比常见的偏大，与整支笔的风格相呼应。该笔夹的设计保留了华特曼笔夹两种原有的特点，不仅有质感，也适合放在口袋中。笔身的装饰环宽阔，并刻有不对称的现代雕刻。外观线条利落，使整支笔呈现出现代、纯粹的设计风格。装饰环正、背两面均刻有华特曼Logo，这样可确保笔在左右旋转时都可将Logo显现出来。旋转式机械设计保证方形笔帽能紧密地盖住笔身前端圆形部分。墨水笔笔尖由18K纯金制成，配合两种不同款式——18K金笔尖、18K镀铑金笔尖；墨水笔笔尖上有一个地球图案做装饰。

思逸系列紫红墨水笔

华特曼思逸系列紫红墨水笔具有如下特点：

（1）拥有弧度的流线型笔身。

（2）笔帽和笔杆的两端都是水平的，因此整支笔从两端都能直立起来。

（3）笔身末尾特别设计了一段细长的凹槽。凹槽表面镀银，刻有华特曼Logo。当笔帽嵌入笔杆末端时，凹槽与笔夹突出部分重合，避免了笔杆表面被笔夹刮花。另外，笔帽也是流线型设计，因此当笔帽嵌入笔杆末端时，不会影响整支笔的流线造型。

（4）笔夹与笔身的风格一致。微弯，并在笔夹上端有一块方形装饰。整个笔夹都由纯银制成，并刻有华特曼六边形标志。

（5）新款思逸蓝色保留了思逸独特的曲线外观，并针对纯黑款的几处缺陷做了相应改进。保证新款质量上乘、方便书写。

Sheaffer

犀飞利

（美）

历史时刻的见证者

品牌名片

品　　类	墨水笔
标志特征	华贵、创新
创 始 人	华特·犀飞利（Walter A.Sheaffer）
诞 生 地	美国
诞生时间	1913 年

品牌解读

犀飞利（Sheaffer）笔上的白点犹如艺术家的签名，演绎着精湛工艺与瑰丽外观的绝妙结合。近百年来，始终如一的华贵气质游弋在潮流的前沿，如鱼得水。当你握住它的时候，品位与奢华油然而生。

名笔当中，犀飞利堪称是最为灿烂的笔星之一。犀飞利有着足以夸耀的传统。但它并没有在传统的名义下正襟危坐，龟缩在传统的圈子里，而是始终走新意路线。遗产"维多利亚雕花"、英王储结婚纪念笔依旧焕发着犀飞利的智慧色彩，它们接过古典的接力棒，向下一个目标创新进发。

阅读传奇

华特·犀飞利于 1913 年创办犀飞利公司之前，曾与他父亲合伙开办精英珠宝店。那时，他的珠宝店就已经在出售墨水笔了。针对当时墨水笔只能通过有滴孔的小瓶灌墨，

犀飞利发明了一种带有吸墨水装置的墨水笔，这种笔直至 20 世纪 60 年代仍然符合工业标准。1908 年，他发明的压杆自灌墨墨水笔获得了原创专利，1912 年经修改后便雄心勃勃地投入到与美国 58 家同行的激烈竞争中。之后，在他灵敏的商业头脑和不断革新的精神双重作用下，犀飞利的事业蒸蒸日上，逐渐踏入世界名笔的殿堂。

20 世纪 20 年代，犀飞利推出了终生保用笔尖和彩色赛璐珞墨水笔，使其成为美国当时最为畅销的笔。20 世纪 30 年代期间，犀飞利公司将墨水笔做成流线型，并开发了羽毛感双向笔尖、活塞式灌墨装置和可视墨水供给装置。20 世纪 40 年代，犀飞利笔采用了轻压式灌墨装置，只需按一下活塞就可以达到排空、清洗和灌墨等目的。20 世纪 50 年代是犀飞利最辉煌的时期，它的"洁净"吸墨装置，即在吸墨水时不必把笔尖浸入墨

犀飞利演绎着精湛工艺与瑰丽外观的绝妙结合

水中，这项技术又给犀飞利带来了极大的成功。犀飞利公司非常重视售后服务，他们拥有一个灵活的顾客服务部，顾客可以要求订制各种色彩与式样的笔，所有这一切使犀飞利的墨水笔非常受欢迎。

犀飞利自创立以来见证无数历史盛事，最著名的事件包括1945年联合国宪章最后定案，犀飞利为联合国指定签字笔，各国代表均用它签字，写下历史新篇章。至于多届美国总统把犀飞利当作专用笔更不用提了，富贵华丽的犀飞利已经成为美国人的骄傲。

遗产"维多利亚雕花"

犀飞利"遗产"自1995年以后就成为犀飞利品牌中的旗舰产品。犀飞利推出的遗产"维多利亚雕花"可以说是这几年来犀飞利推出的最高水准的产品。

虽然犀飞利公司的建立已经是在维多利亚时代结束以后，但是该公司早期的设计理念还是受到了维多利亚时代的影响。犀飞利推出的遗产"维多利亚雕花"是使用925标准银制造，表面使用犀飞利特有的雕刻机，雕刻上精美的带有英国维多利亚时代特色的花纹。雕刻的花纹结构设计精美、雕刻精细，让人想起维多利亚女王时代壁纸和银器上精美的图案。笔尖是犀飞利特色的镶嵌式18K镀钯笔尖。光洁的笔帽边缘上刻有纯度检验证明标记"Sheaffer""USA"字样。笔夹上也刻有"Sheaffer"和"USA"字样。

该笔的雕刻水平超越了之前的犀飞利作品，直逼由古典公司制造的CP4。它是犀飞利最好的雕刻产品。犀飞利对这款笔的销售策略有些特别。该笔以特别版的方式来生产，在美国市场只计划销售400支钢笔和100支宝珠笔。在全球市场虽然会销售得更多些，但是只生产2005年8月1日之前犀飞利经销商们要求的定购数量。而且由于加工复杂，在生产速度上也受到限制，所以产量不会很多。

英国王储结婚纪念笔

1996年，犀飞利发行英国王储结婚纪念对笔，虽没有限量，但发行不多。这款笔把传统与创新、东方工匠艺术和西方精准主义充分结合。美不胜收的镀金笔盖优雅高贵地呈现出使用者的睿智，独一无二的23K金笔尖，特殊大红色笔杆是专业技术和创作艺术的完美结合。每一支笔的笔盖均是手工制作，皆经过镀厚金和彩釉图案的设计。

Cross

高仕

（美）

收藏家的挚爱珍宝

品牌名片

品　　类	钢笔、铅笔
标志风格	古典、高雅
创 始 人	阿隆索·汤森·高仕（Alonzo Townsend Cross）
诞 生 地	美国
诞生时间	1846 年

品牌解读

　　高仕（Cross）拥有着现代气息，各种款式鲜亮的色彩、高科技的运用，尽显每一支笔的独到之处和极强的现代感。它是美国制笔业中最具收藏价值的老古董，它浓厚的传统装饰风格和特有的高仕标志，令其游弋笔界 160 余年仍能风采依旧。

　　高仕和珍爱传统美感的品位人士有着难以割舍的特殊情结。160 多年来，各式精美的高仕书写工具均展现出典雅、优质与顶级的品位。从细致的 Century、典雅的 Townsend，到时髦的 ATX、创新的 Morph、充满创意的 Ion 口袋笔、简洁利落的 Matrix，高仕打出了和缓的太极拳，在历史的长河中，质量与完美中糅合得天衣无缝。因此，也俘获了英国女王伊丽莎白二世的芳心。

　　高仕知名度最高的墨水笔诞生于 20 世纪 30 年代。该支美观的大笔，笔杆由包金或镀铬的金属制成，饰有黑珐琅箍带。该笔制作

数量似乎不多，可能是因为当时高仕从破产的列·伯夫公司接收了一批用以抵销债务的机械。该笔推广时被称为高仕铅笔的配对产品，而不是以墨水笔为主，并在 1940 年左右停产。

　　该墨水笔在 1982 年重新投入生产。在此期间，人们以为墨水笔可能会被圆珠笔、软尖笔或走珠笔所取代，高仕在这几种笔上都取得了巨大成功，起初他们只是将再生产的墨水笔投放出口市场。该笔尖由钉制成，要经过一段使用期才能符合笔主人的手势。高仕书写工具的制造结合了机器操作与手工操作，没有一支笔完全是手工制的，所以他们没有急于制作那些曾拖累欧洲的许多中小型公司发展的手工产品。高仕墨水笔有一金属壳，通常是铜壳，饰有贵重金属和欧洲漆，或通过物理蒸汽沉淀加工的钛表层。复产以来，其古典的 Art Deco 外形成了高仕墨水笔的台柱，并给它自己带来了现代的诠释。

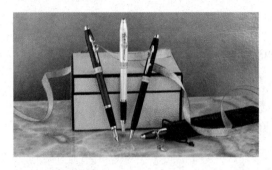

其中高仕最具代表的10K、14K、18K包金笔，是由纯金混以少量合金制成，恒久包覆于支撑笔身的黄铜基材，符合黄金层需占总金属重量1/20的美国标准；纯银笔则是以符合法定纯度的925纯银，加上具硬化作用的金属制成。

高仕公司最有成就的经营者是阿隆索·汤森·高仕，他一生共获得25项个人专利：墨水笔5项，尖头自来水笔9项，墨水笔及尖头自来水笔组合产品3项，铅笔6项，笔尖夹1项，上釉术1项。其中尖头自来水笔的发明影响最大，因为它是第一种既能用墨水书写又能复写出多份副本的书写工具。当时，美国邮局几乎立即宣布统一使用该笔。

阅读传奇

阿隆索·汤森·高仕是美国最古老的精致书写工具制造商。19世纪40年代早期，在纽约罗得岛的普罗维登斯创业。其准确日期无从考证，只能从标志有"Since1846（始自1846）"字眼推断其以阿隆索·汤森·高仕为名的公司的诞生。然而，在此之前，阿隆索的父亲里查德·高仕（Richard Cross）、叔叔本杰明·高仕（Benjamin Cross）及其继祖父爱德华·布拉德伯里（Edward Bradbury）已在从事书写工具及珠宝玉石工艺品的制作。

高仕家族来自英格兰伯明翰的北部。约翰·高仕（John Cross）曾是工业革命时期最早的经纪人之一和码头老板。他的几个儿子是怎样涉足珠宝制作这一行并迁居纽约的，至今已不可考查。

里查德·高仕于1844年在纽约结婚，

或许是为了寻找熟练的工匠和工具，他很快就返回英格兰。那时他用金银制作墨水笔盒和铅笔盒。1850年，他在马萨诸塞州的阿托巴罗夫创办了一家在当时来说规模不小，拥有12个雇员的公司。在1857年的大规模金融恐慌后，他把工厂迁到了罗得岛普罗维登斯附近的博拉布罗（Brodbury）。

美国内战末期，该公司的规模扩大了两倍。阿隆索·汤森·高仕年轻时就追随父亲经营并在1871年组成合伙公司。到了晚年，他已经获得了25项有关书写工具的个人专利。

19世纪70年代期间，阿隆索·汤森·高仕有两大主要成就。他和斯蒂尔曼·桑德斯（Stillman Saunders）合作研制了一台蒸汽机，高仕将这台蒸汽机应用到其作坊和书写工具的生产上。到1896年，他已在蒸汽机四周安装了车厢，制成并驾驶了普罗维登斯的第一辆汽车。然而，一般人认为尖头自来水笔是高仕的最大成就，它使墨水笔和通信技术得到了彻底改革。尖头笔是第一种能够使用墨水进行书写同时可以复写出多份副本的书写工具。尖头笔通过一个结实的管针将墨水引到纸上，而管针内的轴心则代替传统笔尖作为书写点。因此，书写者可以用力在复写纸上书写。在此发明之前，复写的副本只能用铅笔书写，因为传统的笔尖太软且易变形，难以承受必要的压力。

该公司在其发展历史中的大部分时间里都在制作墨水笔，但这一点却鲜为人知。从1881至20世纪20年代，阿隆索·汤森·高仕将其公司卖给了推销员老华特·罗素·博斯，高仕家族一直保留着家庭股份。

100多年来，高仕追求卓越的精神，仍反映在高仕的每一个产品上。为维持优良的质量，每一位高仕的同仁在制作书写工具或精美的个人随身配件时，都有权拒收不良的零件，从机器操作员、组装员、测试员到包装员，皆一心一意，致力于维系严谨的质量控制标准。高仕每件产品在出厂前，都需经过缜密的检验与手工测试，确保完美无瑕，让拥有者受惠终生。

Wahl Eversharp

威尔永锋_{（美）}

古典奢侈的代表

品牌名片

品 类	笔
标志风格	经典、华贵
创 始 人	永锋铅笔与威尔·艾丁机器公司
诞 生 地	美国
诞生时间	1914 年

品牌解读

　　自成立以来一直饱经沧桑，威尔永锋（Wahl Eversharp）起死回生的经历和它的地平线系列笔几乎一样有名气。威尔永锋一直坚持采用与众不同的外形来与其他品牌竞争，因此也得到了收藏家的喜爱。地平线系列是它 20 世纪 40 年代针对大众市场推出的一款经典笔形，也是其所有系列中造型最"朴素"的，至今已畅销半个多世纪。

阅读传奇

　　1914 年，美国永锋铅笔公司（Eversharp）与威尔·艾丁机器公司（Wahl）合作，生产出了第一批铅笔。3 年后，威尔收购了波士顿钢笔公司，并与永锋合并。1920 年，"威尔 BHR"钢笔面世。

　　最初，钢笔的笔杆主要是以硬橡胶为原料。硬橡胶手感好，容易加工，缺点是时间久了会失去光泽。1920 年前后，为使制笔厂有充足的原料供应，威尔全资收购了华盛顿一家橡胶公司。但这次收购在财务上对威尔永锋来说很不划算，因为当时美国制笔业已经渐渐转向用赛璐珞作为制作钢笔的材料，永锋的市场反应应该说是迟了一步。不过，此事也使威尔永锋这个品牌因祸得福。这期间，威尔永锋生产的带旋转笔帽和徽章装饰的钢笔，因其古典、奢侈的独特外表，成为日后收藏家们的最爱，而且价格不菲。

　　第一个奇迹产生于 1929 年，威尔永锋的事业达到高峰。当时他们推出了金海豹（Gold Seal）系列个人用尖头墨水笔，这些笔因带有用线穿在一起且易于更换的笔尖而备受欢迎。那一年，威尔公司的净销售额飙升至 500 万美元，比庞大的派克公司高出 25% 还多。20 世纪 30 年代，威尔永锋相继推出"多利安"和"宝冠"系列钢笔，其款式设计非常具有艺术美感。到 20 世纪 30 年代末，

美国有钱人坐飞机旅行渐成时尚，钢笔制造商们纷纷开发新技术，力争使所生产的钢笔在高空低气压情况下不漏墨水，威尔永锋迎合这一潮流，也推出了自己的新产品。

第二次世界大战期间，威尔永锋的"地平线"和"第五大道"系列钢笔面世。"地平线"（Skyline）是威尔永锋最成功的钢笔系列，在战争时期的美国市场上大受欢迎。当时，"地平线"基本款的售价是每支 14.75 美元，金装款的售价是每支 22.50 美元。同时，公司在美国广播电台的问答游戏节目上大做广告，使威尔永锋成为家喻户晓的名牌产品。但这之后，公司开始走下坡路。几度蹉跎之后，1946 年，威尔永锋推出了它的第一款圆珠笔。不过由于工艺粗糙，这些圆珠笔有数千支被退回。紧接着，威尔永锋和竞争对手为专利问题开始长期打官司，公司财务上元气大伤。整个 20 世纪 50 年代，威尔永锋都没有再推出能够在市场上叫响的新产品。

1957 年，威尔永锋的书写工具业务被派克收购。1995 年，埃马耐勒·卡塔格罗尼（Emmanuel Caltagirone）加盟该公司，重整威尔永锋品牌。

名酒

液体钻石，穿越百年的佳酿

Hennessy

轩尼诗 （法）

可以饮用的经典艺术品

品　　类｜干邑
标志风格｜典雅、华美、醇香
创 始 人｜李察·轩尼诗（Richard Hennessy）
诞 生 地｜法国
诞生时间｜1765 年

品牌解读

　　轩尼诗（Hennessy）有着如同压扁了的葫芦一般的经典酒瓶设计，带给人们的不仅仅是对于佳酿的一份美好享受，也是对法国人所具有的浪漫而又严谨的人生信条的一种精确诠释，更是对于白兰地这一酒类品种内部秩序与品质的建立和维护。也正因如此，轩尼诗才有资格赢得世人的全部尊崇，并在今时今日获得酒中极品的无上荣耀。

　　轩尼诗家族拥有轩尼诗·李察、轩尼诗·杯莫停、轩尼诗·XO（extra old，特陈）和轩尼诗·VSOP（very superior old pale，高级白兰地）四大成员。它们盛开在璀璨的酒林里，风姿绰约，纵览群芳。在让人眼花缭乱的酒林里，只消轻启嗅觉，即使你再不敏感，一样能找到它们。

　　轩尼诗·杯莫停干邑，是人们向往感受的干邑酒品种，它酒味深邃丰饶，醉人而妩媚，极富现代感的水晶玻璃酒瓶散发着华贵气质。

轩尼诗·杯莫停干邑陈酿年期在 50~130 年。

　　轩尼诗·XO 干邑开发于 1870 年，1872 年就在上海登陆，进入中国。该酒馥郁芬芳，酒味醇厚，色泽特别明亮、金黄，并带软滑柔和的果香味，陈酿年期在 15~30 年，与陈酿年期在 4~8 年的轩尼诗·VSOP 并在一起，易被崇尚时尚的普通消费者所接受。

　　作为轩尼诗最高等级的李察创立于 1996 年，属于销售中的世界顶级干邑。它由珍藏至今的 200 多年前的"母本"葡萄烧酒与其他不同年份的葡萄烧酒精心酿成，更包括自 18 世纪悉心珍藏至今的百多种非凡的"生命之水"（"生命之水"是用以形容葡萄经双重蒸馏后所形成的葡萄原酒，色泽如清水般清澈通透。然后"生命之水"再被存放在小橡木桶内经长期陈酿，制成干邑）。珍贵的 1830 和 1860 年份的"生命之水"主要采用 La Fole Blanche 葡萄品种，揭示了陈年"生命之水"的深邃、协调和细腻。李察的陈酿年期在 70~200 年，色泽呈实在而和暖的灿烂金黄，它将香草、花卉精华、糖渍水果、香料的浓郁气息完美地结合在一起。结构与层次分明的香熏包括：微妙的花卉、香料和胡椒的香气接连在一起，核桃和糖渍果香略微明显。香料味道隐约，使干邑有如雨后翠林般清香；在口中留存良久，渐渐披露其味道的精华，舌头上留下点点浓郁的果甜味道，和谐有致；质感丰厚如丝绸，香醇口感回味无穷。再配以经典别致的水晶瓶，为该酒增加了无限魅力。

XO 之源，XO 之本

　　轩尼诗·李察干邑是家族的灵魂，它用 200 年前创始人的名字命名，象征着丰盈的过去与美好的未来的永恒联系，是对前人的崇高致敬，也是后人的灵感源泉。轩尼诗·李察干邑体现着轩尼诗家族的现代性、真实性、豪华和感性的特质，也标志着轩尼诗家族酿制醇厚极品、超越时空限制、世代相传的永恒信念。

　　轩尼诗家族有着久远的传统，每一代均存留着一种私人珍藏的干邑，专门供家人和挚友享用。为纪念轩尼诗百年庆典而特别调配的酒品轩尼诗 1865 珍藏便是传统与现代品位的天作之合。轩尼诗的爱好者无不陶醉于瓶中独有的葡萄乡愁以及贵族风格的和谐美感。在他们眼里，轩尼诗 1865 散发着浓郁的复古韵味，酒香清远，仿佛早已化在酒里的每粒葡萄都不安分地渴望着回归，竟要破瓶而出。

阅读传奇

　　轩尼诗于 1765 年由李察·轩尼诗（Richard Hennessy）创立。轩尼诗干邑全部由源自法国四大顶级干邑区的极品"生命之水"谱合而成。轩尼诗拥有世界上最大的陈年"生命之水"储藏量，在传统的酿酒技术和严格的品质控制下，一直由同一家族世代相传的酒窖大师调配干邑，确保轩尼诗的风格及高品质得以保持。经过 200 多年的发展，轩尼诗公司现年产各类干邑酒 5000 多万瓶，成为世界销量第一的干邑品牌公司。

轩尼诗的品牌以李察·轩尼诗的名字命名。李察·轩尼诗出生于爱尔兰的却克郡。1745年到法国当兵，后来担任路易十三御林军的外国军官。他时常品尝白兰地，还买了很多瓶送给故乡的亲友，亲友们对白兰地都赞不绝口，这成为他日后经营酒业的主要原因。

李察·轩尼诗在法国从军期间驻扎在盛产白兰地的干邑地区，退役后即在此建立了轩尼诗酒厂。在当兵期间，李察·轩尼诗取得"英勇证书"，这成为轩尼诗酒厂的标志。酒厂成立后不久，生于本地的尚·费尔沃进入酒厂，从事调配工作，成为轩尼诗首位总调配师。在他的努力下，轩尼诗的品质得到极大提升，销量十分卓越，当时的出口以英国各大城市为主。1815年，法国国王路易十八颁发书函，将轩尼诗选为法国国会的主要供应酒商，其品牌地位得以确立。

轩尼诗的贡献还在于他对白兰地等级划分标准的提出和酒瓶的改良。一天，轩尼诗家族的慕利士·轩尼诗（Maurice Hennessy）在百无聊赖之际，望见画框上有一粒星形图案，触发起他将这星加在白兰地酒瓶上的想法。随后他便付诸实施，将轩尼诗干邑划分一星、二星和三星的概念，使顾客更容易分辨干邑品质，成为三星干邑的创立者。

在1830年以前，所有白兰地产品均以木桶装载发售，因木桶表面没有任何关于出产地、出产商及品质说明的标签，顾客无法辨别白兰地的质量。鉴于此，慕利士·轩尼诗想将这个混淆局面彻底改变。他凭个人创意成功设计了玻璃瓶装干邑，只限于较高质素的佳酿（即现今的XO类别），瓶面更附有标签说明，让顾客能清楚辨别品质超卓的佳酿。1830年，轩尼诗首次以船载美酒运往其他城市，到了1858年，酒瓶的使用程度更趋普遍。

轩尼诗公司在干邑的大香槟区拥有200公顷的葡萄种植区，且葡萄树一般都保持在每20~30年更换一次，从而保证干邑酒的酒质和品位。这也是轩尼诗公司独到的一处。

1870年，轩尼诗酒窖主管根据慕利士·轩尼诗的指引，以最陈旧及上等的"生命之水"酿制成馥郁醇厚的特级佳酿，在最初的10年里，这些珍贵佳酿只供给家人或亲友享用。由于轩尼诗在世界范围屡获好评，更特别深受亚洲人士的欣赏和称颂，轩尼诗便把这珍贵佳酿公之于世，轩尼诗XO就此诞生。

1888年，正式有XO级别的白兰地于法国售卖的记录，而轩尼诗酒厂于1900年正式登记XO这个级别，使日后所有具同样特性的白兰地，均须称为XO。凭轩尼诗醇美馥香的特级品质，轩尼诗XO很快被誉为极品干邑，深受同业尊崇。若论真正XO等级干邑之创始，唯有轩尼诗XO，故它的宣传句语上，便有"XO之源，XO之本"的口号。

Moët & Chandon

酩悦香槟

（法）

雅致高逸的法兰西玫瑰

品牌名片

品　　类	香槟
标志风格	优雅、高贵
创 始 人	克洛德·莫埃（Claude Moet）
诞 生 地	法国
诞生时间	1743 年

品牌解读

作为法国最具国际知名度的香槟，拥有近 270 年酿酒传统的法国酩悦香槟（Moët&Chandon），曾因法国皇帝拿破仑的喜爱而赢得"Imperial"（皇室香槟）的美誉。有人说，平均两秒钟就会有人打开一瓶酩悦香槟。"007"系列电影中的詹姆斯·邦德最喜欢的也是与品着酩悦香槟的美人相伴。所有法国酩悦香槟均洋溢酒厂风格，但由于混合调配，各自具备独有个性。酩悦香槟的瓶身设计也堪称经典之作，圆润而光滑的线条，柔和、雅致却不失醇厚的口感，吸引着众多时尚潮流人士的追随和拥戴。酩悦香槟馥郁芳香、口感绵延持久，不同年份的酒为它注入了异样的芳香。精细的工艺成功地把不同的酒融合在一起，让法国人的香槟情怀尽情挥洒其间。

酩悦香槟的代表作是 Brut Imperial，它是没有年份的香槟，由夏多内、黑皮诺和皮

诺·莫尼耶三种葡萄酿制调配而成，散发着白柠檬与葡萄花蕾的芳香，充满水果的香味，令人回味无穷。

但最有名的是以香槟之父唐·佩里农（Dom Perignon）名字命名的 Cuvee Dom Perignon 香槟，即"香槟王"，口感充满夏多内葡萄的芳香，质细而精美。Dom Perignon 是酩悦旗下顶级的香槟，只有老葡萄藤的饱满葡萄才能拿来酿制此款香槟。打开 Dom Perignon 香槟的一瞬，立刻可以闻到飘浮着的一股春天的花香，倒入细长酒杯，气泡呈直线上升，气泡入口后的细致绵密触感，会告诉你这香槟的非凡之处。每一瓶 Dom Perignon 都是在气候适宜、葡萄质量俱佳的年份酿制。通常 10 年中平均只有 3~4 年才会遇到葡萄的丰收佳年，而 Dom Perignon 就只在这些最佳的年份里出产，并需要长达 6~8 年的成熟期，故而，Dom Perignon 被誉为香槟中的极品。同

时，有 Dom Perignon 出产的年份也成为法国葡萄酒最佳年份的标志之一。

法国酩悦香槟将香槟与流行时尚元素融合，携手著名水晶品牌施华洛世奇，为人们带来了超凡独特的"魅惑璀璨"限量典藏级香槟。施华洛世奇以其成熟的技术，保证了这款酩悦香槟酒瓶既具有华美水晶装饰又能维持最佳冰镇状态。灵动的设计与创意被运用于具有曼妙流线的酩悦无年份香槟酒瓶，宛如夜魅繁星般的水晶在酒瓶上点缀延伸，散发出妩媚诱惑的魅力，为优雅入骨的酩悦香槟添了几分璀璨光芒，将奢华夺目的气质发挥到了极致。两个顶级品牌对极致华丽的极力追求，创造了这次完美结合，使"魅惑璀璨"限量典藏级香槟成为风尚人士的尊宠。

酩悦香槟已成为法国最具国际知名度的香槟酒商之一，其在香槟区内拥有的葡萄园占地广达 800 顷，相当于整个葡萄产区的 1/4，其出产的酩悦香槟，调和不同年份、不同产区的葡萄及美酒酿制而成，受到全世界饮家一致推崇，甚至有一种说法："6 瓶从法国销往海外的香槟，就有 1 瓶是酩悦，全球每隔两秒钟就有 1 瓶酩悦香槟被打开。"

据说世界上每卖出 4 瓶香槟就有 1 瓶是酩悦香槟，不过能够打开"香槟王"的机会就没有这么多。酩悦的调酒师为"香槟王"

调制每一个年份的口味时，都是在做出一个极为谨慎而重大的决定。一般的香槟5年便已成熟，过了10年味道就开始走下坡。"香槟王"却要10年才到达巅峰，再存放10~20年也无妨。

阅读传奇

1446年，让·莫埃（Jean Moet）和尼古拉·莫埃（Nicolas Moet）被国王查理七世（Charles VII）封为贵族，与香槟酒精彩传奇息息相关的酿酒世家就这样诞生了。

1668年，在马恩河（Marne）西边山丘的圣本笃修道院，30岁的修道士唐·佩里农被分配担任酒窖的管理人。他的目标是让修道院发展得更加繁荣昌盛，第一步即是"酿造世界上最好的酒"，一直到1716年去世，他从未放弃过他的梦想。唐·佩里农终其一生对香槟酿制技术精益求精，并不断追求创新和完善。以其敏锐的观察力，对试验的热忱和百折不挠的精神，经过整整47年的试验，终于对酿造技术进行了创新和完善，并使之深入人心。他的关于香槟酿制方法和技术的记录被誉为"香槟圣经"。

18世纪初，莫埃兄弟的后人克洛德在埃佩尔内从事葡萄酒贸易，他创立了自己的酒厂并着手试酿，但未见有大的突破。及其孙让·雷米·莫埃掌管之时，由于让·雷米认识了一位青年的军官——后来的拿破仑一世，他也相当喜爱酩悦香槟，酒庄的名字才从此传扬开来。让·雷米死后，他的儿子维克托与女婿皮埃尔－加布里埃尔·昌东共同继承了酒庄，酒庄改名为酩悦香槟（Moët & Chandon），从此更加扬名海内外。

法国大革命时，唐·佩里农修士当年所住的修道院与葡萄园被充公，酩悦酒厂把握机会于拍卖会中斥巨金将其购入，并辟为博物馆，加建了唐·佩里农铜像，令香槟喜爱者以"朝圣"的心态前往参观，这个投资极为聪明，让饮家们认为酩悦才是"正宗"。

1927年，另一个著名香槟酒庄Merrier的园主女儿下嫁到酩悦酒庄的少东保罗侯爵，并将其注册商标"唐·佩里农"作为嫁妆。因此酒庄决定将1921年收成的最佳葡萄酿成的酒，以唐·佩里农命名，将100箱此酒试销美国，几乎一上岸便被抢购一空。自此酩悦成为美国最受欢迎的香槟酒。

酩悦香槟年产量超过1800万瓶。但是，精选的"唐·佩里农"——香槟王的瓶数，却从来不予公开，据估计约有15万瓶左右。

自创立以来，酩悦香槟酿造的香槟酒一直受到人们的喜爱。高品质的香槟酒显示出葡萄园的丰富和多样以及葡萄种植技术的高超。它是幸福之酒，拥有富于魅力、慷慨大方的个性，并以果味突出、口感香醇和高雅成熟而独树一帜。让·雷米比任何人都相信香槟酒的魅力和魔力，酩悦香槟继承了让·雷米的远大志向，这一品牌比以往任何时候都更愉悦、光彩和盛大。

酩悦特级香槟 Brut Premier Cru

这是法国酩悦系列最新推出的香槟之一，具有高度的本身特性，花香扑鼻、清纯活泼、出类拔萃，具有很高的细致和圆润酒质。这些葡萄酒全以特级葡萄酿制，极具特色。

酩悦香槟 Brut Imperial

本葡萄酒堪称酩悦风格的最佳例子，反映了种植葡萄的肥沃土壤及千变万化的特性，酒质更可多年不变。它以三种香槟葡萄和谐调配而成，在扑鼻的丝丝酒香中夹杂着白柠檬和葡萄花蕾的芳香。于口腔内具丰富酒味，饮后仍留存若有若无的感觉，令人回味无穷。

酩悦粉红香槟 Brut Rose Vintage

有着诱人的光泽，是一种浓烈的、芬芳的混合葡萄酒，拥有多样化酒质及丰盈果味，它只在黑皮诺葡萄成熟的最好年份酿制，1998年一上市即被以严格闻名的世界葡萄酒专家评鉴为91分的高分。而优雅精致的法国酩悦粉红香槟郁金香花杯，设计灵感来源于郁金香的绚烂绽放，每四枝玫瑰色亮丽的郁金香杯配有一个雅致的透明底座。如花般绽放的酒杯，暗示着女性的温婉魅惑、激情欢乐。于是，在令人心醉的粉红色奔腾的气泡中，仿佛心底的秘密也慢慢呈现出来。

Remy Martin

人头马 （法）

缔造非凡高雅生活

品牌名片

品　　类	干邑
标志风格	优雅、浓郁
创 始 人	雷米·马丁（Remy Martin）
诞 生 地	法国
诞生时间	1724 年

品牌解读

正如人头马（Remy Martin）公司主席所说的："品位就是我们所做一切的核心。"

人头马是由一系列非凡而挑剔的工艺造就的浓郁芳香、富有丝绒般柔和质感的干邑，其每一种香气与味道都源自自己庄园的葡萄，而葡萄的禀赋则来自培育它的每一寸土地，这些特殊的芬芳将随着酒龄的增长而日渐浓郁香醇。一切都从水土"Terroir"开始，这一很难确切翻译的词包含着特定地区的土壤特性、降雨、日照、风向、气温等所有能够影响葡萄风味的因素，挑剔的调酒师甚至能辨别出每个地区每种葡萄的细微差别，这为人头马奠定了在干邑中的尊贵地位，并一直被誉为干邑品质、形象和地位的象征。

人头马拥有"人头马路易十三""人头马VSOP""人头马EXTRA""人头马Club"等经典成员，其中的人头马路易十三，更是奢华中的奢华、经典中的经典，向来被视为成功人士和名流的选择。

人头马中的路易十三是酒龄介于40~100年的精选"生命之水"调制而成，陈放于有100多岁酒龄的橡木桶中。酒质浑然天成、醇美无瑕、芳香扑鼻，达至酿酒艺术的最高境界。而每年产量稀少，使人头马路易十三更稀罕珍贵。其设计独特的酒瓶由驰名世界的百乐（Baccarat）水晶玻璃厂以手工制造，再精雕细琢而成。1952~1976年出产的人头马路易十三成为收藏家的珍藏选择。酒精度数为43度，颜色呈深金黄色、火红色、红褐色，清澈无瑕，可净饮，或加冰饮用。

饮用人头马路易十三，就像经历一段奇幻美妙的感官之旅。最初可感觉到波特酒、核桃、水仙、茉莉、百香果、荔枝等果香，旋即流露香草与雪茄的香味；待酒精逐步挥发，鸢尾花、紫罗兰、玫瑰、树脂的清香更令人回味。一般白兰地的余味只能持续

15~20分钟，这款香味与口感极为细致的名酒，余味萦绕长达1小时以上。

路易十三，这种世界上最好的干邑拥有丰富而余味悠长的超然口感，值得每一个钟情干邑的人细细品味。而路易十三所代表的，正是那无可比拟的奢华。因为它代表着精华的累积，也代表着时光的沉蕴，更代表着对品质的无限追求。由此，路易十三既有细腻优雅的表现，更有充满霸气的王者般的吸引力。

人头马远年特级，是特优香槟干邑的精粹，堪称人头马追寻极致品位之完美体现。它犹如一件不可思议的艺术精品，秉承了人头马家族的一贯传统，不仅彰显品酒人士之独到才干，更将伴随其激情人生，共奏华美乐章。

人头马远年特级香味独特丰富。藏红花、熟果甜蜜及茉莉花、干茶等香味相互融合且又层层递进，并配有独家秘方。其神奇之处在于，当殷红酒液流入心脾20分钟有余，饮者依然能为其最初的味觉感受所深深包围。这一特别的人间杰作特优香槟干邑是由90%产自法国大香槟区和10%小香槟区的"生命之水"混制而成，酒品年数更长达20~50年之久。

人头马远年特级简约而又高雅的瓶装设计，向人们展示了如其晶莹酒瓶所传达的温柔优雅和精纯之美。其创作灵感源于现为巴黎卢浮宫所珍藏展出的古埃及手工镜面作品。充满曲线美感的瓶装人头马远年特级如同一件艺术杰作。它那凝聚琥珀与桃木之经典色系的设计，与经典人头马一起在艺术殿堂里共舞，让饮者抒怀惬意、浮想联翩，感受那种无法复制的极品白兰地所赋予酒的独到精神体验：时尚、和谐、高雅乃至精致。

阅读传奇

人头马是世界四大白兰地品牌中唯一一个由干邑省本地人所创建的品牌。1724年，雷米·马丁创立了人头马酿酒厂。产自法国西部夏朗德葡萄种植区的"生命之水"，由于品位独特卓越，受到世界各地评酒家的赏识，特优香槟干邑的超卓美誉得以公认。

人头马的形象来自西方的一个星座，即人马座。1877年，人头马干邑白兰地的创造者雷米·马丁先生的后代选用人马座作为自己家族酒的商标，并对原来的形象作了一些改动，把原来平着射箭的姿势改为向斜上方投掷标枪，增加了图案的动感。马丁家族的人相信这个图案中的马象征着强健有力、勇往直前，而人头则象征着智慧、灵感和爱心。

世界上仅有17%的干邑能获得"特优香槟干邑"的尊称，而人头马特优香槟干邑占据其中的80%，人头马的卓越品质可见一斑。作为干邑中的经典，人头马被誉为干邑品质和地位的象征。从最初的"人头马一开，好事自然来"这句耳熟能详的广告词，到2006年的"心中干邑·干邑中心"的宣传，人头马诠释了其特优香槟干邑的理念：每一滴人头马特优香槟干邑都是人头马世袭酿酒师的心血之作，有理由成为人们心中的干邑。

酿制"人头马"的原料必须是产自夏朗德·科涅克地区的优质葡萄。夏朗德区拥有得天独厚的气候、土壤及地理条件，有着理想的葡萄种植优势。它独有的石灰岩土壤，

能适当地调节供给葡萄所需的水分。葡萄成熟后，要尽可能晚地采摘，以便使其尽量饱满，香味更浓郁。采摘下来的葡萄经过去籽、压榨、发酵，酿成葡萄酒。为避免其变质，必须在来年 3 月底之前将葡萄酒进行两次蒸馏，使之成为酒精含量达 70% 的烧酒。然后把烧酒注入橡木桶内，放入酒窖蕴藏，储存若干年后，等其变成金黄琥珀色。

在干邑的生产过程中，橡木的来源地及酒桶的制造方法，都扮演着举足轻重的角色。当雷米·马丁发现这个道理后，就在当时的酒厂旁兴建了一所工厂制造木桶。工匠秉承 280 多年的优良传统，把来自林茂山森林的橡树，以熟练的技巧，裁制成小橡木酒桶。陈酿过程中，"生命之水"在适当的醇化环境中，与干邑进行全面的"交换作用"，互相糅合，孕育出浓郁芳香的干邑。

酒渣沉淀物蕴藏着葡萄酒中多样的丰富元素，人头马将这些酒渣沉淀物放在小型铜锅中一并蒸馏，以提取它的精华部分，带出独特细致的口味。当经过双重蒸馏后的葡萄原酒在酒桶内经过多年陈酿慢慢变成金黄色时，才能称得上是干

邑。无论是经过七八年还是长达半个世纪的蕴藏，源于大香槟区的"生命之水"都必须经过细心地培育，谨慎地由较新的橡木桶转到更陈年的橡木桶，才可慢慢赐予干邑独特的颜色及个性口味。

酿酒师从众多高质素的"生命之水"中，选取有独特个性的，调和混合成上等的干邑，使人头马的色泽、酒香及味道，达到全球统一的水平。作为人头马中的极品干邑，路易十三不仅是酿酒大师们心血与智慧的结晶，更是对艺术的敬礼。经过第二次蒸馏后的葡萄酒被法国人称之为"生命之水"，而路易十三是以1200种生命之水兑成，其中最短的也要40年，最长的则超过100年。路易十三之所以昂贵，正是因为其原料罕有，其制造工艺也极为复杂。那琥珀色的晶莹液体、神秘莫测的香味、绵延不绝的细致口感以及背后所蕴含的悠远历史，使其成为对成功、挚爱、激情和巅峰的最好诠释。此外，盛装路易十三的水晶瓶由经验丰富的工匠师手工制作完成，其外形优雅，工艺精湛，瓶颈以24K纯金加以雕饰，瓶底和瓶塞都刻有独一无二的代表着身份的注册序号。因此，路易十三王者般的气息，体现到了每一处的细节之中。

一个多世纪以来，人头马始终秉承着"将最珍贵、最稀有的干邑奉献给同样卓越不凡的人"的原则。作为极品干邑的路易十三一直被人们视为各界名流的杯中最爱：从1929年陪伴"东方快车"首发至君士坦丁堡到1932年成为诺曼底航线头等舱里的座上宾，路易十三始终伴随着那些伟大的人，1951年丘吉尔以路易十三干邑庆贺大选获胜，1957年英国女王伊丽莎白二世访问法国时，凡尔赛宫中散发着路易十三的绵绵香气。此外，英国的查尔斯王子、时尚设计师迪奥、流行歌手艾尔顿·约翰（Elton John）等各界名流也都是路易十三的忠实拥趸。从政要到名流，从经典到流行，路易十三的魅力从来没有疆域，在奢华晚宴上它总是最后一个登场，被安排在最后单独品尝，因为路易十三是绝对的至尊王者，是不比较、不分享、不妥协，傲然于世的。

Martell

马爹利 （法）

干邑中的贵族精灵

品牌名片

品　　类	干邑
标志风格	优雅、精致
创 始 人	让·马爹利（Jean Martell）
诞 生 地	法国
诞生时间	1715 年

品牌解读

马爹利（Martell）干邑确是尤物。美国作家威廉·杨格曾说："一串葡萄是美丽的、静止的、纯洁的，而一旦经过压榨，它就变成了一种动物。因为它在成为酒以后，就有了动物的生命。"马爹利是世界上三个最著名的白兰地品牌之一，也是世界上最古老、最驰名的白兰地酒，它是以其创始人的名字命名的。马爹利干邑凝练了法国最上等葡萄的精华，必定是精灵中的精灵。马爹利干邑是一个家族的事业，是连续三个世纪的传奇。让·马爹利（Jean Martell）作为一个拥有多种身份的贵族，是企业家、发明家、商人、运动员，还是一个学者，他所创立的马爹利公司，是干邑地区白兰地家族中最早的一个，并用他的品质和性格给这个家族奠定了稳固的基础。

每一款马爹利干邑都凝聚了浑然天成的酿造与调配艺术，它和传世的艺术精品一样，是值得人们细细品味和鉴赏的杰作。许久以来，深远代表着马爹利干邑独特的品质。通过几个世纪的不断钻研与探索，马爹利形成了其独一无二的酿酒专长。它对酿酒艺术的不懈追求，造就了其芳香飘逸、回味深远的卓越口味。马爹利源于男人对生活和事业的勇敢面对和不懈开创，对于他们来说，自信而独立地挑战生活和事业上的一个个目标，已经成为一种毋庸置疑的行为风格。所以，马爹利始终倡导领先、自主、创新、不拘一格，始终坚信一点：源于历史，开创潮流。

作为历史最为悠久的干邑世家，马爹利以其独创的具有淡雅花香特质的干邑，口感柔滑、圆润、完美平衡、与众不同，造就了独一无二的风格。马爹利坚持只用产自干邑区的最优质的葡萄酒进行调配，主要选用来自面积最小的干邑区产区——边缘区的珍贵的"生命之水"。而独到的双重蒸馏过程，使得马爹利更为柔滑、精致而淡雅。首席酿酒师无疑是马爹利真正的艺术家之一。他需要依靠惊人的嗅觉记忆力、万无一失的味觉及对精确配量的敏锐感知，将多达 150 种来自干邑区最出色的四大葡萄产区和来自马爹利橡木桶内的生命之水，调配出醇厚、丰富、口感平衡、品质卓越始终如一的独一无二的马爹利干邑。

马爹利曾特别推出了一款比 XO 更高级的 Creation De J&F Martell，该酒是一种以陈年的"生命之水"，经首席酿酒师精心调配而成的极品干邑。原料取自边缘区、优林区及大小香槟区，于三堂酒库中醇化多年。其香气细腻而浓烈，回味无穷，酒中除有橡木中渗出的杏子兰幽香，还有隐隐而来的多款果子香味，醇厚丰腴，浓淡得宜。

"力臻完美"是让·马爹利先生的人生格言，也是马爹利的创业原则，它依然融于每一款马爹利出产的干邑中。无论过去、现在、未来，马爹利干邑呈现给世人的永远是誉满全球的白兰地，这是独一无二的"流动的艺术"。

阅读传奇

马爹利小岛位于里斯本西南 535 英里的大西洋上。1418 年"亨利王子"号的船长萨尔可发现这座小岛时，它只是一座巨大的森林，因此他就给小岛改了这个名字。后来萨尔可一家及其同伙为了开垦，纵火焚烧了森林的一部分，但火势一路扩展，一连烧了 7 年才熄灭。全岛都化成灰烬，但却带来了肥沃土地，使它能种出极好的葡萄来，成为制造马爹利葡萄美酒的原料。

马爹利出生于 1694 年，他在给根西岛的商人工作了 7 年时间后，便决心自己到干邑来闯天下。因为他知道干邑有发展的潜力。马爹利最初开办的货运是传统的和英国贸易的通道，接着开拓了到鹿特丹、汉堡的汉西亚特港和白贝瓦的贸易。到 1721 年，他出口了 53000 加仑的干邑，7 年后在干邑买了土地和建筑。

凭着激情和干劲，马爹利有计划地参与地方市场、联络葡萄园主，常常看到他在唐奈夏朗

德亲自指挥工人装酒入酒桶。他还经常到干邑外的奥尔良、索墨去约见客户和代理商。随着生意的发展，马爹利运货往北美，首次出口瓶装远达俄罗斯。

马爹利于 1851 年后开始出口澳大利亚、中国、日本。1880 年，干邑葡萄园受到葡蚜的大举侵袭，他的生意大受挫折，80%的葡萄枯死了。经过好些年的努力才找到了嫁接欧洲藤到美国根株然后再种植的方法摆脱困境，出口才重新开始。

1986 年 11 月 5 日，马爹利荣膺"东方快车"指定用酒。不久后，马爹利为加拿大饮品公司巨人锡格蓝（Seagram）收购。接着便有新品种：拿破仑 Special Reserve（特酎）、Gobelet Royal（夜光杯）和 L'Or（金牌）、Noblige（矜贵）、Creation（新猷）等。1992 年，马爹利开始与英国国家障碍赛马比赛合作，成为该项赛事的主要赞助商。同年，首届"马爹利艺术人物"盛典于中国上海举行。这一年度盛典业已成为马爹利与艺术结缘的又一里程碑。

作为一个贵族、企业家、发明家、商人、运动员以及学者，让·马爹利自创立公司以来，就始终尽心维护着干邑白兰地的卓越品质和优良声誉。他采用双蒸馏法，并混合最优质的水，利用最精细的谷物，使用"Tron Ais（法国橡木品牌）"的精制橡木桶进行储存，酿制出了世界上最优秀的干邑白兰地，它集口感清淡、气味芳香、圆润和优雅于一身。马爹利家族仍掌握公司的主要运作，第八代的帕特里克·马爹利（Patrick Martell）任总经理。

如果按照规模来排名次，那么轩尼诗亦只能占据第二位，因为马爹利单是自己管理的葡萄园已有 380 公顷，确实非常之"庞"大（而这只能满足其需求的 5%），剩余的便来自其盟约的 2600 个种植者供应。经过多年来的不断扩张，马爹利拥有的地域沿干邑旧城一直至夏朗德河（River Charente）河岸两旁，其中占据非常中心位置的，便是那完整而雅致的马爹利庄园，其酒库最高藏量可达 130000 桶，并拥有 16 条装瓶生产线。至大革命时代前，马爹利就已经声名显赫，成为上流社会交际和生活中至关重要的品牌了。

想要品味马爹利是需要特殊的酒杯的，并不是任何器皿都能衬托出它的高贵，盛干邑的杯子最好是薄边的矮脚大肚杯，杯口稍微狭窄，能留住酒香。品尝的时候，先观其色，颜色的深度反映出酒的年期。马爹利色泽金黄，是酒中佳品。再闻其香，用食指和中指持杯，用手掌托住杯身底部，慢慢旋转，以手掌的温度温热酒液，逐渐移向鼻子，悦人的果香气味缓缓散发出来，弥散到空气中、鼻腔里，酒未入口，心就已经醉了。

马爹利 XO

这是一款无论口味调配及外观设计均非凡出众的 XO 干邑。独特的拱形瓶身，是睿智与灵感的象征，完美展现了让·马爹利一生博采众长、致力创新的理念。典雅的设计，柔和简约；线条精致的装饰，令经典与时尚完美地融为一体。经悉心调酿而成的"马爹利 XO"，成为马爹利家族近 300 年酿酒艺术的结晶。马爹利每一种最好的"生命之水"都有半个世纪以上的历史，堪称滴滴珍贵，用这种"生命之水"精酿而成的"让·马爹利至尊"，诉说的是一段非凡荣耀的传奇，宛如一件凝固时空之美的稀世珍宝，是 300 年

干邑酿造技术的巅峰代表，比较适合盛大的场合饮用。

马爹利蓝带

秉承让·马爹利的高尚与创造精神，保留着高贵独立的思想，创造出出色的干邑白兰地。干邑蓝带是干邑家族中的精品。马爹利蓝带在所有干邑上品中独树一帜，深得真正的干邑鉴赏家的喜爱。

马爹利 VS（Very Special）

酿制于 150 年以前，这个品牌在当今世界仍享有广泛的荣誉。口感和谐、均衡，带有水果、草地以及一种愉悦的新鲜和纯净，是长期饮用的理想酒品，为经典的鸡尾酒元素。

马爹利 EXTRA

稀有而珍贵，其第一次配制于 1819 年。马爹利 EXTRA 是"生命之水"的一款混合品，是马爹利的著名酒厂 Le Paradis 酿制的经典干邑白兰地。

Chateau d'Yquem

伊甘堡

（法）

贵腐葡萄酒之王

品　　类 ｜ 葡萄酒
标志风格 ｜ 名贵、幽香
创 始 人 ｜ 索瓦热家族
诞 生 地 ｜ 法国
诞生时间 ｜ 1593 年

品牌解读

提到伊甘堡（Chateau d'Yquem）的名字，无数的爱酒人士垂涎三尺，它代表的是世界顶级的葡萄酒。拥有 420 多年历史的伊甘酒庄甜白被公认是世界甜白葡萄酒之王。1855 年法国实行葡萄酒定级制度时，伊甘堡在苏玳和巴萨区的葡萄酒评级中成为唯一被评为超顶级葡萄酒园的酒庄。这一至高荣誉使得当时的伊甘堡比人们熟知的五大名庄还高出一个等级。

曾经有这样一种说法，"伊甘甜酒走出橡木桶时便闪烁着金光"，既指酒的昂贵程度，又指伊甘堡品牌的高级品质，伊甘酒浓郁丰富，萦绕着蜂蜜、花朵和优雅的热带水果香气。陈酿经年的伊甘酒具有香气甜美、层次复杂、浓郁醇厚、回味悠长的风格。

甜白葡萄酒从很早起就有葡萄酒界的"液体黄金"之称，以法国波尔多的贵腐甜酒最为出名。距今已有 400 多年历史的伊甘

堡是波尔多地区五大名庄外的顶级酒庄，其出产的贵腐甜酒的味道被称为世界第一。从 1847 年起，每一杯浓郁醇厚的伊甘堡甜酒都可以称作是大自然献给人类的杰作。由于伊甘堡甜白葡萄酒历经几十年甚至是上百年的时间仍然不失甜美与香醇。因此，其价格至今仍然保持着非常昂贵的走势，甚至超过波尔多其他著名酒庄的正牌酒，其拍卖价更是惊人。一瓶上好年份的伊甘堡可以是百年珍藏的世纪佳酿，许多人购买新年份的伊甘酒，为的是给下一代保存，因为只有在很久之后，才能品尝到极品的美味。

这世界上的贵腐酒虽然不多，但也并不是伊甘堡所独有的，为何其他贵腐酒没有得到"甜白之王"的盛誉？这恐怕与鲁尔·萨卢科斯（Lur-Saluces）伯爵家族 200 余年的"挑剔"有关。

伊甘堡精选的贵腐葡萄就像沾染着灰碳

伊甘堡远眺

的腐烂葡萄干，很难想象这样丑陋的葡萄最后会成为美丽闪亮的黄金酒液。经过数十年陈酿的伊甘堡甜白葡萄酒仍然不失甜美与香醇，具有香气甜美、层次复杂、浓郁醇厚、回味悠长的风格，而且保存时间越长，颜色越金黄，并随着保存时间加长而增值。

伊甘堡一直以极其严格的葡萄酒酿造和管理而闻名。据《法国人的酒窖》一书介绍："此地采收葡萄非常特别，一定要用人工，而且要分好几次完成——五六次是很正常的事，因此需要大量人工，而葡萄的收获量却很少。此外，风险也大，因为贵腐的收成时间比一般正常的葡萄采收时间来得晚，如果在采收前或采收期间下雨，将前功尽弃，被葡萄孢霉菌攻击的葡萄皮已经非常脆弱，加上吸收了过多的水分，非常容易破裂，一旦破裂，糖分和氧气与葡萄孢接触，进而将糖分解成醋酸，要将葡萄倒出来。"也就是说，即便是上天恩赐，也不能保证能酿出美味的酒来。

据鲁尔·萨卢科斯伯爵家族最后一位庄主的儿子菲利普先生回忆，有一次曾经有个电视媒体要来宣传介绍伊甘堡，但是因为恰逢遭遇了不好的年份，他的父亲毫不犹豫地决定当年不出产任何贵腐甜酒，电视台的拍摄也只好随之搁浅。这种情况并非偶然，1910 年、1915 年、1930 年、1951 年、1952 年、1964 年、1972 年、1974 年和 1992 年等 9 个年份的贵腐甜酒产量均为零。不计成本也要保证葡萄酒的质量，这是鲁尔·萨卢科斯家族的酿酒铁律。

《法国人的酒窖》一书的作者说："如果连续遭遇几个不

好的年份，将会拖垮一个酒庄，所以说经营甜酒真是比一般的酒来得辛苦。我的甜酒朋友曾经自我调侃，他们的神经要比一般人来得粗壮，这样才不会被变数特别多的贵腐搞得精神崩溃。"不止如此，因为葡萄感染贵腐霉的程度不同，所有必须人工挑选，且需要多次才能完成所有的采摘工作。据说伊甘堡每年要雇用上百名工人、耗时1~3个月才能完成，而有一年酒庄更是破纪录地陆续采摘了11次。有人计算过，伊甘堡平均每棵葡萄树收获的葡萄只能酿出一杯酒，并且还得是气候比较合适的时候。

正因为如此，伊甘堡所酿之贵腐甜酒才能品质如此之高，陈年酒潜力巨大，正如佳士得欧洲及亚洲区洋酒部国际总监所说："伊甘堡佳酿以其丰腴华丽而饮誉酒坛，若陈存得宜，就算远至19世纪或20世纪初的上佳年份，在21世纪时，仍能轻易芳醇诱人。原因是来自伊甘堡对酿酒抱持极其严谨的态度，严格管控每一环节。"

阅读传奇

伊甘堡酒庄坐拥法国苏玳法定产区的最高点，周围都是茂密的葡萄园。经过那里时，从很远处就能看到酒庄，酒庄复杂的建筑结构经历了几个时期的变迁，城堡本是被设计为圆形高塔、方形高塔和城墙垛口，它们上面都带着枪眼。伊甘堡酒庄始建于15世纪，在大约十六十七世纪时完工，建筑风格介于简单的田园建筑格调和中世纪风格城堡之间。其四周是一个硕大的方形庭院，在庭院里面有东南、西北和在当中被绽放的玫瑰花覆盖的3个入口。伊甘堡酒庄的酒窖位于城堡的东侧，建成于19世纪中期。整个酒庄面积188公顷，包括113公顷的葡萄藤，还有草地牧场和松树林。

伊甘一词最早来源于10世纪日耳曼语中的aighelm，意为拥有尖顶头盔的人。伊甘酒庄是波尔多历史最悠久的酒庄之一。中世纪，法国阿奎坦女公爵嫁入英国王室，后成为英伦王后，伊甘领地随之归属英国王室。经过英法百年战争，法王查尔斯七世于1453年收回阿奎坦，伊甘复回法国怀抱。1593年，贵族后裔贾克斯·索瓦热（Jaques Sauvage）受封获得伊甘领地。根据纪龙德省志记载，那时伊甘酒庄及周围的酒庄已经在种植葡萄，用晚收葡萄酿造甜酒。索瓦热家族修建了古朴宏大的伊甘城堡，陆续将酒庄周围的葡萄园购入麾下，初步建成延续至今，具有400多年历史的伊甘酒庄。索瓦热家族代代相传，精心管理庞大酒庄。到 1711 年法国国王路易十四正式册封贵族爵位，成为伊甘酒庄的正式庄主。当时伊甘家族为 Lon de Sauvage d'Yquem，即后来名垂伊甘酒庄青史的"伊甘女士"佛朗科斯的曾祖父。

1785 年，佛朗科斯嫁给路易十五的教子鲁尔·萨卢科斯伯爵，从此伊甘酒庄归入鲁尔·萨卢科斯家族。新婚 3 年，夫婿逝于不幸，佛朗科斯接过家族产业。历史赋予这位伊甘女士展示出色管理天赋的机会，佛朗科斯承先启后，拓开伊甘酒庄最绚丽的一段历史。当时的伊甘甜白酒广为世界最著名的葡萄酒鉴赏家欣赏，包括美国开国元勋，第三任总统托马斯·杰斐逊。佛朗科斯的家族领袖天赋在法国大革命时发展到极致，在众多王公贵族在革命中断送身家性命时，她不仅将家族产业原封不动地保持住，而且将酒庄发展得更加辉煌。她于 1851 年去世，4 年之后是闻名的"1855 年波尔多分级"，伊甘酒庄在分级中是唯一被定为超一级的酒庄，是对"伊甘夫人"一生管理酒庄成就的最高褒奖。1855 年分级使伊甘酒庄进入了前所未有的绚丽时代，从欧洲的王宫贵族，到日本皇族，都争相购买伊甘堡甜酒。

1968 年，伊甘堡好年份的酒产量达到一万瓶，销售额能达到千万美元，但是面对 20 世纪末现代商业化的激烈竞争，萨卢科斯家族的产业面对的是双重打击：一方面要上缴高额的遗产税，另一方面需要资金周转以便将设备现代化，而要克服这些困难就必须在传统与现代、数量与质量之间做出抉择。1999 年，LV MH 集团兼并了伊甘堡，萨卢科斯伯爵约占 10％的股份，数百年来的家族统治转为与大型集团共同所有，虽然这对于萨卢科斯家族是一大打击，但是 LV MH 将现代化的管理模式引进到了伊甘堡的管理中，使得伊甘堡酒在世界名酒行业中名列前茅，高品质形象深入人心。

Johnnie Walker
尊尼获加
（英）

深邃和精致的不只是口感

品牌名片

品　　类	威士忌
标志风格	醇厚、浓郁
创 始 人	尊尼获加（Johnnie Walker）
诞 生 地	苏格兰
诞生时间	1820 年

品牌解读

　　威士忌大师吉姆·莫瑞（Jim Murray）曾说过："如果我想要品一口烈酒，每天有多达 6000 多种威士忌可供选择。但至少每周我都会喝一杯尊尼获加黑牌威士忌（Johnnie Walker Black Label）……它是高级威士忌中的巅峰之作。"

　　真正的男人，是无法拒绝来自尊尼获加（Johnnie Walker）的那种诱惑的。而这个世界，则因为这种诱惑的存在，变得更加充实、更加美好了。尊尼获加旗下的红牌、黑牌、金牌和蓝牌系列就是最好的阐释。

　　Johnnie Walker Red Label "红牌"（红方）是全球销量最高的苏格兰威士忌。它以塔星斯加麦芽酒为主体，混合了约 40 种不同的单纯麦芽威士忌和谷物威士忌，调配技术考究并紧随 1909 年之原创配方酿制，因每瓶都各具独特味道而享誉全球。1996 年全球最权威的国际洋酒大赛中，"红牌"更赢得苏格兰调

配威士忌的金奖。

　　Johnnie Walker Black Label "黑牌"（黑方）是全球首屈一指的高级威士忌。它采用 40 种优质单纯麦芽的威士忌，在严格控制环境的酒库中蕴藏最少 12 年。1994 年及 1996 年，芬芳醇和的"黑牌"在全球最权威的国际洋酒大赛中获得高级调配威士忌的金奖。

　　Johnnie Walker Gold Label "金牌"威士忌酒龄 18 年，是尊尼获加家族于 1920 年为庆祝 100 周年而创制。"金牌"采用的天然泉水，源于含金岩层，金光闪闪，使"金牌"酒质醇和而不带泥煤烟熏味。黄金源流的背景更能彰显"金牌"饮家的卓越成就。

　　Johnnie Walker Blue Label "蓝牌"是尊尼获加系列的顶级醇酿，精挑细选苏格兰多处地方最陈年的威士忌调配而成，当中包含了年份高达 60 年的威士忌，酒质独特，醇厚芳香，为威士忌鉴赏家之上选。"蓝牌"是

1990 年创造的，体现了 1820 年该品牌创立的显赫根源。尊尼获加应用了自己的茶调酒艺术创造了这款独特的品质极优的威士忌调和酒。

"蓝牌"在最初的几年内创立的是一种威士忌调和酒的原始口感，是由罕见的麦芽和最好的谷物威士忌调和而成的。每种麦芽威士忌在调和时都有丰富的口感，而谷物威士忌带来非常辛辣的滋味。然而"蓝牌"却保持了完美的平衡口感，它给人新鲜和成熟的双重感受。醇美的气味回旋在鼻子中几乎没有任何刺激性气味。入口如天鹅绒般丝滑的感受，带有榛子、蜂蜜、玫瑰花、雪梨和橘子的味道。通过鉴赏家的品评，还隐含着金钱橘、熏香、檀香木、雪茄、巧克力和苹果的味道。

同时，"蓝牌"极其尊贵的包装体现了原始尊尼获加的设计理念。这种蓝绿相间的玻璃酒瓶是在 19 世纪原始尊尼获加瓶子的基础上重新做成的，采用传统的软木塞而不是旋拧式的瓶塞，更加安全。每一瓶都经过手工打磨、手工包装，并放在有绸缎的

盒子里。这款独一无二的威士忌推进了尊尼获加向着更好的品质发展，并且真正得到了威士忌热爱者与品酒家们的赏识。

在众多的威士忌种类与品牌当中，尊尼获加为很多威士忌拥趸所推崇。这种开混合型威士忌先河的神奇酒品，像一个火辣的女郎征服了整个世界的男人。在任何一个烈酒酒吧，或任何一个喜爱威士忌的男人的酒橱里，你都不难找到"黑牌"或是"红牌"。它带给男人的是一种梦幻般的迷醉感。尊尼获加又像一位苏格兰绅士，200 年来稳健徐步行来，带给人信赖，让酒鬼们放心。尊尼获加这个拄着拐杖大步前行的绅士，虽然经历了风风雨雨，但却默默地鼓舞着世界上所有热爱它的人们继续前行。

阅读传奇

自 1820 年诞生以来，尊尼获加这位英伦绅士已经走过近两个世纪，不仅成为苏格兰威士忌的代表之作，而且影响

和改变了两个世纪以来全世界人民的饮酒方式及其衍生的生活理念。

尊尼获加的父亲英年早逝，他的监护人花了417英镑在基马诺克（Kilmarnock）小镇上开了一家小店以使尊尼获加和他的母亲可以谋生。1820年，年仅15岁的尊尼获加便开始在店铺内工作，售卖杂货、葡萄酒和烈酒，并逐渐开始出售一些纯麦芽威士忌，但是他发现纯麦芽威士忌的口味偏重，而且每桶酒的口味各不相同。

尊尼获加将以前学到的调制混合茶叶的经验运用到了威士忌的调配之中，发现这种经过调配的威士忌有着更受欢迎的品质，深邃而精致的口味绝非纯麦芽威士忌可比。开始的工作并不简单，但随着他的调配技巧不断成熟，尊尼获加开始有了私人订单，为店里的一些重要客户特制调配威士忌，而他的生意连同他所调配的威士忌也随之声名大振、如日中天。

虽然直至1857年尊尼获加谢世，苏格兰威士忌的调配工艺还尚未成熟，但他调制的威士忌在苏格兰西部已经相当出名。尊尼获加在商业上的成功为日后成就一个世界性的酒业王朝奠定了基础。幸运的是，尊尼获加家族中的男性成员均继承了娴熟的调酒技巧和超凡的远见，使得调配艺术能够更上一层楼。尊尼获加过世后，年仅20岁的亚历山大子承父业，并调制出了一种全新的调配威士忌，并将之命名为"老高地威士忌"，即 Johnnie Walker Black Label "黑牌"威士忌的前身。

亚历山大获得了注册商标所有权，并展示了他高瞻远瞩的市场推广天赋，设计出了让人一目了然的倾斜的商标和方形酒瓶，并决心"追求品质的极致，创造出市场上独一无二的威士忌"。

亚历山大去世后，他的儿子——小亚历山大，秉承父志，也成了一位威士忌调配大师。他的高超技巧和奉献精神正是创造口味微妙的调配威士忌所必需的；而他的另一个儿子乔治则是市场推广的天才。乔治环游世界，建立了一个世界性的销售网络，并预见必须创造新的品牌才能满足人们不断变化的品位。他们根据父亲的原始配方和小亚历山大的调酒技术开始了威士忌调配，并首次增加了12年陈酿的说明。这款威士忌使用方形的瓶子，并且瓶上有个倾斜的标志，现在仍然是尊尼获加产品的品质证明。1909年，"黑牌"这个名词第一次出现在瓶子上。

小亚历山大意识到日后尊尼获加家族威士忌的成功将在于保证可靠的原料供应。他尤为喜欢家豪（Cardhu）酒厂生产的纯麦芽威士忌。家豪高地纯麦芽苏格兰威士忌，是采用太阳晒干的麦芽，沾上了泥炭气息，再加以储藏酿制而成的。酒质能保留原有特色，因而享有盛名。家豪威士忌的芳香和酒质，皆取中庸之道，恰到好处，入口甘甜，齿颊留香。于是小亚历山大决定买下这家酒厂使之成为生产尊尼获加调配威士忌的中流砥柱。他们和酒厂创始人的儿媳一同协商购买条款，并最终成交，也成了尊尼获加家族和家豪家族长期合作的开端。

尊尼获加家族对混合苏格兰高品质单品威士忌的调配工艺孜孜以求，从而创制了无比香醇的调配威士忌。就在人们质疑许多产品纯正性的时候，尊尼获加用实际行动取得人们的信任和尊敬。

当Johnnie Walker Red Label"红牌"威士忌和Johnnie Walker Black Label"黑牌"威士忌被推向市场时，乔治想设计一个可以使品牌价值更具人性化的广告工具。于是，他邀请著名的画师汤姆·布朗共进午餐。席间，他们在一张菜单背后草画出"行走的绅士"的形象。乔治仔细端详并添上"生于1820年，却依然阔步前行"。至此，整个理念得以完善，"行走的绅士"很快就成为第一批全球公认的广告肖像之一。这个"行走的绅士"标志已成为高品质苏格兰威士忌的象征，为全世界的有识之士所景仰。

Bacardi

百加得

（古）

半是火焰，半是海水

品牌名片

品　　类	朗姆酒
标志风格	细致、柔和
创 始 人	法孔度（Catalonian Don Facundo Bacardi Masso）
诞 生 地	古巴
诞生时间	1862 年

品牌解读

百加得（Bacardi）的顺滑口感使其与任何饮品调和都会有绝佳口味，因此大吉利、墨杰特、自由古巴等世界最知名的鸡尾酒都得益于它。可以说，如果没有百加得朗姆酒，这些传世鸡尾酒也就丧失了正宗的风味。无论是自身的甘醇，还是配搭成其他酒品，百加得，百年积淀成就绝代风华，以其非凡的魅力、动人的传奇完美演绎了加勒比的自由精神，在朗姆酒领域中一枝独秀。

百加得朗姆酒的甘醇和清新让它成为很受欢迎的酒中明星，世界最知名的鸡尾酒都和它携手缔造经典的传奇。可以这么说，没有百加得朗姆酒，这些传世鸡尾酒也将失去炫耀的资本。然而，百加得从不因此轻易让高傲抬头，依旧做酒中的低调之士。

百加得酒液储藏于美洲白橡木桶中，使酒质清爽顺滑，并培养出香醇芬芳的酒味，而色泽较深的金朗姆酒就用烧焦橡木的酒桶

储藏，使轻盈酒质更富香气。从香气中可以闻到百加得与众不同的韵味，那是自由，那是色彩，那是激情在碰撞。而瓶身上的蝙蝠更增添了百加得神秘的色彩、财富的味道。

百加得朗姆酒有不同的产品满足不同消费者的口味，包括被称为全球经典白朗姆酒的百加得白朗姆酒，被誉为全球最高档陈年深色朗姆酒的百加得八年朗姆酒，还有全球最为时尚的加味朗姆酒——百加得柠檬朗姆酒。

近年，百加得—马天尼洋酒集团公司将欧陆时尚和文化重新组合，以享誉全球、销量领先的高档烈性洋酒——百加得朗姆酒为底，混合新鲜果汁，精心调配成了低酒精度的百加得冰锐朗姆预调酒和爵士朗姆预调酒，加入多种个性化饮品精心调制，使得朗姆酒兼具酒的烈性及多变的灵性。百加得集团以此为优势，配合全球化的销售策略，百加得冰锐朗姆预调酒自此风行全球，成为伦敦、

纽约、悉尼、东京等时尚前沿城市中年轻人的最爱。

百加得冰锐朗姆预调酒拥有灿烂橙味、活力青柠、神秘野莓三种口味。这是一种极具个性并可直接饮用的饮品。在你举瓶浅尝的瞬间，就能体验到前所未有的生命激情，让活力迸发，让距离消融。这是全世界的激情体验。百加得告诉人们，时尚不是随波逐流，而是激情的完全释放！

阅读传奇

1843 年，法孔度（Catalonian Don Facundo Bacardi Masso）先生从西班牙来到古巴。那个时期，朗姆酒还是一种浓烈的未勾兑的酒，通常只是进行简单的蒸馏，与欧洲二次蒸馏酒的品质完全不同，基本上属于穷苦工人的饮料。

为了生产出优质的朗姆酒，法孔度开始进行各种蒸馏实验。他引进了木炭柔和法，然后使用内侧烘烤炭化的美洲白橡木桶陈酿。结果，他得到了一种非常干净、顺滑、酒体厚重的朗姆酒。由于相信自己已经生产出了足以满足鉴赏家品位的蒸馏酒，法孔度决定做一名朗姆酒商人。他买下一家小型蒸馏酒厂，与妻子阿玛丽亚一起创立他们的朗姆酒帝国。

从自家的屋顶望去，阿玛丽亚注意到了房檐上的一群蝙蝠。当地人说这种蝙蝠可以带来健康和好运，她认为这是个好兆头。于是，说服丈夫并将亲自设计的蝙蝠形象做酒标。

1862 年，百加得公司成立。随着第一种朗姆酒的出产，法孔度对朗姆酒的蒸馏工艺进行了革新。除了使用木炭和橡木桶陈酿外，

他创造出了一种天然酵母可以在蜜糖浆发酵过程中直接加入。这种发酵方法不但可以完善发酵过程，而且可以免于细菌侵扰，这种酵母菌也一直沿用至今。

百加得在整个古巴独立战争期间一直生产朗姆酒。后来，法孔度的儿子埃米里奥·百加得（Emilio Bacardi）当选圣地亚哥市长，并在纽约建立了一家灌瓶厂。美国《禁酒法案》颁布后，百加得在纽约的工厂不得不关闭，家族的生意也一落千丈。这时百加得公司的负责人法昆多·百加得（Facundito Bacardi）发出邀请，让干渴的美国人都来古巴享受朗姆酒，就这样百加得的生意得以继续繁荣发展。1956年，百加得还举行了一个活动以纪念海明威赢取诺贝尔文学奖，因为在他的作品中多次出现关于百加得朗姆酒的形象。

古巴革命终结了百加得的古巴发展史，家族的第四、第五代人来到波多黎各，重新建立他们的朗姆酒帝国。虽处逆境之中，但是百加得公司还是在波多黎各扎下了根，他们的努力也终于获得了补偿。现在的百加得公司是世界上最大的朗姆酒生产商。1980 年，法孔度的玄孙接管了这个庞大的朗姆酒帝国，使百加得成为世界上最大的私人酿酒公司。

Glenfiddich

格兰菲迪
（英）

难以拒绝的诱惑

品牌名片

品　　类	威士忌
标志风格	天然、优质
创 始 人	威廉·格兰特（William Grant）
诞 生 地	苏格兰
诞生时间	1886 年

品牌解读

清澈甘冽的乐比多泉水，金黄饱满的大麦，清新的高原空气，为酿造高品质格兰菲迪威士忌提供了完美的自然条件。完美的麦芽、精致的工艺、勤奋和对传统的执着使得格兰特家族生产的格兰菲迪（Glenfiddich）威士忌异乎寻常地如水晶般纯净。格兰菲迪作为苏格兰最负盛名的威士忌，为英国王室贵族和全世界的苏格兰威士忌爱好者所热爱和追捧。

有品位的男人都拒绝不了格兰菲迪威士忌的诱惑，尤其是它特有的强劲、诱惑、浓郁，引人入胜的烟熏泥煤味，那超强的感染力、极具个性的口感，只要一开始从心底接受它，就一辈子都会是苏格兰威士忌的信徒。格兰菲迪已成为全球最受欢迎的麦芽威士忌。虽然销量不断增长，订单如雪片般飞来，但是格兰特家族依然不肯放松对品质的追求。使用同样的优质麦芽，1886 年的蒸馏器依然

在使用，所有格兰菲迪产品仍然在百年前的原产地生产，依然遵循精致的传统工艺。此外，格兰菲迪的包装也尤为特别，瓶子奇形怪状，与那些普通的圆瓶的苏格兰威士忌相比，更引人注目。

100 多年过去了，格兰菲迪威士忌依然光彩依旧。在开启一瓶格兰菲迪苏格兰纯麦威士忌时，嗅到的酒香和品尝到的酒味，与19 世纪那个花费了自己 20 年心血实现"酿造最好的威士忌"梦想的苏格兰人酿出的第一滴美酒完全一样。这是一种怎样的奇妙感受？也许只有真正经历过生活中繁华和落寞的人，才能体味到格兰菲迪的那种柔和圆润的细致。

阅读传奇

格兰菲迪的创始人威廉·格兰特先生（William Grant）出生在苏格兰高地的一个小

镇上。27岁时，他开始在当地一家酿酒厂工作。就是在这里，他毕生所追求的梦想开始萌芽，他要造出世界上最好的威士忌。他花了20年漫长的时间，才实现这个梦想。20年里，他信念坚定，从未动摇。

除了让一个儿子当校长养家糊口外，威廉·格兰特亲自率领他的两个女儿和6个儿子，用双手一砖一瓦地建立了格兰菲迪酒厂。酒厂建成后，威廉·格兰特与子女每周工作7天，将大麦发芽、粉碎、发酵并由他亲自蒸馏。辛苦的劳动使他们梦想成真，终于在1886年圣诞节那天，第一滴格兰菲迪麦芽威士忌从蒸馏器中缓缓流出。多么了不起的威士忌！她是纯净的泉水、发芽的大麦、酵母与气候的完美结合，最终将威廉·格兰特的梦想变成现实：这个现实就是，在100多年后的，格兰菲迪仍是世界上最负盛名、最成功的苏格兰麦芽威士忌。

在苏格兰高地斯佩塞地区的达夫镇，这里天蓝草绿，在这块泪泪山泉流过的高地上，工人们仍然采用和100多年以前不变的工艺来生产，他们只选用优质饱满的大麦做原料，并坚持采用当地的清纯甘洌的乐比多泉水。大麦的发酵工艺类似于啤酒的酿造，麦芽汁用苏格兰特有的泥炭烘干，烘干后的大麦被碾碎成颗粒状，与热水混合成为麦芽汁进入蒸馏器，经过两次蒸馏以后得到的酒液被移入橡木桶，在那里最少经历12年的熟化，在熟化过程中，每年会有约2%的酒液从橡木桶中挥发出来，人们尊称为"天使的奉献"。一天天、一月月、一年年，自岁月的瓶中生长出石楠花、蜂蜜和香草的芳香，还渗出一丝丝橡木的痕迹，琥珀般的色泽中发出浓郁的酒香，迷惑着眼睛与味蕾。从英国著名政治家、首相丘吉尔对格兰特父子家族生产的威士忌倍加推崇至今，政坛风云人物来来往往已不见踪影，唯有传奇的格兰菲迪穿越历史，见证历史，然后一代代地传承下来。

　　自 1494 年以来，开始有了苏格兰威士忌的官方记录资料。首次蒸馏出苏格兰威士忌的是苏格兰西海岸的一名修士。这种可以焕发激情的酒在拉丁语中被命名为 Aqua vitae（生命之水），然后再由苏格兰高地的古盖尔语变成现在英语的"威士忌"一词，这就是威士忌名称的发源。

　　苏格兰威士忌有五六百年的历史，一直是苏格兰民族的骄傲。格兰菲迪的历史虽然只有 100 多年，但凭借苏格兰厚实的威士忌传统，它几乎天生就具备了尊贵的气质。令人惊奇的是，格兰菲迪并没有特别强调历史，它反复强调的是自己的传统工艺，因为只有古老完美的酿制工艺才能提炼出完美的酒液。

　　金色的光泽赋予了格兰菲迪不同凡响的气质，芬芳在唇齿间久久地回旋，有一丝不可捉摸的奇妙，挥之不去的醉意，含蓄而又不失激情。这种百转千回、细腻流长的醇美滋味的背后，是对极品人生的回味。

格兰菲迪酒厂是苏格兰的骄傲

Romanee Conti

罗曼尼·康帝 （法）

专属于富翁之酒

品牌名片

品　　类	葡萄酒
标志风格	天然、高雅、多变
创 始 人	康帝亲王（Prince de Conti）
诞 生 地	法国
诞生时间	约 12 世纪

品牌解读

法国葡萄酒著名的产区中，最耳熟能详的是波尔多地区，以柏翠酒庄（Chateau Petrus）和拉菲酒庄（Chateau Lafite Rothschild）为代表的顶级波尔多酒庄，近年来受到东南亚富豪的追捧，价格节节攀升。但当谈到罗曼尼·康帝（Domaine La Romanée Conti，缩写为 DRC）酒庄时，即使是顶级波尔多酒庄的主人也会表达崇高的敬意。曾掌舵波尔多顶级酒园之一的伊甘酒庄长达 30 余载的老贵族亚历山大·德·鲁尔·萨卢科斯伯爵就曾经提到过，在他家里，只能轻声而富有敬意地谈论罗曼尼·康帝这款梦幻之酒。

罗曼尼·康帝酒庄历史悠久，最早可以追溯到 11 个世纪之前的圣维旺·德·维吉（Saint Vivant de Vergy）修道院。圣维旺·德·维吉修道院建于 900 年左右，由维吉的领主马纳赛一世所建，被维吉城堡保护着。城堡建于 7 世纪，位于维吉山的峰顶上。

在西多会教士的建设下，12 世纪开始，区域内的葡萄种植和酿酒已在当地有一定声誉。1232 年，维吉家族的艾利克丝·德·维吉（Alix de Vergy），也是勃艮第女公爵，以证明的形式确保圣维旺·德·维吉修道院在那个时期在相关地块上的所有权，以及种植葡萄和收获葡萄的权益。13 世纪时，圣维旺修道院陆续又购买和接受捐赠一些园区。1276 年 10 月的某一天，时任修道院院长的伊夫·德·夏桑（Yvesde Chasans）购买下来一块地，其中就包括罗曼尼·康帝酒庄。

罗曼尼·康帝酒香醇厚且富于变化，"有即将凋谢的玫瑰花的香气，令人流连忘返"，如此甘美浓郁的酒甚至在放下酒杯数分钟后依然齿颊留香。除了价格昂贵外，并无其他缺点，即便是 1 瓶 1998 年的罗曼尼·康帝新酒也要 2500 美元以上，陈放几年的酒全要在 3000 美元到 5000 美元之间，那些稀

世珍酿更是天价。即便如此，依然供不应求，为此，酒庄采用了一种搭班销售的方法，要买 5 瓶 DRC 出品的任何其他酒品，才能够买 1 瓶罗曼尼·康帝。好在 DRC 所出的必属精品，所以其产品也是有价无市，只有在大型葡萄酒拍卖会上才有可能见到它的身影，一般的零售店里根本无觅其踪。如果谁有一杯在手，轻品一口，无论从哪个方面讲，恐怕都会有一种帝王的感觉油然而生。

罗曼尼·康帝酒庄全部种植世界上最名贵的葡萄品种黑比诺（Pinot Noir）。黑比诺天性娇贵，只有兼具耐心与知识的果农精心照料，才能展现完全的面貌，拥有世界上最古老、最完美无瑕以及流连忘返的风味。而罗曼尼·康帝至今仍保持着几个世纪以前的耕作方法，拒绝使用任何化学杀虫剂，全部采用天然的方式培育葡萄。如果遇到虫害或其他自然灾害，宁可不生产一瓶葡萄酒。每年罗曼尼·康帝牌葡萄酒只有几千瓶，这就使得此酒一盎司的价格真的贵过黄金。

行家对罗曼尼·康帝酒的称赞集中在具有多层次气味的变化与一股莫名神秘的特质，优美又富于女性气息。

阅读传奇

到 1512 年，圣维旺修道院一共拥有 4 块园区，也即 4 个"克洛（Cloux）"（现代法语中为"Clos"）。1512~1584 年，有罗曼尼·康帝酒庄的那个克洛（Cloux）更名为 Cros des Cloux。1584 年 2 月 19 日，Cros des Cloux 酒庄被售出。此后几经易手，在 1631 年 8 月 28 日被出售给克伦堡家族，当时酒庄还是在领主所在的梧玖（Vougeot）村酿酒。1651 年，Cros des Cloux 更名为罗曼尼酒庄。克伦堡家族管理时代，罗曼尼酒庄声誉日增，价格也扶摇直上。除梦特拉谢（Montrachet）产区以外，罗曼尼酒庄的酒要比周边优质酒庄的酒贵五六倍。

1760 年，克伦堡家族由于债务缠身，被迫出售罗曼尼酒庄，此时酒庄已被公认为勃艮第产区最顶尖的酒庄。而竞争酒庄的是当时两位赫赫有名的人物。一位是当时法国国王路易十五的堂兄弟、波旁王朝的亲王路易·弗朗索瓦·德·波旁（Louis Francois de Bourbon），或者被称为康帝亲王（Prince de Conti）；另一位则是在朝野影响力极大，法王宠爱的情妇，蓬巴杜夫人。

康帝亲王和路易十五关系比较好，商量的很多政务或是机密甚至连蓬巴杜夫人都不知道。因为都是和路易十五关系密切的人，这场竞争令人瞩目，康帝亲王和蓬巴杜夫人之间一直以来交恶甚多，猜忌和倾轧也不少，这场竞争也成了积怨的爆发。最后康帝亲王于 1760 年 7 月 18 日以令人难以置信的高价 80000 里弗尔购入罗曼尼酒庄，另外还支付 12400 里弗尔买下窖藏的成品酒（当时的交易惯例）。平均每乌武荷（勃艮第土地面积单位，相当于 0.0428 公顷）2310 里弗尔，而周边上等酒庄价格每乌武荷还不到 200 里弗尔！从而使罗曼尼酒庄成为当时世界上最昂贵的酒庄，至高无上的地位开始确立。而蓬巴杜夫人因为此事，从此不再青睐勃艮第地区的葡萄酒，转而在宫廷里推广唐·佩里农发明的香槟酒。

罗曼尼酒庄到了康帝亲王手中，才有了现在的名字"罗曼尼·康帝"。其后，1789

年法国大革命到来，康帝家族被逐，葡萄园充公。1794 年后，罗曼尼·康帝酒庄经多次转手，1819 年被于连·欧瓦收入囊中，1869 年则由葡萄酒领域非常专业的雅克·玛利·迪沃·布洛谢（Jacques Marie Duvault Blochet）以 260000 法郎购入。

康帝酒庄种植的葡萄全部是皮薄色淡的黑皮诺葡萄，直至 1945 年为止，都是种植纯法国种葡萄。其他葡萄园在 1886 年前后被一种由寄生在美国进口葡萄苗的根瘤蚜虫所摧毁，唯独康帝酒庄不惜花上血本，使得罗曼尼·康帝逃过世纪之劫，这也是酒庄足以傲世的能耐。

1945 年，因为暴雨只生产了 600 瓶酒。1946 年，酒庄不得已将老植株铲除，并引进植株种植。因此，1946 到 1951 年，罗曼尼·康帝酒庄没有出一瓶酒。

康帝酒庄葡萄产量低得惊人，而栽种护理方面完全采用手工，尽量少使用其他化学方法。每年在葡萄成熟的季节，康帝酒庄就禁止任何的参观访问活动入园。可知康帝酒这位绝世佳人不仅是天生丽质，同时受到后天如公主般的照顾，才有令世人赞叹的绝色！

葡萄成熟时，熟练的葡萄工人小心地将完全成熟的葡萄串采下，立即送到酿酒房，经过严格的人工筛选，才能够酿酒。康帝酒庄酒酿造的时候不用现在广泛使用的恒温不锈钢发酵罐，而是在开盖的木桶中发酵。发酵过程中，每天将表层的葡萄用气压式的机器压入酒液，以释放更多的糖分。康帝酒庄有自己的制桶厂，他们采购来橡木桶的辐板，风干 3 年后再经过特殊的低温烘烤后才进行制桶。

罗曼尼·康帝已成为世界上最负盛名的葡萄酒制造者，旗下的 7 个葡萄园全部是 Grand Cru（法国官方认可的顶级佳酿产地），其中蒙哈榭为 DRC 家族唯一的白葡萄酒产区，罗曼尼·康帝、拉塔希、丽奇堡、罗曼尼 - 圣维旺、大埃切索、埃切索为红葡萄酒产区，各区出产的葡萄酒均以所产地命名。

严格的手工、悠久的历史和稀少的产量造就了罗曼尼·康帝在葡萄酒世界中的至高地位，同时也造就了其高昂的价格。如果你确实想一尝罗曼尼·康帝的醇香，那就只好到苏富比、佳士得之类的拍卖行了。不过世界著名酒评家罗伯特·帕克曾经说过："罗曼尼·康帝是百万富翁喝的酒，但只有亿万富翁才喝得到。"

Absolut Vodka

绝对伏特加
（瑞典）

历史悠久的"生命之水"

品牌名片

品　　类	伏特加
标志风格	纯正、劲爽
创 始 人	拉尔斯·奥尔森·史密斯（Lars Olsson Smith）
诞 生 地	瑞典
诞生时间	1879 年

品牌解读

　　虽然伏特加酒起源于俄罗斯（另一说是波兰），但在《福布斯》的奢侈品牌排行榜上，位居前列的绝对伏特加（Absolut Vodka）却是来自瑞典的佳酿。凭借几百年瑞典的文化积累，彻底置换了伏特加原有的俄罗斯文化背景；进军美国后不到 10 年，便成为美国最热销的伏特加酒之一。

　　瑞典南部的小镇奥胡斯人口仅一万人，然而，世界上出售的每一滴名声显赫的绝对伏特加都产自于这里。这里生产优质细滑的冬小麦，因而才能酿造出绝对纯净优质的伏特加酒。

　　绝对伏特加的酿造用水是深井中的纯净水。通过采用单一产地、当地原料来制造，绝对伏特加公司可以完全控制生产的所有环节，从而确保每一滴酒都能达到绝对顶级的质量标准。所有口味的绝对伏特加都是由伏特加与纯天然的原料混合而成，绝不添加任

何糖分，甚至包括绝对伏特加的完美酒瓶也是在蒸馏厂附近生产的。酒瓶制造时，特别选用含铁量较低的原材料，以保证其晶莹剔透。装瓶之前，每一个酒瓶都必须经过清洗。

　　绝对伏特加像一个技术娴熟的调酒师，把音乐、服装、广告等所代表的艺术元素混合到散发着天然麦香的纯净液体中，调出一杯杯颜色口味各异的鸡尾酒，端到你面前说："享用绝对生活的馈赠吧！"

　　绝对伏特加以其无与伦比的质量、完美无穷的创造力与飞扬的激情缔造了一个绝对经典。它已超越酒的疆界，成为文化、个性、品位的象征，时尚、前卫、优雅、知性，"绝对"代表的不仅仅是伏特加，更是一种生活态度。

阅读传奇

　　绝对伏特加的创始人拉尔斯·奥尔森·史密斯（Lars Olsson Smith）很早就表现

出了极高的经营方面的天赋。在19世纪，他一直被冠以"伏特加酒之王"的称号。1879年，奥尔森·史密斯酿制了一种全新的伏特加，取名"Absolut Rent Branvin（绝对纯净的伏特加酒）"，他采用全新的连续蒸馏工艺去除酒的杂质，不仅纯化伏特加，还能保留绝对伏特加原料冬小麦的口味特点。1904年，绝对伏特加酒厂在瑞典小镇奥胡斯建立。为确保佳酿的纯良，它秉承单一酒厂、单一来源的概念，每一滴酒液都是古老的传统与先进技术的完美结合。清澈、简单、完美的绝对伏特加所推崇的美学理念被得以准确地诠释与传延。

20世纪70年代，拉尔斯·林马克（Lars Lindmark）继承祖业。凭借超前的经营理念、敏锐的商业思维，拉尔斯·林马克大刀阔斧进行革新，带领绝对伏特加走出欧洲，在世界的舞台上与时尚同舞。1979年，时近绝对伏特加一百周年纪念日，瓶身设计却尚未出台。一天，广告人冈纳·布罗曼（Gunnar Broman）在斯德哥尔摩的古董店闲逛，突然一个瑞典古老的药瓶映入眼帘。它造型透明、优雅、简单而纯粹，冈纳·布罗曼灵感忽至："就是它！"

在设计师的精心改良之下，晶莹剔透、长颈圆肩、不贴

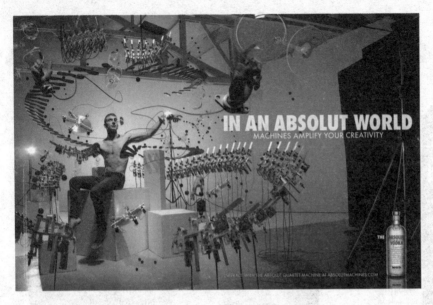

有任何标签的绝对伏特加瓶子跃然而出。完全透明的酒瓶之中，纯正、净爽的绝对伏特加酒熠熠生辉，成为最纯粹、最唯美的装饰。剔除了奢华、繁缛，美反而被发挥到了极致。只有对自己酒质的绝对信心，才会有如此大胆的设计。去除了传统纸质酒标的遮盖之后，绝对伏特加以自信的姿态大胆地向消费者传递着自信的精神。而正是这流淌在瑞典民族血液中的绝对自信——对自己有信心，别人才会对你有信心——使消费者对其产生了共鸣与认同。

然而，绝对伏特加最初走向世界却并非一帆风顺。当定位于瑞典文化传统上的绝对伏特加进军美国市场时，名气不如俄罗斯伏特加，加上价格昂贵、品牌名称诡秘、酒瓶形象"丑陋"，使绝对伏特加屡屡受挫。1978年，代理进口绝对伏特加的美国卡罗林公司做市场调研，其结果是：势必绝对失败！

然而，卡罗林公司总裁米歇尔·鲁（Michel Roux）却坚信自己的直觉。他选择放弃调查结果，决定以广告创造品牌的个性化——厚重的历史、悠久的文化、品质与内涵。

TBWA广告公司承接了绝对伏特加的广告设计。在TBWA的策划之下，绝对伏特加将自己定位在欧洲的文化背景之上，并以此为中心，向世界各种文化推进；糅合时尚元素，迎合人们对精神、文化与生活品质的永远追求，树立起一个高雅、智慧、自信、神秘的品牌形象；并且创造了一种全新的广告模式，缩短了广告和艺术的距离。

所有广告的焦点都集中在瓶形，同时配以沿用至今的经典广告台词，即以"Absolut（绝对）"开头，加上相应的一个单词或一个词组作为溢美之词，譬如绝对完美（Perfection）、绝对纯净（Clarity）等。至此，由广告的独特诉求产生的独特性准确地传播了产品的个性。

优质的产品和好口碑是绝对伏特加受到追捧的原因，而极富创意的广告对绝对伏特加酒的销量也起到了推波助澜的作用。而创意、设计精妙的广告也为绝对伏特加的全球畅销助了一臂之力。第一个绝对伏特加的广告是 1980 年的 Absolut Perfection（绝对完美），酒瓶上被套上一个光环。这个广告一直沿用至今，已成为美国市场家喻户晓的广告经典。1985 年，波普艺术大师安迪·沃霍尔对瑞典的绝对伏特加进口商坦陈，他觉得任何一滴绝对伏特加都胜过香奈儿香水的味道。尽管他不喝酒，但是他却拿绝对伏特加当香水来用，而且十分喜欢其酒瓶的质感。他甚至主动要求为绝对伏特加酒瓶画一幅画，生产商欣然答应了。于是，一幅只有黑色绝对伏特加酒瓶和 "Absolut Vodka" 字样的油画诞生了，并第一次作为广告创意在媒体上发表。没料到广告一发布，绝对伏特加的销售骤然增加。绝对伏特加公司看到了艺术价值与酒文化价值的互动效应，便将伏特加酒的传播定位为艺术家、影星、富豪、社会名流等群体，使它变成了一个时尚的、个性化的品牌。绝对伏特加的广告一直走着非功能诉求的道路，每一款广告都能给受众带来惊奇和视觉的美感。至今全世界已有五六百位画家为它的广告创作了自己的作品，然而还有上百位画家在等待为绝对伏特加创作的机会。无论这些艺术家来自何方，以何种形式，擅长何种风格，当他们的想象与绝对伏特加的品牌精神撞击后，就会迸发出智慧的火花，呈现给世人一件件经典之作。在著名的《美国艺术》杂志里，经常能看到绝对伏特加的广告，这些广告和其他印着艺术家作品的彩页混杂在一起。已经分不清楚哪个是广告，哪个是艺术，都是那么

令人陶醉。

1987 年，绝对伏特加在美国加州反响强烈，为感谢绝对伏特加的忠实爱好者，TBWA（李艾岱广告公司）小组制作了一座酒瓶状的泳池，标题 "绝对的洛杉矶"。没料到不少城市纷纷要求设计一张该城市的特写广告，于是便有了 "绝对西雅图""绝对迈阿密" 等绝对城市系列。

短短几年，绝对伏特加的名气越来越大，一跃成为全美最热销的伏特加酒与享誉世界的奢侈品品牌。此时的绝对伏特加不仅仅是极品佳酿，而且成为品位与尊贵的象征，以绝对完美传播绝对个性。

绝对伏特加家族拥有同样优质的一系列产品，包括绝对伏特加，绝对伏特加辣椒味，绝对伏特加柠檬味，绝对伏特加黑加仑味，绝对伏特加柑橘味，绝对伏特加香草味以及绝对伏特加红莓味。这些新品种依然是采用

传统工艺，经过数百次的连续蒸馏，才达到绝对伏特加标准。

绝对伏特加酒永远都让人眼前一亮，吸引眼球的包装，醒目的标志，让人第一眼就能够发现，短颈圆肩的水晶瓶，独创性地将所有标注绝对伏特加酒的文字信息，用彩色粗体字直接印在瓶身。透过完全透明的酒瓶，消费者感触到的是纯正、净爽、自信的绝对伏特加酒。现在的绝对伏特加酒的酒瓶形象，已不仅仅是一种伏特加酒的个性化包装，更是一种包含更多韵味的艺术品。

绝对伏特加"绝对艺术"

1985 年，绝对伏特加通过安迪·沃霍尔敲开了通向艺术世界的大门。第二年，凯斯·哈林（Keith Haring）以"绝对伏特加"为灵感创作他的"绝对"作品。此后，绝对伏特加逐渐收集了超过 400 件的艺术作品，包括家具、雕塑、绘画、数码艺术和纺织品等。为什么一个商业化的品牌最后演化成了一种和现代艺术相结合的产物，即"绝对艺术"？这正如 Absolut 公司所解释的，是因为其品牌与生俱来的创造性吸引了这些世界各地的优秀艺术家，让他们愿意用自己的艺术才华来重新阐释 Absolut 瓶子的品牌价值。

绝对伏特加"绝对时尚"

1988 年，凭借非同凡响的 Absolut Cameron 广告，绝对伏特加进入时尚界。自此，许多世界著名设计师为"绝对时尚"系列设计作品，包括范思哲、汤姆·福特（Tom Ford）、海尔姆特·朗（Helmut Lang）、斯特拉·麦卡特尼、高缇耶等均创作了绝对时尚的经典之作。

绝对伏特加"绝对音乐"

2003 年，随着 Absolut Threetracks 活动开始，绝对伏特加营销传奇打开了全新篇章，在 Absolut Kravitz 活动中，蓝尼·克洛维兹（Lenny Kravitz）根据自己对绝对伏特加品牌的诠释创作了全新曲目——Breathe（呼吸）。在他的诠释中，绝对伏特加的核心价值"简单、纯净、完美"转化为至高无上的爱："没有比真爱本身更简单、纯净或完美的了。"

第十篇

私人游艇和飞机

海天相接，贵族的蓝色奢华

Princess

公主
（英）

奢华的海上王宫

品牌名片

品　　类	豪华游艇
标志风格	高质量、舒适
创 始 人	戴维德·金（David King）
诞 生 地	英国
诞生时间	1965 年

品牌解读

作为世界顶级豪华游艇的典范，公主游艇是现代造船技术与传统手工工艺的完美结合。船身由世界顶级设计师设计，线条优美不凡，彰显纯粹的英国典雅风范。舱内设施布局是公主游艇的强项，先进的技术和多年的经验，使得在船身长度一样的情况下，公主游艇内部空间总是领先其他的豪华游艇。室内装潢也极为豪华奢侈，时尚风格家具设备保证了空间开阔性的同时又给人以最大限度的美感享受。甲板、驾驶台的设计线条优美、动感活力，驾驶座位的设计保证了驾驶者广阔视野范围的同时让人感觉舒适，精密仪器的设置格局能让驾驶者充分感受在海上高速驰骋的乐趣。

公主的每艘游艇都要经过数次的航海测试，确保它的拥有者们能拥有最出色、最安全的航海体验之后，才交给它的主人。可以说，公主游艇是豪华游艇中特色鲜明，独树一帜的豪华品牌。

公主游艇的名字总是与国际富豪、社会名流联系在一起。作为英国的豪华游艇，在英国本土是极受欢迎的豪华游艇之一。英国足坛巨星大卫·贝克汉姆曾经将一艘长 50 英尺、价值 170 万美元的公主游艇送给妻子维多利亚作为圣诞节礼物。这艘新游艇以他们两个儿子的名字命名："布鲁克林－罗密欧"号，游艇还有为贝克汉姆两个儿子专设的游戏室。

公主应该是刁蛮的，喜欢肆意挥洒任性的。但若是以名字来界定英伦游艇的气质，那就曲解了它的内涵。公主游艇带给人的是安全、舒适、高质量和高标准。优美典雅的线条，豪华舒适的装饰给人以最大限度的美感享受。拥有一艘具有英国皇家风格的公主游艇是生活品位的象征，它会带给你时尚、舒适、至高无上的享受。

　　它领衔世界顶级豪华游艇，在众多"佳丽"里一枝独秀；它处在现代和传统的分界处，又出人意料地打破传统。左手是古典的造化，右手玩转现代。典雅的线条，隽秀的体态，要想让她屈身平民，恐怕是糟蹋艺术的大错。只要在海上，它一定是英伦公主！

阅读传奇

　　公主游艇最早的一款是在 1965 年建造出来的。船的设计和建造者是一位从英国海军退役的老兵。游艇造好以后，主人本想留给自己使用，但是没过多久就不断地有人前来询问这艘游艇的价格，后来终于被人买走。就这样，在老兵连续卖了三艘游艇之后，他决定自己生产游艇并成立公司，这便是后来的公主游艇公司。

　　现在的公主游艇公司早已不再是英国海边的一间手工作坊。公司许多工人都有着数十年的造船经验，这些经验丰富的老工人和几位世界顶级的游艇设计师每年会一起设计生产出 400 艘游艇，其中 90% 都销往别国。

在奢华生活的清单里，豪华游艇总是必不可缺的。"2006最受中国千万富翁青睐的品牌榜"上，来自英伦的公主游艇是最受欢迎的豪华游艇品牌。"每条船都是客户和设计师事先商定好方案以后才正式着手去做的。你可以选择任何你喜欢的内饰和细节。"公主游艇全球销售总裁大卫·派尔（David Pyle）这样说道。

由于公主游艇的客户80%都是老客户，所以长期以来，设计师已经分别有了针对出口意大利、美国、法国、澳大利亚等不同国家和地区的大致设计框架，需要的只是根据个人每次不同的订制要求做细节上的改造。从统计数字来看，公主游艇占有欧洲市场的30%，北美市场的25%，在澳大利亚排名第二。

公主游艇的产品都是42英尺到95英尺之间的中大型游艇，拥有两大产品系列高贵而经典的设计，即豪华飞桥系列和豪华运动系列（V系列），共十几个型号可选。

1970年，第一艘使用玻璃纤维强化塑胶外壳成型技术制造的游艇——公主32型的登场，标志着公主系列豪华游艇的正式诞生。其后的10年中，公主32型游艇销售超过了1200艘，进一步确立了公主豪华游艇在世界豪华游艇市场中的重要地位，并使公主游艇成为设计典雅、质量完美和航海性能领先的典范。1980年，划时代的P45型游艇问世，该游艇由世界顶级游艇设计师伯纳德·奥莱辛斯基（Bernard Olesinski）担任总设计师，当时成为豪华游艇行业的新标准，而特级大师伯纳德也成为公主游艇的专用设计师。

舱内空间布局方面也是公主游艇最擅长的地方，凭借先进的设计技术和多年的经验积累，同样的船身长度，公主游艇在内部空间方面的设计一直遥遥领先。

风华有绝代之时，"公主"却与艺术同在。它踏浪的声音，如凌波微步，疾驰而过；留着英伦贵族的迷人之香，站在黄昏的转角，目送它远去，在落日余晖中聆听它与海的清唱。

Sunseeker

圣汐

（英）

传承经典，驾驭极限

品 类｜**豪华游艇**
标志风格｜**尊贵、经典、创新**
创 始 人｜**罗伯特·布莱特怀特（Robert Braithwaite）**
诞 生 地｜**英国**
诞生时间｜**1968 年**

品牌解读

只有少量品牌敢自信地声称自己是排在世界前列，圣汐（Sunseeker）就是它们当中的一个，这是一个拥有极大全球性力量的奢侈品。它始终相信创新的力量，在对优秀的不倦追求中勇攀高峰。

圣汐的出现改变了人们对"世界上真正豪华游艇"的定义。50 年来的努力，让圣汐成为游艇中的"宾利"，演绎着尊贵和豪华。

看到圣汐的第一眼，只有惊讶。惊讶于上帝造物的极致完美，可以说是工匠艺术之手的巧夺天工。豪华、强劲动力、卓越性能随便拥有其中一项，都足以让世人叹为观止，更何况是同时拥有了这三者。

圣汐是欧洲最著名的游艇品牌，公司产品供不应求，据说，其订单已经排到了两年以后。圣汐公司的游艇有着自己独一无二的特点，保证了它们在竞争激烈的市场能够脱颖而出。公司的创立者兼总经理罗伯特·布莱特怀特相信，每一艘圣汐游艇都会给人留下深刻的第一印象："从一开始，我们生产的游艇让你一看就知道是圣汐公司的，就像是即使你没有看到奔驰的标志，但你还是知道那是辆奔驰一样。"

毫无疑问，在世界范围内，圣汐游艇已成为绝对奢侈和经典尊贵的同义语。圣汐国际有限公司拥有一支由设计师、工程师、游艇设计专家和造船师组成的经验丰富的工作团队，他们对圣汐游艇的每一个设计和制造细节都倾注了极大的精力与热情，并不断挑战游艇在动力性、时尚性、豪华性和舒适性方面的极限。

自成立之日起，圣汐就一直致力于提高游艇的性能，经过这些年不断的演变、改革，产品的风格变得更新颖、更亮丽。每艘游艇都是时代的领航者，推动着设计和技术前进的步伐。无论是时尚和功能性突出的 37 英尺

垂钓艇，豪华雅致的 Portofino 53，还是 7 英尺的豪华跃层艇，圣汐都展现出其独有的创新精神。

圣汐的产品涉及三层经典豪华游艇、双层高速动力豪华游艇、钓鱼艇及运动艇等。圣汐游艇的型号既有速度可达每小时 40 海里的动力型 Predator 系列，也有豪华型 105 Superyacht 系列。

圣汐系列游艇中的 Portofino 46 以其合理的布局，最佳的空间利用，最高的性价比使它自诞生以来经久不衰。Portofino 46 沿袭了圣汐一贯无可挑剔的精湛技艺和独具匠心的空间设计，拥有了一切圣汐品牌的特点——外部流畅的线条、出色的性能表现、巧妙的豪华装饰，是速度与休闲的完美结合，尤其适用于家庭聚会、商业伙伴出海观光垂钓。Portofino 46 拥有前所未有的宽敞空间，无论是甲板上还是船舱内，都为人们提供了更多娱乐和社交活动的空间，绝对超乎人们对同等大小的动力艇的要求。它的主层非常宽敞，前部甲板有开阔的日光浴区，并有安全护栏，可以让主人尽情无忧地享受阳光的洗礼。在船尾活动平台，驾驶区的后部配有座椅让客人休息，并且可以从最理想的角度欣赏游艇在海上疾驰，体验那种速度带来的惊心动魄的快感。后部的 U 型餐区配有吧台、冰箱、置瓶柜和一张可折叠的桌子，确保每个人都可以舒适地享用美酒佳肴。

游艇下层有主会客厅以及最多可容纳 6 人的休息区。配有液晶电视、CD、DVD 和无线电等娱乐设施。会客厅内设有长毛绒的舒适座椅以及可伸缩的桌子，桌子可在不使用的情况下收起来，以便释放更多空间。客厅的另一头是设施齐备的厨房，冰箱、烤架、微波炉和下水槽等。休息区包括了一个位于前部的带浴室的主人套房，以及一个位于后部的带盥洗室的双人客舱，为主人和客人提供舒适惬意的休息空间。

Yacht 82 在圣汐系列中是一款卓越性能和空间设计完美结合的巅峰之作。第一眼看到 Yacht 82，优雅的流线型船体设计无疑让人印象深刻。船壳选用的材质尽可能追求结构的轻量化，搭配优秀的引擎配置，最高航速可达每小时 32 节，将游艇卓越的动力性能发挥得淋漓尽致。

观景跃层上巧妙地划出一块区域，既可享受日光的洗礼，也可与朋友聚会小酌。跃层上放置了一个吧台、冰柜和烧烤架，主人可以在露天空间里尽情享受阳光、海风。同时跃层上也有楼梯可以通往下层甲板和海水浴平台，在那里，既可以下水游泳，也可放下橡皮艇或者摩托艇，与大海尽情嬉戏。

从观景跃层下到主层，主层后部遮阳甲板的开放空间，可以提供开阔的视野。主客厅是主人举办各类社交活动的理想场所。客厅内有舒适的休息区，曲线形的沙发座椅，漂亮的吧台，正式的用餐区，隐蔽式的聚光灯，能在夜晚营造出一个温暖柔和的氛围。房间内各处细节，漂亮的织品，色彩的设计和随处可见的毫无瑕疵的木镶板，无不凸显出主人高雅的品位。半开放式的厨房正对着用餐区，您所希望的一切厨房用具都可以在这里找到。不论您是偏爱现代风格，或是钟情传统经典，都可以通过指定木材装饰效果、料理台台面的材质和地板的选择来充分表达您个人的设计想法。

在底层甲板，圣汐独创性的设计提供了最多可供 8 人休息的住宿空间。主人房和 VIP（very important person，重要人物）客房的大小相近，宽敞的浴室可以按照您的选择，铺设花岗岩。所有的客舱都配有大衣柜，平面电视机，CD/DVD 播放机，确保船上每个人都有舒适的休息空间。

如果不是亲身体验，很难想象在一艘 82 英尺长的游艇里，如此完美地融合了空间感、功能性和奢华的表现力。视觉的盛宴从见到它的那一刻便拉开了序幕，随后人们的五官在对尊贵奢华的膜拜中融化。人们不得不概叹是一群人用一件华美的无形武器征服了天下。

阅读传奇

圣汐有限公司的董事罗伯特和约翰两兄弟，于 1968 年开始在英格兰南部靠近南安普敦的普尔建造最好、最高级的游艇。直到现在，他们建造的游艇也始终比其他同类产品更大、更好，速度也更快。圣汐谱写了游艇的历史，在豪华游艇领域，圣汐是当之无愧的市场领导者，在全世界三十多个国家和地区拥有分支机构。

位于英格兰南部海岸城市普尔的圣汐公司，作为家族企业，仍然沿袭着自己的风格，而恰恰是这种风格使其区别于其他所有的同类产品。每一艘船都严格遵循了英国造船业的传统，非常强调手工工艺。

在过去的 50 年中，圣汐公司经历了迅速的发展，各种游艇型号的设计日益成熟，同时由于圣汐公司对于市场的敏锐性以及对于客户需求的及时了解，圣汐的产品越来越被高端的客户群所接受。

1972 年，在伦敦船只展上，前一级方程式赛车手亨利·泰勒（Henry Taylor）在参观游艇时说过："如果你能制造一艘白色的游艇，上面还设有一张宽阔的太阳床，我或许会考

虑购买。"在此之前，英国从未出产过一艘附有太阳床的游艇。但当圣汐知道顾客的要求后，就能为个人造出他们心目中所想、所喜欢的游艇。并且，圣汐还并不简单局限于船体颜色和设计的别出心裁，他们根据客户的要求，对房间的布局和其他一些奢华的船上生活所需要的元素，比如环绕立体声娱乐系统、步入式衣橱、热水淋浴以及水上摩托艇等，做出相应的改变。因为对于市场的敏锐性，以及对于客户需要的了解，圣汐公司许多经典游艇都备受社交名流的青睐，尤其是来自赛车界的名人。F1乔丹车队的创始人埃迪·乔丹（Eddie Jordon）和前威廉姆斯—雷诺车队著名车手奈杰尔·曼赛尔（Nigel Mansell）就分别拥有一艘长32米和29米的豪华游艇。

圣汐为世界最负盛名的豪华游艇制造商之一，作为世界上最大的私人拥有的游艇制造厂，圣汐的订单上永远排满了想要购买游艇的国际富豪的名字。每年为数不多的限量生产让圣汐游艇获得了"海上宾利"的美誉。

Riva

丽娃

（意）

水上的劳斯莱斯

品　　类 | 豪华游艇
标志风格 | 高雅、豪华
创 始 人 | 埃内斯托·丽娃（Ernesto Riva）
诞 生 地 | 意大利
诞生时间 | 1842 年

品牌解读

　　拥有 170 多年历史的丽娃（Riva）是世界游艇界中最传奇、最昂贵的老者，被公认为游艇中的"劳斯莱斯"。它堪称是意大利传统手工工艺和现代高端科技的完美结晶，手工与高科技的完美组合使得丽娃的品质令人惊叹。

　　它是大众的梦中情人，命运却注定只能为富有的极少数人所专有。170 年来，丽娃始终是世界顶级游艇里最靓丽的明星。它坚守着艺术创新与技术改革的堡垒，将其奢华、优雅、独一无二的完美品质推至浪尖，在大海中和波涛共舞。像划过碧蓝的海鸥，更像阳光下泛发的粼光，见到它，贵族富贾才知道什么叫死心塌地，什么叫钟情一生。

　　经过多年的历史沉淀，独特的设计、手工品质已经成为丽娃游艇的旗帜。每一款丽娃游艇都在设计师手中谨慎地被赋予了鲜明的个性。船身线条、木工工艺、铝合金制作、漆料等，造就了丽娃游艇无与伦比的品质和

完美无瑕的品位。闻名遐迩的丽娃高质量船身结构来自全世界最好的树脂，加之合理的船体结构与无人能及的渐变色彩，使丽娃游艇在林立的世界游艇品牌中脱颖而出。而所有这些成就应该归功于那些世世代代潜心钻研游艇设计的丽娃设计师们。

　　丽娃的风格起源于游艇经典设计的融合。意大利米兰的丽娃设计室由 45 岁的莫罗·米歇里（Mauro Micheli）在 1994 年成立，"在丽娃的设计室，我们每天都面临着巨大的挑战。在高质量的严格要求下，丽娃的机械师和所使用材料都是全世界最顶尖的，他们肩负着从各个角度满足客户要求的使命。"莫罗·米歇里自 1984 年加入 Ferretti Group 阵营，当年仅仅 25 岁的他在设计部门任助理设计师，经过多年的探索和挖掘，莫罗·米歇里带领的团队创造了一个又一个丽娃游艇的神话。

　　伊丽莎白·泰勒、索菲亚·罗兰、意大

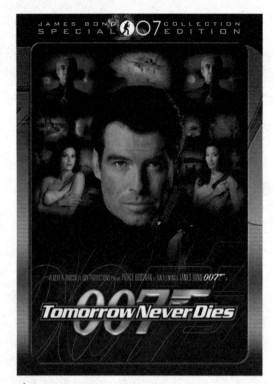

007 系列电影中，丽娃游艇大显神威。

利王储、西班牙国王、摩纳哥王子……众多名流都以拥有丽娃为骄傲。众多欧美经典影片也对丽娃游艇情有独钟。如凯瑟琳·德纳芙的《情妇玛侬》、玛丽莲·梦露的《热情如火》、布鲁斯南的《007系列之黄金眼》和《日落之后》、乔治·克鲁尼的《12罗汉》等。

阅读传奇

丽娃游艇厂建于 1842 年的萨尔尼克，那里是位于意大利北部的一个小镇，是世界最著名的游艇厂之一。当时的彼得·丽娃（Pietro Riva）还是一个年轻的渔夫兼造船师，他专门负责维修暴风雨中被毁坏的船只，这种工作除了他没有别人能够胜任。

在 19 世纪 80 年代，彼得的一个儿子接管了丽娃船厂，他开始把活塞发动机用于船只，并且修建更大的船用来搭载乘客和货物。塞拉菲诺（Serafino）继承了他父亲的事业后，停止了大型船只的生产建造，转而开始专门生产用于出口的舷外发动机。塞拉菲诺

很有才干，1912 年，他自己的参赛游艇速度达到每小时 24 海里。两次世界大战之间的时间里，丽娃游艇厂在国内外的动力艇比赛中取得了一系列的成功。

除了比赛，休闲游艇的生产势头正劲。从此，丽娃不仅仅因为质量，也因奢华和高雅而受到越来越多的喜爱。在 20 世纪 50 年代，卡洛·丽娃（Carlo Riva）用以往的经验和威信接管了游艇厂，生产出一系列的高品质和风格高雅的木质游艇。

1969 年，丽娃再次展现了他在设计上的前卫，着手船体的玻璃纤维结构设计。丽娃的这一举动拓宽了游艇的范围。2000 年 5 月，丽娃加入法拉帝集团，一个新的纪元开始了。丽娃成为国际最大的豪华游艇制造集团法拉帝集团的一分子，新世纪的丽娃开始着手研发新的型号，主设计师莫罗·米歇里和意大利设计工作室极力配合，新风格诞生了。原先的小款船型如 Aqua 等继续在萨尔尼克船厂建造。

诞生于 2001 年的 Aqua Riva 设计灵感来源于海中鲨鱼。刚柔相济，力量与线条融于一体，完美地结合了丽娃最引以为豪的木制工艺和玻璃钢技术，象征了丽娃的生活方式：奢侈、高雅和与众不同，它是 20 世纪 60 年代风靡全球的红木 Aquarama 的再生。

为纪念 Aqua Riva 的成功，丽娃特意打造了唯一一个型号为 Aqua Riva Cento 的限量收藏版，结果还未开始制作就已被抢订一空；唯一一艘已经出厂的船号为 100 号的收藏版，则在 2006 年英国伦敦举行的盛大展示和拍卖仪式上售出，而查尔斯王子、卡米拉也和丽娃 CEO 一同出席了由查尔斯王子基金会主持的该拍卖会。Aqua Riva 已成为丽娃品牌的代言，供不应求。

44 英尺的 Rama 游艇被业界评为"最精致的水上总统套房"，它不仅延续了丽娃游艇的优雅传统，而且高科技的应用布满全艇。从名称和外观就不难发现，Rama 的设计风格传承了 20 世纪 60 年代风靡全球的 Aquarama

游艇：高高的船身，舱内温馨的小沙龙，以及独特的设计。虽然柚木甲板唤起人们对丽娃早期经典木制游艇的回味，但这艘游艇无论外形还是配备都是极尽创新。如果说 Aqua Riva 升级了丽娃游艇的款式，Rama 则是突破性地推出了其特有的弧线。其富含未来主义理念的驾驶座依靠液压系统，区区数秒间的轻松操作，可将一人座转换成三人座。驾驶台后就是休闲空间：两张浅色的转角真皮沙发，船尾的日光垫还设计了方便的走道。值得一提的是遮阳篷，只需一个控制按钮，就可如同孙悟空的金箍棒，瞬间隐于无形。下层的主卧舱提供了五星级酒店般的舒适享受。木料、皮革、油漆选材和工艺，都是那么无可挑剔。此外还包括一套独有的快速冷却系统，可以高效地将一瓶香槟及酒杯调节到合适的温度。下层的中间就是沙龙，右侧一张沙发，左侧则是一间别致的开放式厨房。两台 800 马力的引擎可以达到 36 节的巡航高速，使这件"艺术品"同样具备远程的高速适航。Rama 游艇船身共有 7 种色彩可供客户挑选，分别象征着 7 宗罪：骄傲、愤怒、贪婪、妒忌、性欲、懒惰和暴食，因为 Rama 本身就为诱惑你陷入这 7 宗罪而生，无一不足。

　　如此出色的设计和装备，难怪乎 Rama 成为近几年 40~60 英尺开放式游艇中最受欢迎的豪华游艇。

Hawker Beechcraft

豪客比奇
（美）

空中赛跑的优胜者

品牌名片

品　类	私人飞机
标志风格	高科技、高性能
创 始 人	沃尔特·比奇（Walter Beech）
	奥利夫·安·比奇（Olive Ann Beech）
诞 生 地	美国
诞生时间	1932 年

品牌解读

经历了 80 年的技术研发生产、管理方式的蜕变，世界通用航空领域领跑者的头衔毫无疑问地属于豪客比奇（Hawker Beechcraft），其对超高品质的近乎苛刻的追求，以及为客户提供最好的体验的目标，一直促使着这两大品牌不断地走向新的高峰。可以说，在通用航空领域，在豪华飞机领域，豪客（Hawker）与比奇（Beechcraft）两大品牌已经成为高品质、高性能、高科技的代名词。相信未来的豪客比奇将会续写更加辉煌的篇章。

阅读传奇

20 世纪 40 年代，第二次世界大战期间的比奇公司是盟军非常重要的军用飞机提供商和服务商，在美国堪萨斯州的威奇塔市拥有 14000 多名员工，累计为盟军供应各种机型的飞机 7400 多架，同时据不完全统计，美国空军军团的轰炸手和导航员约有 90% 的人曾用比奇公司的 AT-7 和 AT-11 机型接受训练。毋庸置疑，比奇飞机在第二次世界大战中对盟军空军的贡献相当大。更为引人注目的是，战后比奇公司推出的富豪 35 型高性能单发公务机的生产纪录到现在仍然保持着，足见其飞机的性能之优良。

20 世纪 60 年代，"空中国王 90" 型飞机成功下线，借此比奇公司迅速确立了自己在涡轮螺旋桨公务机中的领先地位。直到今天，在不同等级的飞机型号中，"空中国王"系列仍旧占据着明显的主导地位。20 世纪 70年代，"空中国王 200" 型飞机交付使用，从而在公务机客舱宽度、飞机速度和乘机的舒适度方面确立了新的标准。

20 世纪 80 年代，雷神飞机公司成功收购了比奇公司，比奇公司成为雷神的子公司。1984 年，比奇"空中国王 300"开始生产，此机型无论是在速度、性能，还是舱内的装饰上

都远远超过了"空中国王200"，成为比奇的又一个标志性机型。

进入21世纪，比奇品牌的顶级代表"首相I号"使得比奇品牌再创辉煌，此机型于2001年得到美国联邦航空局的认证，成为第一架通过认证的全复合材料机身的喷气式豪华公务机。后续生产的"首相IA号"豪华公务机也同样得到世界的关注。至今，"首相IA号"与"首相I号"飞机在全球累计交付230多架。比奇"首相IA号"在"首相I号"基础上经过技术革新和设计创新发展而成，称得上是世界上最大的单飞式公务喷气机。比奇"首相IA号"于2005年9月取证。它的机身由高强度的碳纤维环氧树脂蜂窝结构的复合材料制成，生产全部自动化。比奇飞机公司国际销售副总裁法瑞德先生评价说："'首相IA号'处在它所特有的级别：它拥有中型机的客舱、中型机的速度，但是价格却是轻型机的价格。遍布全球的用户正越来越认识到在商务和私人飞行中使用比奇'首相IA号'的价值。"

与拥有 70 多年的悠久历史的比奇相比，豪客家族是 20 世纪 60 年代末才创建的。1968 年，豪客公司收购德哈维兰飞机公司，125 系列飞机被命名为著名的"豪客"。凭借其强劲的技术实力，卓越的性能，虽然是后起之秀，豪客系列却能够在航空领域成功地占有着属于自己的特殊地位。

1962 年，德·哈维兰飞机公司设计研发出了 125 型公务喷气机。从设计之初，这一型号飞机的设计目标就是用作私人公务旅行。125 型公务喷气机的客舱长 19 英尺 4 英寸，全部客舱都留有头部空间，高度和宽度都很适宜。经过几次发动机的改进和其他一些机体的改进，到了 1968 年，125 型公务喷气机已经符合了当时的最新技术标准。同年，豪客公司收购德·哈维兰飞机公司，125 系列飞机正式被命名为"豪客（Hawker）"，由此，开始了豪客家族的光辉篇章。

1993 年 8 月，雷神集团并购并成立了雷神公务喷气机部门，从此雷神集团拥有了中型豪客喷气机生产线。豪客生产线被雷神并购后加快了产品升级的节奏，1995 年 9 月，第一代升级产品首架豪客 800XP 交付使用。1996 年 11 月举行的美国国家公务航空协会的年会上，雷神飞机公司宣布研制全新的超中型公务喷气机——"豪客地平线"。

进入 21 世纪的豪客比奇公司，发展势头良好，2001 年 4 月 17 日，雷神公司举行仪式庆祝继比奇系列"首相 I 号"之后，第二种复合材料机身公务喷气机出厂，这就是超中型"豪客地平线"公务机。这款豪客地平线具有跨洲航行的能力，可以容纳多达 13 名乘客。2001 年 8 月 11 日，新的超中型公务喷气机"豪客地平线"进行首飞成功，复合材料的机身从威其托比奇机场起飞，飞行了 2.5 小时，飞行品质、发动机运行、低速操纵和爬升性能等各项指标均达标，飞行达到 10500 英尺高度、225 海里／小时的速度。在美国国家公务航空协会 2002 年的大会上，雷神飞机公司宣布恢复使用豪客和比奇的品牌，并且开始两大品牌的整合工作，这两大品牌代表着公务飞机（豪客）及按单飞取证的飞机（比奇）。2003 年 5 月 6 日，雷神飞机公司在欧洲公务航空大会（EBACE）上宣布将原来比奇 400A 改名为豪客 400XP，这一举动成为公司建立品牌系列整体战略的关键一步。2004 年 12 月 23 日，美国联邦航空管理局为"豪客地平线"颁发临时型号合格证。至此，使用了最新的复合材料技术和工艺的豪客地平线以本级别最佳的综合性能和 3400 海里的航程能力进入市场，而其一进入市场，就受到追捧。2005 年 3 月 16 日，雷神飞机公司与 NetJets 达成意向协议，根据协议，Net Jets 将购买 50 架"豪客地平线"。这项协议又一次证明了这款市场上技术最先进的超中型公务喷气机的高品质和性能。2005 年 11 月 8 日，在美国国家公务航空协会年会上，雷神飞机公司推出豪客系列最新机型——豪客 850XP，同时雷神飞机公司宣布超中型公务机豪客地平线将按豪客系列被命名为豪客 4000。

2006 年 11 月 21 日，豪客 4000 正式取证，成为当今世界最先进的超中型公务喷气机，拥有速度、航程和载荷的完美平衡，凭借着先进的集成系统和复合材料机身，豪客 4000 真正是具有历史突破性的飞机。

2007 年 3 月 26 日，雷神飞机公司被收购，更名为豪客比奇公司，从此迈进了两大品牌合作的新时代。

Bombardier

庞巴迪

（加）

舒适与安全的领跑者

品牌名片

品　　类	私人飞机
标志风格	舒适、安全
创 始 人	约瑟夫·阿曼达·庞巴迪（Joseph Armand Bombardier）
诞 生 地	加拿大
诞生时间	1907 年

品牌解读

　　在公务机领域，庞巴迪（Bombardier）公务机的里尔（Learjet）系列、挑战者（Challenger）系列，以及超远程环球快车（Global）系列已经在各航程领域内占据一席之地。

　　在空中客车和波音之后，庞巴迪成为全球第三大飞机制造商。在支线飞机和公务喷气机领域，规模已经相当庞大，对世界航空做出了重要的贡献。

　　庞巴迪飞机以其优良的性能、舒适性以及卓越的地位赢得各界人士的追捧。国际奥委会前主席萨马兰奇、微软前总裁比尔·盖茨都曾使用挑战者 604 做公务机。庞巴迪公司的《公务航空部简讯》报道称，"挑战者" 604公务机座舱内拥有先进的视听放映系统、空调系统、通信系统和办公设备，其中卫星通信系统可随时与全球各地的电话、传真、网络相联系，在空中就可以拥有自己的办公室。

阅读传奇

　　庞巴迪是一家总部位于加拿大魁北克省蒙特利尔的国际性交通运输设备制造商。主要产品有支线飞机、公务喷气飞机、铁路及高速铁路机车、城市轨道交通设备等。在世界许多地方都可以看到庞巴迪的产品。

　　在航空领域，庞巴迪是制造支线飞机、公务喷气飞机和水陆两栖飞机的领袖。它还提供公务喷气飞机部分所有权计划和包机服务，并为公务喷气飞机和支线飞机市场以及军用领域提供技术支持、维护和飞行员培训。

　　庞巴迪公司步入航空领域的时间很短，但是庞巴迪公务飞机在世界顶级豪华公务机领域内却已经有了属于自己的特殊领地。

　　1985 年，在庞巴迪公司开始调整战略，准备多样化经营。1986 年，庞巴迪公司首次进入航空航天工业，以 12 亿美元的价格购买了加拿大飞机制造公司，这是当时加拿大主要生产挑战者宽体商用喷气机和

CL-215两栖消防飞机的制造商——Canadair。收购后，庞巴迪成为加拿大航空制造业的领头者。

1989年，庞巴迪公司收购了欧洲北爱尔兰的肖特飞机公司。这次收购以后，庞巴迪公司提高了空中运营的水平，开始向世界航天事业进军。

1990年，庞巴迪公司收购了美国堪萨斯的里尔喷气飞机公司，进入了美国航空航天工业和最齐全的公务喷气机市场。庞巴迪公司此时推出的Learjet 60飞机，成为4年后最畅销的飞机。

1992年，庞巴迪公司收购了制造短距起飞和涡轮螺旋桨飞机的波音公司的德·哈维兰公司。德·哈维兰的"冲"8涡浆飞机和CRJ（Canada Regional Jet，加拿大地区喷气，指民用支线喷气飞机）系列使庞巴迪公司成为世界性区域飞机制造商的领导者之一。

2000年，庞巴迪公司收购Skyjet.com，开展实时在线包机预定服务业务，扩大其公务喷气式飞机的组合，增强其航天制造的能力。2002年，庞巴迪公司推出庞巴迪Global5000超大型公务喷气式飞机。

2005年，庞巴迪又推出"挑战者"605洲际公务喷气式飞机和Learjet 60 XR的中型公务喷气式机。此外，其推出的"挑战者"800系列成为大型商务喷气式机的不争冠军。

庞巴迪的生产规模庞大，开发的飞机机型有12种之多，拥有员工7万多名，在北美、欧洲、亚太地区的20多个国家和地区拥有多个工厂。

庞巴迪公务机系列包括里尔系列、挑战者系列，以及超远程环球快车系列。里尔40型公务机最多可达7个客座，速度和巡航高度可以与中型公务机媲美，航程遍布了整个中国乃至世界。

挑战者604是中国山东航空公司引进的第一架远程宽体豪华公务机，是国内航程最远、性能最优、客舱最宽敞、在同行业中最为舒适的机种。挑战者604公务机最大航程7408公里，巡航速度880公里／小时，可由国内直飞欧洲，或跨太平洋直达北美。

豪车

急速传说，用风度领跑世界

Ferrari

法拉利

（意）

主宰 F1 赛道的红鬃烈马

品牌名片

品　类	车
标志风格	红色、华美、纯粹
创 始 人	恩佐·法拉利（Enzo Ferrari）
诞 生 地	意大利
诞生时间	1929 年

品牌解读

　　法拉利（Ferrari）跑车的地位在世界汽车中是顶级的，能与之抗衡的品牌寥寥无几，因为法拉利跑车已经超越了交通工具的范畴，成了艺术杰作。其他的汽车公司制造车身和引擎，法拉利也同样制造，然而法拉利的装配线的末端却诞生了一件艺术品，每辆法拉利车体内部都采用的是高级真皮装饰，这些传统工艺，法拉利的工人们说是他们技艺炉火纯青的代表。很难说法拉利到底是一辆跑车还是赛车，几乎每一辆法拉利都不用经过改装就可以成为公路赛事的参与者。如果说兰博基尼是摇滚音乐，保时捷是乡村音乐，那么法拉利就是古典音乐。法拉利永远追求一种人车合一的境界。

　　法拉利跑车副总裁费丽萨（Felisa）说：“法拉利跑车重质量而不是销量，因为我们是顶级跑车，所以我们生产的数量总是比市场需求少一辆。”比如奢华无比的“恩佐·法拉

利（Enzo Ferrari）”把 F1 赛车技术应用到跑车上，使这款车具备高超的技术和性能。485千瓦的最大功率，1365 千克的轻质车重，350公里 / 小时的最高极速，0~100 公里的加速只需 3.6 秒。这就是一款法拉利带给人们的数据，这些数据令法拉利跑车迷们激动不已。

　　红色像风一样席卷而过，弥漫在空气中的是烈焰热火般的激情，路人的尖叫不只是赞叹，那是对擦身而过的红色的景仰。它来了，带着它的名字——法拉利。

　　与其说人们热爱法拉利的性感、惊艳、活力与冲动，不如说是在爱它的纯粹，那种献出自己一切去追求一个美丽的梦的纯粹。那梦如同朝露在粉红色阳光抚摸下闪出的一丝晶莹，那梦如同维苏威火山毁灭的庞培古城一样神秘；它是永不落下的彩虹，它是永不消散的迷雾；它太完美了，没有人可以拥有它、驾驭它，只能悉心地呵护着它深藏在

一件件惊世作品中的那份娇贵与美丽。

阅读传奇

　　法拉利是世界上最著名的赛车和运动跑车的生产厂家，它创建于 1929 年，创始人是世界赛车冠军，划时代的汽车设计大师恩佐·法拉利。法拉利汽车大部分采用手工制造，因而产量很低，年产量只有 4000 辆左右。菲亚特公司拥有该公司 50% 股权，但该公司却能独立于菲亚特公司运营。公司总部设在意大利的摩德纳。

　　法拉利创始人恩佐·法拉利，这位被誉为"赛车之父"的意大利人，嗜车如命的血液从小就在他的身体内沸腾。1898 年 2 月 18 日，恩佐·法拉利出生于意大利摩德纳的一个富裕家庭。法拉利出生的那天，大雪纷飞，他也因此迟迟没有申报姓名。法拉利来自意大利文中的 ferro，即是铁的意思。这样的一个名字也可以暗示出法拉利父亲的职业，他是摩德纳的一个小型打铁公司的老板。法拉利不是天生的机械师，他曾立志成为体育记者，但是他的努力被第一次世界大战所倾覆。

　　法拉利成功的路途上布满了艰辛和伤痛。由于他只受过 7 年的正规教育，因此在第一次世界大战期间，他多数时间只是负责为交通部照料一群骡子。他退伍后回到家中，家中一片狼藉，父亲和哥哥先后故去。他到菲亚特公司申请职位，但是复员回家的意大利青年实在太多，菲亚特拒绝了法拉利。无奈的法拉利经常毫无目的地漫步于街头。

　　后来法拉利总算找到了工作，他以一家汽车公司测试员

的身份进入重新起步的汽车业，而这家汽车公司的主要工作是将蓝旗亚（Lancia）货车改装成客用轿车。法拉利随后转往米兰的国家机器制造公司 CMN（Costruzioni Meccaniche Nazionali）从事赛车手兼试车手的工作。他的赛车生涯始于 1919 年的帕尔玛－柏塞托（Parma-Berceto）爬坡大赛。在同级别车竞赛中，法拉利排名第四，总成绩列第十二名。1920 年，法拉利加盟了阿尔法·罗密欧车队，同年在西西里岛上举行的意大利最著名的塔格·佛罗热（Targa Florio）公路赛取得了第二名的佳绩。

后来，法拉利从菲亚特汽车制造公司挖来了意大利车坛一流的汽车制造工程师维

托瑞·加诺（Vittorio Jano），借此增强阿尔法·罗密欧汽车制造公司的技术开发实力。1935 年，他们设计了一款双发动机（分置前后）单座 8 缸跑车。这种跑车据说可以跑出 300 公里 / 小时的速度，但是当时的轮胎技术还没有办法承受这样的速度。这一时期，罗密欧推出了代号为 B 的赛车，后来人们通常称之为法拉利 B 型赛车。王牌车手诺瓦拉利于 1935 年驾着 B 型赛车，打败了阵容强大的德国联合车队［由波尔舍博士组成一支代表奥迪、DKW（德国小奇迹）、Horch（霍希）、Wanderer（漫游者）等汽车公司的车队］，这是 GP（grand prix，大奖赛）历史上常为人津津乐道的事情。

　　1929 年到 1936 年，恩佐·法拉利统率的法拉利车队先后在方程式赛车、24 小时跑车耐力赛、米勒·米格（Mille Miglia）大奖赛、塔格·佛罗热大奖赛等各种大赛中出尽了风头，参加了 39 场大奖赛，获得了 11 场冠军。

　　功高过主是一件很尴尬的事情，恩佐·法拉利在阿尔法·罗密欧的地位日趋微妙，埋藏已久的炸弹终于爆发了。法拉利选择了离开，在而立之年开始自己的事业。但是他离开了汽车就什么也没有了，法拉利自己知道这一点。在最初的 4 年中，阿尔法·罗密欧的总裁不允许法拉利生产以自己名字命名的汽车，更不允许他驾驶以自己名字命名的车去参赛。回到摩德纳，法拉利自己的公司成立了。

法拉利在极其艰苦的条件下生产了两辆名为 815S 的 8 汽缸 1500 毫升排量的汽车。1943 年，法拉利的工厂从摩德纳搬到了马拉内罗，但第二次世界大战的硝烟摧毁了刚刚燃起的希望之火——法拉利的工厂被炸毁。

　　第二次世界大战后，公司正式更名为法拉利汽车制造公司。法拉利公司制造出了有 12 个缸、功率高达 90 马力的"Ferrair Tipo125"发动机。12 缸发动机在战后还不流行，此举被后来的专家认为是法拉利要豪赌世界车坛。当年法拉利一举赢得意大利罗马大奖赛等 6 个冠军，法拉利席卷冠军奖杯的时代就此拉开帷幕。

　　对法拉利来说，平民用车只是赛车的副

恩佐·法拉利跑车

产品。他的至爱始终是单座位赛车。当一级方程式世界锦标赛正式成立时，它便成为法拉利的主要兴趣。1952年，法拉利重金聘请了传奇设计师宾尼法利尼担纲法拉利汽车制造公司的首席设计师。法拉利在宾尼法利尼的指挥下，制造出250、330、365、365GT/4、400自动变速型和400I型等跑车。

1963年，福特尝试收购法拉利，但遭到法拉利的拒绝。之后，在1969年，意大利汽车集团菲亚特收购了法拉利的控制权，而恩佐·法拉利则保留了管理赛车部的权力。这让他可以全神贯注在赛车队身上。

法拉利一生都以"追求完美，绝不留遗憾"的激情投身于他的汽车制造事业。他于1988年8月14日于睡梦中谢世，当时他已经主导赛车界近70年。他所打造的汽车曾经赢得世界各地的5000多项赛事，曾经囊括了27项世界冠军杯。因为有恩佐·法拉利的坚持，才能造就今日的法拉利及其不朽的传奇。

在法拉利的历史中，出产的各种车型都堪称经典，但是有5款是法拉利车族中公认最经典的。1954年生产的375MM跑车，1967年推出的275GTS/4NART Spider，1963年研制的250LM，1967年登场的P4，还有以创始人姓名命名的"恩佐·法拉利"。这些车集技术性、艺术性于一身，把完美与速度根植于血脉之中，技术精湛、品质无双，早已成为稀世珍品，每一款车都代表着一个神话，成为世界收藏家追逐的对象。

1968年，法拉利推出365TB/4戴托纳跑车，这辆车的生产时间在法拉利汽车中相对较长，其生产时间从1968年至1973年，持续5年之久，产量达到1300辆，成为一部非常特殊、具有传奇色彩的法拉利。该车保险杠分两块布置，中间是一窄条通风孔，车头内装有排量4.4升的V12发动机。1976年推出的400GT两门轿车，是法拉利首次推出的轿车，在此之前法拉利生产的车型总是建立在竞赛基础上，其造型以符合竞赛要求为基准。400GT由宾尼法利尼设计，采用前置5升V12化油器式发动机，1979年改用燃油喷射发动机。1995年生产的512M跑车，被称为法拉利20世纪90年代的新旗舰，它是大量生产车型中速度最快的一款，极速315公里/时，0~100公里加速只需4.7秒，其圆形尾灯是法拉利的传统造型设计。

法拉利公司在成立50周年之际推出了跑车极品法拉利F50。或许刚听到这个名字的人们不会产生太大的反应，有的只是一堆又一堆的数字，其自重为1230千克，最大输出功率为382.5千瓦，最高转速8700转/分钟，加速至100公里时所需时间仅为3.9秒，极速高达325公里/小时；F50采用V12发动机，排气为4.7升。车厢为双座，驾驶室内十分简洁，因而更使人便于注意到转向盘上鲜黄色的标志。黑色真皮与红色布料组成华丽的座椅，宽大的车门很便利，处处体现了高贵的味道。F50刚一推出便被抢购一空，为了控制不被投机者炒卖，厂方只接纳旧车主的订购，也就是说，只有真正拥有法拉利的人，才有机会真正地驾驭F50。

法拉利跑车已经成为拥有成功事业及生活奢华的象征。对于恩佐·法拉利先生的去世，当时的意大利总理深情地说："我们失去的是一位能够象征意大利年轻蓬勃、富于冒险、不屈不挠以及在技术领域锐意进取的楷模型人物。"

1947 年的 125S

1947年的125S是法拉利的第一部作品。它的引擎采用60度夹角V12的排列方式，能大大降低重心，而左右两边的汽缸更能互相抵消不必要的震荡，从而提高引擎效率。另一独特之处便是活塞冲程比其口径短，好处是可容许更多混合气进入燃烧室，从而提高马力；而短行程则可提高引擎转速极限。

恩佐·法拉利

2002年，"Enzo Ferrari"的出现是对终极性能概念的完整表达，将世界上最先进的F1赛车技术概念贯穿于整个街道量产车的开发中去，法拉利是唯一的。这也是"Enzo Ferrari"独有的优势，法拉利拥有3次世界F1制造商冠军以及两次世界F1车手冠军的头衔，长时间的赛道经验的积累，造就了法拉利开发这样一辆超级跑车的能力。将如此庞大的技术体验融入量产车里，法拉利开发"Enzo"的时候设立的一个目标就是让驾驶"Enzo"的用户能够像车手一样达到对性能的把握，这不得不得益于采用了典型的F1风格的人机界面。

法拉利 599GTB

2006年法拉利最新车型599GTB是继F430、F430 Spider和612 Scaglietti后，正式进入中国销售的第四款法拉利车型。新车搭载6升V12发动机，最大输出功率达620匹马力，通过移植自F1赛车技术的六速方向盘变速拨杆，使其百公里加速仅3.7秒，最高时速超过330公里/小时。它以更大的内部空间和更强劲的动力取代了550/575 Maranello。同时它让575成为法拉利最后一款使用钢制底盘的车型，此后法拉利家族的所有成员都成为全铝制品。

纽约现代艺术博物馆墙上的法拉利跑车

Maserati

玛莎拉蒂
（意）

优雅舒适跑车座驾

品　　类	车
标志风格	动感、时尚
创 始 人	玛莎拉蒂四兄弟
诞 生 地	意大利
诞生时间	1914 年

品牌解读

　　玛莎拉蒂（Maserati），近百年生产了多辆传奇式赛车和跑车，它是著名的意大利品牌，它在历史上各款车型制造过程中体现的精湛技艺和思维方面的独创性让人着迷。对不同的人来说，"玛莎拉蒂（Maserati）"这个名字有着不同的历史意义，喜欢研究汽车历史的人会了解玛莎拉蒂是第一家使用镁合金制造汽缸盖的制造商，也是第一个在赛车上使用液压制动系统的厂家，同时又是将空调设备定为房车标准的先行者之一。熟悉早期赛车比赛的人会知道阿尔菲力·玛莎拉蒂（Alfieri Maserati）或欧内斯特·玛莎拉蒂（Ernesto Maserati）这两位当年最优秀的赛车设计师和车手，他们带领着玛莎拉蒂共取得了 20 多项车赛大奖。对于那些既喜欢跑车又对轿车依依不舍的人来说，玛莎拉蒂代表了高性能 CT 轿车在 20 世纪六七十年代的辉煌成就。新型"总裁"轿跑车系列是在 2003 年推出的，将纯粹的运动精神、宽敞的空间和舒适性融为一体，这也意味着玛莎拉蒂重新回到世界汽车行业顶尖地位。

　　玛莎拉蒂依然风姿绰约，魅力依旧，延续着近百年的品牌精髓和尊贵的历史血统，在外观造型、机械性能、舒适安全性等各方面都力争完美，并不断开发出极具现代感和突破创新精神的最新产品。

阅读传奇

　　玛莎拉蒂家族四兄弟于 1914 年在意大利科隆拿成立了玛莎拉蒂公司，历史上第一辆镶有三叉戟徽标的玛莎拉蒂轿车出现在 1926 年 4 月 25 日的塔格·佛罗热比赛上。这辆由阿尔菲力驾驶、完全由玛莎拉蒂兄弟们自行设计制造的玛莎拉蒂 Tipo 26 汽车采用 1.5 升直列八缸发动机，最高时速可达 160 公里 / 小时。第一次出场，玛莎拉蒂就取得

了塔格·佛罗热大赛的胜
利。后来由于 Tipo 26 接连
在一些赛事中取得了胜利，
玛莎拉蒂公司开始考虑生
产赛车。其后的十余年间，
玛莎拉蒂公司又相继推出
Tipo 26B，玛莎拉蒂 V4，
玛莎拉蒂 4CTR，玛莎拉蒂
4CL 等经典车型，诸如意
大利大奖赛（Italian GP）、
的黎波里大奖赛（Tripoli
GP）等赛事的胜利也要归
功于玛莎拉蒂鬼斧神工般
的工艺与卓越的性能。

🌸 **玛莎拉蒂的内饰豪华而舒适**

　　1932 年 3 月，公司的创始人之一阿尔菲力·玛莎拉蒂永
远地告别了他心爱的赛车事业。他的离去，并没有阻止尚未
成熟的玛莎拉蒂在赛场上频传捷报，但公司本身却因经营不
善而每况愈下，于 1937 年出售部分股份给 Orsi 家族，公司
总部则迁至摩德纳。

　　与此同时，尽管受到来自梅赛德斯的强大竞争，玛莎拉
蒂还是接二连三地取得了一系列车赛的胜利，尤其是 1939 年
5 月 30 日——这的确是个值得玛莎拉蒂骄傲的日子——一位
车手驾驶着玛莎拉蒂 8CTF 取得了美国印第安纳波利斯 500
英里大赛的胜利，并且在 1940 年成功卫冕，连夺两届美国印
第安纳波利斯 500 英里锦标赛冠军，玛莎拉蒂成为唯一一家
摘取这项桂冠的意大利汽车制造商。

　　第二次世界大战中，玛莎拉蒂公司转战其他行业，开始生
产机械工具、电器元件、火花塞和其他电子设备。战争过后，
工厂恢复了生产并开发出一种新型高性能轿车——A6 1500。与
此同时，A6GCS 也出现在大众的视野，面对着来自阿尔法·罗
密欧及法拉利等跑车咄咄逼人的竞争势头，A6GCS 仍取得了摩
德纳环路赛的胜利。无奈第二次世界大战中，意大利汽车年产
量仅达到 28982 辆，玛莎拉蒂的销量也直接受到了不小的影响。

　　20 世纪五六十年代，为了恢复战争带来的损失，世界
各地的汽车公司纷纷推出新产品、投产新车型。玛莎拉蒂
公司也不例外。后来的事实证明 20 世纪 50 年代初期对玛莎
拉蒂公司来说的确是一段爬坡时期，开始是阿尔法·罗密
欧，后来再加上来自法拉利的竞争，使得玛莎拉蒂公司不得
不考虑在 1953 年起用曾担纲改进 A6GCM 的乔克诺·克罗布
（Gioacchino Colombo）任总工程师，并重组车队，取得了车赛

20 世纪 30 年代，玛莎拉蒂参加法国汽车大赛。

的胜利。不得不提的是，在 1953 年意大利车手大奖赛中，他们超过了法拉利赛车，赢得了胜利。

当时，克罗布还在忙于后来的玛莎拉蒂 250F 赛车设计工作。1954 年，250F 夺得阿根廷大奖赛（Argentine GP）的胜利——它诞生后的第一场胜利。1955 年、1956 年对车队来说是繁忙而丰收的季节，直至 1957 年玛莎拉蒂 250F 取得了第五个冠军称号，这也是玛莎拉蒂的无上荣誉。也就是在这一年，玛莎拉蒂正式宣布退出车赛。这不是一个完全"向后转"的举动，事实上尽管不再直接参赛，玛莎拉蒂仍继续为一些私人车队制造赛车，如 Birdcage 和其他车型等。而且，它和 F1 赛事也仍保持着紧密联系，例如在 1965 年为 Cooper 车队制造 3 升 V12 发动机等。

重温玛莎拉蒂的参赛史，玛莎拉蒂战功赫赫，取得了近 500 场彻底的胜利和无数场阶段性胜利，共取得了 23 个冠军称号，32 个方程式锦标赛胜利，是唯一两次取得印第安纳波利斯 500 英里赛事胜利的意大利品牌。从科罗拉多的拉力赛到威尼斯的快艇赛事，玛莎拉蒂在所有的竞争项目中名列前茅。此间的共同特点是它所具备的不可思议的通用性——在赛道、路面、坡道上，或是在大奖赛及耐力赛事中。除了在陆上，玛莎拉蒂还在水上赛艇比赛中取得了胜利。

1958 年，玛莎拉蒂发布了 3500GT，这意味着玛莎拉蒂公司开始转变营销策略，把注意力由竞赛用汽车转移于批量生产的汽车身上，相应地，工厂规模也开始扩大。直至 1968 年，玛莎拉蒂公司又相继开发了一些经典车型，如 Birdcage 系列、Mistral、Sebring（赛百灵）、Ghibli（吉卜力）等，其中 Quattroporte（夸特罗波特）是玛莎拉蒂历史上第一辆配有 4.136 升、气缸夹角为 90° V8 发动机的四门轿车。

1968 年，玛莎拉蒂与法国雪铁龙及意大利菲亚特结成联盟，生产雪铁龙 SM 车，但 SM 引起了财政灾难，致使玛莎拉蒂公司面临极大的财政困难。直至 1975 年德托马索轿车公司给玛莎拉蒂注入 38% 的资金、意大利政府注入其余 62% 的资金，才使得玛莎拉蒂汽车公司得以重整旗鼓。

在那几年，意大利汽车市场还没有恢复繁荣，尽管在

1963 年成为当时世界第六大汽车生产国，年产量突破了 100 万辆，1973 年年产量达到最高峰——1957994 辆，但因受到世界能源危机和国际汽车市场竞争日趋激烈的影响，在 20 世纪 70 年代末 80 年代初的世界性经济衰退中，汽车工业市场衰退，产量下滑，到 1983 年年产量仅为 1433086 辆。在这样的大气候条件下，1983 年，由于投产了双涡轮增压发动机车型，玛莎拉蒂公司的销售额开始成倍增长，故 1984 年该公司计划生产 9000 辆双涡轮增压发动机车型和 1000 辆 425 型汽车，但终因资金成本等种种原因未果。

时至 20 世纪 90 年代，意大利政府号召国内各汽车公司积极研发新产品，提高生产自动化水平，降低成本，加强国际市场竞争力，使意大利重新回到汽车强国的行列。并提倡汽车工业内部采用跨公司甚至跨国的联合经营方式，目的在于集中工业车辆生产能力和资源，互相交流生产技术，取长补短，提高生产水平，降低成本，提高竞争力。 在这种背景下，菲亚特公司于 1993 年收购了玛莎拉蒂公司，但品牌得以保留。4 年后，也就是 1997 年 7 月 1 日，玛莎拉蒂与法拉利车厂合并，3200GT 是两厂合并后生产的第一部跑车，糅合了两大跑车生产厂的传统与科技，凭借其优异性能同乘坐舒适性的完美结合，在后来的法国巴黎汽车展上引起极大轰动，使玛莎拉蒂重新跨入世界顶尖 GT（grand touring，大型旅行车）的行列中来。

这两个经典品牌完美组合，构成了现今车坛绝无仅有的超级跑车集团。在后来出产的车型中，它们继续发展着各自的空间，制作着不同性格

的车种。法拉利崇尚双门跑车，以一级方程式最先进的技术为底蕴；玛莎拉蒂虽然和法拉利拥有相同的技术水平，但性能不会像法拉利那样极端，会更讲求舒适，逐渐演变为日用高性能舒适轿跑车座驾。

在 2001 年法兰克福车展上推出的玛莎拉蒂 Spyder 及 2002 年底特律车展上推出的玛莎拉蒂 Coupe 均为手动高性能跑车（Manual GT），采用意大利生产的赛车专用 Cambio Corsa 电动变速箱，跑车从内到外无处不凝聚着当代汽车顶尖技术。新型 Coupe 具备 Spyder 的所有技术性能，如 4.2 升 V8 发动机，最高车速 175 英里 / 小时，爆发力惊人，从静止到时速 100 公里只需 4.9 秒，具有 Skyhook 悬架减振系统等。内饰综合了玛莎拉蒂特有的高贵典雅与时尚安全的特点，Coupe 还为广大消费者提供了可供四人乘坐的舒适乘坐空间。

玛莎拉蒂推出的轿跑系列，代表了意大利顶尖轿跑车制作的先进技术，也是意大利设计美学以及优质工匠设计思维的完美结合。由意大利设计师乔治亚罗塑造了其经典的外形线条，内部则集合了高性能跑车技术的应用，将传统型与时尚型相结合，奠定了玛莎拉蒂汽车在世界汽车行业中不可撼动的至尊地位。

Bugatti

布加迪（法）

王者之风

品牌名片

品　类	车
标志风格	立体、时尚
创始人	埃托里·布加迪（Ettore Bugatti）
诞生地	法国
诞生时间	1909 年

品牌解读

布加迪（Bugatii）车是古典老式车中保有量最多的汽车之一，以布加迪为品牌的车型在世界多个著名汽车博物馆中可以看到，而且性能上乘，车身造型新颖流畅，甚至发动机的配置都独具特色。如果说英国人在汽车发展史上占有重要的一席之地，是因为他们的劳斯莱斯把豪华发挥到了极致，意大利人以自己的汽车历史为荣，因为他们的法拉利把速度发挥到了极致，而布加迪则把豪华和速度两者都发挥到了极致。埃托里·布加迪（Ettore Bugatti）在制造汽车时，一直坚持捍卫着这个理念——汽车制造必须具有最高的手工艺水平。据说，他曾这样对本特利说过："我生产的汽车是为了行驶，而不是为了刹车。"满怀艺术热忱的创始人埃托里·布加迪赋予布加迪车高贵的血统，延续至今。在世界跑车王国里，布加迪不仅有令对手"望而兴叹"的速度，更在众多竞争对手面前树立起无法超越的艺术丰碑。

布加迪的车子就如同一件精美绝伦的观赏品，车辆的引擎全是由手工打造和调校，所有可以轻量化的零件都不放过，布加迪注重车辆的细节与平衡。他形容自己的主要竞争对手宾利是"全球最快卡车"，因为宾利只注重耐久和性能而忽略轻量化。在布加迪的造车哲学中，重量是最大的敌人。因为其引擎的外形（当时布加迪的引擎都是直列式的），布加迪被誉为立体派艺术家，而他事实上也的确曾经拜访过立体派艺术家。很多布加迪引擎在尺码上并不惊人，但输出却极为强劲，而且很多引擎都是每缸三阀，甚至还有搭载机械增压的。

阅读传奇

出生于意大利的布加迪创始人埃托里·布加迪，这个以他的姓氏为名的车厂座

落在阿尔萨斯的莫尔斯海姆，阿尔萨斯原本是法国的一个省，普法战争法国战败后被割让给普鲁士，普鲁士统一德国后成为德国领土，它在第一次世界大战前是德国的领土，战后归还法国。这家车厂是以精巧的造车技术出名，其高级汽车的制造更是一流。布加迪是汽车大奖赛（F1 的前身）的常胜军，它是第一届摩纳哥大奖赛的冠军，也是利曼 24 小时耐久赛的常胜军，让·皮埃尔（Jean-Pierre Wimille）为其二度夺下冠军，而罗伯特·贝诺伊斯特（Robert Benoist）和皮埃尔·弗农（Pierre Veyron，日后的 Veyron 车款就是为了纪念他）也各为布加迪拿下一冠。

第一次世界大战期间，埃托里·布加迪在美国为杜森伯格（Dusenberg）汽车公司设计制造了直列式 8 缸、功率 410HP 的航空发动机。第一次世界大战以后，从 1920 年起又先后研制出装用 4 缸 16 气阀（四气阀机构的创始者）小型发动机的赛车的 T22 型和 T23 型，并且在法国勒芒 24 小时汽车大赛和勃雷西亚车赛中夺魁。

埃托里·布加迪的儿子让·布加迪在 1937 年参加了设计工作，以精制的车窗和新颖别致的车身为主要特征，引领着车坛发展。然而不幸的是，让·布加迪不幸在 1939 年的一场交通事故中身亡。在世界经济萧条的环境中，埃托里·布

● **1935 年的布加迪汽车广告**

布加迪威航

加迪工厂经营困难。第二次世界大战一开始，德军便占领了位于法国的埃托里·布加迪工厂。但布加迪本人不屈服于入侵者的威慑，坚持意大利国籍，从而受到迫害，纵横车坛将近半个世纪的一代著名汽车设计师于1947年寂然逝去。但是，人们却永远地记住了他，现在大部分布加迪车成为法国米卢兹博物馆的珍藏品，至今仍然能够在公路上看到布加迪的身影。

布加迪威航 EB16.4 曾经以 407 公里 / 小时的速度创造过非官方世界量产车最快纪录。布加迪于 2010 年 7 月推出威航终极款布加迪，在英国汽车节目《Topgear》中以平均时速 431 公里 / 小时再度拿下世界量产车最快纪录。

布加迪已经归于大众旗下。布加迪主要拥有 118、218、Veyron（威航）、Chiron（奇龙）几款车型。这几款车最突出的特点是都装备了非常强劲的发动机，车身呈低矮流线状。在内饰上，几款车各有风格，处处体现着高贵不凡和豪华舒适。由大众公司开发的 18 缸发动机是将三组直列 6 缸发动机按 W 形排列在一起，每列之间的夹角均为 60°。其中 16-4Veyron 采用 8 升的方形增压 M-16 引擎，马力定在 987 匹上下（因欧洲有 1000 匹马力的限制），扭力在 923 磅上下。

追求终极的速度，是布加迪的汽车的卖点，从威航那昂贵的售价就能看出，能够拥有这款极致的汽车的注定是极少数的人。既然人们不能拥有布加迪汽车，那也许可以有机会拥有带有布加迪标志的其他产品。为了庆祝布加迪成功推出威航 16.4 跑车，爱马仕曾为其特别推出 307 高档手表，这款腕表使驾驶者在专心行车状态下不用旋转手腕也可清楚地读取时间，该表在 2006 年获得了国际手表大奖。2008 年，布加迪推出了日历、香水等一系列精品，以供那些还无力购买超豪华车型的消费者选购。布加迪出品的东西都是限量版，其推出的 Prestige Edition 香水限量推出 400 套，外观采用了 3D 雕刻技术，并涂上了一层 24K 金。虽然 2800 欧元足可以作为一款普通车型的预付款，然而因是布加迪的产品，这也就是香水的价钱了。这款香水上面印有布加迪的 EB 标志，不用打开，一种奢华感油然而生。

Lamborghini

兰博基尼（意）

让你窒息的狂野霸主

品牌名片

品　　类	车
标志风格	野性、彪悍
创　始　人	费鲁吉欧·兰博基尼（Ferruccio Lamborghini）
诞　生　地	意大利
诞生时间	1962 年

品牌解读

从成立之日起，兰博基尼（Lamborghini）就把"一流的技术、前卫的造型"当作研制超级跑车的宗旨，在工艺上精雕细琢，在造型上出神入化。世界超级跑车专业制造公司之一的兰博基尼公司，其创始人费鲁吉欧·兰博基尼（Ferruccio Lamborghini）因不断制造出一个个令人难以猜测的人生谜团，成为世界跑车制造界最捉摸不透的怪才，被戏称为"佩戴神秘面纱的车坛巨子"。

少年时期在意大利成长的 NBA 巨星科比·布莱恩特（Kobe Bryant）对著名的兰博基尼跑车情有独钟，这不禁让人觉得，兰博基尼最强劲的动力、最豪华的配置、限量生产，与科比的高昂气质交相辉映，他拥有的那辆黄色兰博基尼跑车，甚至比他美如天仙的爱妻还要吸引人的眼球。

物以稀为贵，由于制造精良，耗时较长，所以兰博基尼产量很小，每年产量百十辆，

稀有的兰博基尼就变成了难得的收藏品。"全球兰博基尼收藏俱乐部"的成员，专门以收藏兰博基尼新车为乐趣与标志。他们对兰博基尼的所有车型都崇拜至极。尽管每一款兰博基尼新车的价格都昂贵到惊人的地步，但是他们见到兰博基尼推出新产品便争相购买。这个俱乐部演绎了许多关于兰博基尼的传说。

兰博基尼把"一流的技术、前卫的造型"作为自己开发研制超级跑车的宗旨。技术上精纯自考，造型上独创神化，一款款跑车，就像展翅高飞的复仇天使，创造出"怪诞跑车"的梦幻世界。

咄咄逼人的活力动感，一往如前的豪迈气势，意大利式的热血奔放——这些用来形容卓越非凡的兰博基尼品牌再贴切不过。挑战极限、傲视对手、豪放鬼怪，这就是兰博基尼留给人们的深刻印象。它神秘地诞生，乖张荒诞且不合情理，但却不断地推出多辆让人目瞪口

呆的超豪华级别跑车，独特的品牌风格是兰博基尼得以在世界车坛上立足的关键因素。

作为世界顶级跑车制造商的兰博基尼，一直以惊人的动力输出配合极速侵略的流线型外表创造着汽车世界的神话，它推出的每一款新车都能引起世人的关注，一次又一次地征服世界。

兰博基尼的每一款车都是一件让人叹为观止的杰作。任何弧度、任何角落、任何一丝线条都是完美的体现，兰博基尼每一款车都完整地诠释了这个品牌的精髓，它们以特有的昂贵身价，释放出世间稀有珍品的气息，深深吸引着一代又一代人崇敬的目光。

费鲁吉欧·兰博基尼骨子里渗透着意大利人特有的豪情壮志，激励着他一路从普通的农民之子白手起家，直至成为众人敬仰的行业掌舵人。这个意大利北方人凭借一股毫不妥协的闯劲以及近乎疯狂的热情，孜孜不倦地追求着制造出完美跑车的梦想。与奥迪合并以后，一个充满异域情调的汽车制造商和一个全球汽车制造巨头，一群满怀激情的意大利人和一群骄傲的德国人，联手缔造了兰博基尼复兴之路。

阅读传奇

1962 年，费鲁吉欧·兰博基尼在意大利摩迪纳创建了以生产赛车为主的兰博基尼汽车公司，1987 年与克莱斯勒公司合并。自那时起，倔气十足的"公牛"标志便成了兰博基尼的象征，诠释了这一与众不同的汽车品牌的所有特点——挑战极限、高傲不凡、豪放不羁。

第二次世界大战后，费鲁吉欧·兰博基尼在意大利制造了一系列的拖拉机、燃油燃烧器及空调系统，从而为自己的品牌树立了声望，并于 1963 年在意大利成立了自己的车厂。据说有一次，兰博基尼这个跑车迷打算和恩佐·法拉利会面，想对其产品提些改进建议，然而法拉利并无意听取一个拖拉机制造商的意见。虽未经考证，这则轶事始终在圈内流传。不论事实真相如何，一年后，首款兰博基尼跑车——兰博基尼 350GTV——面世了，它标志着一段令人称奇的成功之路的开始。没人能想到日后世界上的一些超级名流会竞相购买兰博基尼，长长的名册中有法兰克·辛纳屈（Frank Sinatra）和保罗·麦卡特尼等。所有记载各个时代最成功跑车的编年史中无一不载录了兰博基尼的两款著名跑车 Countach（康塔什）和 Miura（穆拉）。

经历了一系列坎坷波折之后，费鲁吉欧·兰博基尼终于在 1972 年从公司隐退。兰博基尼从来不缺乏想象力，但一直缺少稳固的资金支持。实际上，兰博基尼在 1980 年破产，意大利商人米兰姆兄弟收购了该公司。后来，兰博基尼还数次易主，其中也包括克莱斯勒汽车公司，但它们没有表现出对兰博基尼真正的爱或者关注。而兰博基尼和奥迪一直深有渊源，它们以前合作追求铝质底盘的构造。这种关系终于在 1998 年成就姻缘，兰博基尼加入大众汽车集团。奥迪公司收购的这个顶级跑车品牌不但在品牌精神上与奥迪有共同之处：都在科技上不断进取，追求激情动感。他们的创始人也有惊人的相似之处，奥迪的霍希和费鲁吉欧·兰博基尼都是狂热的汽车梦想家，都曾被大品牌拒之门外，并毫不气馁地创立了自己成功的品牌。

在奥迪的资助下，兰博基尼有了自己的管理班子来运作。兰博基尼在 2003 年分别推

出了蝙蝠概念车和幻影。复兴的证明显而易见，兰博基尼一下子引入了两款全新的车型，工厂设施也得到扩张和更新。另外，兰博基尼博物馆也开始打开大门。

对于上流社会的名人富豪而言，他们乘坐的坐骑绝非简单的代步工具，早已超越了交通工具的范畴，从某个角度上说，是其身份和品位的体现，因此那些高贵、豪华的名车无疑是他们的首选。在当今的豪华轿车领域中，宝马和奔驰的对决，奥迪的独树一帜早已成为历史，各大高档车品牌纷纷加入这一阵营，这块高利润市场正在上演着群雄争霸的好戏。在2008年巴黎车展上，世界超级跑车队伍中的领导者兰博基尼公司推出了旗下首款四门车型——"Es-toque"，代表着这一品牌也开始涉足豪华轿车的竞争领地。

康塔什（Countach）

康塔什一词来源于意大利的俚语Coon-tash，意为"难以相信的奇迹"。据说兰博基尼第一眼看到康塔什LP5000时赞叹道："Coon-tash！"于是名字由此而来。采用高速发动机的康塔什LP5000对冷却系统的要求很高，它选用了竖向气流格栅。和穆拉系列（Miura）相比，康塔什的背部有凹陷，竖向气流格栅恰在露出的那部分空间。康塔什车门与后翼子板上设计了槽形进气口，后翼子板与侧窗连接的部分有航空式进气口。

在跑车风靡的 20 世纪 70 年代，跑车款式层出不穷，而创出自己标新立异的风格，是当时立足跑车坛的唯一标尺。兰博基尼的设计师找到了突破口，设计的康塔什 5000S 跑车，隐藏着的前大灯使它打破传统的车型，前挡风玻璃与车头形成一个平滑的斜面。车身侧面有三个进风口，这不仅是为冷却发动机而设计，还能使车身整体造型具有强烈的雕刻感，全身上下散发着强烈的阳刚之气，每一线条和棱角都显示着不羁的野性。特别是向上方打开的鸥翼式车门，给人一种超级汽车的感觉，直至现在，人们依然能感受到设计师的超前意识。这辆车被认为是汽车历史上的一座里程碑。

兰博基尼为华硕设计的笔记本电脑

蝙蝠（Murcielago）

2003 年的蝙蝠继承了前辈充满魅力的基因、卓越的性能，足以傲视群雄。蝙蝠不仅仅是金属、合成材料以及皮革的结合体，12 缸发动机孕育着无穷的动力，2 米宽，1 米高的身材彰显出强健的体魄，这使得蝙蝠酷似一头骁勇善战的西班牙斗牛。斗牛代表着奋进和勇气，是勇猛和力量的化身，兰博基尼旗下的跑车恰恰具有这样鲜明的特征。蝙蝠拥有一颗 571 匹马力 6.2 升 V12 的心脏，6 级变速箱和完美的操纵性、强劲的加速感受、放心的安全性，这些都将使驾驶者血液沸腾，即使是在高速公路上敞篷的情况下。

幻影 GT（Gallardo GT）

"法拉利跑车劲敌"——素日以另类路线显赫于贵族超级跑车行列的兰博基尼，2006 年 12 月将一款全新的幻影 GT 曝光，并在 2007 年日内瓦国际车展上一展雄姿。兰博基尼将 07 款幻影 GT 跑车的动力定在了 600 制动马力。新款幻影的特色不只体现在它强劲的引擎上面，在车体的其他部位也可以看出许多创新亮点，如碳纤维的仪表板、宽大的前进气格栅、全新设计的尾部，以及更加突出的轮胎轮廓，无不显示了兰博基尼设计师卓越的智慧和创造性的思维。

Alfa Romeo

阿尔法·罗密欧
（意）

意大利情人

品　　类	车
标志风格	动感，灵活
创 始 人	尼古拉·罗密欧（Nicola Romeo）
诞 生 地	意大利
诞生时间	1910 年

品牌解读

　　一提到罗密欧这个名字，人们就会想到莎士比亚笔下那个与朱丽叶相恋的翩翩男子，以及那段可歌可泣的爱情传奇。而在汽车领域，一提到阿尔法·罗密欧（Alfa Romeo）这一品牌，很多人最初的感觉可能并非浪漫，而是不可思议。从创立开始，阿尔法·罗密欧的造车目标就是朝生产高性能跑车以及跑车化轿车努力，而从创厂至今，其旗下的车款的确也不辱使命。100 多年来，阿尔法·罗密欧在赛事上的表现着实优异，而在轿车领域，阿尔法·罗密欧生产的轿车所具有的强烈跑车风格也毋庸置疑，尤其这些年来阿尔法出人意料地淡出各项赛事，更专注于将赛车制造技术工艺应用在家庭用汽车的设计生产上面。

阅读传奇

　　1910 年，阿尔法·罗密欧公司创立了，但是它的前身却是由亚历山大·德拉奎（Alessandro Darracq）于 1907 年在米兰创建的另一个小公司。在卡瓦利埃·乌戈·斯特拉（Cavalier Ugo Stella）先生的领导下，阿尔法生产了一系列的具有很高操控性的产品，因而闻名当地，开始成为当时汽车市场上比较出名的品牌。最早的成名之作，当属阿尔法·罗密欧的型号为 24HP 的装备直列 4 缸铸铁引擎的车型。

　　阿尔法·罗密欧以其强烈的动感外形和独特的设计，在汽车领域中独树一帜。从 20 世纪 20 年代参加 mugello 慕吉罗大赛、世界杯 GP，20 世纪 30 年代第一部单座 GP 赛车 P3 树立了当时的赛车典型，20 世纪 50 年代火红席卷世界的 158/159 赛车……一直到前些年在英国房车锦标赛（BTCC）叱咤风云的 155，100 年来，阿尔法·罗密欧在赛事上的表现着实优异。虽然现在阿尔法·罗密欧已被同样位于意大利的菲亚特集团兼并，但是，

阿尔法·罗密欧汽车的风格却是不能被任何车款所取代的。

1910年到1920年主要生产24HP型号的车，经历了历史的考验，数次改良后，其实它的排量达到了4084cc，现在对于一部4缸车来说，这个排量是不可思议的。当然，当时的单个气缸可能很大，所以才造就了这部4缸引擎车的惊人肺活量。发动机2200转的时候，能产生42bhp的马力，最高时速可以达到115公里。朱塞佩·美罗斯（Giuseppe Merosi）设计了24HP，让它成为一部既有速度，又耐跑的汽车，更重要的是，它造就了阿尔法经济收入上的巨大成功。当时的跑车爱好者都追捧这款车，因为它的设计和做工在当时都是一流的水平。

1911年，阿尔法特地设计了型号为15HP Corsa的赛车，马力输出可以达到45bhp。24HP的改进型12HP也上市了，精简了设计之后的12HP也是一款相当出色的车型。还有40—60HP和Grand Prix（大普里克斯），都是两款极负盛名的跑车，后者更是参赛车辆中的佼佼者。从那时开始，阿尔法·罗密欧就把自己的名字和跑车界联系在了一起，直至今日。尽管今日它的车型外表并不同于那些超级跑车，但是它的内涵仍旧带着跑车的血液，经久不衰。1915年时，阿尔法·罗密欧公司由于第一次世界大战，生产了一阵子的军备。不过阿尔法·罗密欧公司和另一个集团合并了，这就是由尼古拉·罗密欧（Nicola Romeo）控制的Romeo集团。1919年，战争结束了，阿尔法·罗密欧的品牌终于正式诞生并开始生产新一轮的产品：Torpedo20—30HP。同时，它继续参加跑车比赛。

1929年爆发的世界经济危机，波及范围极广，很多汽车制造厂倒闭，阿尔法·罗密欧也陷入了困境。意大利政府被迫通过IRI控股公司来参与阿尔法·罗密欧的经营，公司因此也退出了赛车项目，并将其8c2300bc型车转让给了法拉利车队。尽管如此，阿尔法·罗密欧仍然在不断进取。以8c2900b lungo型车为例，无论在款式还是动力方面，它都可谓佼佼者。但是IRI控股公司要求阿尔法·罗密欧生产转向工业用车及航空发动机。在此背景下，1931年，阿尔法·罗密欧生产出第一辆卡车，与此同时，其生产的航空发动机也由于优秀的表现而名声大噪。

第二次世界大战的爆发，使阿尔法·罗密欧工厂遍体鳞伤。意大利北部被德军占领，造成生产公司原材料的短缺，但最令阿尔法·罗密欧担心的是其关键技术被德国人窃取。虽然面临重重困难，公司还是保持着其产品的高水准，以1942年三引擎的sm75型飞机为例，它采用的是阿尔法·罗密欧1278型发动机，飞到东京后返回，全程20000公里，可见其发动机的优异品质。

战争期间，由于屡次遭受炮火的袭击，使阿尔法·罗密欧工厂的大部分生产设备严重损坏，直到1946年，公司的汽车生产才走上了正常轨道，生产的车型是战前的6c2500型汽车。此后，公司又开发了一系列新车型，被称作freccia d'oro以及villa d'este，这两款车很快成为世界上各界名流竞相购买的目标。到了1950年，公司推出了全新的1900型汽车。与此同时，阿尔法·罗密欧158型赛车也在赛场取得了绝对的霸主地位。1950年，法里纳驾驶该车赢得了世界冠军的殊荣。

1951年，被认为当时最伟大F1车手的范吉奥驾驶着阿尔法·罗密欧赛车再次取得

世界冠军。但是，阿尔法·罗密欧却决定退出世界锦标赛，并把重心放到了运动型汽车竞赛上。于是在1954年，giulietta sprint（吉里耶塔）诞生了，1955年spider型也面世了。随着2000系列车的推出，阿尔法·罗密欧的汽车产量在接下来的10年间获得了极大的提高。

这一时期，阿尔法·罗密欧发展势头很好，到20世纪60年代，在米兰附近及意大利南部分别开设了生产厂。1962年，giulia车型面世，并以此为基础推出了一整系列轿车与运动车型，在其后的14年间，这些车型的销售量超过百万。这十多年间，还有其他一些新的车型，如：1962年的2600型，1966年spider 1600 duetto型，1967年的1750型以及montreal（蒙特利尔）型。

1997年，阿尔法·罗密欧公司推出的156型中高档轿车在法兰克福汽车博览会上亮相后，便以其创新时尚的设计和优秀的机械性能暗示着阿尔法·罗密欧传奇时代的重新回归。1999年166型高档轿车隆重登场，再次向世人展示了阿尔法·罗密欧的独特魅力，该款车拥有E级房车应有的豪华、舒适且安全的配置，同时秉承了阿尔法车型所有的运动素质，3.0升V6发动机令该车动力澎湃，为阿尔法·罗密欧家族中当之无愧的新

旗舰车型。这个品牌以百折不挠的奋斗，用实际成果证明了自己的地位，昂首阔步地重新回到世界顶级汽车的行列。

阿尔法·罗密欧车上散发着迷人的运动细胞，这标志性的风格，为其品牌不可分割一部分，近年来推出的新款 156 型、166 型、GT、GTV，以及 8C Competizione 双门跑车、敞篷车和刚亮相的 MiTo 小型车，都是数一数二的精品。尽管阿尔法·罗密欧百年的辉煌已经成为过去，但是其出产的经典汽车同样让人们热血沸腾。

阿尔法·罗密欧光辉的发展历史，同时也是汽车、设计师、赛车及发动机的发展史。无论在汽车技术还是在汽车运动领域，阿尔法·罗密欧都做出了不可磨灭的贡献。

Porsche

保时捷

（德）

无与伦比的"纯种跑车"

品牌名片

品　　类	车
标志风格	速度、人文设计
创 始 人	费迪南德·保时捷（Ferdinand Porsche）
诞 生 地	德国
诞生时间	1931 年

品牌解读

　　保时捷（Porsche）汽车集豪华的车体和优异的性能于一身，是世界上最知名的跑车品牌之一。尽管其跑车设计风格比较经典保守，没有像法拉利那样的现代诱惑，然而，20 世纪 50 年代曾经流传着这样的话，即"拥有保时捷，是投资不是消费""在赛道上，只有保时捷才能打败保时捷"。半个多世纪过去了，保时捷用一流的技术证明了自己的实力。保时捷有着"不但要制造世界最快的车，也要制造最安全的车"的理念，并始终坚持着需求的个性化，使得保时捷成为世界上最经典、最舒适、最豪华、跑得最快的跑车。

　　保时捷是一种气质。当你见到它，你会觉得心驰神往；当你驾驶它，你会觉得热情奔放；当你拥有它，你会觉得华贵富有；当你品味它，你会觉得渊博典雅！在保时捷历史上，曾经赢得了 23000 多次的竞赛冠军。当人们说起保时捷，就会领悟到什么是纯种

的跑车，什么是最快的跑车，什么是强劲与经典，什么是骄傲和独占。

　　从指挥界泰斗与超级跑车所谱成的"谐和曲"中，人们可以印证汽车专家关于保时捷是糅合艺术家的精神、科学家的智能以及哲学家的胸襟等"材料"凝塑而成的说法。创立以来，保时捷永不妥协地坚持——制造"纯种跑车"的理念，丝毫未受时空的影响。

　　没有哪一个品牌像保时捷那样对"纯种跑车"始终执着追求，每一款保时捷的问世，都是科技与艺术的充分融合，它只想用速度和性能来证明实力。纯种血统的跑车，细数下来资格最老的莫过于保时捷。任何一款保时捷都在诉说着速度与艺术的经典传说。从你身边疾驰而过的它，如果你仅仅认为是一辆快速前进的跑车，那就是对保时捷莫大的曲解。在山野间，它是飘扬的彩带，轻逸俊美；是仙女的留香，弥漫过后就是一场不想

重返现实的梦。艺术的魅力就在于和时间的结合，在一个个经典中，保时捷驾驭了这两者。保时捷深深蕴含着汽车文化的魅力，是在疾驰中享受精品人生的车迷的梦想，是在速度中体味尊贵与典雅的拥有者的宣言。

阅读传奇

"保时捷"曾译名为"波尔舍"，是德国著名汽车品牌。保时捷的历史可追溯至 1900 年，第一部以保时捷为名的汽车——Lohner-Porsche 正式登场并造成轰动。这部双座跑车是由费迪南德·保时捷（Ferdinand Porsche）设计，当时 25 岁的费迪南德受聘于 Lohner 车厂担任设计师，在这里他已显示了出众的才能。

1875 年，费迪南德出生于奥地利。父亲是一个白铁工，费迪南德·保时捷从小就喜欢干白铁工的活，同时对电工也感兴趣。1890 年，他开始从事汽车的开发工作。之后，费迪南德·保时捷转到戴姆勒车厂的奥地利分公司，担任技术总监。在接下来的十数年中，他设计了多款具有划时代意义的新车，如戴姆勒 – 奔驰的 SS 和 SSK 运动车、汽车联合公司（Auto Union）的大奖赛车，在德国汽车工业中都是光辉的篇章。凭借着优秀的表现，他被晋升为戴姆勒总厂的总工程师。接着，戴姆勒与奔驰车厂于 1926 年合并为现在的奔驰。

期间，费迪南德·保时捷向奔驰建议生产一部大众皆买得起的生产型轿车，不过遭到了当时董事会的否决。这使得费迪南德不得不挂冠而去。1931 年 3 月 6 日，费迪南德·保时捷在几位投资者的帮助下，在德国斯图加特建立了一家设计公司，专门开发汽车、飞机及轮船的发动机。儿子费利·保时捷（Ferry Porsche）也在 24 岁时加入了设计小组。

1935 年原型车诞生，它就是大众车厂的"甲壳虫"，至今，它已经是世界上产量最大的车款。在 20 世纪 30 年代，费迪南德·保时捷也为奥迪车厂的前身——Auto Union 设计了 3 款高性能赛车，这几款赛车也被认为是保时捷跑车的前身。

战后，保时捷的设计公司迁往奥地利，小保时捷与其妹妹露易丝·皮耶希（Louise Piech）也正式加入经营管理阵容。费迪南德·保时捷在儿女的辅助下，以"甲壳虫"为基础，共同着手保时捷汽车的研发工作，由于父子俩对性能皆有难以言喻的狂热，因此第一部自行研制的保时捷汽车自然是一部以性能著称的跑车，这即是 1948 年面世的 Porsche 356，如同日后推出的保时捷跑车一般，356 拥有轻巧的车身、低风阻系数、灵活的操纵性能及气冷式发动机。这些特性使它与众不同。从此，保时捷公司以高超的技术和优雅的艺术造型，在跑车世界占有一席之地。费迪南德在实现了制造自己的跑车的梦想之后，于 1951 年去世。

父亲去世后，费利·保时捷随即肩负起经营的重任。1963 年，保时捷历史上最重要的车型——911 在法兰克福车展面世。为了保持并提高保时捷的品质，保时捷于 1971 年在总厂附近的魏斯萨赫（Weissach）建成一座现代化的研究开发中心及大型测试场地。

20 世纪 80 年代中期，保时捷遭遇有史以来最严重的经营危机，汽车产量锐减一半，之后历经大幅降价及裁员三分之一才稳住阵脚。直到 1993 年发表 Boxster 概念车后，保时捷的生存才露出曙光。这部敞篷小跑车于 1996 年上市后，即在全球造成一片抢购热潮。费迪南德·保时捷的遗志"推出一款高品质、低价位的大众化跑车"终于在他死后多年得以实现。1998 年，保时

捷又乘胜追击，于日内瓦车展发表了全新的 911 敞篷车。

费利·保时捷于 1998 年 3 月 27 日去世。保时捷厂家虽然由专业经理人经营，但保时捷家族仍旧拥有制造厂的大部分股权。据统计，该家族所拥有的资产总值高达 50 亿欧元。

从世界汽车历史的开端到现在，法拉利、美洲豹、莲花等许多豪华汽车品牌几乎都因为经营问题而纷纷被其他汽车厂收购。2008 年 7 月 23 日，欧盟委员会宣布批准保时捷收购大众汽车，而短短一年之后，形势又发生了逆转。据德国《明镜周刊》2009 年 7 月 18 日报道，大众出资 80 亿欧元收购保时捷控股公司旗下总部位于德国斯图加特的跑车业务部。不过，无论是保时捷收购大众还是大众收购保时捷，对于广大车迷来说并没有太大影响。人们相信，作为跑车世界中的王者，即使被收购，保时捷仍旧会保持品牌的独立性，生产的每一辆车也仍将保持着对高质量、高档次、高品位的追求，并以其现代、时尚的设计品位，尽显成功者的风范。历经风雨，保时捷汽车依然保持着良好的发展势头，这与其不断挑战自我、精益求精的传统是分不开的。凭借着卓越的创造力和想象力，保时捷汽车愈发地注重细节，追求完美，不断地刷新着历史，不断地创造着奇迹，将自己纯种跑车的高贵气质发挥得淋漓尽致。

夜幕下的保时捷博物馆

928 系列

保持捷 928 系列据说是在 20 世纪 70 年代中期为美国市场而设计，马力和车体都是"巨无霸级"，推向市场后不久即获得 1978 年度欧洲最佳汽车荣誉。45 升的 V8 引擎可发出 240 匹马力，轻易达到时速 267 公里。

保时捷 930

保时捷 930 是世界上第一部将赛车技术推向市场的赛车。934、935 在赛道上创出多年第一，而 930 是 911 车系中最强的一款可以在街道用的赛车。1977 年推出 3300cc 涡轮增压器，马力增至 300 匹，加速至 100 公里不到 5 秒，进入世界顶级跑车的行列。在今日来看也是一个超级跑车才可做到的，这车不只快，甚至可以用疯狂来形容，车主如果没有相当技术，实在难以驾驶，今日的 GT2 也是 930 的后代。930、RS、RSR 同样是 911 系列经典收藏对象。

镀金 Boxster

镀金 Boxster 是 2006 年的一款限量版车型，由一位德国斯图加特的艺术家兼金匠设计完成。历经数月的艰苦手工作业，一件前无古人的艺术品才诞生。

从一些控制元件，诸如方向盘以及门把等，到整个车身甚至合金轮毂，全都被镀上了黄金，现在这部双座跑车的价值难以估量。在其身上体现出的一种对生活的完全享受的态度，配合 Boxster 一如既往的美妙曲线，共同诉说着这款艺术品级跑车的魅力。

这部跑车无论走到哪里都会是众人瞩目的焦点。这部镀金跑车所能达到的威力不仅仅只是吸引大众的注意力，它完全可以让男人和女人都为之心跳加速，点燃他们的艳羡之心。

Benz

奔驰
———————（德）

雄霸天下的风姿

品牌名片

品　类	车
标志风格	精美、可靠
创 始 人	卡尔·奔驰（Carl Benz）
	戈特利布·戴姆勒（Gottlieb Daimler）
诞 生 地	德国
诞生时间	1926 年

品牌解读

梅赛德斯－奔驰（Mercedes-Benz），简称奔驰，是德国汽车品牌，被认为是世界上最成功的高档汽车品牌之一，其完美的技术水平、过硬的质量标准、推陈出新的创新能力，以及一系列经典轿跑车款式令人称道。

奔驰汽车，一个几乎全世界无人不知的汽车品牌。从诞生直到如今，奔驰汽车的发展史不仅仅是一个传奇，更代表了人类汽车工业的发展史。奔驰这个强大的汽车王国，总部设在德国的斯图加特市，1993 年完成销售额 591.02 亿元，年生产汽车约 100 万辆，在国内外拥有 50 多个生产装配厂及 6300 多个代理机构和维修中心，产品行销 190 多个国家和地区。如此庞大的成功的秘诀何在呢？首先，奔驰公司生产的汽车，以质得名，它的质量看得见，摸得着，一辆中档奔驰车价格较贵，但至少可开 20 万公里，换一个发动机后再开 20 万公里，这样年均下来并不贵，公司的广告曾不

加掩饰地声称："如果有人发现奔驰车发生故障，被迫抛锚，我们将赠送您一万美金。"而奔驰车的安全性设计更是它享有盛誉的原因之一。此外，良好的服务、科研先导、认真制造，就更加稳固了奔驰车在同行业中的领先地位，永葆名牌本色。

随着汽车工业的蓬勃发展，曾涌出很多的汽车厂家。到如今，能够经历风风雨雨而最终保存下来的百年老店，只有奔驰。对于热衷奢华享受和驾驭快感的人而言，奔驰是尊贵的典范，是实现车主梦想的天堂。它的每一辆车都各具特色，每一个细节都经过精密的设计，每一个零部件都达到了顶尖的水平。奔驰交给顾客的是"精美、可靠、耐用和个性化"，让每个顾客都看到了充满激情的主张和充满灵感的创新，让每位购买它的顾客都感受到了奔驰汽车的魅力所在。

奔驰汽车公司的成功是两大汽车巨人

395

合作的结果。他们就是汽车发明鼻祖卡尔·奔驰和戈特利布·戴姆勒。奔驰的标志来源于戴姆勒给他妻子的信，他认为他画在家里房子上的这颗星会为他带来好运，这颗三叉星还象征着奔驰汽车公司向海陆空三个方向发展。约翰·肯尼迪对奔驰喜爱有加，英国女王伊丽莎白二世把奔驰高级轿车作为重要盛典的礼仪之车，教皇约翰·保罗二世对奔驰也是倍加青睐，许多政要人物都是奔驰的追捧者。

阅读传奇

　　1852 年，戴姆勒就读于斯图加特工程学院，从很小的时候戴姆勒就对燃气发动机产生非常的兴趣，并开始学习研制奥托式燃气发动机。1872 年，戴姆勒设计出四冲程发动机。1883 年，他与好友——著名的发明家威廉·迈巴赫合作，成功研制出使用汽油的发动机，并于 1885 年将此发动机安装于木制双轮车上，从而发明了摩托车。1886 年，戴姆勒把这种发动机安装在他为妻子 43 岁生日而购买的马车上，创造了第一辆戴姆勒汽车。

　　不得不提的是 1903 年，以公司主要投资人埃米尔·耶利内克的女儿的教名"梅赛德斯"（Mercedes）命名的小客车投产，耶利内克是当时公司主要投资人，奥地利驻法国尼斯的领事，戴姆勒汽车的热情支持者。其前置发动机有 35 匹马力、前车灯、挡风板、双门 5 座位敞篷车造型，更加接近现代轿车的特征，还有比原来更轻、动力更大的引擎，更长的轴距，更低的重心，大大提高了戴姆勒公司的商业地位。

　　1926 年，这两大汽车公司合并为一家形成了奔驰公司。他们的继承人不负众望，使两位伟人所开创的事业得以发扬光大，使奔驰汽车公司成为世界上第一流的汽车公司。精美、可靠、耐用是奔驰汽车标榜的宗旨，为了保持高质量和开发新技术，奔驰公司每年投入的科研开发费用高达 4 亿美元。造型精美，不断更新具有传统和流畅的特点，一眼看上去就觉得这是"奔驰"的感觉。

　　奔驰汽车的款式和工艺及舒适度等许多方面，在汽车行业中始终领先。1934 年，奔驰汽车公司制造了世界第一辆防弹汽车 770K。车身用 4 毫米厚

1885 年的"奔驰 1 号"汽车

的钢板制成，挡风玻璃有 50 毫米厚，轮胎是钢丝网状防弹车胎，后排坐垫靠背装有防弹钢板，底板也比一般汽车厚 4.5 毫米。配有一台排量为 7655 毫升的 V8 发动机，可产生 100 千瓦的功率，此车生产了 17 辆，只可惜在第二次世界大战期间毁坏了大部分，现在世人能见到的仅有 3 辆，成为稀世珍品。

1936 年，奔驰汽车公司在柏林汽车展上推出了世界上第一款使用柴油发动机的轿车 206D，因此而节省了大量的燃料。同年在柏林汽车展上，奔驰汽车公司还推出了第二次世界大战前外形尺寸最大的汽车 170v（拥有 4 缸发动机）。当年还推出了 500k 豪华跑车，在当时拥有惊人的 160 马力引擎和 3.29 米的轴距！

1938 年，公司推出了根据空气动力学设计的奔驰 320 轿车，它比先前的车型都更易操控，使得它能在新修建的高速公路上以更高的速度行驶。第二次世界大战中，德国的工业遭到了几乎毁灭性的打击，公司生产停滞。一直到了 1947 年，才生产了战后第一款车：老的 170v。

奔驰公司推出的所有汽车，不仅性能优越，而且车系齐全，主要生产 C 级车（中档轿、跑车）、E 级车（高档轿、跑车）、S 级车（豪华轿、跑车），还有 C 型车（越野车）。公司早期出产的车分为曼海姆版和斯图加特版，创立至今，无论是高、中、低档车都统一为一个相同的名字——"奔驰"。

全球高档运动车市场广阔的发展空间，使得奔驰汽车公司适时地推出了 SLK 系列，其中 S 代表 Spots（运动），L is Lightweight（轻量），K 是德文 Kulz，即英文 Short（短小）。其银灰色的车身、形如明眸般的车前灯与水箱栅格一起汇入左右转向灯，短而阔的轮距构成了 SLK 独有的情调；其外形给人简洁紧凑的视觉效果，车身线条也很刻意地追求跑车的流畅动感。

内外兼修的 SLK 跑车配备 4 汽缸 2.3 升大型增压发动机，最高输出马力为 193 匹，每百公里耗油 8.2 公升，百公里加速时间只需 6 秒，极速 237 公里／小时，同时发动机配有可变阀门延时装置与电子控制磁铁一起工作，为凸轮轴驱动链内的一个腔提供油压，从而轻轻转动凸轮轴并根据凸轮和活塞运动改变阀门启、闭时间。为符合不同车主的品位，SLK 又配备了 5 速电子控制自动传动装置，该装置能够测量司机使用加速器的敏捷度并根据车速变化、发动机承载大小、巡航控制条件及发动机温度来确定变速及对策。SLK 还有折叠式硬顶车型，在全球倡导安全的大气候下这无疑是顺理成章的构思，硬顶收藏在尾箱内，只要按一下按钮，电子水压系统便会把硬顶盖上。

"幻形" F200 概念于 1996 年在巴黎车展上推出。车中没有方向盘、转向管柱和脚踏板，独特的控制系统是 F200 轿车的首创。驾驶员通过安装在车门内衬和控制系中间托架上的侧面控制杆来操纵汽车所有运动（包括左右转向加速制动），就像坐在一台电脑游艺机面前，一切都出奇的简单、容易。被专家称为"线路驾驶"的新型电子控制系统接受驾驶员全部指令，电子控制装置连合了一个主控悬挂（装有动力调节的液压缸）主动车身控制装置利用液压缸和传感器，可将车

轮在路面的负荷转变修正，车身侧倾，滚动减小至零。即便是在急转弯中，车身也同样保持平衡，更能控制反弹和缓冲性能，使操纵更安全，驾驶更舒适。F200 车没有后视镜，由 5 部摄像机替代，4 部分装于顶篷四角，还有一部置于尾部保险杆，倒车时仪表盘上的屏幕可提供各种信息，如车速、燃油，以及导航电脑、电视、录像、电子游戏机、CD 机、电话等显示内容。

此外，它新型的气袋装置，可在发生撞击后 20 毫秒内将窗帘式气袋从车顶前部扩充到后部，保护所有乘客的安全。同时，6 组独立反光屏组成的前照灯可根据路面环境和车速自动调节明暗。

20 世纪 30 年代，具有"银色之箭"之称的奔驰赛车，称霸车坛，写下了赫赫战功。1934 年，第一辆真正的顶级赛车银箭 W25 一经问世，就在路迪·卡拉里奥的驾驶下创出了每小时 311.98 公里的神速，并成为欧锦赛的冠军。蝉联 1937 年和 1938 年冠军后，经过改进的 W125 在海曼·兰的驾驶下以平均时速 261.7 公里的成绩夺得阿威斯之战的桂冠。1937 年，W154 问世，并在 1938 年间 6 次获胜，1939 年间 7 次获胜，海曼·兰也因此获得了 1939 年欧洲冠军的殊荣。同年，他又驾驶着银箭 W165 在的黎波里举行的利比亚车赛中摘取桂冠。2001 年，在全球豪华汽车品牌竞争中，奔驰依然占据领导品牌地位，共售出 1113000 辆，实现了连续 6 年打破销售纪录。梅赛德斯三叉星徽成为世界最知名的品牌之一，它主要车型有：

A 级：使用特殊夹层式底盘设计的迷你车系，有三门与五门两种车体。B 级——小型的轿式底盘休旅车系。C 级：小型房车车系，除了标准的四门房车外，该车系尚有五门旅行车与三门掀背车两种衍生款式。梅赛德斯－奔驰 C 180 K 经典型是首个由中国豪华车生产商推出的车型。其搭载的 1.6L 机械增压发动机，动力性能不可小觑，最大功率和扭矩高达 115 千瓦和 230 牛·米，最高时

速可达 223 公里 / 小时。同时，梅赛德斯 - 奔驰 C180K 经典型具有无可比拟的燃油经济性，百公里综合油耗 只有 7.7 升。CL 级：以 S-Class 为基础衍生出的大型双门四座豪华轿跑车。CLC-Class- 运动双门跑车。CLK 级：车身尺码介于 C-Class 与 E-Class 之间的双门四座豪华轿跑车，有硬顶与敞篷两种不同的车体。CLS 级：2004 年新登场的运动房车系列，有着双门跑车般的造型但却有四个车门以及独立的 4 个座椅。E 级：中型豪华房车系列，有四门房车与五门旅行车两种车体版本，国产版加长了轴距。S 级：热卖全球的大型豪华四门房车系列，搭载大量先进的电子设备，并拥有同级别出类拔萃的舒适性。SL 级：大型纯双座敞篷跑车系列。SLC 级：双门跑车 SLK 级：小型纯双座敞篷跑车系列。SLR ：与一级方程式赛车车队 McLaren（迈凯轮）合作开发的高性能限量生产跑车。G 级：越野车，号称"越野之王"，有民用版和军用版。GL 级：大型七人座豪华休闲越野用车系，2006 年时首次登场。GLK 级：梅赛德斯 - 奔驰旗下首款紧凑型 SUV，2008 年初，以概念车身份亮相北美国际车展。M 级：休闲越野用车系。R 级：大型的休旅车系，以 M-Class 为底盘，并带有四轮传动版本。AMG 车系：是奔驰公司的独立高性能改装厂 AMG 公司生产的高性能跑车，在原有 C、S、SLS、G 等系列车型的基础上，打造出全新的发动机，并利用车身材料进行重新设计，其发动机是由手工装配以达到最高品质，是难得一见的高端车型。

商用车系 ：卡车 / 联结：Econic，Axor，Atego，Actros。

乌尼莫克工程车：U300-U500，U3000-U5000。

轻型商用车：Vito（威霆），Vario（威雷），Sprinter（凌特），威霆车身有客运和货运两种，威雷及凌特有客运、货运和底盘车三种。

奔驰是世界上最成功的高档汽车品牌之一，也是世界最具创新性的汽车品牌的同义词，更是当今世界知名度和附加值最高的品牌之一。奔驰汽车公司除以高质量、高性能豪华汽车闻名外，也是世界上最著名的大客车和重型载重汽车的生产厂家。入选世界品牌实验室 2007 年《世界品牌 500 强》排行榜第 6 名。

👑 **1931 年的奔驰车**

宝马

（德）

奢华的情人

品牌名片

品 类	车
标志风格	自信、高性能
创 始 人	卡尔·斐德利希·拉普（Karl Friedrich Rapp）
诞 生 地	德国
诞生时间	1916 年

品牌解读

与一些车坛老大哥如阿尔法·罗密欧、奔驰、劳斯莱斯等相比，"宝马"就是一间很年轻的车厂，然而 BMW 车厂却又比更年轻的日本车厂显得成熟稳重，故事更动人和激动。因为宝马代表着一种生活，它是那些追求个性的车主的宠儿，俊男靓女和宝马跑车的组合是最完美的搭配，只有这种互相映衬，才能最好地诠释出宝马跑车的风采。

宝马并不是一开始就明确了自己的品牌定位，宝马最早生产飞机发动机，然后是摩托车，再之后是汽车。宝马的品牌核心价值是"驾驶的乐趣和潇洒的生活方式"，因此，宝马总是不遗余力地提升汽车的操控性能，使驾驶汽车成为一种乐趣、一种享受。至少在 1974 年前，宝马的定位仍是"运动感的轿车"。当时，在宝马美国公司，甚至有调查公司给宝马这样一个建议：必须通过"豪华新体验"来推销宝马。当时对豪华的定义主要

是指舒适的尺寸、柔软的内饰，豪华的标杆是林肯、凯迪拉克和奔驰。相对而言，宝马不仅空间狭小，而且内饰也相对寒酸，但是宝马的价值是体现在发动机罩下的，不是流于形式、浮于表面的。宝马要想取得突破，必须要改变意识，让豪华的定义转变到性能上来。

阅读传奇

1916 年 3 月，工程师卡尔·斐德利希·拉普（Karl Friedrich Rapp）和另一位朋友在德国慕尼黑创建了巴依尔飞机公司；1917 年，公司改为现在的名称——宝马公司。BMW 是公司全称"Bayerische Motoren WerkeAG 巴伐利亚机械制造厂股份公司"的缩写。宝马是驰名世界的汽车企业之一，也被认为是高档汽车生产业的先导。近百年来，它由最初的一家飞机引擎生产厂发展成为以

高级轿车为主导、生产享誉全球的飞机引擎、越野车和摩托车的企业集团，名列世界汽车公司前 20 名。

1917 年 7 月，吉斯坦·奥托（Gustan Otto）退休，杰柯·萨皮诺（Jacok Schapiro）和甘美路·卡斯丁哥尼（Camilo Castigloni）加入宝马公司，对宝马公司的发展起了举足轻重的作用。1918 年 11 月，第一次世界大战结束，德国成为战败国，宝马公司开始进行重组，并把"巴伐利亚飞机制造厂"改名为"巴伐利亚汽车制造厂"，简称为宝马。

第一台摩托车发动机于 1922 年由宝马研制，虽然不被采纳，但已为车厂定下了重要的方向，之后在纽灵堡（Nuremberg）的 Victoria–Worke 厂房重新制造了一台气冷 500ml 的两汽缸摩托车发动机和 R32 摩托车，正式展开了他们的业务。1923 年末，他们特约在慕尼克（Munich）生产摩托车，而挂有宝马商标的 R32 摩托车则首次在市场中销售。1925 年，宝马开始研制汽车，雏形也同时建成，它为日后进军汽车业打下了基础。这时，老板要对宝马未来前途做出一次重要的决定，杰柯在德国北方艾逊力的图林根，那里是他的工业王国所在地，其实他早在 1899 年便生产汽车，名为艾逊力运输工业，最初他们生产的汽车名字叫华特堡（Wartburg），后改名为迪斯（Dixi），当时迪斯的汽车销售欠佳，所以向英国柯士甸（Austin）车厂申请在德国制造 7 型的权利，1927 年正式投入生产，德国制的柯士甸 7 型改名为 Dixi 3/15 DAI，这款受到德国顾客欢迎的英德混血儿，令车厂转换生机。在这位商家眼中，艾逊力和宝马合并是一次品牌提高的最佳良机，终于在

1928年，两家合并了。

宝马作为国际汽车市场上的重要成员相当活跃，其业务遍及全世界一百多个国家和地区。1997年生产各种车辆120万辆。宝马汽车主要有3、5、7、8系列汽车及双座篷顶跑车等。宝马正处于事业兴盛时期：欧宝和福特汽车公司购买它的6缸柴油发动机；劳斯莱斯集团不仅采用它的12缸发动机及电子设备，还与其共同研究生产新的航空发动机；1994年宝马集团收购了英国陆虎汽车公司（Rover Group）；1998年，宝马集团又购得了劳斯莱斯汽车品牌。

325型跑车推出市场是在1939年，使处在青年阶段的宝马公司声名鹊立。但是，一场大规模的战争即将爆发，雄心壮志的宝马在大战前一年成立了科技中心，利用他们在飞机工程学上的优势，准备将此带进汽车工业里，他们正努力扩展在空气动力学上的研

究工作，他们根据卡姆教授的理论发展出一台流线型汽车的雏形，事实上，那台雏形被世界公认为第一辆真正符合空气动力学的汽车设计，令当时宝马汽车设计傲视同群。可是一场无情的战火到来，什么都被摧毁了。1945年，第二次世界大战结束，德国无条件投降，并在其后分裂成东、西两德国，艾逊力成为东德的一部分；至于在慕尼黑的研究中心，所有设施都遭到盟军轰炸，支离破碎，这次重创必须好几年时间才能复原，但这次的复原期要长达7年之久，方能再次投入生产，宝马并没有从战火中完全恢复过来。

宝马在全面复兴前的1945年至1947年期间，曾为一家美国公司做了3年飞机发动机研究和开发工作。1948年，筹集了足够资金，现在可以开始重建一间摩托车工厂了，同时着手开发和研制R51摩托车的工作，在不断的努力下，摩托车大受欢迎，因此他们

宝马汽车总部

可以开始再向汽车之梦狂奔了。

1955年9月，在德国法兰克福举行的国际汽车博览会上，宝马展出了一辆蓝色的双座敞篷车，成为展会上的一道风景线。这款车的售价高达26500马克。对于当时月收入不到350马克的德国人来说，无疑是个天价。这款车被《法兰克福晚报》称为"梦中奇想"。

宝马1系

不论1系的价格如何，也不提它只是一辆紧凑级的小车，令人高兴的是：顾客得到的毕竟是一辆宝马，而且这辆小车不仅看起来是宝马，开起来也是宝马。对很多顾客来说，这才是最重要的。

宝马3系

多样性的成功，对创新的热情一直注解着公司的成功。BMW3系以其出色的款式仍在延续这一传统，3系已经成了宝马所有车系中最成功的车型，也是销量最大的车系！

宝马5系：个性、典范、动感

从经历中锤炼智慧，有勇气挑战极限。这款汽车将引领您迈向成功，也将带领您进入汽车设计的至高境界。设计与舒适，安全和性能——这就是宝马5系汽车的内在特质。

宝马6系：无限的驾驶乐趣

要激起您的思潮有很多途径，其中最高雅的途径就是驾乘宝马6系汽车踏上您的旅程。

宝马7系：超越自我

没有任何其他轿车能如此轻松地融合众多非凡的特性。全新宝马7系列轿车动感强劲，同时又具有超出其他轿车的平稳和敏捷。它似乎可以提供无限的动力资源，但却不失优雅和独特风格，它提供了不可比拟的驾驶体验。

宝马X1：高效动力

驾驶者可获益于一系列的宝马Efficient Dynamics（高效动力）功能，包括VALVETRONIC汽油机、制动能量回收系统、宝马xDrive智能全轮驱动技术等。宝马独有的DSC＋动态稳定控制系统，为车辆的动态行驶提供了全面的安全保障。

宝马X3：随时随地

既要有速度，还要有灵活性；既要标新立异，又要充满美感；既要有动力，还要有吸引力。当今的驾车人对汽车的要求越来越高。而汽车启动速度则尤其重要，因为人们都习惯了立竿见影。对于喜欢自由的人们来说，宝马X3是最理想的选择。宝马X3是具有智能四轮驱动系统的第一款运动型车辆，而其内部设计结构也很灵活，充分体现了宝马卓越的工程技术实力以及在设计与实用设计方面的独特眼光。

宝马第二代X3

全新一代X3整体尺寸呈现出很明显的"增肥"感觉，长、宽、高分别提升了83mm/29mm/40mm，轴距也同时增加了15mm之多。全

新一代 X3 搭载 3.0L 和 3.0T 两款发动机，同为直列 6 缸体设计。3.0L 发动机经过全新调教最大输出功率下降至 177KW，而最大功率提升至 313N.m，加速能力得到提升；3.0T 发动机采用 N55 单涡轮双涡管结构，最大动力输出达到了 221 功率，峰值扭矩更是达到了惊人的 408N.m，调教更加趋向于越野风格。

宝马 X5：无限激情

当世界车坛的 SUV（sport utility vehicle，运动型多用途汽车）大潮到来时，宝马也开始置身于 SUV 的研发工作。作为宝马的第一款争夺高端 SUV 市场的产品，X5 带来了一个新的概念：SAV（sport activity vehicles），即从外形上看似越野车，但却像房车一样豪华，兼具两者的特性。

宝马 Z4：任感官自由飞扬

全新的宝马 Z4 双人敞篷跑车，令人前所未有地亲近阳光、清风和道路。灵敏的操控、上乘的性能，还有新鲜空气的舒畅感觉，令人深浸其中的驾驶体验。独一无二的外观设计，完美无瑕的工艺品质让它魅力四射，即使静止时也是路人瞩目的焦点。

宝马 M 系：一切尽在掌握

字母"M"在汽车世界里代表着强劲、时尚、智慧和极度的优雅，是专为兼顾激情和品位的勇敢者缔造的 M 系列座驾。想与众不同吗？"M"是您最好的选择！

Audi

奥迪 （德）

四环驰骋天下

品牌名片

品　类	车
标志风格	沉稳、大气
创　始　人	奥古斯特·霍希（August Horch）
诞　生　地	德国
诞生时间	1899 年

品牌解读

　　奥迪是德国历史最悠久的汽车制造商之一。从 1932 年起，奥迪开始采用四环徽标，它象征着奥迪与小奇迹（DKW）、霍希（Horch）和漫游者（Wanderer）一起合并为汽车联盟公司。它遵循以人为本的设计理念，始终坚持"以领先技术，开拓高档豪华车市场"的宗旨，一向奉行以技术领先的承诺。这是个有着一个多世纪历史的著名的高档豪华轿车品牌，奥迪的血脉源远流长、生生不息。奥迪注重细节，从内饰到工艺，从整车设计到车内空间，都要求做到保证和提高客户的高品质生活和尊贵享受。在 20 世纪 30 年代，汽车联盟公司涵盖了德国汽车工业能够提供的所有乘用车领域，从摩托车到豪华轿车。至今，虽已经是主打汽车，但仍然在不断地发展着其品牌与技术，也许就在明天，它会又给我们带来更新的惊喜。

　　长久以来，奥迪都给人留下了沉稳、大气、尊贵的形象，奥迪汽车用它精细的做工、极强的控制性能、沉稳低调的外表，备受年轻的精英才俊的青睐。奥迪车是最早进入中国的外国车，是中国消费者广泛喜爱的一个品牌，也是大多数中国爱车人心中的一个梦想。奥迪公司从诞生那天起，就追求产品的高品质、高档次。它生产的 D 型车被指定为萨克森国王和政府用车，公司的日产量到第一次世界大战爆发前已赶上了同宗兄弟兼竞争对手的霍希公司。1923 年，奥迪公司为瑞典王室制造的打猎用专车配备了精致的洗手池，车座用大象皮缝制，可谓豪华至极。奥迪 TT、R8、A4 等车型，凭借着超凡的技术和豪华的配置，不断改变着顶级豪华汽车的标准。奥迪在其百年的历史沉浮中，历练了自己的品质，沉淀出独特的品牌文化，具有永不止步的进取精神。在新的历史时代，奥迪一定会创造更加卓越的成就。奥迪车在 2008

年北京奥运会被指定为高级专用车，在奥运会期间，稳健、高雅、庄重的奥迪车穿梭于各赛场外，博得了全世界的关注。

阅读传奇

　　奥迪的历史源远流长，可以追溯到 20 世纪以前，1899 年 11 月 14 日，一位名叫奥古斯特·霍希（August Horch）的汽车工程师，在德国科隆组建了属于自己的公司——霍希公司。奥古斯特·霍希毕业于萨克森州米特韦达镇的一个技术学院，凭着自己对汽车的酷爱，他在 1901 年便开始生产自己的汽车。很快，奥古斯特·霍希就用产品和发明展现出他的天才，树立了奥古斯特·霍希作为汽车品牌的知名度。

　　1909 年 6 月，一次发动机试验的失败，导致了奥古斯特·霍希本人与公司其他投资者的激烈争吵，桀骜不驯的奥古斯特·霍希一怒之下另立门户，成立了一家新的霍希公司。然而，新公司在一场随之而来的侵权官司中败给了原来的霍希公司，于是，新公司的名称成了令人头疼的问题。一天，正在做拉丁文作业的菲肯彻尔的小儿子念出的"Audi"一词，给霍希与菲肯彻尔带来了灵感。原来，"Horch"为德文"听"的命令式"听吧"的意思，而"听"的拉丁文则念作"Audi"（奥迪）。于是，1910 年 4 月 25 日，一个伟大的汽车品牌就在不经意间诞生了。这个名字使新生的奥迪公司与霍希公司既有区别，又有联系。同年 7 月，第一台以"奥迪"命名的汽车面世了。1923 年，第一辆六缸奥迪问世。

奥古斯特·霍希从 1927 年开始制造霍希 8 运动型活顶轿车。霍希 8 运动型活顶轿车最初是双门双座活顶轿车，仅有两个侧窗，后部有两个备用的折叠座椅。后来，随着车身变得越来越宽敞，特别是在后部，霍希 8 运动型活顶轿车能够乘坐 5 人。1932 年，霍希推出了 780 型，也就是 1935 年霍希 853 的前身。霍希 853 是当时最为精湛的轿车之一，并树立了汽车设计的新标准。"霍希 8"是 20 世纪 20~30 年代全德国汽车工业品质的代表。

1932 年 6 月 29 日，为了摆脱当时严峻的经济困境，奥迪、霍希、漫游者和小奇迹合并为汽车联盟股份公司，新公司使用了 4 环标志。在 1933 年的德国汽车展上，汽车联盟股份公司展出了奥迪前轮驱动的中型轿车，这是世界上第一款全尺寸的前驱轿车。由于解决了一系列的技术、制造难题而引起了轰动。奥迪也很快成为德国第二大汽车公司。

在顶级和豪华车方面，汽车联盟推出了包括"霍希 830""霍希 850""霍希 920"。其中最著名的还是 853 型，无论是轿车还是敞篷车，都气派非凡，具备经典豪华的一切要素。在汽车工业高度发达的德国，"高雅不过霍希"依然是人们公认的汽车外形设计标准之一。

1934 年，汽车联盟推出了划时代般的赛车——四环银箭 TypeA 赛车——它首次采用发动机中置设计，将一款 16 缸发动机安置在驾驶员后方，实现了赛车的最佳前后比重，使车辆具有了极为出色的高速运动性能。银箭 Type A 赛车刚一露面，就在欧洲 GP 大奖赛（P1 大赛的前身）上力夺冠军。自此，四环银箭 Type A 赛车与后来的 Type B 赛车、Type C 赛车如离弦之箭掠过赛道，所向披靡。到 1937 年底，汽车联盟的四环银箭赛车在其参加的 54 场比赛中共赢得 32 场赛事的冠军，刷新 15 项世界纪录和 23 项同级别赛车纪录，创造了赛场神话。作为代表车型，四环银箭 Type C 于 1936 年推出，其 6 升 V 型 16 缸发动机可发出 520 马力的最大功率，车辆最快速度为 340 公里／小时。

在经历了"金色 30 年代"后，由于 1939 年第二次世界大战爆发，汽车联盟停止了正常的生产。

1949 年，新汽车联盟股份有限公司在慕尼黑附近的英戈尔斯塔特成立。

1955 年，新汽车联盟开发出了 20 世纪 50 年代德国市场上最受欢迎的轿车 P94。

1964 年 12 月，奥迪历经奔驰的并购之后，加盟大众汽车集团。

20 世纪 80 年代初，Quattro 全时四驱技术的应用使奥迪在世界顶级汽车运动中扮演了更加重要的角色，奥迪 Quattro Rallye A2 赛车是当时极具代表性的一款赛车。1982 年，汉努·米考拉（Hannu Mikkola）与阿内·赫兹（Arne Hertz）驾驶着 Quattro Rallye A2 赢得了 RAC 拉力赛的冠军。

1983 年，汉努·米考拉与同伴驾驶着 Quattro Rallye A2 成为世界冠军。汉努·米考拉、阿内·赫兹以及许多其他赢得世界锦标赛的车手们，共同书写了奥迪 Quattro Rallye A2 的传奇历史。奥迪共生产了 61 辆 Quattro Rallye A2，约有 25 辆一直保存至今。其中还有一款于 1981 年配备了 330 马力的发动机，并于 1986 年装配 600 马力的发动机，该赛车开创了拉力赛车的新纪元，成为历史上最杰出的拉力赛车之一。

1993 年，奥迪和大众分开进行品牌运作，重新获得独立的市场推广和品牌经营权。这年东京汽车展上，奥迪推出了第一辆采用全铝车身框架结构的汽车，宣布了一个全新汽车时代的开始。

1994 年，世界唯一的 ASF 全铝车身豪华轿车——奥迪 A8 问世，并成为一系列国际大奖的头奖得主。奥迪 A8 是奥迪的旗舰产品。显著的特性就是它的运动性和豪华性。

同年奥迪 A4、奥迪 A6 相继投放市场，取得了巨大的成功。仅 1995 年，奥迪 A4 在德国就销售出 12 万辆的佳绩。1995 年，奥迪还推出 TT 跑车，该车型成功地将独特设计与现代时尚特征和成熟的技术结合在一起。

2000 年和 2001 年，奥迪全新开发了纯手工打造的 R8 赛车。这款赛车夺得勒芒 24 小时耐力赛的五连冠。在欧洲本土之外，奥迪 R8 在北美勒芒系列赛中也是接连获胜，紧接着又在其他赛车系列赛中陆续夺冠：尽管比赛规则限制越来越严格，奥迪不得不将 R8 发动机的功率从 610 马力降低到 520 马力，R8 仍然难以置信地在参加的所有 80 场车赛中获得了 63 场胜利。国际评判委员会授予的奖励使奥迪 R8 成为一个时代的象征。

奥迪 R8 赛车，阵势非凡，由多名权威技术人员联合开发，性能卓越，品质上乘，不但为赛车运动树立了全新标准，更将赛车稳定性能提升到一个全新的高度。R8 赛车无可匹敌的可靠性令对手望尘莫及：迄今为止，没有任何一台 R8 的赛车发动机在比赛中出现过故障。

作为奥迪公司历史上最成功的勒芒车型，奥迪 R8 赛车在短短的时间内以其卓越

的性能创造了赛道上的奇迹。"R8"已经成为全球最为成功的勒芒赛赛车的代名词。奥迪以领先的科技、卓越的性能成就了 R8 在赛车史上的神话。

奥迪 R8 赛车配备的 4.2 FSI V8 发动机在 7800 转／分时可输出 309 千瓦（420 马力）的最大功率，在 4500~6000 转／分时可输出峰值扭矩 430 牛·米。奥迪 R8 只需 4.6 秒即可从静止加速到 100 公里，最高时速达到 301 公里／小时。极富科技、运动和艺术感的外观设计，新颖独特，LED 的尾灯和转向灯为 R8 增添了独特的韵味，碳纤维材料的内饰贴面使整车开起来更具时代气息，高档真皮座椅、车载电话、车载导航系统、高品质的音响系统都可以在 R8 上看到。R8 作为奥迪的一款新推出的超级跑车，不仅具备了高档的配置，也具备了极高性能。令人过目不忘的车身外观更是吸引了诸多年轻的消费者。

历经百年的沧桑，奥迪公司依然履行着公司创始人霍希"无论在什么情况下都只制造高档豪华轿车"的理念。奥迪凭借卓越的技术、顶级豪华的配置与精益求精的工艺，带领着汽车工业不断发展。

Rolls-Royce

劳斯莱斯 （英）

无与伦比的王者气度

品牌名片

品 类	车
标志风格	高贵、怀旧
创 始 人	查理·史蒂华特·劳斯（Charles Stewart Rolls） 亨利·莱斯（Henry Royce）
诞 生 地	英国
诞生时间	1906 年

品牌解读

曾几何时，劳斯莱斯（Rolls-Royce）代表着至高无上的力量、地位和权力，随着时代的变迁，已渐失昔日光芒。然而随着劳斯莱斯的重新崛起，它所传递的皇者的尊贵、典雅、内敛的霸气——一切都仍在延续。

劳斯莱斯新颖的设计、精致的工艺与悠久的历史铸造了它的成功。它用它的实力证明了自己在车坛中的领袖地位。驾驶劳斯莱斯，犹如处在气势磅礴的皇宫里，开启车门的那一刻，无与伦比的王者气度流露无疑。驾驭银灵幻影，都是在和高贵对话，带着超然的怀旧情结驰骋在无垠的阔野，捕捉逝去的沧桑和甜美。

对于劳斯莱斯这样一种极品轿车，语言难以说尽它的风采，所以为劳斯莱斯选定广告语成了一个不小的难题。唯一的选择是展现它高贵的韵味和脱俗的气质，而且又含有一种居高临下的温情和高处不胜寒的忧郁，

终于产生了令整个世界都感动的广告用语："任它岁月悠悠，名车永远风流。"一直以来，劳斯莱斯汽车犹如一位浪漫的诗人，用它的诗句不停地在诉说它的传奇。

物以稀为贵，每一辆劳斯莱斯都无比的珍贵。想要购买劳斯莱斯汽车的人需要提前进行申请，然后进行资格审查，经资格审查后才能预订，一年后提车，颜色不能选择，而且规定黑色只能卖给总统、元首、皇室成员及有爵位的人，那些车主们都是真正的贵族。

无论是哪一系列，劳斯莱斯都用精细来对待任何一个细节。一直到现在，劳斯莱斯的发动机还完全是手工制造。更令人称奇的是，劳斯莱斯车头散热器的格栅完全是由熟练工人用手和眼来完成的，不用任何丈量的工具。而一台散热器需要一个工人一整天时间才能制造出来，然后还需要 5 个小时对它

进行加工打磨。因此，自 1906 年到现在，超过 60% 的劳斯莱斯仍然保持着良好的性能。任何一款劳斯莱斯，都是血汗的结晶。即使它已经历尽风霜洗礼，饱受雨雪的考验，只要拂去岁月的尘埃，你会发现经典从没有在时间面前退却。

阅读传奇

劳斯莱斯汽车公司是著名的英国豪华汽车制造商，创建于 1906 年，总部设在英国克鲁。原属英国维克斯工业公司所有，现已属于德国宝马汽车公司。

劳斯莱斯公司的创始人，当初也想不到一列火车把两人联系在一起，并成了世界汽车工业最有名的高级轿车公司之一。他们也没料到自己的名字会成为上流阶层的代表，更成了被广大市民用来形容极品的代名词。可惜，这两位创始人都相继早逝，未能共享成果，也看不到公司日益扩大的成就。

100 多年前，经销法国汽车的商人查理·史蒂华特·劳斯（Charles Stewart Rolls）与制造起重机和汽车的工程师亨利·莱斯（Henry Royce）在同乘一列火车时邂逅，并一见如故，他们便一同北上去了曼彻斯特，并在当地一家旅馆住下。当天，在午餐中两人畅谈人生和事业，下午又一同驾驶汽车游览曼彻斯特，更加深了友谊。查理·史

蒂华特·劳斯与亨利·莱斯达成协议，由亨利·莱斯负责生产汽车，查理·史蒂华特·劳斯负责营销，并给予莱斯制造的汽车在市场上的独家优惠。两年之后二人的公司正式合并，立志生产"世界上最好的汽车"。同时，他们给汽车起名为 Rolls-Royce，曾译为罗尔斯 - 罗伊斯，后改译为劳斯莱斯。最初的劳斯莱斯与其竞争对手相比具有两大特点：制造工艺简单、行驶时噪声极低，这两大优势很快就成为劳斯莱斯的经典。第一辆真正的传奇之作"银色幽灵"诞生于 1906 年，被誉为"世界上最好的车"。

亨利·莱斯设计制造的发动机具有动力输出均匀以及杰出的耐久性这两大突出优势。后来由伦敦汽车俱乐部的评委们主持，进行了一次别开生面的测试，一辆劳斯莱斯不间断地行驶了 24000 公里，整个过程中汽车的维修费用只有 3 英镑。4 年之后一辆"银色幽灵"又创造了另一项纪录：从伦敦到爱丁堡往返，以四挡行驶，耗油量最低。

一方面，这种朴实无华的设计制造理念使劳斯莱斯的产品取得上述骄人的成绩；但在另一方面，公司也因此对任何技术创新都持怀疑态度，担心不成熟的新技术会影响其产品的可靠性。例如，直到 1919 年，劳斯莱斯轿车才装上启动电机，而其竞争对手早在 5 年前就已经采取了这项技术。此外，公司直到 1965 年才开始采用承载式车身。这一谨慎态度充分表明劳斯莱斯公司更信任汽车技术中的经典，至少在外形设计上是一直坚持这种做法。

而在其他方面，劳斯莱斯公司却领先于时代。比如公司的商业负责人克劳德·约翰逊（Claude Johnson）先生很早就意识到：为了保证本公司产品在市场上的领先地位，仅靠产品自身的优良品质还远远不够，必须向客户提供周到的售后服务才能进一步培养他们对品牌的忠实度。早在 1908 年，公司就决定由本公司的机械师定期上门为客户进行车况检查，同时还建立了一个培训专业司机的

学校。这种经营模式在英国境外也取得了空前的成功，5 年之后，巴黎、柏林和马德里都出现了提供专业服务的维修厂。

1910 年，查理·史蒂华特·劳斯不幸在一场空难中去世，而亨利·莱斯则因健康原因隐居在法国南部，不过他继续领导着劳斯莱斯公司的设计工作。不久，劳斯莱斯公司聘请了著名雕塑家赛克斯为劳斯莱斯汽车设计了立体车标，这就是飞翔女神。在这之后，劳斯莱斯更加兴旺，一直稳居世界豪华轿车之冠。为扩大自己的车型谱系，劳斯莱斯公司还收购了宾利汽车公司，专门生产与自己同一级别的豪华轿车。

1922 年的经济大萧条曾迫使公司生产新车型 Twenty，这是一款排量只有 3 升的六缸汽车，售价仅为 Ghost 的三分之一。但这款经济型劳斯莱斯并不走运，7 年之中只生产了不到 3000 辆。在 1925 年取代 Ghost 的 Phantom 命运则截然不同，这款劳斯莱斯的第二代产品有多项技术创新，例如三挡和四挡都带有同步器，此外还采用了独到的悬挂和传动装置。

第二次世界大战后到 20 世纪 50 年代，保守的英国人继续让劳斯莱斯维持经典风格，Phantom 也随之成为贵族的标志。而在新车 Cloud 上，劳斯莱斯开始尝试有限的革新，比

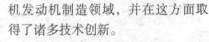 1905 年的劳斯莱斯

如车身开始完全由冲压钢板制成。这时，完全与底盘分离的车身仍然让像马利纳（Mulliner）和詹姆斯·杨（James Young）这样的车身设计师有施展才华的空间。

20 世纪 70 年代，劳斯莱斯生产了该公司近代史上最重要的车型 Shadow，这是第一辆采用承载式车身的劳斯莱斯，也是销量最大的劳斯莱斯，在 16 年中共售出了 34000 辆，同时它还是最后一款仍保持几分经典特色的劳斯莱斯。在这个时期，公司的管理层实际上已经意识到任何人都必须跟上时代的步伐，劳斯莱斯也不能例外。Shadow 可以称得上是顺应时代的产物，但它在商业上取得的成功并不能扭转公司在航空业投资失败带来的厄运。最后这家历史悠久的英国公司濒临破产的边缘，借助英国政府的干预才幸存下来。

20 世纪八九十年代，劳斯莱斯的销量大幅下降，新出产的 Spirit 和 Silver Spur 可能是公司历史上最不知名的汽车，销量也很不理想。幸得宝马公司的仗义出手才使劳斯莱斯的百年产业免于彻底破产。一些忠实于劳斯莱斯品牌的人曾对此深感不安，不过新推出的 Phantom 还是打消了他们的疑虑。尽管它的心脏已经印上了宝马的标志，但整车的风格依然延续着劳斯莱斯的经典风范。

劳斯莱斯在世界汽车领域里是绝对的汽车贵族，究其原因，缘于其不惜成本打造豪华车、限量生产及其对购买者的限定，这才使劳斯莱斯成为全世界公认的贵族品牌，占据着世界顶级汽车的一席之地，就连现存的劳斯莱斯老爷车都已成为收藏家梦寐以求的收藏极品。这个百年品牌的"RR"标志始终居于汽车工业的金字塔顶，以"车中贵族，四轮皇者"的尊贵身份傲立于世间。除了制造汽车，劳斯莱斯还涉足飞机发动机制造领域，并在这方面取得了诸多技术创新。

"银色幽灵"

1906 年的"银色幽灵"堪称劳斯莱斯的经典之作，它首次露面于巴黎汽车博览会，便引来众多关注。金色钟顶形散热器非常抢眼，直到现代，这一造型依然是劳斯莱斯不可替代的设计元素。除了独特的外

观，"银色幽灵"还拥有领先于时代的技术：强制润滑；7升六缸发动机输出功率可达48马力；最高车速达110公里／小时，这在当时绝对是一项世界纪录。劳斯莱斯的"银色幽灵"具有全铝立体框架车身，不但车身轻，而且抗扭曲刚性强。此外，"银色幽灵"的空气悬挂系统等也都是世界轿车的风向标。不过当时的劳斯莱斯本厂只生产底盘，大部分整车都是由伦敦的巴克尔（Barker）公司为其实现优雅的车身组装。

幻影系列

幻影系列是劳斯莱斯的经典车型。第1代幻影诞生于1925年，之后，幻影2和幻影3分别在1929年和1936年诞生，第二次世界大战结束后的1950年，劳斯莱斯推出了第4代幻影，之后又陆续推出了第5代和第6代。随着劳斯莱斯被德国宝马公司收购，又诞生了全新的幻影系列，与以前不同的是，全新的幻影开始采用宝马公司的引擎。

银影（Silver Shadow）系列

银影可以算是劳斯莱斯战后最重要、最有意义的一辆车。它融合了公司三个很显著的革新技术，车型从开始采用的就是分离式底盘，但这被整车式车身结构摒弃，另外一个创新就是独立后悬挂的采用，此外，以全盘式制动取代长期使用的伺服加力机械后制动系统。

Shadow是在首席工程师亨利·盖斯的指导下完成的。它比上一代车型Silver Cloud Ⅲ要短、要低。6.2升V8发动机最早出现在1959年Cloud Ⅱ上，但是Shadow安装了新的气缸头，因此火花塞就可以很方便地安装在排气支管的上方。四速自动变速箱是动力转向的，属标准配置。机械方面最大的革新是采用了独立后悬挂、前置定位臂和螺旋弹簧。还有一个新的系统是高压液压系统，为自动调平悬挂和制动系统服务。Shadow行驶起来就体现出其舒适的操纵性能。车的最高时速是185公里／小时，启动到96公里／小时所需时间为11秒。1977年，得到很大改进的Shadow Ⅱ终于下线。从外表上看这款新车的特征是车前导风板的使用。转动系统采用了齿条齿轮式，这为车子带来很大的优势。车内采用了一个新型的仪表板和一个分层的空调系统。

Bentley

宾利
（英）

最后的黄金贵族

品牌名片

品　　类	车
标志风格	贵族、绅士、手工
创 始 人	沃尔特·欧文·宾利（Waltar Owen Bentley）
诞 生 地	英国
诞生时间	1912 年

品牌解读

　　从宾利的第一辆汽车诞生之日起，百年来，宾利的品牌虽历经时间的洗礼，却历久弥新，熠熠生辉。由于每辆车均以手工制作、装嵌而成，工艺精雕细琢，巧夺天工，处处秉承着英国的传统优良造车艺术，享有极崇高的地位。宾利与其说是一辆汽车，不如说是一笔可移动的不动产。一直以来，宾利在汽车制造业中代表着千锤百炼的工艺与优越显赫的地位，为车中翘楚，一向为皇室贵族首选。

　　在宾利的历史长河里，传统是永恒的砥柱，它深深地渗透到汽车的手工艺设计当中，把豪华、奢侈、放松、自如的感觉演绎得淋漓尽致。这部英伦的完美作品经德意志人的神奇之手，性能更加出类拔萃。它更像一位徜徉阿尔卑斯的绅士，风度翩翩，历尽沧海桑田，静观欧陆巨变，宠辱不惊。

　　以雅致（Arnage）系列为例，1998 年

4 月，装备了 6.75 升 V8 双涡轮增压发动机的雅致系列诞生。这一车系沿袭了宾利汽车最经典的外观设计，车内配置更是豪华气派与高科技兼顾。450 马力的雅致 T 作为雅致 Series Ⅱ 的第一辆车，被认为是世界上最快的四门轿车，也是动力最强劲的宾利车。

　　宾利雅致 R 是雅致 Series Ⅱ 的新成员，它更注重车身刚性，做了多方面的机械改良工作，并进一步着力于操控性的改善，包括加置后防倾杆，前防倾杆也加厚，令转弯时抗倾能力更强。宾利雅致 Rl 绝对是雅致中最豪华的阐述，它以雅致 R 为基础，增加的 250 毫米轴距，给车内的乘客提供了无与伦比的豪华和舒适。

　　宾利雅致 728 是展示极佳手工艺的代言人，设计师充分利用了延长的 728 毫米轴距，装置了非同一般的车厢配置，只要轻按按钮，

挡板内会出现一个 22 英寸的超薄屏幕，后车厢顿时成了一个移动的私人影院。任何体型的人士，均可在脚凳上舒展双腿，令旅程更舒适。宾利和客户的互动服务和超凡的设计能力是其他制造商无法比拟的。

宾利雅致系列是由工程师组成团队按客户特殊要求而量身定做的，客户还可以选择参与最早期的设计。从防弹外壳到最先进的信息、娱乐和通信系统，雅致系列都考虑得十分周到，在车上，各种先进的现代办公设备都可以找到自己合适的位置。雅致系列将宾利的造车宗旨充分地体现出来：精湛的工艺、卓越的性能、豪迈的驾乘感觉，奠定了它作为高性能豪华轿车的霸主地位。

此外，宾利欧陆 GTC（Continental GTC）是兼具豪华与性能的软顶敞篷跑车，它延续了宾利被公认为十分优异的 Continental GT 双门轿跑车的优点与特色，这部车搭载一台双涡轮增压 W12 缸引擎，具有 552 匹的惊人动力，当然动力提升让驾乘者更快意。欧陆 GTC 同时具备全时四驱的特性，搭配精良的气压式悬挂系统，当然也少不了宾利经典的车舱设计及精致内部细节。GTC 的出现让欧陆车系阵容更完整。

阅读传奇

1888 年，沃尔特·欧文·宾利（Waltar Owen Bentley）生于伦敦。他在铁路上当过学徒，不久即转向汽车业，1912 年，他和兄弟在伦敦创办了宾利汽车公司，销售一种法国的 DFP 轿车。宾利对这种新车做了改进，将发动机改用铝活塞，提高了汽车的性能。

在第一次世界大战中，他受聘于英国皇家海军航空兵技术委员会，从事法国克勒盖特发动机的改进工作。第一次世界大战后，宾利重操旧业，仍干 DFP 轿车的销售工作，并推出了以自己名字命名的宾利 30 汽车。这辆 3 升发动机，输出马力 85 匹，提供 80mph 以上速度的赛车，在一系列赛事中所向披靡，创造了 1924、1927、1928、1929、1930 年法国勒芒赛道五届冠军的辉煌纪录，宾利公司也走上了专业设计高档跑车、赛车的道路。

后来由于经营不善，宾利公司面临倒闭，在这关键时刻，劳斯莱斯以 12.5 万英镑买下宾利，宾利汽车正式加盟劳斯莱斯汽车公司。宾利的汽车生产线亦迁往英国克鲁郡，从此，宾利被劳斯莱斯改造成其豪华轿车的"跑车版"。1946

年 5 月，宾利推出了由设计师设计的宾利 Mark Ⅵ 轿车，它在市场上大获成功，成为宾利历史上最畅销的车型。1952 年设计的宾利 R 型轿车更让人感到振奋，这款车装备了更强劲的发动机和 4 速自动变速箱，最高时速可达 120 英里，是当时世界上速度最快的四座位轿车。R 型轿车以其技术先进、性能卓越和造型优美获得了高度的评价，而以后 11 年里生产的宾利 S 型轿车更被认为是汽车工业的杰作之一。

20 世纪 90 年代是宾利轿车推出新车最多的一个 10 年，大陆 R 双门轿车、替代 Mulsannes 轿车的 Brooklands 轿车，Turbor 轿车、大陆 S 轿车、敞篷四座轿车 Azure 以及 Turbor Sport 轿车都是这个时代的经典之作。Turbor Sport 轿车增压发动机的最大功率为 420 马力，百公里的加速时间达到令人生畏的 5.7 秒钟，宾利轿车不仅仅是设施最豪华的轿车，也是当今性能最好的 4 门豪华轿车之一。

1998 年 6 月，宝马公司在争购劳斯莱斯汽车公司的投标中败给了大众公司。此后，宝马公司花 4000 万英镑购买了劳斯莱斯的商标和标志，并与大众公司签署了一项协议，约定宝马从 2003 年起开始生产劳斯莱斯牌轿车，而大众则从 2003 年起仍旧在克鲁厂房生产宾利豪华轿车。这样，宾利就正式收归大众旗下。

不管是乡村旷野，还是城市道路，宾利始终风度翩翩。

现在所有宾利均生产自英国的克鲁郡，并由经验丰富的工匠以手工装配而成。绝大部分的工匠都有超过 30 年以上的丰富经验，造车技术代代相传，工艺千锤百炼，品质完美无瑕，处处流露出英国传统造车艺术的精髓——精练、恒久和巨细无遗。在这个汽车的生产节拍都以秒计算的时代，宾利的生产线每分钟只移动 6 英寸，每辆汽车一般需要花上 16 至 20 个星期才能完成整个制造过程。每部宾利汽车的内饰都是采用精挑细选的上等木材和高档皮革制作而成，而车内地毯则选用优质耐用的著名英国品牌威尔顿（Winlton）纯羊毛地毯制成。所有车身油漆都经过 15 次喷漆处理，光可鉴人。品质严谨程度堪称世界汽车生产商之冠。此外，宾利汽车从车身颜色、车厢木饰、皮革以致地毯均可应不同的尊贵顾客所需要而度身订造，真正满足客户个性化的需求，尽现个人风格与品位。

2003 年 1 月，欧陆 GT 正式面世，配以 6 升 W12 双涡轮增压发动机。一经面世，就成为全球最快的四座位轿跑车。同年 11 月，欧陆 GT 获得"全球最美汽车"的殊荣。2005 年，传承欧陆 GT 的精粹，欧陆系列的四门豪华巡航轿车"欧陆飞驰"诞生，极速 318 公里／小时，是汽车制造史上最快的四门轿车。2007 年 1 月，欧陆 GTC 在其发布后的短期内，陆续获得诸多嘉奖，《罗伯报告》将此车评为 2007 年的年度之车。同时，欧陆 GTC 的美貌外形宛如一只正要腾跃而起的猛兽，完全进入了一种增一分太肥、减一分太瘦的境界，使其赢得了"最特别设计之车"的奖项。2008 年 4 月的北京车展上，宾利汽车于中国首发拥有 610 马力的欧陆 GT Speed 极速版，引起轰动。

Lotus

莲花
（英）

速度的领跑者

品牌名片

品　　类	车
标志风格	时尚、潇洒
创 始 人	柯林·安索尼·巴尔斯·查普曼（Colin Anthony Bruce Chapman）
诞 生 地	英国
诞生时间	1952 年

品牌解读

1952 年 1 月 1 日，莲花汽车公司成立，它是在世界车坛上名列前茅的致力于生产运动型车款的厂家，与法拉利、保时捷一起并称为世界三大跑车制造商，在世界上享有盛誉。莲花生产的汽车重心很低，造型具有良好的流线型，风阻系数只有 0.3 左右。发动机功率强大，最低都为 160 马力，车速高达300 公里 / 小时。

在汽车工业史上，莲花品牌显得独树一帜，它是英国杰出的工程师柯林·安索尼·巴尔斯·查普曼个人奋斗与智慧的结晶。查普曼始终亲自参与各项设计与赛事，甚至亲自驾驶新车去测试。他不仅在设计方面出类拔萃，而且是一名出色的驾手。这样由一个人独立创造出莲花品牌的整个系类的，在世界汽车历史上实属罕见。

查普曼是典型的英国绅士，小胡须总是修剪得整整齐齐。这样的绅士，电影里描述过不少，在当今的英国却不多见了。战后数十年间，这位英国工程师的名字对世界汽车运动影响巨大。他统领下的莲花车队自 1958 年以来先后 7 次在 F1 车赛中夺冠，并创出了多种名垂青史的优秀车型。查普曼从零开始，在汽车运动的狂热驱使下，亲手制造自己所心仪的赛车，进而在汽车制造与竞赛两方面都创造了辉煌业绩。这可算世界汽车史上最美的一段佳话。

莲花不仅生产汽车，而且还生产其他部件，服务于大型汽车生产商，通过对汽车工业深入透彻的掌握、处于世界前沿的汽车工程学技术以及才华横溢、远见卓识的优秀员工，莲花成为全球认可的领袖级汽车工程咨询专家。有关统计结果显示，现在欧洲市场上销售的超过 10% 的新车使用的发动机均由莲花公司设计、开发和改进。整车方面，莲花完成了日本本田思域汽车的全部开发设计

和工程工作，本田公司誉此项目为本田公司最满意的合作项目。莲花爱丽丝（Elise）为轻质量高性能汽车确立了标准，更有独一无二的黏合型铝合金超轻结构。由莲花领先开发的超轻刚制汽车悬架项目证明，利用先进技术汽车实际重量可减轻 32%。

阅读传奇

  1947 年，年仅 19 岁并且还在伦敦大学攻读工程技术的柯林·查普曼自己动手改装了一辆简陋的奥斯汀 Seven 赛车。这并不是严格意义上的赛车，更加像是一辆特技用车。英国因战后一度时兴在泥泞的林间角逐业余赛车运动。查普曼的自造赛车一举夺魁，以致他以出售零部件的方式销售了多辆。设计成功了，当然要给它起个名字。查普曼突发奇想，就叫它"莲花"。至于为什么叫莲花，查普曼并没有说明个中理由。

  改装赛车这一爱好，决定了查普曼的一生都要为汽车事业奉献出自己的全部力量，他把业余时间和漫漫长夜都用来潜心设计自己心仪的车，并注册了莲花品牌，自成一体。其中 MkIII 和 MkIV 虽动力有限，但外形设计非常符合车赛的要求，因而成绩斐然。少年得志的查普曼于 1952 年 1 月 1 日成立了莲花工程公司，开始制造该品牌汽车，并逐渐形成产业化生产。莲花品牌起步时没有能力设计和生产自己的发动机，因而把全部精力集中到车身设计上，且抱定一个原则，即尽可能减轻车身重量，最大限度地发挥有限的动力。也正是从这一理念出发，1952 年问世的 MkVI 采用了蜂窝结构管状车架。这项技术用于飞机制造已相当普遍，但用于汽车却是首次。这辆赛车采用的福特牌发动机仅有可怜的 40 马力

（29 千瓦），刹车装置是古老的拉线式，变速箱也仅有 3 个速比。但由于其车身仅重 400 千克，抓地性奇佳，因此在车赛中把许多大功率的对手甩到了后面。莲花车厂逐渐发展小批量生产，但并未放弃赛事，这两项业务到 1959 年才正式分开。1955 年停产的 MkⅥ 后来更名为莲花 Seven。

莲花 Seven 仍保留摩托车式的挡泥板和无车门的车身。但风格更加的时尚了，车身结构仍采用多种管状车架，车身的铝板直接固定在车架上。前轮悬挂为三角形悬臂式，附以防摇摆杠。后轮则仅用硬式车轴。莲花 Seven 车型仍以散件方式出售，但因价格低廉，很快成为许多小型比赛的理想用车。赛车爱好者在周日组织这种小型车赛是英国的一大优良传统。莲花 Seven 自 1957 年问世后迅速获得成功。但是，查普曼对此款车型并没有表现出热衷，只过了 10 年就决定停产，令车迷们大呼遗憾。所幸伦敦一家车行于 1967 年与查普曼达成协议，买下了该车的全部模具与工具，继续制造，现在它仍在生产。

随着莲花品牌的声名大噪，它 1958 年首次参加 F1 车赛，便享誉全球，其中 Mk Ⅷ，Mk Ⅸ 及 Mk Ⅹ 赛车更是在法国勒芒 24 小时耐力赛中尽显风采。但是，查普曼最得意的建树还要算 F1。他所设计的一体化车身单座赛车具有划时代意义，在这一赛事中统治了整整 20 年。

查普曼一边在赛场上积累锦标，一边不断研制独特的跑车。1957 年推出的 Elite 便是一辆漂亮的跑车。车身全由塑料制成，分成三个部分，像三明治一样黏合起来。该车虽惊世骇俗，但销售业绩不佳。因为尽管抓地性能极佳，驾驶起来令人如醉如痴，但可靠性较差，所以销量不多，几乎令莲

花车厂倒闭。查普曼从中吸取教训继续努力，于1962年推出Elen型跑车。该车坚固至极，车身采用梁柱式骨架，路面表现好得出奇，自1965年又推出一款2＋2敞篷跑车，使其地位不断巩固。

随着业绩的拓展，莲花车厂于1966年推出了一辆Europe型超现代化敞篷跑车。但直到此时，莲花车厂都是采用其他品牌的发动机。查普曼长期为此事而焦心，1974年生产百分之百的自家产品Elite车型时，情况才大为改观。该车采用2升容积4气缸发动机，4个座位宽大、舒适，是货真价实的豪华跑车。由此造就了该品牌的辉煌时代，不过也使莲花跑车原有的客户非常失望。因为此前的莲花车总是力求简单、轻巧，仅顾及驾驶者一人。莲花车厂在开拓了新路子后，又于1975年推出了另一款Esprit。这辆车性能更强，也更豪华，已是当时保时捷与法拉利的强劲对手。这种莲花跑车在20世纪80年代依照查普曼的意愿继续提高档次，功率达268马力（197千瓦），最高时速超过260公里。

与此同时，莲花品牌不断地参加各项赛事。查普曼早在20世纪60年代就将一辆福特Cortina改装成了全新的赛车，获得多项赛事奖杯。当然，莲花车队最辉煌的业绩还在F1赛场。1970年，查普曼推出了一辆72型单座赛车。这辆超乎寻常的赛车引导了一个新潮流。其设计理念在于把全部重量移向车尾，以提高动力性能。为此该车后轮大得出奇，前轮又小得出奇，加上见棱见角的车体，在当时可谓前所未见。这辆72型赛车在所参加的5个赛季中夺得了20项大赛和3项品牌奖。查普曼接着又推出了John Player Special Lotus79型赛车，这辆1978年问世的新赛车突出地改进了行驶系统，结果把一切对手统统打败，以至于对手纷纷起而仿效。查普曼车队凭着这辆车赢得了一项品牌奖。

柯林·查普曼于1982年12月16日因心脏病去世，年仅54岁，世界汽车史上的一颗巨星陨落了。查普曼虽然统领一个强大的工业联合体，但始终不是一个普通意义上的老板。直到他去世时，莲花品牌的所有车型都是由他亲自负责设计、制造的。查普曼始终亲自参与各项设计与赛事，甚至亲自驾驶新车去测试。他不仅在设计方面出类拔萃，而且是一名出色的驾手。像这样由单独一人创造出一个汽车品牌整个系列，在世界上极其罕见。

莲花汽车是世界汽车赛场上一个十分有力的竞争者，多次荣获世界冠军。1963~1978年，莲花汽车曾经7次获得世界最佳小客车优胜奖。1991年，莲花伊兰汽车获世界汽车最佳设计奖。莲花汽车公司是率先在汽车上使用高强化塑料车身的厂家之一，它们采用的制模工艺，真空助力树脂喷射工艺能将车身模制成上下两个整体，最后再合二为一，不仅生产效率高，而且车身强度大大增强，在世界上独树一帜。

自20世纪中后期开始，莲花广泛地服务于世界各大主要汽车生产商，通过对汽车工业深入透彻的掌握和对处于世界前沿的汽车工程学技术的应用，使莲花成为全球认可的领袖级汽车工程咨询专家。

Cadillac

凯迪拉克 （美）

美国总统的陆地行宫

品牌名片

品　　类	车
标志风格	高贵、大气
创 始 人	亨利·利兰（Henry Leland）
诞 生 地	美国
诞生时间	1902 年

品牌解读

　　著名的《韦伯斯特大词典》对"凯迪拉克"的解释为"同类中最为出色、最具声望的事物"。凯迪拉克被一向以追求极致尊贵著称的伦敦皇家汽车俱乐部冠以"世界标准"的美誉。

　　凯迪拉克轿车一向被公认为是充分演绎美国精神和领袖风格的豪华轿车典范，其乘坐者的尊贵、沉稳、豪迈和权力，更使凯迪拉克成为一种突显权贵的象征，它一直是各国政要和豪门家族出入重要场所的首选座驾之一。威尔逊总统是第一位乘坐凯迪拉克的美国总统，他乘坐凯迪拉克参加了在波士顿举行的第一次世界大战胜利庆祝游行。1953年，艾森豪威尔总统站在凯迪拉克"埃尔多拉多"敞篷车中做就职演说，肯尼迪总统也极其钟爱凯迪拉克轿车，经常驾乘着凯迪拉克高级轿车出现在各种重要场合。此后的福特和卡特也常乘坐凯迪拉克"弗里特伍德"

加长型豪华轿车。1993 年和 2001 年，克林顿和乔治·布什先后就任美国总统时，乘坐的也是凯迪拉克。

　　凯迪拉克在其百年历史中凭借其独特设计和技术创新向世人提交了一份优异的成绩单。今日的凯迪拉克，更在百年精湛科技的历史积淀中，进一步融入了通用汽车锐意创新的发展理念。它褪尽浮华，更显迷人风姿；它在汽车的艺术大道上，尽情挥舞，引领时代潮流。百年的精炼赋予它无上的声望与尊贵，锐意进取和技术创新的魔棒，莫不让人畅想着凯迪拉克的绝代风华。100 多年的历史，让凯迪拉克成为豪华轿车的典范。而"艺术与科学"则是凯迪拉克能够在业内独树一帜的设计圣经。凯迪拉克"敢为天下先"的品牌精神，使其一贯秉承着大胆创新的设计理念。硬朗、简洁、线条流畅；棱角分明的崭新设计总给人视觉的巨大冲击力。大胆、

精致、气度的外观与内饰的高科技含量，使凯迪拉克充满无穷的魅力。凯迪拉克这个历久弥新的品牌不仅仅是高贵奢华的象征，而且已经成为一种汽车文化的符号。

阅读传奇

凯迪拉克融汇了百年历史精华和一代代设计师的智慧才智，成为汽车工业的领导性品牌。它是美国第一大汽车公司——通用汽车公司生产的五大车系之一。

1902 年，英格兰工具制造商亨利·利兰在美国底特律城创建了一家汽车公司，选用"凯迪拉克"之名是为了向法国贵族、探险家、美国底特律城的创始人安东尼·门斯·凯迪拉克表示敬意。

亨利·利兰作为一名制造商，非常重视加工精度、制造质量和零件的互换性，并且认为这是迅速增加产量、扩大汽车发展规模的关键。在这种当时非常新颖的思想指导下，凯迪拉克在底特律的工厂逐渐成为当时世界上最大、最完善和装备最好的汽车厂，生产出来的汽车也最好。

通用汽车公司在 1909 年收购了凯迪拉克，从此凯迪拉克在设计汽车时，更加重视汽车的豪华性和舒适性。同年凯迪拉克产量接近 6000 辆，20 世纪 70 年代，凯迪拉克出产了600 多万辆汽车。

后来凯迪拉克成为第一家在汽车中装备电子启动、照明和点火装置的公司。因为这一成就，伦敦的皇家汽车俱乐部第二次给凯迪拉克公司颁发了 Dewar 奖章，并且永久性地授予凯迪拉克公司"世界标准"的荣誉称号。凯迪拉克是第一家也是唯一一家被皇家汽车俱乐部授予该称号的公司。之后，凯迪拉克研制出了具有历史意义的高压缩比、顶置式气门、轻型、现代化的V8发动机，并最先开发了汽车冷暖空调系统，在车上装备前排安全气囊。

1987年，凯迪拉克Allante成为打入超豪华轿车市场的第一款美国轿车，改变了一直由欧洲轿车占据主导地位的超豪华轿车市场格局。公司总裁在华盛顿被乔治·布什总统授予Baldrige奖章。这一奖章引起了全美国对提高整体质量管理的重视，并促使美国公司的产品质量显著提高。

1992年，凯迪拉克开发了46升、32阀V8北极星引擎，随后，"北极星"系统得到了进一步发展，首次采用了路面感应悬挂系统（RSS）以及速度感应式动力转向系统。

5年后，具有革命性的On Star车载信息系统成为所有前轮驱动的凯迪拉克车型的选装设备。新开发的Stabili Trak稳定控制系统也大大提高了凯迪拉克轿车在转弯和紧急情况下的安全性。在2000年新款车型上，凯迪拉克还应用了超声波倒车提示装置。

一切蕴含尊贵、备受推崇的艺术珍品，无一不是历经时间的雕琢和历史的积淀。100多年的历史，让凯迪拉克有了其他品牌不可企及的恢宏气度，被多届美国总统选为专车。2008年11月5日，美国总统大选结果最终出炉，奥巴马不仅成为美国第一任非洲裔总统，而且为凯迪拉克真正推进年轻化战略提供了一个绝好的机会和平台。自1997年开始，凯迪拉克便开始着手品牌复兴计划，首先需要突破的就是如何吸引年轻一代的关注度。与年轻明星们不同的是，美国总统奥巴马不仅代表了新时代年轻人的"美国梦"，其奋斗史更是凯迪拉克品牌"信念创造拥有"的真实写照。

纯手工订制的"美国一号"凯迪拉克DTS在奥巴马2009年上任时交付白宫。这辆造价达230万欧元的汽车呈黑色，长6.3米，

重3吨，全车防弹并装载12厘米厚的装甲，一改老凯迪拉克总统座驾的扎实有余、活力不足的面貌，融入了时尚气质，这无疑成为凯迪拉克新时代的最佳代言。以100多年的豪华精粹传承品牌，以领先时代的科技精髓勇拓未来，凯迪拉克的傲人风采，使你无论在何时何地，都会被它的光辉所吸引。

赛威 Seville

1976年，当旗下已有众多明星产品的凯迪拉克平静地推出全新产品赛威Seville时，谁也没想到，在其后的30多年里，它的每一代车型都会以具有突破性的科技和豪华尊贵的配置闪耀车坛。从电脑整车控制系统、北极星V8发动机、全电子自动变速箱到Stabili Trak（稳定循迹控制系统）、MRC主动电磁感应悬挂系统，这一系列里程碑似的创新科技演绎了一段不朽的传奇。Bose（Bose博士创立的全美最大的扬声器厂家）影音娱乐系统、LED（发光二极管）仪表盘、实木的内饰、精致的手工皮饰等丰富的配置充分诠释了凯迪拉克的尊贵和豪华。

诚如评论家所言，赛威对凯迪拉克品牌的影响是重大的，在世界汽车工业史中占有不容忽略的地位，它不是凯迪拉克最大的车型，但却是最好的之一。

CTS

2003年的CTS有别于大多数豪华房车所采用的圆润设计，一反常态地采用几何线条进行外观的修饰。首先以锐利的线条营造

流线与立体感，并利用刻意转折的锐角与切线来营造刚硬的视觉效果，透过大胆的切削所得到的方正刚硬的车身轮廓，再加上一些细节的创新设计，都让人感受到这款车远远脱离了过去的古板老气。在后现代和凛冽刚硬、特立独行的流行趋势下，CTS 的确是一件非常具体、表现出色的工业艺术品。

CTS 的内饰与外观的设计如出一辙，由各种硬朗线条构成的造型大方简洁，仍旧保留着传统美国车的大气。比如空调、多媒体系统等各项在行车过程中频繁使用的按钮，都是被刻意地加大，融合了丰富人体工程学的设计理念，人性化设计在同级车中达到了数一数二的程度。同时整个内饰的风格不断地让人感受到运动的气息，这也是凯迪拉克 CTS 内饰的最大特色之一。

为了方便人员的进出，CTS 驾驶舱的座椅可以在下车时自动退后，同时通过记忆模式按钮又能轻松找回最佳坐姿。车内的暖色照明系统别具一格，灯光的色调与熄灭延时系统给人以贵宾级的感受；电加热座椅，加热迅速，火力十足。

中控台略微侧向驾驶员方向，这是典型的以驾驶乐趣为导向的设计，各种操作按钮标识清楚明白，上手方便，米黄色的真皮座椅舒适度良好。后座空间十分宽裕，膝部空间在同级车中算是出类拔萃的。3 幅方向盘极具运动气息，方向盘上的多媒体控制系统方便易用。Bose 的 8 喇叭音响系统，音场宽且深，加上高频段的纯净，低频的力量及良好的韧性，配合 DVD 多媒体影音娱乐设备，给人极大的享受。